重政隆文
SHIGEMASA Takafumi

映画「評論家」未満

阿吽社

まえがき

趣味としてではなく本格的に映画を見始めたのは1970年代である。アメリカン・ニューシネマが始まる頃で、見る映画、見る映画、何を見てもだいたい面白かった。当時、映画に取り憑かれた人たちの中には、「公開された映画はすべて見る」という主義の人がけっこういたものだ。私も助走の後、ペースを上げていって、数年後にはその一群に入った。今とは違って公開本数がそれほど多くなく、健全な市民生活を捨てるだけで簡単にできた。

困ったことに、見始めるとキリがなくなる。新作だけでなく旧作も見たくなる。「見ていない映画はすべて見る」という意気込みに変わっていった。もちろん、不可能である。百年と少しの歴史しかないとはいえ、人類が生み出した古今東西すべての映画を見ることが時間的に不可能であることははっきりしている。しかし、意気込みだけは長く続く。還暦を過ぎて、体調のこともあり、映画を見るペースを落とした。たぶんこのまま少しずつペースを落としながら死んでいくのだろう。

普通に映画を見ている友人から、そんな映画まで見るのか、と言われるほど、つまらない映画も大量に見ている。映画は大衆芸術であるから、大衆のあらゆる層に訴える映画作りをする。長年映画を見てきて、「ヒット作はつまらない」という法則がおぼろげながら私の中で固まりつつある。マーケティング理論を採用しているのだろう、現代ではいい映画というよりヒットする映画を作ろうとしている。その魂胆が見えると私は興醒めする。昔のつまらない映画と今のつまらない映画とは質が違っているように思えるのだ。

いい年なのだから、もう悪食はやめて見たい映画だけを見たらどうだ、と映画仲間からは言われる。人生の残り時間を考えると確かにつまらないと分かりきっている映画を見るのは時間が惜しい。しかし、世間的にヒットしていない映画だからといって、その中には面白いものがたくさんある。評論家が珍しくけなしている作品にも面白いものはある。

私は他人の言うことを信用できないたちなので、自分なりの勘を働かせて映画を選ぶようになった。映画史に残るような名作ばかりだとつらいので、時々、箸休めのような感じで、いかにもつまらなさそうな映画にも手を出す。そして案の定、たいてい退屈する。

無駄と言えば無駄なのだろう。しかし、それを言ってしまうと映画を見ること自体無駄だと考えなければならなくなる。無駄も場合によっては有意義なのだと強引に押し切って、おそらくこのまま死ぬまで映画を見続けるだろう。

映画書に関しても、映画に対する姿勢とほぼ同じだ。私の職場にあったユーゴー書店という本屋さんの人と親しくなり、とにかく映画に関係のある新刊本はすべて知らせてくださいとお願いした。熱心な店主で、映画に出ているアイドルの写真集までどうですかと一応尋ねてくる。写真集は要らないと言いつつ、どうせ本人が書いていないような自伝本でも一応買いますと伝え、よほどのことがないかぎり、たいていは買ってしまった。

だから私の本棚には「たのきんトリオ」各人の自伝本まである。映画の場合、タレント主演のふざけた映画も滞りなく見ているが、本はすぐ読まずに寝かしておくことができる。前述の自伝本は買って数十年経つが、まだ読む意欲が湧かず未読である。読みたい本がたくさんあるので、優先順位をつけるとずっと下の方に行ってしまうからである。

映画批評や映画評論の本もたくさん買っている。映画を見る時の方針、「芸術映画も娯楽映画も分け隔てなく、公開されていたら見る」という意気込みに準じて、批評本、評論本も取りあえずはどのようなものでも購入した。学者、研究者の本はもちろん、本業でない人や、文章など書けそうにないように見えるタレントの書いた本なども購入する。芸術映画にも退屈な映画がたくさんあるように、学者、研究者の書いた映画研究書、映画評論、映画論文にも期待に反して退屈なものがたくさんある。一方、タレントがしゃべったものをライターに書き留めさせたと思しき評論本や、映画のことにはほとんど触れていない「映画書」にもたまに予想に反して面白いものが出てくる。油断はできない。

だから映画評論が本業の人の映画書も異業種の人の映画書も同等に読む。忍耐力は退屈映画で鍛えているから、つまらない本であっても私はびくともせず、ひるまない。

映画研究者が大昔の、今見ると退屈な映画を「発見」「発掘」して、たいそうに持ち上げた文章を書くことがあるが、それは埋もれていたからという付加価値がついているだけの話だと思う。持ち上げた人が同じく現代のつまらない映画を継続的に見ているかというとおそらく見ていないだろう。映画は生きている。生きている間に見るのが本来の形なのであって、ミイラとなったものだけを解剖しても仕方がない。生身を軽視したミイラ崇拝では困るのだ。

それに、埋もれていたのは、映画史的に価値がないと思われたからだという可能性がある。映画史に残らなくても面白い映画はあるし、映画史に残っていてもつまらない映画はあるから、要するにすべての映画を等級付けして保存、廃棄に分けるのはよろしくない。等級付けされることで、ある種の作品が埋もれてしまうのである。埋もれた後で、資料がないとか、フィルムが現存しないとかいって慌てるのである。どの映画も公平に接する。名作が大事なら、駄作も大事なのである。

映画批評、映画評論においても同じだ。高名な映画学者の優れた論文も、タレントの手慰みの映画批評も対等に扱う。読んで面白いか面白くないかという基準で、各人、評価すればいいのだ。

というわけで、映画批評史の研究を長年してきているのだが、本書では正統派ではない、専門映画批評家以外の人が書いた映画批評本、映画評論本を論じる。正統派の映画批評家なら、たぶん馬鹿にして読まない批評本である。私は両方を好んで読む。どちらにも面白い本があるし、どちらにも退屈な本がある。

非正規映画批評家が日本ほどたくさんいる国はないのではないか。非正規映画批評家とは映画を体系的に研究してきていない映画の素人のことで、その素人が映画を論じ、それが本になるという現象は、少なくともアメリカの本屋を見て回った時には感じなかった。

それら非正規の映画批評本はたいてい映画批評界の上の方では馬鹿にされるから、つまらない映画と同じように、放置しておけば忘れ去られ、埋もれてしまう。何十年か経って、そのような本があったと再発見、再評価（こちらはあまりないか）されるのがオチである。

だから、そういった再発見の一助となるように、ここに記しておくしだいである。

映画「評論家」未満　もくじ

C. 評論家・研究者

D. 学者・研究者

F．劇作家

G．漫画家・漫画評論家

J. 放送関係者

K. 美術関係者

A・作家・評論家 I

(1) 小林信彦

【小林信彦『昭和のまぼろし』(2006年4月、文藝春秋)】
【小林信彦『昭和が遠くなって』(2007年4月、文藝春秋)】
【小林信彦『映画×東京　とっておき雑学ノート』(2008年4月、文藝春秋)】
【小林信彦『B型の品格』(2009年4月、文藝春秋)】
【小林信彦『森繁の長い影』(2010年5月、文藝春秋)】
【小林信彦『気になる日本語』(2011年5月、文藝春秋)】
【小林信彦『非常事態の中の愉しみ』(2012年5月、文藝春秋)】
【小林信彦『映画の話が多くなって』(2013年4月、文藝春秋)】
【小林信彦『「あまちゃん」はなぜ面白かったか?』(2014年5月、文藝春秋)】
【小林信彦『女優で観るか、監督を追うか』(2015年5月、文藝春秋)】
【小林信彦『古い洋画と新しい邦画と』(2016年5月、文藝春秋)】
【小林信彦『わがクラシック・スターたち』(2017年5月、文藝春秋)】

何十年も小林信彦の映画書の追っかけをしてきた。多くの示唆を受けた。だから、現在の衰えぶりには情けなさを感じるようになっている。映画に対する基本方針、映画について書く時の基本方針の多くを私は小林信彦に叩き込まれた気がする。何を読んでも面白かった。ショー・ビジネスに詳しく、私の守備範囲に近いところを彼も守備範囲の一部にしていたから、彼の書く文章から私はどんどん栄養を吸収していった。今でも時々昔の本を読み直す。ここで「昔の本」と言わなければならないのがいささか心苦しい。すなわち、現在、興味のあることについて書くコラムから自分の主張を書くことに移行したエッセイは、薄味であまり面白くない。

現在も、年に1冊、『週刊文春』に連載している時評コラムがまとめられ出版される。ただ、2017年5月に入院したそうで、以来、コラムは休載していた。私は週刊誌を買わないが、単行本化されたら必ず読む。そして、近年、たいてい失望する。どのように失望したのか、近年の著作をたどりながら考えたい。

長年、映画に関する本や記事を読んできて身に付いた見識は、ほめ専門の評論家は信用できないということだ。小林信彦が信用できるのは、昔からダメな映画をちゃんとけなしてきたからである。例を挙げよう。

フジテレビだけが大騒ぎを無視して、「西遊記」を放送した。
それはまあ、視聴率とプロダクション関係への配慮ということだが、その「西遊記」がひどいものだ、とくに猪八戒がひどい、と、みんな、口々に言っている。
そこで観ましたよ、「西遊記」。一月三十日の回だ。
ビデオにとって、とばし見したのだが、まあ、ひどい、という以下のドラマだった。（『昭和が遠くなって』36頁）

かなり古い話になるが、堀江貴文逮捕の報道を各局がやっているのに、フジテレビだけがそれに触れない。ニッポン放送の堀江貴文による買収が取りざたされたから、同系列のフジテレビはホリエモンに触れないのだ。それを背景にした文章である。

昔の小林信彦なら、このようなことは書かなかった。この手のテレビドラマが面白くないのは分かりきっているのだから、相手にしなかったはずである。私はそのテレビ版は見ていないが、ほぼ同じキャストで作られた映画版『西遊記』（２００７年、澤田鎌作監督）のあまりのひどさにあきれたものである。

しかし、大テレビ局のヒット番組であってもダメな作品ならけなすという自浄作用が現在のテレビ・ジャーナリズム界にはあまり存在しない。その意味から正しくけなしてくれる小林信彦の存在は貴重である。

もっとも、ナンシー関という、今はもう亡くなったテレビ評論家＋消しゴム版画家なら、もっとこっぴどく非難しているところだ。小林はビデオ撮りしたものを見ている、しかも「とばし見」である。「とばし見」の状態で論じるなど、小林の非難の軟弱さにつながる。小林信彦はナンシー関の域にまではとうてい達していない。

なぜ、ここで映画を取り上げずテレビ番組を取り上げているかというと、小林信彦の生活が晩年になってテレビどころかラジオ中心になっているからだ。目の調子のいい時に少しテレビを見る程度で、万障繰り合わせて行きたくなる時だけ映画を見に行くという状況だからだ。昔はそうではなかった。

少し前まで小林信彦の好みの女優は大塚寧々だったのだが、『昭和のまぼろし』執筆時は長澤まさみである。ところが。

長澤まさみといえば、「世界の中心で、愛をさけぶ」となるのだが、これはＷＯＷＯＷで観た。映画館が好きなのだが、行く時間がないのだ。（『昭和のまぼろし』213頁）

すでに老人の仲間入りをしかけているにもかかわらず、私は老人の生活がどういうものか知らない。老人なら暇そうに思える。しかし、小林信彦は小説家でもあるので、そちらの仕事が忙しくて映画館になど行けないとも考えられる。

しかし、『世界の中心で、愛をさけぶ』（２００４年、行定勲監督）は大ヒットし、何か月も上映されていたはずだ。私の考えでは、小林は歳をとって出不精になったのではないか。すなわち、怠けただけなのだ。

ところが、自分で以上のように書いたにもかかわらず、小林信彦はそれを忘れてしまう。『涙そうそう』（２００６年、土井裕泰監督）の長澤まさみについて彼は次のように書く。

ヒロインとしての長澤まさみも、船の舳先で手をふる陽気な登場シーンから、兄に向って「本当に好きだよ」と言って去ってゆくシーンまで、みごとである。アップになった時の視線の微妙な動き、抜群の表情に、演技の進歩（というのは失礼だが）が見てとれる。スター映画を観る喜びはそういうものであり、観客は一瞬たりとも気をゆるめることができない。（『昭和が遠くなって』209頁）

ここで「観客は一瞬たりとも気をゆるめることができない」というのは結構だが、それはたまたま彼の見た映画がそういう質のものだったからだ。長澤まさみの前の作品をＷＯＷＯＷでしか見ていない小林なのに、よくもぬけぬけとそう言えるものである。それぐらい長澤まさみが好きなら、出演作品の追っかけをして、出演している映画があればいつも映画館に行ったらどうなのだろう。

小林信彦は常日頃から、映画は映画館で見るべきだと言っている。もし、実行できないのなら、偉そうに言わなければいい。テレビやビデオ、ＤＶＤを見るだけでお茶を濁さないでほしいのだ。

私は小林信彦に、映画は映画館で見るもの、という考え方を学んだ。その教えを授けた人がいい加減な映画生活を送ってもらっては困るのだ。

歳をとると誰でも体力、精神力が衰えるから、別に小林信彦が衰えても不思議はない。しかし、次のような発言はどうも信用できない。テレビ版の「アンフェア」について。

いやあ、面白かった。捜査一課の刑事が篠原涼子なのだが、下品さというか、荒っぽさが、セクシーな魅力になっている。まわりをかためるバイプレイヤーが香川照之、寺島進ときて、ストーリー展開が早く、これが犯人だろうと思うと、すぐに殺されてしまう。うまく着地すれば、これは伝説のドラマになるだろう。（『昭和が遠くなって』61頁）

本当だろうか。劇場版はつまらなくても、テレビ版は面白いということがあるのか。このテレビドラマは本当に伝説的になったのか。先に挙げたテレビ版「西遊記」と同じように、その劇場版『アンフェア the movie』（２００７年、小林義則監督）のつまらない出来から逆算すれば、同スタッフのテレビ版が面白いわけがなかろう。

また小林信彦は男優では寺島進がひどくお気に入りである。しかし、その存在に気がつくのが遅すぎる。寺島は自主製作映画や、北野武映画にさんざん出ている。２００７年になって気がつくとは情報収集を怠っているとしか考えられない。「ＤＶＤをやたらに買い込むが、忙しくて、なかなか観られない。老年の趣味としてはベストなのだが」（『昭和のまぼろし』152頁）と言っているぐらいだから、やはり現在の映画に関しては小林信彦の文章から何かを得ようと思っても無理かもしれない。映画館に映画を見に行くことが趣味ではなく、ＤＶＤを自宅で見るのが趣味というのであれば、小林信彦が長年主張してきた映画館主義的な考えを自ら裏切ることになる。

それでいながら、現代の映画ジャーナリズムに対する批判は激しく、しかも正当である。長年、映画関係、ショー・ビジネス関係の仕事を続けてきたので、現代の状況がいかに腐っているかをよく知っている。『ミリオンダラー・ベイビー』（２００４年、クリント・イーストウッド監督）について小林は次のように書いている。

> アカデミー賞は若い時からキライだったが、最近は受賞すると、日本のマスコミの扱いが百八十度変る。日本の映画関係者がダメなように、アメリカでも大半はバカだから、まあ受賞は無理だろうと考えた。（『昭和のまぼろし』88頁）

私も『ミリオンダラー・ベイビー』が素晴らしい映画であることは分かるが、かなり売れている全国誌の連載において、「日本の映画関係者がダメなように、アメリカでも大半はバカ」などということを堂々と発言するのがすごい。この種のことを私も同様に心では思っていて、口頭ではしょっちゅう言っている。しかし、公に書くことは少し怖い。小林信彦は現在のところ、映画界や芸能界とそれほど深くは接しておらず、今後もお世話になる気配がないところから、そのような堂々とした発言になるのかもしれない。

小林信彦は演芸に関する知識や鑑賞体験も豊富で、たとえば古今亭志ん朝がまだ生きていた頃、彼の落語を聴きに定期公演のある名古屋にずっと通っていた。落語の頂点とも言うべき志ん朝を知っているので、翻って吉本興業の芸人に対する批判は怠らない。

〈お笑い〉というのは、東京では、へりくだっていう言葉である。昔の噺家が、「ええ、一席、お笑いを申し上げます。お客様がたとちがって、手前どものほうは……」と喋り始める。(……中略……)要するに、〈お笑い芸人〉というコトバは関西からきた。もともと低いテレビの笑いを決定的に低くした、一九八〇年ごろの漫才ブーム以後である。

これは、〈お笑い芸人〉を東京に輸出して儲けようという興行会社の企みによるものだ。(『昭和のまぼろし』223頁)

私は今現在、それほど熱心にテレビの演芸番組を見るわけでもなく(かつては見ていた)、なんばグランド花月に通うわけでもなく(かつては通っていた)、いろいろな寄席や独演会に足を運ぶ程度のことしかしていない。それでも吉本興業の芸人たちの、妙になれなれしい割に、芸の方はたいしたことがないことくらいは分かる。芸を見せるというのではなく、人気のある人を頻繁に使う、という会社のシステムに乗ったものである。これは吉本興業がテレビにどんどん所属芸人を送り込んだ時以来の、テレビ向き芸人消費システムである。

しかし、吉本興業の力は圧倒的に強く、テレビ業界は吉本興業なしでは成り立たない状況にある。したがって、この会社に対する批判などほとんど公には出てこない。その意味から言うと、小林信彦は勇気があると思う。

一方でたとえば二人組の爆笑問題は高く評価するなど、テレビを活躍の場にしている芸人たちの中で秀でたものを評価する目はもっている。機嫌の悪い老人が、八つ当たりで吉本興業を非難しているわけではないのである。

小林信彦の特に得意とする分野はコメディとミュージカルである。長年の知識や体験の蓄積から、耳を傾けるに値することをけっこう書いている。それはあくまで、過去の歴史に照らし合わせてと言う意味であって、新しく生まれてきたものに敏感に反応するという立場ではない。

たとえば、私はそれほど評価していないが、ノーラ・エフロンという脚本家、監督について次のように評価している。

　ノーラ・エフロンの作品は「恋人たちの予感」以来外れがない。「めぐり逢えたら」「ユー・ガット・メール」では監督も兼ね、メグ・ライアンを〈ロマコメの女王〉にした。トラヴォルタが出た天使喜劇「マイケル」もたしかノーラ・エフロンで、大笑いをした。

　ロマンティック・コメディは、人生で挫折した経験を持つ者だけが作れる、というルールを彼女は律儀に守っている。(『昭和のまぼろし』184頁)

確かに『恋人たちの予感』（1989年、ロブ・ライナー監督）は面白かったが、それ以外、『マイケル』

（1996年、ノーラ・エフロン監督）を含めては私には面白いとは思えない。やや古臭く幼稚な印象をもつ。しかし、長年の知識の蓄積から出た「ロマンティック・コメディは、人生で挫折した経験を持つ者だけが作れる」という一文は記憶に残していいと考える。ノーラ・エフロンは離婚の経験があり、さらに白血病で亡くなっている。それを考え合わせると、独特の意味合いをもつ。

ミュージカルに関しては日本の作品について次のように書いている。

「嫌われ松子の一生」で感心するのは、日本映画では珍しく、ミュージカル・ナンバーで〈寒くならない〉ことである。

パンフレットで知ったのだが、松子の長い転落の物語をすべて語るのはムリなので、ポイント、ポイントをミュージカル・ナンバーにしている。作詞作曲の作業は映画を撮るはるか前からおこなわれていた。良い歌があるかどうかが決め手のブロードウェイ・ミュージカルは、台本書きより先に作詞作曲をおこなう――こういう初歩的なことを、ぼくは四十過ぎて知ったのだが、「嫌われ松子の一生」の監督は（CM界の大物だというから当然かもしれないが）日本映画で初めてこの作業をおこなった人だろう。（『昭和が遠くなって』119頁）

私はこの映画を初めて見た時、全体の映像表現をくどいとは思ったが、ミュージカル・シーンの入れ方や、流し方をうまく感じた。この映画の監督・中島哲也には純粋にミュージカルを撮ってもらいたいと思ったくらいである。小林信彦はこの作品を評する際に、ブロードウェイ・ミュージカルの伝統を持ち出してくる。このあたりが他の批評家と違う点である。

何度も言う。まったく新しい才能には対処できないかもしれないが、歴史と照らし合わせてショー・ビジネスの善し悪しの分かるのが小林信彦なのである。

小林信彦はかつて芥川賞、直木賞の候補に何度か挙がったことがある。結局、受賞に至らず、晩年を迎えている。本人は自分をまず作家だと考えている。また、これまでミステリー雑誌の編集者をしたり、放送作家をしたりしてきた。その副業（生活的には本業）をしている中で、芸能、芸人、喜劇人などに関してさまざまな評論を残している。

たとえば、新潮文庫に入っている『日本の喜劇人』『世界の喜劇人』である。登場する喜劇人は古い人ばかりで、資料的にやや古く、最も新しい人でせいぜい伊東四朗である（てんぷくトリオの一員、といっても分からない人が増えている）。それでもこの分野の基本図書である。

映画批評家としての自分自身に関しては『映画×東京　とっておき雑学ノート』（以下、『映画×東京』と略記）で次のように書いている。

ぼくが職業的に映画評を書いていた期間は、わずか三年ぐらいである。思うことがあって、三十の時に映画の時評を廃業した。映画ジャーナリズムというごく狭い世界があって、そのみみっちさに腹を立てたのである。しかし、あのころはまだ良かった、と今にして思う。映画批評はマジメな仕事だったのである。

三十からあとは、〈求めに応じた〉わけである。信じがたいことだろうが、エンタテインメント映画（喜劇・活劇・ミュージカル）のわかる人がほとんどいなかった。映画批評家は批評の主導権をめぐる無意味な抗争に明け暮れていた。つまらないことである。

映画について、ぼくは〈趣味として書く〉姿勢をとっていたから、そういう態度を批判する男もいたが、放っておいた。（『映画×東京』74頁）

現在に至るまで「趣味として書く」姿勢は変らないようである。ただ、小林信彦は1932年生まれだから、1962年以後、「趣味として書く」姿勢は徐々に薄まっていったと考えることができる。

この雑誌連載コラムをまとめた本は基本的に世間一般の出来事の時評なのだが、ついつい芸能関係に話が及ぶ。その中には映画の話題も入ってくる。ただし、彼が見ている本数が昔と比べると激減しているので、あまり役に立たない。インプットの絶対量が少ないため、時々、トンチンカンな文章も書く。

喜劇やミュージカル関係の新作映画に関して文章を書く時は、それにからめて過去の、それも相当古い過去の映画を持ち出してきて、比較してくれる。そしてたいてい、現代の作品の方がダメだという結論になる。

この本では、真面目な映画ばかり取りあげた映画史にはあまり出てこないような作品がどんどん出てくる。それらの作品を確認しようにも、ほとんど資料がない。小林信彦だけが知っているという例がいくつかある。しかし、小林信彦は資料魔であり、長年、細かく日記をつけているので、記憶違いといったような記述はない。信用していいと思う。価値判断もおおむね正しい。トンチンカンは時々である。

実例を挙げる。長澤まさみがお気に入りなので（このあたりがトンチンカンだと個人的に思う）、彼女が主演した『涙そうそう』（2006年、土井裕泰監督）を取り上げて、感動させようと念押しするラストに辟易する。その念押し演出に関して「ここまでやるのか」と言い、続けて次のように書く。

もっとも、日本の観客のレベルはその程度だと考えているのだとしたら、それはそれで一つの見識である。つけ加えれば、〈テレビに慣らされてしまった日本の観客〉はそんなものかも知れないのである。ぼくの方が、変っているのだろうか。（『映画×東京』19頁）

変わっていない。ただ、前著『昭和が遠くなって』ではこの作品をほめている。ほめたことを小林は忘れているのだろうか。

映画の観客の鑑賞能力は確かに低下している。だからヒットしている映画にはろくなものがない。土井裕泰はテレビ出身なので、放っておくとテレビ的演出となり、映画としては薄っぺらなものとなる。ではどのような映画を見ればいいか。

観る映画をどうやってえらぶかは、観客がわの作業、責任になる。
ぼく自身、まあ、六十年ぐらいやっている作業だが、要するに、〈世間の批評は信用できない〉のである。優劣を見抜くためには、やはり、自分で映画館まで出かけなければならない。（『映画×東京』75頁）

私はずっと小林信彦の本を読み続けて来ているから、その影響を受けているのだろう。新聞雑誌に載る映画批評などほとんど信用しない。眉に唾をつけて読む。あるいは、最初から読まない。現代では映画を選ぶのにインターネットの情報を鵜呑みにする人がけっこういるが、映画会社の社員も匿名で自社の作品を大絶賛する書き込みをする可能性が高い。だから、一切相手にしないようにしている。自分の目で判断することにしている。

小林信彦は老齢と持病のため、現在ではほとんど映画館には行かなくなっている。せいぜい、義理があって批評を書かないといけない時に限って試写会に行く程度だ。本当に映画館に行って見たいと思い、実行して見ている映画の本数など知れている。しかし、シネコンに関する発言自体は正しい。

　ぼくが考えたのは、ごく単純な〈資本の論理〉である。
　つまり、シネコンがいくら増えても、ヒット作の上映館が多くなるだけで、クォリティの高い地味な作品が上映されるチャンスは変わらないのではないか、ということである。（『映画×東京』183頁）

映画興行関係の本や発言で、シネコンが映画界を発展させると書いている記事が多いが、すべて目測誤りと考えていい。ハリウッドの大作映画しか見ない人ならシネコンがすごく便利で快適な場所だと思うだろうが、いろいろな映画を見たい人にとってはほぼ何の役にも立たない存在である。要するにハリウッドのメジャー映画会社が、大味な映画を、話題を盛り上げることによって、一気に大量の観客から入場料を巻き上げるのに便利な装置なのである。私の認識では、シネコンはつまらない映画をかける場所、ということになっている。

小林信彦もそれだけのことを言うのなら、ＤＶＤやテレビ放映で事足れりと考えるのではなく（本文にはＤＶＤやテレビ放映された映画をネタにしたコラムがすごく多い）、どんどん映画館に通ってほしいものだ。と考えたのだが、小林信彦は『映画×東京』の時点で76歳である。後期高齢者医療制度の対象になる年齢である。今、映画館にその年齢の老人がいるかというと、あまり見かけない。小林信彦にそれを求めるのは無理かもしれない。

ふと、引き際という言葉が浮かぶ。もう彼の書いている文章から、これ以上新しいことが出てこないのだから、若い批評家にバトンタッチしてもいいような気がする。

私は今でも時々、昔の小林信彦の本を読み直すが、現在、毎年出されているコラム集に関しては、年々、失望が深まるだけである。しばしば出てくる小林信彦の家族の話など、私は特に読みたくない。

小林信彦の『B型の品格』は『週刊文春』連載の単行本化の11冊目である。私の場合、映画に関する記述に注目しているから分かるのだが、連載開始時から比べると明らかに小林信彦の映画鑑賞力の低下が見られる。現代の映画についていけないようなところがある。そもそも、映画館に行くことがほとんどなくなっている。

どの本にも一度は書いているのだが、小林信彦は映画館主義者である。映画は映画館で見ないといけない、と書いている。情けないのは本人がそれを守っていない点だ。「映画は映画館で観る主義のぼく」（『B型の品格』57頁）、「三月に入ると、いろいろな映画がドッと出るのが楽しみ」（同）と書いておきながら、『B型の品格』の3月ごろに書かれた文章に映画のネタがたくさんあるかというとそうでもない。つまり映画館主義を実践していないのである。それどころではない。

ある雑誌で、和田誠さんが、映画館へ行くゆとりがないから、DVDで映画を観ている、と書いていた。

ぼくも、まったく同じである。（『B型の品格』151頁）

すぐその後で「できれば、大劇場が良いにきまっている」（同）と書きながら、その直後に「DVDのプラスの一つは、日本で未封切のアメリカ映画が観られることだ。／そう思って、毎月二、三冊のDVDガイド誌を買っている」（同、「／」は改行の意）と平然と書く。小林信彦には映画館に通って書いてもらいたい。

小林信彦が利点として挙げている「日本で未封切のアメリカ映画が観られること」という弁解をDVD擁護派はよく使うが、それなら日本で封切されているアメリカ映画を常々見ているかというとその可能性は少ない。つまり単なる言い訳にすぎない。毎月、DVDガイドを買うだけの情熱があるならば、かつての彼のように必死になって映画館に駆けつけたらどうなのだろう。でもまあ年齢的に駆けつけるのも無理かもしれない。

繰り返すが、小林信彦の過去のコラムや評論は役に立つことが多い。それらの知識と教養を縦横無尽に駆使して、昨今の新作映画の価値をビシッとこれまで判断していたものだ。

私は昔、小林信彦のほめるミュージカル映画、喜劇映画こそ優れたものだと信じた。現在もおおむね信じているのだが、ときどきアレッと思うことがある。それに小林の取り上げるサンプル数も近年、極端に減っている。

たとえば小林信彦は2008年の5月に『相棒－劇場版－絶体絶命！ 42.195km 東京ビッグシティマラソン』（2008年、和泉聖治監督）を見ているが、「東映系の映画館に入るのは久しぶりである。前に何を観たか、覚えていない」（『B型の品格』101頁）という体たらくだ。

このような状態では確かに映画評論家とは呼べない。ここでもご丁寧に「映画は映画館で観るに限る」（『B型の品格』102頁）と書いている。そう書くのなら、その前にいつ何を見たか忘れるような生活を送っていてはいけない。きっぱり諦めてDVD許容派としての余生を送ればいいと思う。

内容に関してだが、私はこの映画を好ましく思っていない。最初の海外のゲリラ戦が安っぽいし、唐突だし、マラソンの設定がほとんど活きていないのと、いかにもなドンデン返しが白ける。チェスを理解する日本人などほとんどいないと思うが、水谷豊がチェスの図盤を使って謎を解いていくのを周りの刑事たちがなるほどと見ている。どこがなるほどなのだ。私には何をしているのか分からなかった。もしかしてチェスのルールを知らない私が例外であって、世間的には普通の観客はチェスのことをよく知っているのだろうか。小林信彦によると「透明なチェス盤に浮び上がる形が東京ビッグシティマラソンのコース図と一致してゆくプロセスはスリリングである」（『B型の品格』103頁）のだそうだ。これが将棋盤なら私もスリリングに感じたかもしれない。

この本で、シネコンについての文章でまたおかしなことを書いている。シネコンが増えてきた頃、若い監督が、これまで全国で1、2館しかかからなかった映画が全国のシネコンでかかると喜んでいた、というのである。ミニシアターでかかる映画なので、それまでも現在も今後もいくつかの例外はあるにしても、メジャー作品に抜擢されることがない限り、その監督の作る映画がシネコンでかかることはあまりないといっていいだろう。小林のどこが鈍いのかというと、この若手監督の発言を否定する形で次のように書くのだ。

そうはいくまい、とぼくは思った。話題作ならそうなるだろうが、同じ監督の作品でも、シネコン

の場合、一、二週で打ち切られてしまうケースもある。（『B型の品格』193頁）

1週間や2週間で打ち切られるのは、だいたいがメジャー作品の売れない作品だ。インディーズ系でも、ヒット確実と思われる作品ならかかる場合も少しある。このようなことはシネコンに通っていると簡単に分かる。

最近のハリウッド映画には魅力的なものが少ないから、未公開作品や昔の公開作のＤＶＤを見直す日々だという。巷には面白いヨーロッパ映画やアジア映画がたくさん公開されているのに、小林信彦は家に引きこもってＤＶＤ生活なのである。若い人の引きこもりと変わらない。

小林信彦の『森繁の長い影』は『週刊文春』連載コラムの２００９年の分をまとめたものだが、映画に関する記述はどんどん減っている。

私同様、テレビアニメを見ていない小林信彦が『ヤッターマン』（２００８年、三池崇史監督）を高く評価しているのに驚いた。

三池崇史監督はテレビアニメ版をリスペクトして、オリジナルの設定を変えないようにした。これが成功のもとである。有名なアニメを土台にして〈作家性〉を見せようとする卑しさとは正反対のやり方だ。（『森繁の長い影』84頁）

女優で映画を見る小林は、準ヒロインの福田沙紀が目当てでこの映画を見た。テレビアニメの方を知らないのに、リスペクトしているとか、オリジナルのままと決めつけるのはおかしいが、女優にしか目が行かないのだから、感覚がおかしくなっても仕方がない。「有名なアニメを土台にして〈作家性〉を見せようとする卑しさ」を示している作品名を具体的に名指ししてくれればもっと説得力が出る。作家性を出さない三池崇史作品と、作家性を出した誰かの作品とを比較すれば、小林の言っていることが正しいかどうかすぐ分かるのに、どうして遠慮しているのだろう。

淡島千景を取り上げたところでは次のように書いている。

宝塚を〈馘首〉という形でやめた時から、淡島は東宝に反感を抱いていた。岩谷時子が間に入って、〈馘首〉を取り下げさせ、「夫婦善哉」出演が決った。問題は関西弁だが、これは共演の浪花千栄子に教えてもらったという。(『森繁の長い影』99～100頁)

これは淡島千景のインタビュー本に書かれていることなのか、それとも小林が独自に入手した情報なのか知りたい。

次の『気になる日本語』(以下、『気になる』と略記)は『週刊文春』掲載コラムの2010年の分をまとめたものである。

この年の分でいうと、「気になる日本語」という項目が七つもある。いわゆる日本語の誤用について怒っているのだが、老人にありがちな繰り言になっている。同じ話を繰り返すのである。一人の作家のコラムを毎週毎号読んでいて、あれ、また同じ話を書いている、と思ったら、その作家に創作上の衰えを感じてもいいだろう。特に1冊にまとめられると、はっきり重複しているのが分かる。連載時も、単行本化された時も、編集者は何も言わなかったのだろうか。私はこの小説家でもある小林が「脳天気」と表記するのがいつも気になる（正確には「能天気」）。歳をとれば誰でも衰える。私も衰える。

映画鑑賞に関してどの年にもたいてい書いていることをこの本でも書いている。

この映画はＤＶＤにもなっているが、できたら劇場で観た方がいい。細部の記憶を確認するためにＤＶＤで観かえしたが、やはりスクリーンでないと、ぼくは駄目だ。印象がチマチマしてしまう。

（『気になる』9～10頁）

これだけ読むと、小林信彦は現役の映画館主義者だと思ってしまう。が、彼は1年間を通してほとんど映画館になど行っていないのだ。見たら必ずコラムに取り上げるとしたら、1年間で10本も見ていないようなのだ。月に1度にも達しないペースだ。もちろん、見ていても文章にしないということがあるのかもしれない。しかし、書かれているのは50週間の連載で10回に満たない。昔はそうではなかった。もっとたくさん見て、急所を突くような発言をしていた。

それが今ではどうか。映画館ではほとんど見ず、基本的にビデオやＤＶＤ、テレビ放映で「映画」を見る。彼は別のところで「テレビなどなくてもいい」とか「テレビを見ない」と堂々と書いているのだから、その点でもゆるんでいる。新発売されたＤＶＤの宣伝みたいなことも書いていたりする。小林信彦はそんなに軟弱な人ではなかった。小林信彦は、つまり、理想として述べていることを、自分では実践できていないということなのだ。にもかかわらず、ことあるごとに映画は映画館で見ないといけないと主張してきたが、近年、映画への執着がぐんと弱まった。

何年か前まで、良さそうな映画はほとんど観てやろうなどと、間違ったことを考えていたのだが、いまは〈どうでもいい〉のである。観られるかどうか、縁みたいなものだ。(『気になる』39頁)

何年か前のことではない。10年以上前からそのような状態にある。もう映画を見る強い意欲といったものがなくなっているのである。このような老人のたわごとなど放っておけばいいのだろうが、時々、膨大な映画的教養に裏付けられた至言が出てくるのだから、念のために読み続けるしかない。

先の文章の中身は、要するに『フローズン・リバー』(2008年、コートニー・ハント監督)を小林は映画館に見に行ったのだが、夜まで満席だったので代わりに『ゴールデンスランバー』(2009年、中村義洋監督)を見たというものだ。もちろん前者の方が圧倒的に面白いことは言うまでもない。

そして、この本を最後まで読んでみても、その後、小林信彦が見そびれた『フローズン・リバー』を見た形跡がない。最初に見たいと思っていたのに、いつの間にか見たいという思いが消えてしまっているのだ。

さらに「サスペンス映画の一種なので、筋はいっさい書けないのだが……」(『気になる』40頁)という文章に続けて平然とストーリーを書いていく。結末に関して、「この場合、主人公が殺されてしまうか、逃げきってハッピーエンドになるかの二つしかないのだが、映画は(原作もだが)第三の道を示す」(同41頁)と書いてしまっている。まるで浜村淳である。

これでは主人公が殺されず、逃げきりもできなかったということが読者に知らされてしまうではないか。それなら、「筋はいっさい書けない」などと書かなければいい。やはりゆるんできていると思う。次のような矛盾したことも書いている。「ぼくは映画を試写で観ないのだが……」（『気になる』145頁）と書きながら、早く観たいので東宝に頼んで『借りぐらしのアリエッティ』（2010年、米林宏昌監督）を試写室で見ている。自分で正反対のことを書いていて本人は矛盾を感じていないのだろうか。これも理想はもっているが実践できない一例か。

小林信彦はかつてアニメ『長靴をはいた猫』（1969年、矢吹公郎監督）で「ギャグ監修」をやっている。脚本家・井上ひさしに請われて、井上と演出家との喧嘩を収めるためチームに入り、追っかけシーンを有効に使ってまとめた経緯がある。

その時、そのアニメのキャラクターの動きを説明してくれた中に、当時、東映動画にいた宮崎駿がいた、という長い前置きをしながら、宮崎駿ではなく米林宏昌が監督した『借りぐらしのアリエッティ』について論じるのだ。本論より長い前置きと本論とがつながらない、あまり関係のない話に移行する。

　ぼくが〈追っかけ〉と呼ぶのは、この場合、小人一家がつかまるかどうかというサスペンスであり、ここが非常にうまくいっている。佐藤蛾次郎みたいな別の小人（声は藤原竜也）の手助けも面白く、小人たちがどう生きのびるかという形での今日的問題になってゆく。（『気になる』148頁）

はて、この作品、それほど面白かったのだろうか。途中から始まって途中で終わるような印象を私はもった。おそらく製作の宮崎駿の口出しによって、いろいろ変なシーン、矛盾するシーンが生じることになったのだろう。ヒットしたものの一般的に評価が高かったとは思えないこの作品を小林信彦は「この愛すべき佳作……」(『気になる』148頁)と呼ぶ。他に海外作品を含めていろいろなアニメが次々に公開されているのを、おそらく小林信彦はろくに見ていない。限られた数のアニメしか見ずに、過去に蓄積した映画的教養で(といってもアニメに関する教養は少ないと思われる)素朴にこのアニメをほめている。老人が幼児化するのと似ている。

試写では見ないと言っている彼がまた試写室で『ヒア アフター』(2010年、クリント・イーストウッド監督)を見たのが2010年の12月3日。「映画を観に出かけるのは七月以来である」(『気になる』246頁)。半年に1本しか映画を見ないような人は、どう贔屓目に見ても映画評論家ではない。誤解されては困るが、彼の書くものがすべてゆるんでいるのではない。彼の初期の本は面白い。昔の本を読むに限る。

旧著『われわれはなぜ映画館にいるのか』(1975年2月、晶文社)の新編が2013年に発行された。新編はキネマ旬報社の発行だが、同じ発行元の『キネマ旬報』では毎号、ビデオやDVDを平然と映画扱いして記事にしている。その同じ出版社がこのタイトルの映画書を再発行するのに、私にはどうも抵抗がある。矛盾は感じないのだろうか。『キネマ旬報』本誌(2013年5月下旬号)ではさっそく小林信彦の特集が組まれた。彼の新刊が出るたびに(フィクションは除く)読み続けてきた私としては、彼が衰えていく過程がよく分かる。それが実に寂しい。

たとえば、2011年分のエッセイをまとめた『非常事態の中の愉しみ』(以下、『非常事態』と略記)の中で、ふと「なにしろ、九ヵ月、映画館に行っていなくて……」(『非常事態』47頁)と書いている。1年の4分の3が過ぎた時点で映画を1本も見ていない。日本の普通の一般人なら当たり前の話だが(日本人は平均して年に1度しか映画館に行かない)、かつて映画の評論もしていた人間にとって、それこそ「非常事態」

である。1年の4分の3を映画なしで暮らせるなんて、私には想像もできない。

2012年分をまとめた『映画の話が多くなって』（以下、『映画の話』と略記）も看板に偽りありだ。実際のところ、映画の話などあまり出てこない。9か月も映画館に行ったことがないような人が、「映画の話が多くなって」いるつもりでいるだけなのだ。

たとえば、若松孝二を追悼する文章でも、1966年に『胎児が密猟する時』（1966年）を見て、「のちの作品は、DVDで見ている」（『映画の話』258頁）と書いている。つまり、小林信彦は50年近く、若松孝二の作品をDVDでしか見ていない。小林信彦は若松の作品を生涯にわたってほとんど映画館で見ていないのである。若松孝二は多くのピンク映画を撮っているが、ピンク映画はあまり（か、ほとんど）ビデオ化、DVD化されないので、つまり、小林信彦は若松孝二の大半の映画を、実は見ていないのではないか。

携帯電話がいかに人間社会における害毒であるかを描いた『おとなのけんか』（2011年、ロマン・ポランスキー監督）に関しても、体調が悪かったのでDVDで見たと同情を乞うような言い訳をしている。面白い映画も面白くない映画も、小林信彦は基本的に映画館になど見に行かないようになってしまった。別にDVDで満足できるならそれはそれでいいのだが、それなら『われわれはなぜ映画館にいるのか』などというようなタイトルの本をなぜ再出版するのだろう。

どれくらい映画館で見ることを拒んでいるかは、次の記述でも明らかだ。

ヨーロッパの映画製作状況には少しは興味があるが、韓国や中国の映画にはほとんど興味がない。香港映画はずいぶん観た方だと思うが、今はどうなっているかわからない。（『映画の話』114頁）

これも「少しは興味がある」ヨーロッパ映画を、だから見ている、とは言っていないし、アジアの映画は最初から見る気がないと表明している。こういう状態だから、映画の話になっても回想、懐古ばかりで、現代の映画などほとんど論じられることがない。比較的現代の映画でもだいたいがテレビ放映かDVD、ブルーレイでの視聴である。情けない。

そして困ったことに、老人によくある矛盾。その同じ口で、「DVDを観ればいいじゃないかと言われるかも知れないが、観たい映画は大スクリーンで観たい。新宿ミラノとか有楽町あたりの客席千以上という劇場でなければ楽しくない」（『映画の話』40頁）と平気で書いている。

他にも、「ビデオやDVDの形では持っているが、おそれ多くて、小さな画面では観る気にならない」（『映画の話』89頁）と書いたり、「……ぼくはB級だろうと、C級だろうと、映画館へ出向くのだ」（同140頁）と書いたりしている。

同じ本の中で、やはり平然と『幕末太陽傳』（1957年、川島雄三監督）の「……デジタル修復版をNHK・BSプレミアムで観た」（『映画の話』79頁）と書く。もちろんそのデジタル修復版も放送前にちゃんと劇場公開されているものだ。そのような情報も彼の現在の鈍感なアンテナにはかかってこないのだろう。

あるいはまた次のようなことを偉そうに書いている。テレビの地デジ化についてだ。

ぼくはテレビのフレームというのは、〈映画を観るため〉のものと考えているから、数日前に家に入れたが、新聞の地上波欄を見ると、なにか淋しいものに見えるし、地デジになっても、番組のコンテンツはまるで変っていない。一部のドキュメンタリーを除いて、よくこんなものを流しつづけてい

ると思う。(『非常事態』160頁)

いったい、「われわれはなぜ映画館にいるのか」と問題提起したのは誰なのだ。テレビのフレームがどうして「映画を観るため」のものなのか、私には理解できない。理解できないような心理状態になったのは、私がこれまで小林信彦の本で映画を含むショー・ビジネスについて多くのことを学んできたからだ。むさぼるように読んできた。ある時期から小林信彦はテレビのだらしなさに呆れかえってしまっているのだし、「よくこんなものを流しつづけている」と思うのなら、そのまま、テレビなど廃棄してしまえば良かったのだ。ところが、これらエッセイ集を読むと、テレビネタだらけなのである。言っていることと実践していることが一致しない。

小林信彦には『週刊文春』連載のエッセイを集めた表記のエッセイ集の他に、もう一つ「コラム」シリーズというのがかつてあった。これは中日新聞に連載されていたものを中心に集めていったものだ。そちらは芸能関係に絞ってあるので私にとってはいっそう面白かったのだが、そちらの連載が終わり、したがってそれをまとめて出す「コラム」シリーズが終わり、残っているのが『週刊文春』連載の身辺雑記を集めた「本音を申せば」シリーズ(途中まで「人生は五十一から」シリーズ)だけというのが現状なのである。

多くの刺激を受け、ずっと敬愛してきた評論家に向かって老醜というのは酷かもしれない。しかし、とにかく近年のエッセイは繰り言だらけで面白くない。小林信彦の極上部分を読みたければ、古いものを読むに限る。書いていることが近年ではユルユルになってしまっていて、ほとんど参考にならない。勉強の糧にもならない。

もう少し気になったところを抜き出しておこう。

たとえば、この時期の小林信彦は堀北真希のファンである。老人にしては勘が鋭い。彼女が出ていた『ジャンヌ・ダルク』という舞台に関して、小林信彦はこれを見逃し、結局、「これはＤＶＤで観よう」（『非常事態』15頁）と結論づける。

昔の小林信彦ならこのようなことは絶対言わなかった。ＤＶＤで舞台の魅力が伝わると考える方がおかしいのであって、それを平然と述べる。いよいよ本格的にゆるんできた。他にも「映画、ドラマはＤＶＤですませばいい」（『非常事態』176頁）などという乱暴な発言もある。老人が突発的に他人の悪口を言い始めるのに似ている。理性で押さえていた部分のたががはずれるのである。

かつて書かれた本の中にあるが、彼がマルクス・ブラザースのことを研究するために、ニューヨークの近代美術館に保管されている映画フィルムを、人を介して見せてもらうようにして、つまり、実際のフィルムに接してマルクス・ブラザース論を書いたことがある。あるいはまた、ニューヨークに住んでいる日本人の演劇評論家の下で教授を受け、ブロードウェイの舞台を選んで見るということもしていた。そのような気力や体力がすでに現在の彼にはない。

キャリー・マリガンという女優がいる。小林信彦が彼女に目を付けて「これはまた、実に魅力的な女の子（失礼！）が出てきたものだなあ」（『映画の話』127頁）と感嘆した。彼女に目を付けてそう考えるのは当然だが、目を付けたきっかけが、ＷＯＷＯＷで見た『わたしを離さないで』（２０１０年、マーク・ロマネク監督）なのだからがっくりである。情けない。

しかもその項を書いたのが２０１２年６月23日。ところが同じく４月12日の項で『ＳＨＡＭＥ－シェイム－』（２０１１年、スティーヴ・マックィーン監督）を取り上げ、彼女の歌う「ニューヨーク、ニューヨーク」について書いている。ということは２か月も経たない内に小林はその女優のことをもう忘れていたということだ。

また『桐島、部活やめるってよ』（2012年、吉田大八監督）について、バスケットボール部が活発だという記述があるのだが、3人ぐらいがバスケットをやっているのをどうもクラブと勘違いしているようだ。映画の中でも「帰宅部」という言葉が出てきた。これも小林信彦の注意散漫さを示している。

演劇に関してもゆるんでいる。小林信彦はブロードウェイでミュージカルの『サンセット大通り』を見た。「舞台の高いところにプールがあって、そこに死体がうかんでいるのである」（『映画の話』95頁）と書いている。ミュージカルに造詣の深い小林信彦の本でいろいろ学んだ後、私もブロードウェイに通うようになった。そのミュージカルもブロードウェイで見た。決して「舞台の高いところにプール」があるわけではない。舞台上にプールを設置して、舞台奥の上方に大きな鏡を斜めに立てて、舞台上のプールに浮かんだ死体を観客席に向けて映し出しているだけだ。記憶違いか見間違いだろう。明らかに耄碌している。

この話は『アーティスト』（2011年、ミシェル・アザナヴィシウス監督）のネタふりとして書いているのだが、その作品が上映された時、ビスタ・サイズのスクリーンの真ん中にスタンダード・サイズの本篇が映っていて私はすごく見苦しかった。小林は何のこだわりも感じていない。小林の耄碌ぶりの証左である。


小林の『「あまちゃん」はなぜ面白かったか？』（以下、『あまちゃん』と略記）は2013年のコラムをまとめたものだ。タイトルからも分かるように、ヒットしたNHKのテレビドラマ「あまちゃん」の話題がたくさん出てくる。小林がいかにテレビ漬けの生活になっているかを垣間見せている。

すでに、小林はテレビやDVD中心の映像生活には移行していた。今回の本では映画ネタの少なさがどんどん顕著になってきている。

２０１３年早々、大島渚の訃報が伝わる。テレビで大島渚追悼番組があり、『戦場のメリークリスマス』（１９８３年）が放映される。

ラロトンガ島での撮影のいざこざも含めて、必ずしもベストとはいえないこの映画へのぼくの想いは深い。テレビを観ていて、あ、この人も生きていた、この人も元気だったのだ、と胸が痛んだ。たとえば、室田日出男という役者が出てくるが、今の人には通じないだろう。（『あまちゃん』25頁）

現在にいたっては、室田日出男どころか大島渚さえ知らない人が増えていると思う。この映画のラストシーンのビートたけしの表情をほめて書いた時、たけし本人から反論されてうろたえていたように記憶する。

私も『戦場のメリークリスマス』にはがっくりきた。そこら中、ぎこちなさが充満し、坂本龍一のひどい日本語発声を画面によく残したものだと思った。大島渚を論じるのに普通なら初期の、あるいは中期の、怒りやムシャクシャがほとばしりそうな作品を挙げそうなものだが、テレビ放映の作品で話をつなぐのが少しわびしい。

宮崎駿が映画公開後、引退を宣言した（が、後にまた撤回）『風立ちぬ』（２０１３年）に関しても、枝葉末節にこだわる。

〈映画の中での喫煙〉は今のぼくも好まないのだが、『風立ちぬ』は昭和十年代である。その部分だけつかまえて、けしからんというのはおかしい。

細部をつかまえて、けしからんとか、良俗に反すると文句をいうのは異常だ。〈それが気になる〉というのならわかるが、作品そのものを否定するのは、どうも映画に慣れていない人としか思えない。（『あまちゃん』165頁）

トンチンカンな批判はだいたいもの知らずな人から生まれるものだが、この映画の中の喫煙を批判した人たちは日頃、映画を見ない人たちにちがいない。そのような批判など放っておけばいい。小林は現在、ノン・スモーカーだが、過去の日本で誰でも普通に吸っていた事実は、現在の基準で非難しても仕方がないのは誰でも分かる。事実としてチェーン・スモーカーはたくさんいたわけだから、それを描かない方がおかしい。私は主人公のモデルが実際にチェーン・スモーカーだったかどうかは知らない。調べてそういう設定にしたか、宮崎本人の性癖をこの主人公に一部注入したかだろう。放っておけばいいのだ。

映画批評家にとってこの種の批判の仕方がいけないことは常識的なことだが、私はこの件に関して小林の意見は真っ当だと思う。それより、『風立ちぬ』は他にいくらでも非難する部分があるのだから、そちらに精力を費やしてもらいたい。

一方で、映画館にほとんど行かない生活をしていることから生じる、トンチンカンもある。


アメリカ映画はリメイクの連続で、まともな小品（もあるのだ）は日本に入らないか、ＤＶＤでしか入ってこない。今年度の予定を見ても、ひどいものである。（『あまちゃん』28頁）

日頃、映画館に通っていたらアメリカ映画がリメイクの連続でないことは瞬間的に分かる。何度も言うが、映画の情報をテレビCMからしか得ていないような生活を送っているから、認識不足の発言になるのだ。東京にはアートシネマがたくさんあるから、まともな小品だけを選んで見るにしても時間のやりくりが必要なくらい、たくさん上映されている。小林が見ないだけの話、情報を得ないだけの話なのだ。

この発言は、自分が映画館に行かないことの正当化のための詭弁、無理な理由付けの一種だと思う。映画館に見に行かないことを正当化しようとして口が滑ったのだ。

今回の『あまちゃん』には東京オリンピックのネタが大量にある。小林は前回（1964年）の東京オリンピックでひどい目に遭ったとこれまで何度も書いている。エッフェル塔が嫌いだからエッフェル塔にのぼった（そうすればエッフェル塔が目に入らない）文学者がパリにいたが、小林も前回のオリンピックの期間中は仕事がらみで関西に逃げた。今回、病気がちで体力も衰え、前回のように逃げ出す算段はしていないようだ。

ただ、オリンピック招致活動に対しては皮肉を言う。

二〇二〇年の東京招致に反対する集会は、四日の夜に新宿の日本青年館でおこなわれた。スポーツ団体、弁護士団体などが〈自然破壊などに反対する立場から招致活動の中止を求める〉というアピールを採択した。

しかし、こうした集会の記事は大新聞に無視され、NHKや他のテレビも伝えない。視聴率主義の方針に反するからである。（『あまちゃん』57～58頁）

戦争も含め、マスコミが国家的事業に進んで協力しドンチャン騒ぎをしたがるのは戦前から変わらない体質だ。だから、このような意見も今では陳腐にさえ聞こえる。福島の被災地のことは棚に上げて招致活動をしているという点に対する批判（『あまちゃん』37頁）も同様に陳腐だ。「一九六四年の東京五輪がそうであったように、ゼネコンのためなのは、この目で見たからはっきりしている」（『あまちゃん』224頁）というのもほぼ常識となっている。

ただ、前回、東京都民である小林のところにオリンピック前、殺鼠剤と日の丸が配られたという事実（『あまちゃん』225頁）は記憶に値する。こういうことを私は読んだことがなかった。

連載コラムの2014年版が『女優で観るか、監督を追うか』（以下、『女優で観るか』と略記）で、このシリーズの17冊目だ。つまり、このコラムはもう17年続いている。

私が大学生の頃、まだショー・ビジネスにそれほど興味をもっていなかった頃、小林の本で興味をもち、勉強し始めた。考えてみるとはや40年近く、私は小林信彦の追っかけをしているようなものだ。この本でも、彼の「映画は映画館で見ないといけない」という主張はずっと変わらない。主張は変わらないのだが、実践が伴わない。

映画は同時代の空気を吸っている生きものだから、その時々に見ないと意味がない、というのが小林の主張で、若い頃、小林の影響を受けた私は今でもその教えを実践している。当の小林信彦は実践していない。これだけ鑑賞本数が減ると、もう鑑賞の勘みたいなものが鈍ってしまうのは当然である。

本文の中にある「寒い。異常に寒い。／おかげで、試写はもちろん、映画館へも行けない」（『女優で観るか』19頁、「／」は改行の意）、「映画はほとんど観ずに、今年は生きてきた」（同180頁）というような泣き言を言うようでは、彼の映画に関する言説などほとんど信用できないのである。

数少ない実践例から、彼の最近の鑑賞眼を検証してみよう。

たとえば、『すーちゃん　まいちゃん　さわ子さん』（２０１２年、御法川修監督）という映画を、小林は珍しく見ている。柴咲コウ、真木よう子、寺島しのぶという主演級の女優を３人並べているが、実際には出来がもう一つの作品である。原作の益田ミリは珍しく私の好きな漫画家なのだが、彼女は四コマあるいは短篇の漫画家である。１本のストーリーにしてしまうと間がもたない。

ところが「最近の日本映画のひろいものであった」（『女優で観るか』41頁）と小林は評価する。ほめるのに事欠いて、『キネマ旬報』のベストテンで71位だったのは、「……小さな映画館でチョコッと上映しただけだからだ」（同）とボケたことを言っている。

『キネマ旬報』のベストテン選出者である映画評論家たちはたいてい試写で映画を見る。映画館でお金を出してみる人は稀である。だからそのような映画評論家たちは映画館のことなど知らない。さらに言うなら、東京では小さな映画館だったのかもしれないが、本当に小さな映画館だったのだろうか。私は大阪難波のシネコン、なんばパークスシネマでこの作品を見ている。本当に小林は小さな映画館で見たのか。

すっかり茶の間で映画を見る習慣を身につけた小林は、近年、アメリカのアカデミー賞の授賞式を衛星放送で見るようにしている。毎年出されるこのシリーズ本には必ず、アカデミー賞の予測とその結果を違う回で書いている。その衛星放送を見て、小林は、投票結果にいろいろ論評を出す。受賞作品の何本かは日本未公開のものあるのだが、それ以前に公開済みの映画でも小林はほとんど見ていない。作品を知らないのならば黙っていればいいのに、と思う。それでも偉そうにその受賞作に何やかや論評を加えるのだ。「時間があったら見よう」「未見だ」「観たいのだがなあ」と書くのだが、書くだけである。その後、それらの作品が日本公開されても、たぶんちゃんと見ることはないだろう。見るにしてもたぶんDVDによるものだ。

テレビはよく見るので、テレビドラマやテレビ俳優についての言及が結構ある。テレビドラマの『さよなら私』について、小林は次のように書いている。

高校時代、親友だった永作博美と石田ゆり子が神社の階段を転げ落ちたとき、ハートが入れ替ってしまうというファンタジー。（『女優で観るか』247〜248頁）

こう書いてあったら私ならすぐに大林宣彦の映画『転校生』（1982年）を思い浮かべる。ところが小林は「そういう日本映画があったらしいが、まあ、関係はなかろう」（『女優で観るか』248頁）とそっけない。『転校生』では中学生の男女2人が「神社の階段を転げ落ちたとき、ハートが入れ替わってしまう」（映画では神社ではなく寺）のだ。つまり男女2人が女性2人に替わった以外はまったく同じシチュエーションなのである。パクリといってもいいくらいだ。

昔の小林信彦なら、何かの映画があったら、その映画にまつわる他の映画のことが次々と紹介される書き方をしていたものだ。大林監督の1982年の映画に無頓着ということは、その時点からもうあまり映画は見ていないということか。あるいは、老化が進んで記憶力が減退したか。近年の小林信彦の著作にはいつもがっかりさせられる。

2015年のコラムをまとめた『古い洋画と新しい邦画と』（以下、『古い洋画』と略記）はこのシリーズの18作目だ。タイトルはまるで映画関連書みたいになっている。しかし読んでみると分かるが、近年の彼の耄碌ぶりがもろに出た感じがする。彼はろくに映画など見ていない。

小林は今では基本的にＤＶＤでしか映画を見なくなっており、映画館で見ないといけない、とも言わなくなってしまった。やっと、精神と肉体とが一致したのである。

私にとっては、だから、小林は堕ちた偶像なのだ。若い頃、あれほど刺激を与えてくれたのに、今はほとんど刺激的でない。要するに小林が新しい情報をほとんど取り入れていないからだ。映画を見る絶対量が徹底的に少なくなっている。だからタイトルにあるように「古い洋画」ということになる。古い映画の話をしたり、古い映画のＤＶＤが出たのでまた蒸し返したりという書き方なのだ。

一方、「新しい邦画」と書いているものの、『海街 diary』（２０１５年、是枝裕和監督）について熱心に細かく書いているだけのところをみると、新しい邦画に関しては他にろくに作品を見ていないのだろう。見ていないから、邦画の現在の状況がどうなっているのか分かっていない。この作品も小林は試写室で見ている。

書いている内容の貧弱さ、薄さ、力なさなどが、ここのところ毎年、確実に定着していて、私はがっくり来ている。

今回の『古い洋画』の冒頭は、映画評論家・品田雄吉の追悼から始まる。私はこれまで、品田の映画批評を面白いと評価している人をほとんど知らない。書いているものから判断して、品田には平凡な映画的教養しかない。平易な文体ではあるものの、裏を返せば教科書的といえるような内容のものばかりなのである。そういえばＴＯＨＯシネマズを中心に「午前十時の映画祭」という、昔の名作を１１００円（学生は５００円）で見せる試みが続いている。確か、１回目の番組選定から品田雄吉が関わっていたと思う。

そのラインアップを見ると平凡な名作ばかりで、ちょっとした映画ファンなら誰でも見ているような作品が並ぶ。そのような常識的なものについてしか品田は書いていない。

小林は品田と時々映画の話をしていた知り合いだというだけの話で、品田雄吉が実はいかにすごい映画評論家かを説得力をもって示す記述は見当たらない。当然である。すごくないからだ。

東京でもシネコンだらけになっているが、一応、小林はシネコンには批判的だ。

シネコンが困るのは、前もってチケットを買い、席を指定しておかなければならないというのがその一つ。二つ目が上の方の階で火事が出たら、どうするか、という問題である。

ぼくのような年輩者は、勝手に入って行って、勝手に出てゆく〈昔のような観客のあり方〉しか知らないので、ネット予約などできず、DVDかブルーレイを自宅で観るのが便利ということになる。あるいは、非シネコンの劇場を作ってくれないと困る。(『古い洋画』87頁)

まれに爺臭い映画がかかっている時に、老人が大挙してやってくる場合がある。2015年で言えば、『海難1890』(2015年、田中光敏監督)とか『杉原千畝　スギハラチウネ』(2015年、チェリン・グラック監督)などだ。しかし、それでも、見渡して老人が多いとは言うものの、80歳を越えている観客はそういなかった。この本の時点で小林信彦はすでに80歳を越えている。だから、映画館に行くのに苦労するのは理解できる。

その年齢で映画館に行くのに無理があるのなら、最初からシネコンの悪口など言わず、黙って映画以外のネタでコラムを書けばいい。まだ映画に未練があるのなら、また、まだ映画は映画館で見ないといけないと思っているのなら、実践すればいい。映画館に行けばいい。できないならさっさと看板を下ろせばいい。それだけの話である。

先の文章から判断すると、どうも小林信彦は原稿をまだ手書きしていそうだ。パソコンを使って書いているのなら、簡単にシネコンの予約ができるからだ。

また、まだ映画館で座席指定制がなかった頃、多くの観客が途中から見て途中まで見た後、映画館を出る、という映画の見方をしていた時代があった。小林信彦も同様のことをしていた。

昔の映画は、おおむね時間の進行通りにストーリーが進行していた。そのような映画なら、途中から見て最初に戻り、途中まで見た後、自分の頭の中で最初から通しで見たものとして組み立てるということも可能だったろう。

しかし、近年の映画では、映画内の時間の進行は頻繁に前後し、滅茶苦茶になっている場合が多い。現在から回想シーンに入り、また現在に戻り、今度は未来を空想する、その後、また現在に戻る、などという構造の映画はいくらでもある。小林信彦のように〈昔のような観客のあり方〉で見ていたら、頭が混乱するだろう。

もっとも、一般観客ならそれでもいい。ただ、映画に関して何かを書く立場の人は、最初から最後まで通しで見ないと、監督の意図を誤解する可能性がある。でもどうやら小林信彦はずっとそのような見方をしていたようだ。試写室では時間通りにやっている。そこに小林は時間通りに見にいく。なのに映画館では上映時間を無視して出入りする。小林はこのことに矛盾を感じていないのだろうか。

また、小林は何か勘違いしているのだろうか。私の知る限り、ほとんどのシネコンはだいたいショッピングセンターの建物の入口から最も遠い最上階にある（これにも理由がある。シャワー効果というものだ）。小林は単に「上の方の階」と「下の方の階」とを書き間違えただけか。上階で火事になっても、下の階の者は逃げられる。

このような弛緩した誤りが結構見られる。他には、トニー賞（ブロードウェイ演劇のアカデミー賞みたいなもの）について書いたところで、『20世紀号に乗って』について書いている。この作品の注として「（ハワード・ホークスの『特急二十世紀』の舞台版）」（『古い洋画』110頁）と小林信彦は書いている。実際にはベン・ヘクト、チャールズ・マッカーサーの1932年に書かれた戯曲が元になっている。その戯曲からまずホークスの映画が作られ、その後、同じ戯曲からミュージカル舞台が作られたのだ。映画化作品のミュージカル化ではない。

私は若い頃、このようなことを小林信彦に教えられたやり方で調べていった。小林信彦にそういった方法を学んだものだ。今や小林信彦が書いているものを疑って読む習慣が私にはついている。

この年は渡辺謙がミュージカル舞台『王様と私』の王様役で主演男優賞にノミネートされた。いつもながら、いい加減な芸能マスコミは日頃、ブロードウェイ・ミュージカルには何も興味がないくせに、日本人がノミネートされただけで興奮し、勝手に盛り上がろうとする。２００４年、スティーブン・ソンドハイムの『太平洋序曲』のブロードウェイ舞台を日本人の宮本亜門が演出することになり、大騒ぎしたのと同様の馬鹿騒ぎである。

ともかく、トニー賞授賞式の中継を衛星放送のＷＯＷＯＷが中継したそうである。「渡辺謙が賞をとれるかといった話題で、正直、うるさい。この日本人たちが現れるコーナーをＷＯＷＯＷはなんとかしてもらいたい」（『古い洋画』110頁）という健全な感覚はまだまだ研ぎ澄まされている。実際、このような時だけ張り切る演劇関係者がいるのだ。

あるいはまた金井美恵子に似た嫌味な社会批評がある。

「キディランド」その他ではカボチャのお面を売っているので、二十代、三十代の男女が渋谷や六本木で〈お祭り騒ぎ〉をするのも仕方がないか。外国の習慣をみっともなく真似ているのを、外国人が眺めにくるのは、あまり良い図ではないと思う。(『古い洋画』212頁)

これはこれで順当な意見表明である。要するに儲かれば何でもする商業主義のたくらみに多くの人が乗せられているだけのことだ。クリスマスやバレンタイン、果ては節分の巻寿司丸かぶりなどと同じなのだ。

この文章の後に、小林信彦は、ハロウィーンにちなんだ映画を取り上げている。彼が扱っているのは1944年の『毒薬と老嬢』(フランク・キャプラ監督)である。「古い映画」とタイトルにはあるが、いくら何でも古すぎないか。日本人留学生がハロウィーンの夜に、怪しい奴として撃ち殺された事件を取り上げているのなら、もっと他の映画も取り上げるべきではないか。たとえば、普通なら1978年から始まり2002年まで、8作品続いた、その名もズバリ「ハロウィン」シリーズに言及しないわけにはいかないだろう。それらもすでに「古い洋画」だから取り上げてもいいだろう。小林信彦は下手をするとこのシリーズ映画のことなど知らないのかもしれない。

2016年版『わがクラシック・スターたち』(以下、『クラシック』と略記)では、何か知らないが、小林信彦が世間や社会にますます関心をもたなくなっている。この本は大半が映画ネタとなってしまった。

といっても、小林は映画館にはほとんど行かない。自分の手持ちや他人に貰った古いビデオ、DVDについてあれこれ話をするだけである。これはもしかして小林流の終活なのか。

1964年の時と同じように、小林は2020年の東京オリンピックにもっと怒り狂っていいはずだが、この本の中では妙に大人しい。東京開催が決定した時点で、自分の趣味（映画）に耽るだけである。老齢のため、怒る元気ももうないのかもしれない。

小林が映画館で見た数少ない映画の1本が『キャロル』（2015年、トッド・ヘインズ監督）である。ただ、小林が気になっていたのは映画そのものというよりも、原作者パトリシア・ハイスミスの方だ。小林はかつてミステリー雑誌の編集長をやっていたこともあって、彼女の作品はいつも気に入っていたのだ。

この映画自体、優れたレズビアン映画である。そしてそのような性的マイナリティを扱った映画は近年、ごく普通なのだが、小林はほぼ時代遅れの感性しか持ち合わせていない。これも老いのせいか。

> レズビアンの心の動きをぼくはなかなか理解できない。最近のフランス映画で若い女性二人の〈行為〉を見て、こういうものか、と思ったのだが、そうでもない限り、なかなか納得できない。これは男性二人でも同じであって、そういう映画には近づかないと言っていい。（『クラシック』51頁）

かつてあれだけ敏感だった小林信彦が、今ではまったくの時代遅れになっている。時代にとり残されている。「最近のフランス映画」としか言えないのが情けない。念のために言っておくと、『アデル、ブルーは熱い色』（2013年、アブデラティフ・ケシシュ監督）のことだろう。こちらもよくできたレズビアン映画である。

いつも注目しているウディ・アレンの『教授のおかしな妄想殺人』（2015年）をこの本でも取り上げている。昔の小林信彦なら、この映画を見てすぐにドストエフスキーの『罪と罰』を下敷きにしていることに気がつくはずだが、今の小林には無理だ。一言も言及がない。映画の中の台詞にも『罪と罰』が出てくるのに、気がついていない。記憶の引き出しの鍵も錆びついているのかもしれない。

近年、綾瀬はるかが小林にとってのトップ女優だというから、批評軸が相当がたついている。綾瀬がまともな映画に出ているとでもいうのか（『海街 diary』ぐらいしかない）。

また、あまりヒットしなかったが結果的に『キネマ旬報』ベストテンで1位となった『ハドソン川の奇跡』（2016年、クリント・イーストウッド監督）と、大ヒットしたが作品的には評価の低い『君の名は。』（2016年、新海誠監督）について、それぞれ次のように書いている。

イーストウッドの狙いは機長の決断のうちにどんなドラマがあったかに迫るものだが、事件当時、機長はコーヒーかアルコールを啜っていたという噂があった。この映画はそこらも明らかにすると見られる。機長と副機長の密室内でのやり合いも緊迫するだろう。（『クラシック』111頁）

東京で暮す男子高校生と田舎町で暮らす女子高生が夢の中で入れ替わる話で、いわゆるエヴァンゲリオンの系列作で、俗に「セカイ系」といわれる作品である。大規模作品らしい大衆性を持たせたものの、映像の美しさが売りだ。（同181頁、「暮す」「暮らす」の不統一は原文のママ）

このように書いているが、実は共に小林がまだ見ていない時点で書いた宣伝文まがいのものである。

このようなことはこれまでの小林信彦にはなかったと思う。『ハドソン川の奇跡』の方は、後に見ているが、『君の名は。』については、「ぼくは渋谷で見るつもりだが、もう少し空いてからでないと、入れまい」（『クラシック』181頁）というもので、実際、この本の中で最後まで『君の名は。』を見た形跡はない。小林信彦はどうしたのだろう。

（2）金井美恵子

【金井美恵子『「競争相手は馬鹿ばかり」の世界へようこそ』（2003年11月、講談社）】
【金井美恵子『目白雑録』（2004年6月、朝日新聞社）】
【金井美恵子『目白雑録2』（2006年8月、朝日新聞社）】
【金井美恵子・金井久美子『楽しみと日々』（2007年4月、平凡社）】
【金井美恵子『目白雑録3』（2009年4月、朝日新聞出版）】
【金井美恵子『日々のあれこれ　目白雑録4』（2011年6月、朝日新聞出版）】
【金井美恵子『目白雑録5　小さいもの、大きいこと』（2013年9月、朝日新聞出版）】
【金井美恵子『新・目白雑録』（2016年4月、平凡社）】

金井美恵子の小説は初期のをいくつか読んだぐらいである。新作小説のいくつかは買い求めてはいるものの、まだ積んだままで読んでいない。エッセイはだいたい読んでいる。映画関連書はすべて読んでいる。彼女は蓮實重彦とも交流があるのだろう。書きっぷりがいかにも蓮實的である。特に対象を馬鹿にする時は、蓮實と同じような文体になる。

また、蓮實の（悪）影響を受けているので、価値観もほとんど同じである。対談をしても意見が食い違うのは稀だ。いい影響としては蓮實重彦と同じく悪口を堂々と言うところである。蓮實の勧める映画に関してなら宣伝文みたいなものも書くが、そうでない作品に関しては悪びれずにこっぴどく非難する。それが小気味よい。

蓮實の手のひらから抜け出すともっといいと思う。と言っても、彼女は1947年生まれだから、高齢なので今さらもう方針を変えることはなかろう。

彼女の価値観ははっきりしている。たとえば、「……ロメールを軽蔑するか認めない人間とは、私は交際を絶つことにしている――あるいは、絶たれる、と言うべきなのかもしれない――のだが、……」（『競争相手は馬鹿ばかり」の世界へようこそ』115頁、以下、『競争相手』と略記）と彼女は書いている。

私は日本で公開されたロメール作品はすべて見ているが、その中には面白いのも面白くないのもある。この監督を決して軽蔑していないが、認めているわけでもない。作品によって評価が変わる。普通ならそれが当たり前だろう。常識的に見ても、一人の作家の撮った作品がすべて名作になる可能性などほとんどない。

ところが、蓮實系映画評論家たちはある映画作家が気に入ったら、その作家のすべての作品を好意的に捉える。気に入らなかったらその作家の全作品を馬鹿にする勢いだ。蓮實がそういう姿勢をとるのに問題はない。問題があるのは、蓮實追随者たちが深い見識や考察もなく、実際に作品を見ない時でも蓮實の真似をしたがる点だ。

金井美恵子も蓮實の価値観に従っている。やや意固地にも思えるような評価の仕方であるが、そのひねくれた考えが読んでいて時々面白い点がやっかいである。そのひねくれ具合がどの程度か実例をいくつか挙げてみよう。

『10ミニッツ・オールダー』は、ビクトル・エリセの一本を見るために、二本合わせて一九八分、エリセの十分を引いて一八八分（なかには眠らずに見られるものも無いわけではないものの）耐えなければならない映画である。（『目白雑録』223頁）

歩いて行ける距離にある池袋のシネ・リーブルで『華氏９１１』を上映していると知人の夫妻に誘われて見に行ったのだが、これはもちろん見る前から愚作とわかっていたものの、しかし、クエンティン・タランティーノが審査委員長だった今年のカンヌ映画祭でパルム・ドールだったというのは、これもまあ、あきれたところで無意味だろう。今村昌平の『楢山節考』にもやるパルム・ドールなのだから、……（『目白雑録2』53頁）

マイケル・ムーアはアカデミー賞長編ドキュメンタリー賞を受賞したばかりか、『華氏９１１』でカンヌ映画祭のパルム・ドールを受賞したのだが、そうした評価とフレデリック・ワイズマンの映画を比べてみることは、はなっから無意味なことだろう。映画としての格が、まるで別の物なのである。（『楽しみと日々』137頁）

生涯に3本ほどしか長編映画を撮っていないビクトル・エリセというスペインの監督、ナレーションなしのドキュメンタリーを撮るフレデリック・ワイズマンというアメリカの監督について、蓮實重彥は全面的に支持している。だから（ということもないが）金井美恵子も一緒になって支持する。エリセにしてもワイズマンにしても全面肯定である。

その代わり、それに付随して論じられる他の監督作品や、比較される作品はコテンパンにけなされている。

確かに、『10ミニッツ・オールダー』（2002年、「イデアの森」「人生のメビウス」の2集、ベルナルド・ベルトルッチ監督他）は退屈な映画だったが、エリセの担当部分がそれほど傑出した作品だと私には到底思えなかった。『華氏911』（2004年、マイケル・ムーア監督）はとにかく画面が汚いので私は認めたくない。しかも、露骨に政治的な「演出」が成されていて、たとえブッシュが知性に欠ける大統領であることを示していたとしても、それは日頃の彼の言動でだいたい分かることである。わざわざドキュメンタリーにするほどのことはない。その上、テレビ映像が多い。しかし、『不都合な真実』（2006年、デイヴィス・グッゲンハイム監督）程度には楽しめた。

ワイズマンのドキュメンタリーは対象を凝視しているだけで、変な演出はしていない。そのため、一般にはほとんど見られることがない。私の受けた印象では、ドキュメンタリーとして傑出しているというよりは、スタイルの問題である。このような手法でワイズマンはドキュメンタリーを撮っていて、それが効果を上げているのだ。

蓮實はクエンティン・タランティーノを常にほめるわけではないが、カンヌ国際映画祭の権威を素直に認めているわけでもない。『楢山節考』はちゃんとけなしていた。金井が、ドキュメンタリー監督としてのマイケル・ムーアを認めていない点も、ビクトル・エリセの作品を何があってもほめ立てる点も、蓮實重彦と同じ評価である。つまり、金井がここで書いているようなことは、すでにどこかで読んだことのある評価なのである。

ベネチア国際映画祭も宮崎駿も、金井の前では何の権威もふるえない。

……ヴェネチアの特別金獅子賞とやらを受賞した宮崎アニメというのが私は嫌いで、いやいや見はじめて最後まで見た試しがない。もともとアニメーションというものに興味がないのだが、あの宮崎アニメの絵とストーリーの下品さが、私の許容できる下品さと本質的に別のものなのだろう。(『目白雑録2』101頁)

宮崎アニメの下品さについてはもう少し説明が欲しいところだが、蓮實一派の傾向として本人たちが分かりきったことと見なした件に関しては説明をしない。金井も説明しない。

といっても、これも蓮實一派にありがちなことだが、いったん、ダメな作品、ダメな監督と決めたら、全面否定する。見ていない作品であっても否定する。「見はじめて最後まで見た試しがない」「もともとアニメーションというものに興味がない」のに、宮崎アニメが下品かどうかをどうやって判断するのだろうという疑問が湧く。宮崎駿が件の賞を獲ったのは2005年のことである。彼女がどのアニメのどのシーンを見て、瞬間的に許しがたい下品さと感じたのか、私は知りたい。

ともかく、ベネチア国際映画祭を含む各種国際映画祭を悪しざまに言う人はいるものの、宮崎駿を全面否定する人は少数だろう、しかも通しで見ずに否定できる人は。

金井の映画論はほめ方、けなし方が極大、極小だ。中間を認めない。ところが、現実に流通している映画を考えてみると中間に位置する作品がほとんどである。極端なものだけに注目していては多くの作品を見逃してしまう。だから金井美恵子の批評を丸々信じてはいけない。ただ、ぬるま湯映画批評の多い現代では、けっこう面白く読めることは確かである。

また、彼女の批評には断定だけがあって、細部の批評がない。例外として細部に至るまで真摯にほめている文章がある。韓国映画『子猫をお願い』(2001年、チョン・ジェウン監督)という名作について彼女は次のように丁寧に評している。

これは本当に生き生きとした映画的才能に充ちた映画で、幾つもの素晴らしい躍動感と繊細さにあふれたシーンで、映画の筋上の内容とは無関係に眼が熱くなる。女子商業高校の親友同士だった十九歳から二十歳の若い少女五人が仁川港の突風にさからって歩くシーン、失業中のイラストレーター志望の少女の住む崩れかかっているバラックの屋根裏部屋の小さな窓から、ひょいと屋根にとび出してしまった子猫を追って、少女が屋根に出るシーン、綿密なシナリオ(脚本もチョン・ジェウン)と音を効果的に使ったオーヴァー・ラップを介して、それぞれの悩みや不安を怒ったような沈黙で顔を浮腫ませた若い娘特有の独特なあの表情で歩く少女たちのシーンと体が弾けるような笑い。経済成長と家父長制がぴったり一致した家からの家出を決意して、壁にかかった大きなパネル張りの家族の記念写真から自分の姿をカッター・ナイフで切り抜き、お金を盗み出し、ささいな行き違いと沈黙のせいで少年保護施設に収容されていた友達の出所を出むかえるために、暗いうちから頭に懐中電灯をつけて本を読みながら施設の前で待つ少女。

まさに、みずみずしさと大胆さと細心な巧妙さにあふれた驚嘆すべき処女作である。（『目白雑録2』24〜25頁）

ストーリーやテーマについて批評するのは最も初歩的な批評であり、最も平凡な批評である。まともな批評家はそのような文章を書かない。蓮實重彥一派は基本的に映像主体の批評である。金井美恵子も映像から論を進める。必要な細部から全体を照射する。

私は『子猫をお願い』を見た時、珍しく感動した。ペ・ヨンジュン人気でどんどん入ってくるようになった安物の韓国映画などとは格段に違う作品である。ペ・ヨンジュンを初めとする韓国四天王の映画というのは、言ってみれば日本のアイドル映画みたいなくだらないものである。ヨン様ファンのおばさんたちは日頃から馬鹿にされがちだが、金井美恵子も、そのような韓流おばさんが熱狂する作品群を馬鹿にしている。

日本に紹介される韓国映画といえば、あのメガヒット作のスパイ・アクション映画『シュリ』（配給会社は収益でビルを建てたという噂もある）以前には、カンヌやベネチアやベルリンの映画祭だけではなく、世界中の無数の都市のそう知られていない国際映画祭出品向けに作られた、いかにもそれらしくコーリア色を強調した真面目なメロドラマ系で、岩波ホールで公開されることもあるけれど、ほぼ記憶に残らないものばかりなのだった。

なぜ記憶に残らないような映画なのかと言うと、もちろん退屈な映画だからなのだが、それはたとえば、来日した監督にインタヴュアーが日本映画についての質問をすると、なんの疑いもためらい

もなく、黒澤明を尊敬している、と答えるタイプの映画作家が撮った映画だからなのだ。(『楽しみと日々』71頁)

たぶん金井美恵子は韓流おばさんたちを敵に回してしまった。別に敵にしたっていいのだし、どうせ韓流おばさんたちは金井美恵子など読まないから問題はない。

金井美恵子は韓国映画の監督たちがいまだに黒澤明を尊敬している点に、退屈映画の原因を見いだしている。つまり、日本の映画監督について訊かれて黒澤明の名前しか出ないというのは、現代の日本映画をほとんど見ていないことを逆に示していることになる、というのである。

金井美恵子は黒澤明には終始、批判的である。もっとも、韓国の監督にインタビューする日本側の映画レポーターも、おそらくたいていは映画的教養に欠ける人ばかりなので、まともな質問など出るわけがない。

作品ばかりではない。手法や映画を取り巻く状況に対しても彼女は批判の手をゆるめない。

結末をはっきりと示さず、ストップ・モーションをかけて不意に画面が固定して終わる映画というのは、『大人は判ってくれない』を例外として、言ってみれば、この終わりなき結末の続きを書くのはあなたです、という言葉でしめくくられるある種の小説のように下品であることは確かなことなのですが、写真のシャッターが切られたことを、ストップ・モーションで示す方法も、同じように下品と言わなくてはならないでしょう。(『競争相手』132頁)

最近の映画ではストップ・モーションで終わる作品は珍しいが、写真を撮ったシーンで画面が固定する手法は今でもしょっちゅう採用される。「下品」と断定されたら、その手法を採用した監督ばかりか、それを平然と見ている観客まで恥ずかしくなってくる。

もう一つ、映画館で売っているパンフレットについて。

『春の惑い』は素晴らしい映画だが、プログラムに載っている「採録シナリオ」というのは、やめてほしい習慣の一つである。シナリオではなく「採録」なのであって、読んでいると、げっそりして苛々する。それにスチール写真を含めて、「画」の選び方が、たいていのプログラムが、とてつもなく無精ったらしいのも特徴で（『家宝』プログラムの写真の選び方と使い方は、まあまあ）、まあ、貧しい財政状態で、公開してくれるだけでも有難いと思うべきなのだろうが……、だからこそ、とも言いたいのだ。（『目白雑録』166頁）

金井美恵子は映画を見るとパンフレットを買っているのだ。私は過去に数度しか買ったことがない。だいたい、何のためにあるのか分からない。ご鑑賞の記念に、などとアナウンスされているが、鑑賞後、2度、3度、パンフレットをめくってみることはあるのだろうか。卒業アルバムと同じ程度にしか見られない。そんなものを買っても無駄である、と私は思っている。見たのを忘れるような映画は忘れたらいい。

なお、金井美恵子は中国語ができるとは思えない。となると、『春の惑い』（2002年、ティエン・チュアンチュアン監督）という中国映画は字幕に頼ってみたにちがいない。そうなると、理解範囲は採録シナリオとそれほど大差がないと思うのだが、どうだろうか。『家宝』（2002年、マノエル・ド・オリヴェイラ監督）はポルトガル語だと思うが、こちらも字幕に頼っているのなら、やはり字幕と採録シナリオも大差ないと思う。後者についてはスチール写真のことしか書いていないが。これが日本映画なら、採録やシナリオにも意味がある。

俳優についても好き嫌いが激しい。たとえばマルチェロ・マストロヤンニについて、「……あらゆる出演作を通して一度もいいと思ったことのない」（『競争相手』156頁）俳優としているし、『秋刀魚の味』（1962年、小津安二郎監督）の山本富士子、岡田茉莉子、司葉子の「……キャアキャアした演技は見ていて恥ずかしくなる……」（『目白雑録』246頁）などと、言いたい放題で気持ちがいい。

これぐらいのことは本来なら誰でも言わないといけないのである。多くの映画レポーターたちの、俳優への媚びへつらった愛想など誰も読みたくないのである（取材される側は読みたがるかもしれない）。

実は、金井美恵子は同業者（小説家）にも厳しく、来日したマヌエル・プイグに対して行われた村上龍のインタビューを「国辱」的（『目白雑録2』95頁）と評している。これも面白い。私もなぜ村上龍がするのだろうと思ったからだ。彼は一時、キューバ音楽に凝ったことがあるから、同じスペイン語圏の作家なら村上龍に任せよう、ともし考えてインタビューを任せたとしたら、その任せた人が「国辱」的かもしれない。

晩年に向かうにしたがって、映画館や試写室に出かけることの少なくなった金井美恵子は、二次媒体としてのビデオやDVDについてどう考えているのだろう。

DVDやヴィデオやテレビでも、もちろん見るのだが、しかし映画はDVDやヴィデオのように何回も繰り返して見ることが簡単なメディアではなく、スクリーンを見つめることの緊張感によって、抜き難く見る者の記憶に刻まれる光と影の、そして時間の鮮やかでときに曖昧な刻印なのだということを確認したいのだ。（『楽しみと日々』23頁）

今年、生誕百年をむかえた成瀬巳喜男の映画は、時代に対してのバランス感覚の保たれた普通の名画としては、正当に評価されてはきたものの発表当時の同時代の批評家や観客には見えていなかったものに充たされている新作でもある。一人の歴史的な映画作家の全貌は、後の時代の者が映画史を知ることによって初めて見えてくるものではあるまいか。自己の曖昧な映画体験の記憶をたよりに、映画について語るべきではあるまい。私たちはヴィデオであれＤＶＤであれ、映画も再見する機会がいくらでもあるのだ。（同160頁）

1冊の本の中で、すでに彼女に矛盾が生じている。ほぼ正反対の考えを金井美恵子は表明している。小林信彦の項でも書いたが、たいていの年寄り映画評論家は、スクリーンで映画を見ることが億劫となり、ビデオ、ＤＶＤを擁護し始める。やがて、衛星放送や映画配信でしか映画を見なくなる可能性も高い。

私としては、ＤＶＤで見ているくせに、偉そうに言うな、という反感をまだもっている。「……スクリーンを見つめることの緊張感によって、抜き難く見る者の記憶に刻まれる光と影の、そして時間の鮮やかでときに曖昧な刻印なのだ」と言っている方の金井美恵子を支持したい。

たとえば、芥川賞を受賞した伊藤たかみが自己の映画体験を訊かれ、小難しい映画を挙げるのがイヤになって、今はハリウッド映画、たとえば『ゴッドファーザー』（1972年）の名を挙げるというのを読んで、「……ミもフタもない状態の時代錯誤ぶりは、発言者が馬鹿であることを示しているとしか思えない」（『目白雑録3』46頁）と、金井美恵子はバッサリと斬り捨てる。小難しい映画というのがルイス・ブニュエルの『アンダルシアの犬』（1928年）で、その後のブニュエルの作品群を無視して、ハリウッドの平凡な名作を挙げるのが金井には許せないのである。

金井のこのような姿勢は、逆の形で以前からある。『殺人の追憶』（2003年）を撮った直後のポン・ジュノが、好きな監督は、と訊かれて、挙げた名前が黒沢清、鈴木清順、青山真治、阪本順治であり、黒澤明や小津安二郎ではないことで、金井はこの監督を高く評価するのである（『楽しみと日々』73頁）。要するに、うかつにも黒澤、小津の名前を挙げるような人はろくに映画を見ていないことの証明となり、その発言者が監督であった場合、致命的となると考えているのである。

金井と同じく蓮實一派の一人、山田宏一が学習院大学で映画の公開講座をやっているので金井は出かけていく。最近の学者が書く映画論についての山田の発言を彼女は紹介している。

……植草甚一はエッセイといえどもちゃんと出典を書いていたが、最近の映画研究者の中には「出典を素知らぬ顔をして消しちゃって、自分のオリジナルみたいなふりをして書いてしまう傾向があるでしょう。もうオリジナルなんてものはあり得ないのですから出典や引用は明記すべきなんですよ」と語り、さらに、「表象文化の大学教授のひどさときたらね（笑）。たかが映画じゃないか（笑）。『ユリイカ』なんかに載る映画研究者の文章なんて本文より註のほうが長いでしょう。知ったかぶりでね。私自身がそうだったからよくわかるけど、今、自省をこめて言えば、註のない文章を書けるようにならなければ駄目だし、本文中にすべてが自然に入り込んでこなければいけないと思いますね。知識というのはあえて註に記さなくても本文に自然に出るので、それが映画批評の面白さになる」とそのまま、自身の批評の文章のスタイルの魅力の本質を明かしているとも受けとれる発言をしているので、苛立ちが少しおさまった。(『目白雑録3』101〜102頁)

確かに、映画研究者の文章には大げさに書いている人が多い。文中の「ゴダール」に註がふられていて、註を見ると「ジャン＝リュック」と書かれていたという馬鹿馬鹿しい例を金井は挙げている。実際に、映画学者の書く論文にはそのような註をほどこす文章がけっこうあるのだ。金井美恵子の怒りや軽蔑は特に偏見によるものではない。あくまで正当なものである。

映像に関していうと、NHKのスポーツ中継やドキュメンタリーを金井は徹底的に馬鹿にしているし、民放となるともっと激烈である。網膜剝離を患って、自宅療養を続けることになって初めて朝のバラエティ番組を見た時の金井の印象が、「……朝っぱらから、こういうクソみたいなドンチャン騒ぎを、オヤジのダミ声とねえちゃん、にいちゃんのキンキン、ギャアギャア声で繰り返していた……」(『目白雑録3』145〜146頁)というものだ。当たっている。もっと徹底的に非難しているのが次の文章である。

……テレビというものは、ビジュアルなメディアということになっているのに、特に見るべき物が映るわけではないので文字通り漫然としてただ騒々しく、下卑て自信の無さとゴーマンさが混った顔付きのアナウンサー、芸人、ジャーナリスト、文化人たちが、どうでもいいことを喋っているメディアなのだが、今年の夏はなんといっても、放映時間に時差のない北京オリンピックである。そして、オリンピックというものは、フットボールのワールド・カップなどとはレベルが違う騒動として全メディアが一斉に足並をそろえて「感動」に包まれることになっていて、ありふれた感想なのだけれど、「国家」と戦争報道を思い出すことになる。（『目白雑録3』186〜187頁）

国家的なイベント（オリンピックも戦争もその一つ）があると、マスコミは雪崩のごとく国家一丸となる。率先して国家に協力するのだ。

また、金井美恵子は、伝聞によるものだが、『鹿男あをによし』というテレビドラマでナレーションの中井貴一が「八百万の神」を「はっぴゃくまんのかみ」と読んだと聞いて呆れる（『目白雑録3』156頁）。脚本家（相沢友子）が無教養か（といっても原文が漢字で書いてあったら罪はない）、中井貴一が無教養か、テレビのスタッフみんなが無教養か。とにかく無教養な人が集まって「はっぴゃくまん」を許すことになったのだ（もちろん「やおよろず」と読む）。このテレビドラマに関わっている人で誰一人疑問に思わなかったのがいかにもテレビ的だ。それとも、もしかして、ナレーションが嘘をつく、ギャグを言うという趣向か。分かっていて言わせているのか。金井同様、私も直接聞いていないので、金井のように非難するのは慎みたい。

この「目白雑録」シリーズでは、日常に感じたことが嫌みったらしく書かれているのだが、その中に映画の話題がたくさん出てくる。

残念ながら、この『目白雑録3』では長年（20年近く）飼っていた猫が亡くなったり、本人が網膜剝離になったり、自宅療養のため出不精となり、家でテレビを見ることが多くなった結果、好きなフットボール（普通はサッカーというが、彼女は外国での呼び方を採用している）の話題が圧倒的に多くを占めるようになっている。彼女には昔、映画書として出した本もあるが、近年はエッセイの中でしか映画に対する考えを知ることができない。しかし、鋭く嫌味な言い方が読んですごく面白い。

たとえば、すごく人気があるのにたいした映画に出ていない宮崎あおいのことを、「丸顔で鼻が短くてツンと上を向いていて、横顔では鼻と唇の高さが一直線上に並ぶ、チャーミングなマンガ顔……」「……もっともらしくわかりやすい少女マンガ風の演技をいい気になってする……」（『目白雑録3』210頁）と馬鹿にしている。これはＮＨＫのドラマ『篤姫』について書いたものである。もしもっと町中に出て映画館に行って、彼女主演の面白くない退屈映画をたくさん見ていたら、もっと鋭い、怒りを込めた評価が読めたかもしれない。

押井守の『スカイ・クロラ　The Sky Crawlers』（２００８年）を論じるに際し（と言っても彼女はその作品を見ていない）、宣伝パンフレットに載った中田英寿の「日本人として海外で活動する」という言葉をせせら笑う。「……本当に映画を宣伝する人間というのは、いろいろな意味でセンスが悪いか物知らずで間抜けなのではないかと思ってしまった……」（『目白雑録3』212頁）と書く。サッカーには興味がないので私には判断できないのだが、金井美恵子はフットボール・ファンとして中田英寿への世間の過大評価に憤慨している。同時期に引退を表明したジダンと合わせて、「……ジダンと中田を同等に扱うのは許せない」「一種のサギ行為」（同20頁）と決め付ける。実際、サッカーで少し才能があるかもしれないだけなのに、他の無関係な分野で偉そうなことを言っているのを見て私も、やっぱりな、と思っていた。

なお『崖の上のポニョ』（２００８年、宮崎駿監督）の主題歌とオウム真理教の人たちが選挙に出た時に歌ったテーマソング、ショーコー、ショーコーと連呼するあれとよく似ているという指摘は鋭い。まったく気がつかなかった。

1947年生まれの年齢だと、そろそろ生活も落ち着いてきて、おだやかな身辺雑記風のエッセイになりがちだ。しかし、彼女は違う。よく怒っている。しばしば誰かを小馬鹿にしている。この世にいいものは少ししかないということを自覚している。世の中のいろいろな文化は、怒る対象、小馬鹿にする対象となる。当人がこの本を書いているままの人だったら、たぶん近所の人に嫌がられていると思う。しかし、文筆家は近所の人に嫌われてもいい。書かれていることさえ納得のいくものなら、何をどう書こうと作家の勝手である。

サッカーが好きなので、日本のサッカーを小馬鹿にしたり、本気で怒ったりする。ワールド・カップなどの国際的イベントでマスコミがドンチャン騒ぎをすることは軽蔑されても当然なのだが、マスコミ自体にはその自覚がない。いつまで経ってもドンチャン騒ぎが好きなのだ。だから金井美恵子は怒る。

私はこの作家が中田英寿を小馬鹿にしているのをいつも楽しみに読んできた（彼の引退はその意味で寂しい）。ただし、いくらサッカー好きといっても、彼女のサッカー好きの基本はテレビ観戦である。だから話半分でいいと思う。テープやCDで落語を聞く中野翠の落語論と同じと考えていいだろう。この種の対象は生で見ないと意味がない。

金井は『日々のあれこれ　目白雑録4』（以下、『目白雑録4』と略記）の中で、テレビの映画放映について次のように書く。

映画がテレビで放映される時、もっぱらCMを入れる時間の都合で映画の編集の細かな技術や、カット無しで続くワン・ショットのシーンの持つ意味もスリリングな力も一切無視し（……中略……）テレビによる立派な犯罪として映画はズタズタに切り刻まれるのだったが、シネスコをはじめとする横長画面の映画の場合は、テレビのサイズに合わせて、ただもう機械的に画面の左右を切ってしまうので、横長の画面の中で構成されたシーンは、何が何やら無惨にも醜悪な、素人でも選ばないような構図を通用させてしまっていたわけである。（『目白雑録4』77頁）

映画のことを本気で怒るなら、スクリーンで上映されたものを見ろ、と私なら思う。テレビで映画を見るという怠惰な行為を前提に、そこで放映される映画のサイズがどうのこうの言っても仕方がない。中野翠がほとんど映画館に行かなくなったのより、もっと少ない頻度でしか、金井美恵子は映画館に行かない。病気がちなので出かけていくのが億劫なのである。だからテレビ放映で済まそうとする。テレビで映画を見られるなどという虫のいい話にうっかり乗っかっている。テレビでかかるものは何であれすべてテレビである。ビデオ視聴、ＤＶＤ視聴が近年増えてきた師匠格の蓮實重彦でさえ、まだまだ映画館に通っている。そのようなところを真似してもらいたいものだ。怒り方、馬鹿にする仕方だけをマスターしているような読後感があるのだ。

金井美恵子の『目白雑録4』には映画ネタよりテレビネタの方が多く感じられるのがやっかいだ。一応、先の引用にある問題は業界が一致団結して隠蔽しようとしてきたことだから、はっきり書いてくれるのはいいと思う。

スタンダード・サイズ（というか、旧テレビ画面サイズ）のまま、両端を黒い状態にしておくのが自然だし常識的なのに（実際、そうやって放送されているものもある）、ただ機械的にハイビジョンのサイズで放送してしまうのは、どういうつもりなのだろうか。（『目白雑録4』79頁）

横長テレビになりたての頃、映画放映に際して、画面を上から押しつぶしたような、つまり横に引っ張ったような画面を平然と流していた時期もあった。やがて是正されることになったが、余白問題は今もある。

そもそも、テレビで映画を見られると思う方が間違っている。「両端を黒い状態にしておく」放映方式は、今、シネコン一般で採用されている。ただ、私が思うに、映画館レベルではそれが常識ではない。むしろ映写ミスに近い所業だ。だって、私は見苦しく感じるのだから。フレームいっぱいまで黒幕がないと落ち着いて映画を見ていられない。必ずしも私個人の好みではない。それが証拠に、これまではずっと映っていない画面の縁まで黒幕が来ていたのである。その方が見やすいからである。

それがデジタル方式上映になると映画館がズボラをすることになった。映写技師がサボるようになった。興行側は観客が余白付き上映に慣れるのを待つ気だったのだろう。そのような粗悪な映写にのほほんと構えていてはいけない。見苦しい時には見苦しいと訴え出て映画館側に圧力をかけないと、観客はどんどん馬鹿にされてしまう。私はシネコンでさんざん文句を言い続けたが、一部の東映系シネコンを除き、映画のサイズにスクリーン・マスクを合わせることはなくなった。映画館業界の思うツボである。

批評眼の鋭さが残っている部分を一つ。

もう忘れているかもしれないが、草彅剛の夜中の全裸一人宴会事件について。この問題を取り上げた鳥越俊太郎の人気取り発言に噛み付く（この鳥越は以前から何かしらおかしい発言をしていると私は個人的に思っている）。警察やマスコミの取り扱い方への疑義が滑稽だというのだ。

……かなりどっぷりとしている者にとってさえ、情けないと思えるマスコミのほとんど意味のないいつものただのバカ気たテレビ的大騒ぎなのだから、別に覚えていなければいけない義理もないのも確かなのだし、テレビ・マスコミ界の内部の者である鳥越が「読者の皆さんは」「覚えていますか？」と、なんかいかにも卑屈に聞える調子で質問せずにいられないのは、内部の者が持つ特有の屈折したコンプレックスというものなのかもしれない。（『目白雑録4』30頁）

だから、そのようなテレビなどもう相手にしなければいい。

一つ、映画的勘の鈍磨した例を挙げておく。『ウエスト・サイド物語』（1961年、ロバート・ワイズ／ジェローム・ロビンズ監督）に関して「……ニューヨークでのヘリコプター撮影のロケによる画期的なダンス・シーンが話題になった」（『目白雑録4』196頁）と書くが、ダンス・シーンがヘリコプター撮影されていたわけではない。オープニングでマンハッタンの上空から不良グループのところまでヘリコプターで移動撮影され、その後、カメラは地表に来てダンスに入るだけの話。歳をとると確実に記憶力が減退する。

金井美恵子の『目白雑録5　小さいもの、大きいこと』（以下、『目白雑録5』と略記）は身辺エッセイというよりは、マスコミ批判の書といっていいものだ。2年分の連載をまとめたものだが、この2年というのは東日本大震災後の2年なので、ほとんどがこの地震に関わるマスコミの言説に関するものになっている。ただし、蓮實重彥の知遇を得て、映画関係の本もいくつか書いているほどの人なので、普通のエッセイにも映画ネタが紛れ込んでくる。

たとえば、堀江邦夫著『原発ジプシー』（1979年10月、現代書館）という本がある。堀江本人が原発で臨時雇いとして働いた内容をルポしたものだ。堀江がしたのは原発の中の掃除をする作業なのだが、原発内部の掃除は被曝量が規制されていて、働いている時は被曝フィルムを身につけ、被曝量が一定量を越えると、クビになる。健康を害するから規制されているのだ。

しかし、現実には人手が足りないので、ある時はフィルムを無視して働くし、場合によってはフィルムを携帯せずに働く。一つの原発をクビになったら、次の原発に行ってまた被曝フィルムを携帯し、規定まで働く。そのようにして、全国の原発を回るのだ。危険な作業なので給料はすごくいい。だから原発を渡り歩く「原発ジプシー」がたくさんいる。将来、何らかの形で身体に障害が出てくるかもしれないが、先のことまで考えていられない労働者は平然と働くのである。

その本は1979年に現代書館から初版が出たが、私の読んだのは講談社文庫版である。福島原発の事故で注目を浴びたため増補改訂版が出たそうなのだが、その本には「講談社文庫版が削除した問題点、全て収録」（『目白雑録5』35頁）とある。すなわち、初版から講談社文庫に入る時、何らかの理由で削除された部分があるということだ。そう聞かされると、出版に横槍を出す何かの圧力があって、都合の悪いことが削除されたのかもしれないという疑心暗鬼が生じる。

何しろ、原発は安全だとほぼすべてのマスコミが愛想を言っていた時代である。今頃、原発反対キャンペーンを張っても信用できない。新聞、雑誌、テレビにはたくさんの原発推進広告が流れ、マスコミには莫大な広告料が入っていた。要するにマスコミは金に転んだ。金をもらえば意見を変える、というのがマスコミの一つの特性であると考えておいた方がいい。

原発事故発生以後の新聞記事で、黒澤明の『夢』（1990年）や『生きものの記録』（1955年）が原発の怖さを描いたものとして、映画評論家・佐藤忠男によるコメントが掲載されたという。

実は先ほど述べた『原発ジプシー』は森崎東によって『生きてるうちが花なのよ死んだらそれまでよ党宣言』（1985年）として映画化されている。あるいは反原発映画として池田敏春による『人魚伝説』（1984年）という作品もある。

ここで金井美恵子が嫌味を言う。「……きいた風な事を言っているが、森崎東や池田敏春の映画のことなど思い出しもしなかった、と言うより知らないのかもしれない」（『目白雑録5』36頁）と佐藤を馬鹿にするのだ。

別に佐藤を弁護する義理はないが、佐藤忠男なら、おそらく両作品に関する批評ぐらい公開当時にきっと書いている。ただ、とっさに思いつかなかっただけなのだろうと思う。金井はその批評がないと確認したのだろうか。

東日本大震災および震災後と重なるのだが、アメリカがパキスタンでウサマ・ビンラディンの暗殺を遂行した。震災後の風景と9・11テロ後の風景が似ているので、そちらに話が飛んでいる。その様子は『ゼロ・ダーク・サーティ』（2012年、キャスリン・ビグロー監督）にも描かれている（老齢の金井美恵子はたぶん見にいっていないだろう）。この映画の中で軍関係者は標的暗殺作戦の暗号として「ジェロニモ」を使用した。若い世代だと、下手をすると西部劇というジャンルごと知らないかもしれない。アメリカの西部開拓時代を描いた西部劇というジャンルがあったのだ。

ミュージシャンの細野晴臣が『キネマ旬報』に書いた映画音楽家に関する連載記事の中で、『赤い河』

（1948年、ハワード・ホークス監督）『リオ・ブラボー』（1959年、ハワード・ホークス監督）の監督名をジョン・フォードと書いているのをなじっている（『目白雑録5』103頁）。長い歴史のある映画雑誌の編集者ですら、細野の間違いをチェックできないくらい、西部劇は過去のジャンルとなってしまっているのだ。ただし、その連載記事が『映画を聴きましょう』（2017年11月、キネマ旬報社）として単行本にまとめられた際には訂正が施されている（『映画を聴きましょう』18頁）。

西部開拓の邪魔をする先住民が「インディアン」で、その戦士の一人がジェロニモである。ビンラディンとジェロニモはともにアメリカに逆らっているから符号は合う。符号は合うけれど、暗殺を実行したアメリカ軍の秘密部隊の若い隊員たちも、それがなぜ「ジェロニモ」と呼ばれるのか分からないだろう。西部劇が若い兵隊の教養になり得ていないのだ。

西部劇を見る時、私たちの世代はずっとインディアンを悪者扱いして見ていた。もちろんその反省もあって、悪党でないインディアン像、白人の横暴の被害者としてのインディアンも描かれている。そして、西部劇はジャンル丸ごと廃れてしまった。

ジェロニモを含むインディアンが悪者だったというイメージは、日本では主に西部劇で醸成されたのだ。

だからマスコミの言うことをうかつに信用してはいけない。金井美恵子も騙されない。たとえば、彼女は何気なく「常識のあるテレビ視聴者は、ＮＨＫのニュース番組が政府の広報にすぎないことを知っている……」（『目白雑録5』114頁）と書いている。この言葉をしっかり頭に入れておかないと、また第二次世界大戦時のようにマスコミに騙されることになる。

この本で大きく取り上げられているのはロシアの映画監督アレクセイ・ゲルマン。たぶん、たいていの人は知らない。この文章の中で取り上げられているロシアの映画監督たち、アンドレイ・タルコフスキー、ニキータ・ミハルコフ、アンドレイ・コンチャロフスキー、セミョーン・アラノヴィッチ、ヴィタリー・カネフスキーなども知らないだろう。自戒を込めて、映画的教養を身につけることに精進しなければならない。

昔からの意地の悪い文章は『新・目白雑録』でもボケてはおらず、まだまだ活きがいい。彼女は普通の教養として、長年、映画を見続けてきた。映画が彼女の広い教養の一部になっている。適当に別の話を進めている内に、いつの間にか映画の話になることがしばしばある。

昔、若い頃の彼女の顔写真を見たことがある。見るからに生意気そうな表情だ。陰険に見える。奈良美智の描く女の子の雰囲気がある。文章も偉そうで生意気で、晩年に至って十分に意地悪ばあさん的な物言いとなっている。読者としてはその方が面白い。

彼女は美術家の姉と東京の目白に住んでおり（だから「目白雑録」）、老け込んでからはあまり外に出歩くことがなくなり、新聞や雑誌、テレビやDVDなどでお茶を濁している。『新・目白雑録』はDJポリスの話から始まるが　老人特有のしつこさで。それを延々と続ける。

大阪は阿倍野の近鉄とJRの境にある交差点で、昔、交通警察官がいろいろな振付で、交通整理をしていた。上の歩道橋からその様子を見ている通行人を、けっこう楽しませたことがある。東京でも若い人たちが、たとえばサッカー（あるいはハロウィーンでも年末のカウントダウンでもオリンピックでも何でもいい）にさしたる興味があるわけでもなく、ただドンチャン騒ぎをしたいがために、渋谷の交差点を埋め尽くす時、DJポリスが現われる。マスコミが持ちあげる。金井がこきおろす。

私のまったく知らない媒体であるニコニコ動画がこの警官を「DJポリス」と呼んでからこの呼び名が定着したという。彼女はちょっと馬鹿にして書く。

ところで「DJ」というのは、ディスク・ジョッキーのことだから、ペラペラと余分な（たいていの場合、おセンチでお節介だったり煽情的だったり）お喋りをしたり、リスナーのからのリクエストや、そう程度が高いとは言えない意見を開陳したリスナーの「おたより」を読みあげたりする一方、レコードをかけるのだが、もちろん「DJ」と呼ばれた「ポリス」は機動隊の灰色の指揮車の上でレコードをかけたりはしなかった。（『新・目白雑録』13頁）

このような話をネタに振った後、映画『イージー・ライダー』（1969年、デニス・ホッパー監督。実は金井の勘違いで『バニシング・ポイント』）の主人公たちの逃亡を、情報を流して助けるDJや、『太陽を盗んだ男』（1979年、長谷川和彦監督）の、「腰から下が鈍重そうな体型の池上季実子」が演じた恥ずかしい印象を与えるDJや、蓮實一派が必ずほめ称えるクリント・イーストウッド主演『恐怖のメロディ』（1971年、クリント・イーストウッド監督）のDJという具合に、どんどん連想を続ける。警官自らも群衆も使う「お巡りさん」という言葉に神経を集中する。

金井の属する文学界出版界でも、「編集さん」や「作家さん」という呼称が存在するそうだ。敬語のように見えて、それは決して尊称ではない。

……私としては「作家さん」という呼び方には、もちろん、薄ら馬鹿が何を根拠にエラそうにといったふうの軽蔑のニュアンスを感じるし、「編集さん」という言い方は、これはえらそうにタメ口をきくくせに、企画が立てられないのはもとより、字数を数えたり、目次を作るためにまとめるという仕事（編集）さえまるで出来ない奴、を意味しているのではないか、という気がする。（『新・目白雑録』26〜27頁）

そこからＤＪポリスに戻る。金井は警察内の階級を調べ、上から警視総監、警視監、警視長、警視正、警視、警部、警部補、巡査部長、巡査の9段階に分かれていることを示す。歴史的には江戸末期、市中警備のための巡邏隊から、巡り歩くので「お巡りさん」と呼ばれるようになる。制服着用の巡査部長と巡査がお巡りさんということになる。

……「ＤＪポリス」の最大の特質は、様々な大衆的メディアに登場した警官のイメージ（赤塚不二夫の目ン玉つながり、こまわり君、『こちら葛飾区亀有公園前派出所』の両津さん、笑う警官、ダーティハリーその他、世界中にあふれているポリスたち）と異なって、自らを「警備にあたっている怖い顔をしたお巡りさん」と規定しながら、群衆と同じ「チームメート」だと語りかけたところだろう。（『新・目白雑録』36頁）

なかなかＤＪポリスの話題は尽きず、ＣＳで見た『北のカナリアたち』（２０１２年、阪本順治監督）の話題になる。警察官の仲村トオルと小学校の分校の女教師・吉永小百合が不倫をするシーン（海岸でキス）で、次のように書く。

……どう見ても、小百合が仲村トオルに「なんですか、お巡りさんたる者が、しっかりしなさい！」と真剣そうな憂い顔でハッパをかけてるようにしか見えないね、と思った……（『新・目白雑録』51～52頁）

良識のある人なら、吉永小百合がそのようなキャラクターを好んで演じてきたことを知っている。彼女は「……お茶目にプンプン怒ったふりをして、愛らしく賢しげにお母さんや女教師の真似をし、青年たちを叱咤」（『新・目白雑録』52頁）するような役ばかりやってきたからである。金井にからかわれるのも吉永自身の身から出た錆である。

佐村河内守の件に関しても、クラシック音楽との関係において、延々と話を続けている。私はテレビを見ないので、あの事件があるまで彼が「現代のベートーヴェン」と呼ばれていたことも、そもそも彼の風貌も知らなかった。『ＦＡＫＥ』（２０１６年、森達也監督）というドキュメンタリー映画でやっと事件の概要を知ったわけである。

しかし、彼を「現代のベートーヴェン」と思い込んで特別番組まで作ってしまったＮＨＫは腹が立っただろう。放送局側は信用失墜の感を強くしたと思っているだろうが、私は放送マスコミを元からあまり信用していないので、佐村河内守事件で改めてＮＨＫを信頼しなくなったわけではない。元々それほど信頼していなかった。

金井美恵子はこの騒動で映画『砂の器』（１９７４年、野村芳太郎監督）を思い出す。私は松本清張の原作を読んでいたし、映画化も見ていたが、原作では主人公が前衛作曲家だったということを忘れていた。

「ミュージック・コンクレート」という用語はその小説で初めて知った。映画のラストシーンがコンサート会場で、演奏されているのは「ロマン派の作風を持つ作曲家」による『ピアノと管弦楽のための組曲「宿命」』というものだ。

音楽には、癒すのと同時に、何かを感化することが期待されているのだが、小学校の移動音楽教室と映画教室（視聴覚教育という概念に分類されるのだろう）で学んだものがあったとしたら、ほとんどの小学生がそう思ったように、学校のおすすめのものは、滑稽か真面目すぎるか、幼稚すぎて退屈、という事実であり、被災地の音楽ボランティアに関しては、東日本大震災からほど遠くない時期、永六輔が毎日新聞のコラムに、阪神淡路大震災の時に聞いた例として、疲れきって音楽など聴く気になれないでいる被災者のために、音楽ボランティアの演奏を聴くボランティア、というものがあったと書いていたのを思い出す。私たちは、人々の〈善意〉というものに対して、〈大きなお世話〉とは言えず、〈感動〉という物語を読みとるように教育されているのだろう。（『新・目白雑録』115〜116頁）

これは2016年に亡くなった永六輔が偉いのだが、その発言をちゃんとチェックしていて、わざわざ嫌味たらしく引用する金井も偉い。本当の意味（自主的無償行為）でのボランティアならいいのだが、逆に被災者に気を使わせている場合もあるということを知っておいた方がいいだろう。東日本大震災でも熊本の震災でも、ありがた迷惑なボランティアの一群がニュースになっていた。

このような指摘をする人は世間的には嫌味な人としか思われない。金井美恵子があえてそうするのは、彼女が基本的に文学者であり、社会の表層に現れる虚偽を許さない精神の持ち主であるからだ。私は支持する。

金井は震災に関連して次のようなことも書いている。

映画としてあまりにも愚鈍な出来と言っても、とりたてて過言ではない二作、『ふしぎな岬の物語』と、山田洋次の『小さいおうち』（同年二月の第64回ベルリン国際映画祭で、「つつましい日本女性の立ち居振る舞いを演じた黒木華さんが最優秀女優賞に選ばれた」と広瀬登記者）の受賞を目のあたりにしたジャーナリストが「なぜ21世紀の今、世界は日本流の癒しや詩情を求めるのだろう」と書くのは、大震災の、そして原発事故の、たった三年後なのだが、どうやら、つい二年前まで日本には〈ことばの戒厳令〉がしかれていたことを、記者は知らなかったのか、つい忘れてしまっていたのか。（『新・目白雑録』230頁）

好みの問題ではない。『ふしぎな岬の物語』（2014年、成島出監督）は、この監督の作品を見続けてきていると、まあ順当で平凡か、平凡の下ぐらいの出来であることは予想できた。世間的には評判の悪い『ラブファイト』（2008年）が私の個人的な好みだが、『孤高のメス』（2010年）、世評でも批評でも高く評価された『ソロモンの偽証』（前篇・事件、後篇・裁判、2015年）ぐらいしか、面白い映画はなかった（3本もあれば十分か）。だいたい吉永小百合が出てきたら、すぐ面白くないと判断できる。吉永小百合につられて阿部寛もひどい演技をさせられている。『ふしぎな岬の物語』はその程度の映画である。

また、『小さいおうち』は一応、主演女優は松たか子である。ベルリン国際映画祭の審査委員が間違えて「助演」の黒木華に「最優秀女優賞」を出しているのが私には面白い。松たか子はたぶん口惜しがっている。映画自体が松竹の古老・山田洋次の監督であるから、爺臭い映画であることは否定できない。作品評価を金井は問題にしているのではない。新聞記者の書いた「なぜ21世紀の今、世界は日本流の癒しや詩情を求めるのだろう」の方である。新聞記者はついついほのぼのとした最大公約数的な文章を書きがちだが、黒木華が国際映画祭で主演女優賞を獲ったぐらいで、なぜ、そのような大袈裟なことが言えるのだろう。また、「ことばの戒厳令」というのは、震災後、震災に関係のある映画の上映を中止したり、愉しいことや賑やかなことをマスコミが勝手に自主規制したりしたことを指す。

金井美恵子は特に自らをフェミニストと規定したことはないと思うが、女性一般への偏見を当然ながら放置しない。

しかし、それにしても、知的な要素というものが、テレビ番組や男性週刊誌と比較してさえ皆無と言える女性週刊誌が、「安保法制特集」を組んだからといって、「女性たちの復讐」と大仰な的外れさで考える男というものは、当然のことながら、「女性や高齢者、若者」といった存在を「説得できる論理」を持っているはずの現役の成人男性（知性的で政治的判断力もあるつもりの?）に属しているのだろう。（『新・目白雑録』236〜237頁）

彼女は前提として、テレビ番組や男性週刊誌には「知的な要素」というものがあまりなく、女性週刊誌には皆無であると考えている。それらを求める人たち（視聴者や読者）の知的要素を反映しているのだろうと思う。ということは、テレビ愛好者や男性週刊誌の読者よりも、女性週刊誌の読者（多くは女性）がより知性に欠けると金井は考えている。周知のこととは思うが、女性週刊誌であれ男性週刊誌であれ、雑誌の編集長はほとんど男性である。男性編集長が号令をかけ、女性週刊誌の記事であっても男性原理で出来上がるのである。そこにその男性編集長の女性観が表われているといっていいだろう。長年、女性は美容と痩身とグルメとタレントの冠婚葬祭ぐらいにしか興味がなく、政治にはまったく興味がないと、男性編集長に思われてきたのである。それを問題視しているのだ。

次の一撃も同感である。

……安倍首相がオリンピック誘致のために福島の原発事故の後、事故処理は完全にアンダーコントロールされている、と平然と嘘をついて東京開催が決る以前、……（『新・目白雑録』249頁）

現に福島の原発事故の処理は済んでいない。オリンピックの誘致の際の、各委員の日常生活で見せたことのない身振り手振りを交えた演説の媚びとわざとらしさに私は嫌悪感をもよおした。余所行きではなく、日頃の喋り方で招致してもらいたい。そんなスピーチで開催都市が決まるとしたら、オリンピック自体に不信感をもつ。私も首相（や多くの政治家）を嘘つきと思っているが、ここまできっぱりと文章で書く勇気はない。

（3）中野翠

【中野翠『あのころ、早稲田で』（2017年4月、文藝春秋）】

【中野翠『ぺこぺこ映画日記1993-2002』（2002年12月、講談社）】
【中野翠『まんざら』（2003年12月、毎日新聞社）】
【中野翠『おみごと手帖』（2009年12月、毎日新聞社）】
【中野翠『ごきげんタコ手帖』（2010年12月、毎日新聞社）】
【中野翠『金魚のひらひら』（2011年12月、毎日新聞社）】
【中野翠『みずいろメガネ』（2012年12月、毎日新聞社）】
【中野翠『東京プカプカ』（2013年12月、毎日新聞社）】
【中野翠『晴れた日に永遠が…』（2014年12月、毎日新聞社）】
【中野翠『この素晴らしき世界!?』（2015年12月、毎日新聞出版）】
【中野翠『ぐうたら上等』（2016年12月、毎日新聞出版）】
【中野翠『TOKYO海月通信』（2017年12月、毎日新聞出版）】

小林信彦、金井美恵子の他に、やはり新刊が出るとすかさず買って読む作家に中野翠がいる。先の2人と同様に、かつては映画をたくさん見ていたのに年をとるにつれ、映画から離れていった人である。世代的な感性、時代的な感性というものがある。ある時代を共有した人たちはほぼ同じ価値観をもつ。そのことを強く感じるのは私にとってはこの中野翠である。

中野ははっきり自分の年齢を言わないのだが、私とほぼ同じ世代、私の数年年上の世代に属する。書いている内容から、1950年代前半か1940年代末生まれだろうと推定していた。中野翠は『あのころ、早稲田で』（2017年4月、文藝春秋）で、私の知る限り初めて自ら生年を明記した。1946年である。いわゆる「団塊の世代」は1947年から1949年生まれの者を指すから、少し先行している。中野は団塊の世代直前、私は団塊の世代のすぐ後の生まれだ。

いろいろな価値観がひっくり返った1960年代を、この世代はかなりの部分、十代で過ごす。最も多感な時代に、激しく変化した時代を経験している。

映画批評に関して、まず『ぺこぺこ映画日記1993-2002』（以下、『ぺこぺこ』と略記）を取り上げる。この本のタイトルにある「ぺこぺこ」は謝っていることを示す。この本で中野翠は多くの映画をけなしている。しかし、大半を試写室で見ているから、タダで見せてくれた映画配給会社に対して謝っているのだろう。

タダで見せてもらいながらけなすのは確かに業界で生きていくのに不都合だ。だから実際には多くの映画評論家は配給会社と角を立てないため、ほめに徹する。それが現代の映画批評のふがいなさを生み出している。

大まかに言って、世の中は良いものが1割、どうしようもないものが1割、残りの8割がグレイ・ゾーンであると私は考えている。つまり手放しでほめられるようなものは全体の1割しかないと思っている。だから正しく評価すれば、手放しでほめるのが1割、態度保留したりけなしたりするのが9割ということになる。これは私の経験則である。

したがって、映画をけなさない映画評論家を私は信用していない。彼らは業界で生き延びるために、業界に愛想を言っているにすぎないと考える。

中野翠の偉いところは業界で生き続けているのに、ほめてばかりではない点である。たとえば、彼女はジュリエット・ビノシュとメリル・ストリープが大嫌いである。

ジュリエット・ビノシュに関しては、「……やっぱり何かはまっていない感じ……」（『ぺこぺこ』65頁、『青の愛』）、「ジュリエット・ビノシュの登場部分、まったく必要ない」（同154頁、『イングリッシュ・ペイシェント』）、「多くを語るまい」（同164頁、『プロヴァンスの恋』）、「……J・ビノシュって何を着ても似合わない」（同265頁、『ショコラ』）と首尾一貫してけなす。

さらに映画から離れたビノシュの実生活にまで話が及び、彼女と結婚し子供までもうけた『王は踊る』（2000年、ジェラール・コルビオ監督）の主演ブノワ・マジメルは「女の趣味に関しては大いに問題あるみたいね」（同277頁）とまで言われている。

メリル・ストリープに関しては「超能力を持つ繊細な女という役柄で、ひらひらドレスで出てくるのだが、これが思いっきり似合わない。ドスコイ!!　みたいな腰重体型で、まさに『ブリッコ』しているとしか見えない。……映画では美人の役だけは遠慮していただきたい」（同56頁、『愛と精霊の家』）、「メリル・ストリープのあの顔あの体（爪まで〝農婦〟の役作りをしたんだろうか？　爪の形があまりにもリアリズムだった）と二時間強つきあうのはきつ過ぎたよ」（同110頁、『マディソン郡の橋』）、「……『私には演技力があるわ』というところを見せつける……」（同149頁、『マイ・ルーム』）と、こちらもストーカーみたいにしつこい。このしつこさ、私は嫌いではない。この人の価値観なのである。

中野翠の素晴らしいもう一つの点は権威に屈しないことである。世評を馬鹿にしているのは当然ながら、国際映画祭などで賞讃されている監督や作品に関しても自分の価値観ではっきりと判断を下している。

ダメな評論家や映画レポーターは映画祭の権威を真に受ける人ばかりで、自分の思考力判断力を放棄している。自分の感性を信じられない人など、批評家には向いていないと私は思う。

たとえば宮崎駿。脚本・製作が宮崎駿、監督が近藤喜文の『耳をすませば』（1995年）について。

そもそも……出てくる人たちの顔が気にくわない。特に男。父親にしろ教師にしろ、みーんな細面でメガネで（たぶん乾燥肌で）、気くばり小心インテリ面だ。主人公の女の子が好きになる男の子というのが、また、（美少年という設定なんだろうが、私から見ると）やけに貧相な体つきの尾崎豊面だ。『おもひでぽろぽろ』といい、この映画といい、私はとことんスタジオ・ジブリ（宮崎駿のプロダクション）アニメが嫌いのようだ。何か……よくわからないが、俵万智好みのお話だと思った。ああ、今晩は「カントリー・ロード」の歌声にうなされそうだ。

そうそう。この映画では図書館の貸出伝票が恋の小道具になっていた。岩井俊二監督『Love Letter』とおんなじ、ね。私は本好きではあるけれど、こういうしけた文学趣味はまっぴらごめんだな。（『ぺこぺこ』108頁、正式には「スタジオジブリ」）

この啖呵の切り方は魅力的である。宮崎駿もろとも尾崎豊、俵万智、岩井俊二までなで斬りである。学生時代、学生運動と無縁でなかったことも関係しているのか、ぬるま湯的な映画人や文学者には虫酸が走るのであろう。

昔、ディズニー・ファンだった彼女は『ライオン・キング』（1994年、ロジャー・アラーズ／ロブ・ミンコフ監督）を「あまりのつまらなさに驚いた」（『ぺこぺこ』62頁）とズバッとけなした後、次のように書く。

コンピュータ・グラフィック（CG）の技術が凄いというのだが、もともと私はCG嫌い（画面がキッチリし過ぎて味気なく思う）なので、全然感心しない。それから、何よりもイヤだったのは、動物の顔やしぐさに魅力がないことだ。擬人化が中途半端。ライオンの顔はみんな（若い人は知らないだろうが）若い頃の夏八木勲みたいだ。（同62〜63頁）

中野翠は実写でのCGも嫌いで、『ハリー・ポッターと賢者の石』（2001年、クリス・コロンバス監督）に関しても「まるで頭にガッチリとカギがかかったようにノレず」「冒頭から最後まで、張りつめ具合が同じなのも疲れた」（同291頁）と書くし、『ロード・オブ・ザ・リング』（2001年、ピーター・ジャクソン監督）に関しても「いやー、まったくダメだった。私、こういう……何と言うのかな、冒険ファンタジーとかサーガものにまるっきり興味がないみたい。王とか姫とかが出てくるだけでも白けるというのに、『悪の帝王』とか『魔界の女王』みたいなのが出てくるとますます」（同296頁）とけなす。

そのようなことは個人的で勝手な趣味ではないかと反論したくなる人もいるだろうが、批評家が必ず客観的でなければいけないわけではない。私は個性ある批評だと考えている。

中野にも弱点がないわけではない。この人もスクリーンでの上映にこだわらなくなっている点だ。『ぺこぺこ』には「試写用ビデオ」での鑑賞が頻繁に出てくる。つまり、忙しい執筆者にそれでも書いてもらいたい配給会社がビデオで見てもらうためのものだ。ビデオで作品の善し悪しを判断されては困る。色の出方が違うのだから、スクリーン上で見るのは映画評論家にとって最低限の義務である。

特に撮影監督たちのインタビューを集めたドキュメンタリー『ビジョンズ・オブ・ライト　光の魔術師たち』（1992年、アーノルド・グラスマン／トッド・マッカーシー／ステュワート・サミュエルズ監督）を試写用ビデオで見るなど、何の意味もない。映像についてのドキュメンタリーだから、粗悪なビデオで見ても撮影監督たちの言葉に納得できないだろう。中野はこの作品については解説めいたものしか記していないが、ほめるにしてもけなすにしても二次媒体で判断してもらっては困る。

さて、中野は『サンデー毎日』に今もコラムを連載していて、その集成本を毎年1年分まとめて出す。私は欠かさず読んでいる。

このコラムの連載を始める経緯が、その2010年版である『ごきげんタコ手帖』（以下、『タコ手帖』と略記）に書かれている。彼女のほぼ最初の著作の出版時、のびのびと書くためにどうしたらいいか分からなかった。自著を出した後に気がついた。

私は原稿を書くのに四苦八苦した。自分の生活体験を書くことに恥ずかしさやためらいがあって、どうものびのびとは書けないのだった。私がほんとうに書きたいものは何なのだろう、何を書けば自分を解放できるのだろう。私の興味は自分をじかに語ることではない、本や映画や世の中のできごと、そういうものに反応する私を間接的に語ることなのかもしれない……と、本が出版されたあとでようやっと気がついた。『サンデー毎日』編集部から連載エッセーの話が持ち込まれたのは翌年、1985年の春だった。なんとかかんとか続いて、もっか二十五年目に入っている。（『タコ手帖』281頁）

私は、「自分をじかに語る」のはエッセイ（中野は「エッセー」表記）で、「私を間接的に語る」のはコラムだと考えている。呼び名はどうでもいいが、中野はエッセイストではなく、コラムニストの道を歩むことになり、現在に至っていると私は考える。何かに対して反応する自分の感情を書く。自己の感情からワンクッション置く書き方である。

中野翠の『まんざら』は、『サンデー毎日』の２００２年末から２００３年11月までの文章をまとめている。

小言幸兵衛的な発言が次々と登場し、私などはそのあたりが実に面白く読める。小言を言われるターゲットは彼女の文章を読んで腹を立てるかもしれない。たとえば中野は携帯電話を所有しない。まず、彼女が経験した不快について。

映画がラストを迎え、最後のクレジットタイトルが流れ始めたとたん、隣の席の男が待ってましたとばかりケータイを取り出し、画面をピカリと光らせ、ガツガツとみつめているのにも、私はカッとなった。「そんなにケータイが見たいなら、サッサと外に出たらどうですか」という言葉がのどもとまでこみあげたが、つい、グッとガマンしてしまった。（『まんざら』82頁）

これは見慣れた風景である。エンディングのクレジットになった途端、確かに客席のあちこちで蛍が飛び交うように、ピカピカ光りだす。私も、「とっとと出て行け」と思うのだが、出て行く場合、他の客の視界を遮ってしまうのがやっかいだ。

中野翠は最初からケータイを嫌う。「……私はあのガツガツ感がイヤでたまらないのだ。映画を観ている時でさえ、ケータイ（＝世間との絆）が気になって気になって……というガツガツ感。身ぐるみ、世間にへばりついて生きている感じ。どんなに御多忙の売れっ子だろうがビンボーくさくて、あさましくて、たまらない。見苦しい」（『まんざら』82～83頁）という罵倒を私は楽しく読む。ターゲットにされている人たちはむかつくだろう。

私の経験では、暗闇に身を潜めて映画を見ているのに、ケータイが光ったら、そちらに目が行って、映画を見ている緊張感が途切れる。つまり映画の鑑賞を邪魔されている。邪魔されたから怒る。それだけのことだ。

中野翠の感性と私の感性がたまたま似ているのか、あるいは私たちの世代が似通った感性なのか判断がつかない。しかし、映画に対する評価もかなり似通っているのだ。

世間的に評判だった北野武監督の『座頭市』（2003年）は、私と同世代の人の間ではそれほど評判が良くなかった。それは私たちの世代の人間は勝新太郎の「座頭市」シリーズを見ているからである。北野武にもそれは分かっていた。

中野翠の推測では、「今の時代にカッシン流の人物造形が受け入れられるかどうか疑問だし、第一、カッシン程の芸の引き出しは持っていないという自覚があっただろうから」（『まんざら』220頁）というものである。生活音が徐々にリズムを持ち出し、踊りにつながっていく演出は、見た瞬間、映画の『屋根の上のバイオリン弾き』（1971年、ノーマン・ジュイソン監督）を思い出させた。踊りもニューヨークのオフ・ブロードウェイで今もロングラン中の『ストンプ』というパフォーマンスを真似ていると思った。だから私にとって北野武版『座頭市』はオリジナリティなどほとんどない、つまらない映画だった。時代劇なのにタップダンスという演出に中野翠はいたって厳しい。

世間では終盤のタップダンスが、たけしらしい奇抜さと評判になっているようだが、歌舞伎の世界では、すでに七十年程前から下駄でタップを踊る「高杯」というのがあって、そんなに物珍しいものではない。そのタップダンスにしても、こまかいクスグリにしても、私には、たけしの気弱な「サービス」に見えてしまうのだった。（『まんざら』221頁、「高杯」ママ）

映画会社に生殺与奪を握られているほめ専門の普通の映画ライターなら、中野翠がつつく弱点でさえもほめることだろう。かつて東京の映画会社の社員たちが「中野翠を殴る会」というのを作ったことがあるそうだ。自分たちの配給する映画が何度もけなされたからである。そして偉いのは、中野翠の方も、「一発ぐらい殴らせてもいい」と考えている点だ。殴られても本当のことを言うという心意気なのである。このようなことが許されるのは、おそらく、映画業界とはあまり関係のない『サンデー毎日』という新聞社系の週刊誌に書いているからだろう。

私は『マトリックス』（1999年、アンディ・ウォシャウスキー／ラリー・ウォシャウスキー監督）を面白く思わなかった。中野翠もこの映画を面白いと思っていない。代弁してもらおう。「……私の心は騒がない。ハラハラ、ドキドキ、ワクワクという気分が湧いて来ない。CGだもの、そりゃ何だって出来るでしょう、生身の体とは関係ない世界のことだもの、何があったって心配なしでしょう、と心はどんどん醒めて行く」（『まんざら』154頁）「実在感のない者、いわば幽霊みたいなものが死のうがどうしようがどうでもいい。ハラハラできないのは当然でしょう」（同154〜155頁）。私の持論は、CGを使えば使うほど映画はつまらなくなる、というものだ。この映画シリーズにそっくりそのまま当てはまる。

言葉に関しても敏感で、たとえば『めぐりあう時間たち』（2002年、スティーヴン・ダルドリー監督）を取り上げ、物質を擬人化したこのタイトルの接尾語の使い方を彼女は嫌う。「……甘ったるく薄気味悪い……」（『まんざら』91頁）と思う感性を私も共有している。安物の映画ライターがよく使う「すなおに泣ける」というほめ言葉も彼女は嫌う。「自分の本心をねじ曲げたり押しつぶしたりしてまで映画を観ている人がいるのだろうか」（同89頁）という疑問も正しい。彼らは何も考えず、常套句で適当に映画批評を書いていているだけなのだ。でも、確かに中野翠は殴られそうだ。

中野の『おみごと手帖』（以下、『おみごと』と略記）は『サンデー毎日』連載の２００９年分を集めたものである。

金井美恵子も取り上げていた、草彅剛が深夜に酔っ払って全裸で騒いだという事件と、その後のマスコミの対応、世間の受け容れ方について中野は次のように書く。

なぜそんなに芸能人に対して人並み以上の人格や行動を求めたがるのだろう。謝罪記者会見では「ＳＭＡＰの草彅剛だという影響力を肝に銘じていなかったんですか？」という質問が出た。影響力――つまり、人気者は人びとのお手本にならないといけないということか？

私は逆にお手本になりたがる芸能人というのが嫌いである。政府や行政など公的なものと結びついて、なんとか委員だのなんとか大使だのという肩書で「エコ」とか「平和」とか「貧困撲滅」とかいった誰も反対しない種類の正義を説きたがる芸能人が嫌いである。そういう芸能人に限って、本業ではたいしたことがない。まあ、黒柳徹子さんは別格だけれど（ちゃんと本業で立派なキャリアもあるし）。思いあがった「イメージ戦略」で黒柳路線を狙うハンパ芸能人がイヤなのよ。（『おみごと』125頁）

私は黒柳徹子も「本業ではたいしたことがない」と思っているのだが、それはまあ考え方の違いとして受け容れておく。この文章では、まずマスコミがそれまでジャニーズ系タレントに媚びた報道ばかりしていたのに、コロッと態度を変えることが指摘されている。テレビに出ている人が立派な人だと思っている人がたくさんいるが、大きな勘違いである。テレビに出ていることと、立派であることとは何の関係もない。なのに、視聴者はなぜか、テレビタレントを人格者だと思い込み、何か規範的なものを求めるのである。

草彅剛は案の定、しばらく謹慎した後、再びマスコミ界に復帰した。今ではもう何事もなかったかのように活動している。芸能レポーターたちも手のひらを返したようにまた媚びを売っている。こういう芸能界の構造はいくら非難してもかまわないと思う。

あの事件は彼が主演していて事件のすぐ後に公開されることになっている映画『BALLAD 名もなき恋のうた』（２００９年、山崎貴監督）の宣伝活動の一環かもしれない、と私はすぐ思った。善くも悪くも彼の名前がいろいろなメディアでくり返し唱えられることで、新作映画の大きな宣伝になるのだ。中野翠はそのことがよく分かっている。そして、マスコミが一緒になって宣伝に取り込まれることに無防備であることにも憤っている。こと映画に関しては原則としてマスコミを信用してはいけない。

前述したように、彼女はテレビやケータイも馬鹿にしている。もっというなら、時流に乗せられて電子書籍などにうつつを抜かすようなことはしない。

ＴＶが世の中を席捲してもラジオは残った。ケータイとネットの時代となってもＴＶはワンセグという形でそれらの中に入り込み、残ってゆく。ネットの人気サイトに対して、人びとはそれが映画になったり本になったりすることを望まずにはいられない。雑誌や書籍はオブジェとしての魅力もある

から、生命力は結構強いんじゃないかとも思う。（『おみごと』96〜97頁）

現実問題として、中野翠は少しズレている。確かに雑誌や本は生き残るのだろうが、紙媒体は現実問題としてどんどん売れ行きを落としていっている。作家や出版社にその皺寄せが行く。もっとも、世界中に本はまだ溢れているので、本好きがいなくなるのにはまだまだ多くの年月を必要とするだろう。

ちなみに、中野翠は和服（着物）を着て、歌舞伎見物をするのが好きである。古くて細々と生き延びているものを愛している。だから、東京東銀座の歌舞伎座の閉館と、取り壊した後の新築に関しては断固、反対する。反対しても経済法則には勝てないのだが、分かっていて言葉で抵抗する。

劇場というのは独特の空間だ。人びとがつかのま現実から逃れ、心を遊ばせ、夢を見る場所。数かずの名優たちがもうひとつの現実を生きた場所。それ故に由緒のある劇場には必ず、心をしんとさせるようなオーラや妖気のようなものがある。だからこそ『オペラ座の怪人』をはじめ、さまざまな劇場伝説（例えば、空席のはずなのに人が座っているのが見えたとか、笑い声が聞こえたとか）も生まれるのだ。建てものも「記憶」を持つ。過去につながっているのだ。

歌舞伎役者たちは、歌舞伎座のそこかしこに漂うそんなオーラを無意識のうちに力にしていると思う。明治・大正の名優たち（それは世襲的な歌舞伎界にあっては、たいてい今の役者たちと血のつながった父祖である）もこの舞台を踏んだと思えば、いいかげんなことはできないだろう。

客である私たちだって、歌舞伎座のあの古さを、「記憶」を、楽しんでいるのだ。歌舞伎は（他の日本の伝統芸能同様に）同じ演目を他の演者が演じてゆく。その演者の多くは血縁者である。今の舞台

に昔の舞台の「記憶」が重なる。(『おみごと』278〜279頁)

これは演劇についてのものだが、映画館についても当てはまる。たいていのシネコンが味気ないのは観客の記憶の蓄積がまだまだ足りないからである。清潔な場所からは素晴らしい文化は生まれにくい。人間は汚れているのだから、汚れを認める態度の中からしか新しい文化芸術は生まれてこないと私は考える。飛田シネマの雨漏りや、映画館時代の道頓堀松竹座の手洗いの足型、天六ユウラク座の波打って倒れたまだった座席など、どれも懐かしく私は思い出す。

中野翠に関して残念なのは、前述したように守備範囲を広げたために、映画の比重が軽くなったことだ。とくに映画に関しては、ある程度の本数を見ていないと、現代の映画状況がつかめなくなる。ともすると大きな勘違いをしかねない。映画界復帰を望みたい。

この項の最初の方ですでに引用した『タコ手帖』は、2010年分の時評である。2010年の個人的映画ベストテンをあげる中で、中野は次のように書いている。

言うまでもなく私の偏った好みで選んだもの。私もまんざら素人ではないので、その映画が作品としてすぐれているかどうかはボンヤリとだけれど見当がつくつもり。でも、いざベストテンを選ぶ段となると、やっぱり自分の好み、それが一番の基準となってしまう。「いい映画」というより「好きな映画」。映画評論家と名乗っているわけではないので、まあ勘弁してください。(『タコ手帖』26頁)

時評を継続して読んできていると分かる。確かに中野は、満遍なくあらゆる映画を現在進行形で見ているわけではない。中野にとって映画評論家というのは優れた映画かどうかを問題にする人だ。好みで選びたい自分は映画評論家とは名乗れないと自覚している。

しかし、ベストテン行事が必ずしも作品の優秀性を反映しているとは思えない（といっても、これも私の好みによる判断）。好みで選ぶことに負い目を感じる必要はないだろう。どの映画評論家であれ、まず好みが優先されるに違いない。優れているからといって、自分の嫌いな映画でベストテンを飾っても意味がなかろう。

ともかく、自分の立場はしっかり把握している。この時評集にも映画ネタが入り込んでくるが、年々、寸評の域を出なくなってきているのが少し寂しい。『北京の自転車』（２０００年、ワン・シャオシュアイ監督）についての次のような記述に接すると、もう少しじっくり書き込んでほしい気がする。

こういう映画を見ると、「中国という国家」と「中国に生きる人たち」を同一視するわけにはいかないなあ、とつくづく思う。（『タコ手帖』247頁）

この映画はひっそりと公開されひっそりと上映終了していった。中国の政治的経済的な動きだけを見ていると、人によっては嫌悪感をもつ場合もあるだろうが、文化としての映画を通じて中国および中国人を知ると、中国もまんざらでもないと思うだろう。政治経済という上の方ではなく、下の方の一般人の生活の観点で考えれば、どの国の人も同じように嫌な目に遭ったり、逆に救われたりすることが日常的にあるのだ。中野が時々述べるように、映画でその国の人々の生活を知るのは友好に貢献すると思う。

いい映画もあれば、嫌な映画もある。中野はCG使いまくりの映画は常に非難してきている。ほとんどアニメに見えてしまうが、一応、実写映画の『Disney'sクリスマス・キャロル』（2009年、ロバート・ゼメキス監督）について次のように書く。

ジム・キャリーの姿かたちはほとんど原形をとどめていない。映像処理でどうにでもなるんだもの、そりゃあ一人で何役だってできるでしょうよ。これほどまでに自分の姿かたちを、演技を、加工されたり変形されたりして、ジム・キャリーよ、本当に嬉しいか？　俳優としては屈辱じゃあないのか？　こんなにも自分の肉体表現を他者（コンピュータ技術）にいじくり回されて、口惜しくないのか？　情けなくないのか？（『タコ手帖』46〜47頁）

私もこの映画にゲンナリした口で、この暴挙を許すとやがて俳優という職業が成り立たなくなるのではないか、とさえ思った。加工の度が過ぎると元の味が分からなくなる。もちろん元の味が大したことのない場合にはCGによって粉飾できるという利点はある。

その意味で、生の感触が痛烈な『息もできない』（2008年、ヤン・イクチュン監督）についての批評が的確だ。特に主演俳優たちの捕らえ方が彼女独特の視点による。

ヤン・イクチュンという俳優、私は今回初めて知ったけれど、とてもいい演技をするんですよね。いや、見たところはその逆で、演技らしい演技はしないし、ほぼ無表情。けれど、能面がさまざまな表情を見せるように、その無表情には微妙な心理的ニュアンスが鮮やかに感じ取れる。そういう演技。
女子高生役の女優も役柄によくはまっている。十代らしい脆さと、年増の女のごときふてぶてしさが交錯していて。私はこの女優の太く短い脚が気に入った。（『タコ手帖』92〜93頁）

ヤン・イクチュンはジム・キャリーの対極に位置するのが分かる。また、一般に「太く短い脚」はマイナスなイメージだが、この映画のこのヒロインの役柄にとっては必要な資質なのである。うかつな私は、この女優キム・コッピの脚など覚えていない。自分の境遇の不幸を顔面に詰め込まれたような彼女の表情ばかり見ていた。

谷啓の訃報に接しての文章もためになる。

今にして思う。クレージーキャッツの新鮮さは、いい意味でのアマチュアリズムにあったのだ、と。そして、そのアマチュアリズムを最も色濃く体現していたのは谷啓さんだったのだ、と。
谷啓さんは独特の羞恥心の持ち主で、そのために人目には奇行に見えることが多々あったようだ。そういうエピソードを私は好んで読んで、「わかる、わかる」と勝手に連帯感を燃やしていた。そして、「クレージーキャッツの中で私が一番好きなのは谷啓さんかもしれない」と思うのだった。（『タコ手帖』234頁）

クレージーキャッツの面々はジャズ・プレイヤーとして優れているのを前提にしての発言である。特に主役を張ることの多かったハナ肇や植木等以外のメンバーに関しては、アマチュアリズムという言葉はぴったりとした形容である。初期の山田洋次喜劇の彼らを思い浮かべると、本当にそうだ、と言いたくなる。

出演作を何本も見ているのにその顔を思い浮かべることができない千原しのぶについての次の記述も、目を見開かされる。

近頃の時代劇（テレビ、映画）を観るたび、「女がダメだ」と思ってしまう。伏し目や流し目でゾクッとさせるのが下手。そもそも体格がよすぎるのだ。私の心の奥に流れる古い日本の血を騒がしてくれるような肉体を持った女優がいない。もしかすると、子どもの頃に千原しのぶを見てしまったのは不運だったかもしれない。（『タコ手帖』276頁）

これはもちろん時代劇衰退とともに起こった現象である。私は若いタレントが時代劇に出て着物姿になっているのを見て、いつもコントすれすれだと感じている。着物を着る機会をほとんどもたない生活を送っているのだから、彼女たちがちゃんと着こなせないのは当然である。伏し目流し目云々、時代劇云々ではなく、タレントまがいの女優にそもそも俳優としての覚悟や知性、鍛錬が欠けているからかもしれない。

亡くなった映画評論家の双葉十三郎に関しての総括も的確だ。

この世代は映画史の変遷と共に生きてきた人たちだ。二十世紀の新メディアとしての映画の、ういういしい青春時代を知る人たちだ。幼い頃はサイレント映画を観て育ち、二十代の頃にはそれに音声がつき（トーキー化）、やがてそれに色彩もつくようになった（カラー化）。一九三〇年代と一九五〇年代――二つの映画黄金時代に巡り合わせたという、映画好きにとっては幸運な世代なのだった。

淀川さんも双葉さんも黒澤映画を同世代の監督として観続けることができたのだ。それだけでも羨ましく思える。（『タコ手帖』58頁）

実を言うと、私はまだ淀川長治や双葉十三郎の偉さを体得できていない。彼らの映画批評はそれほど面白くないと思っている。ただ、映画が衰退期に入ってから映画に接するようになった中野や私のような世代にとっては、羨ましがるだけでどうにもならない、という気分は分かる。黒澤明作品に関してはリバイバル鑑賞を含めてすべて見ているが、同時代の作品としては、私の場合、『影武者』（１９８０年）からである。それほど面白くなくなってからなのだ。

戦後世代はしかし、ビデオの普及、ＣＧの開発、３Ｄなどの技術的変革を同時代のものとして通過してきている。これら映画界の変遷に関しては何か言える立場にある。だからこそ、中野にはもうひとふんばりしてもらいたいところだ。

あと一つ。『おみごと』でも取り上げていた歌舞伎座問題だ。


歌舞伎座「さよなら公演」のように、近頃は「消えゆくものを愛惜する」というのが、商業化というかイベント化されているような気がしてならない。それまでは時代遅れと無視されていたのに、「消える」と決まって、あるいは「消えた」とハッキリわかって、突如として人気が出る例が多い。昭和30年代ブームもそうだ。（『タコ手帖』130～131頁）

私は東京の歌舞伎座には上京した折に行くくらいで、日常生活の中で捉えられない。思い入れはほとんどない。ただ、人が集まっては去っていく劇場には、見せる側や見る側のいろいろな感情が染み付いていくような感じは分かる。頻繁に行く映画館や劇場ではだいたい自分の個人的指定席を決めている。その劇場、映画館、その席に愛着が湧く。

自らの経験からいうと、小劇場が閉鎖される時はそれほどでもないが、長年営業していた映画館が閉館する時、多くの人が集まって写真を撮るという風景はよく目にした。当初は映画ファンが集まっていたのだが、やがて映画などまったく興味のない人たちが、ただなくなるからというだけで写真を撮っているような人が増えてきた。そういう連中が嬉しがって撮影にいそしんでいるのを目にするのが嫌になった。私は、閉館すると分かっていても「記念鑑賞」みたいなことや最後の雄姿を映像におさめるようなことも、もともとしなかった。最終日に劇場に行くということも特にはしない。見たい映画を見たい劇場で見るという生活を続けた。

映画と映画館とがつながった思い出になるという感覚は、私の世代が最後になるのだろう。中野は歌舞伎座に対して独特の感情をもっているのだろうが、同じ感情を映画館にももってほしいものだ。残念ながら、現在の中野は映画館で映画を見る生活を送っていない。

中野の『金魚のひらひら』（以下、『ひらひら』と略記）は２０１１年の、『みずいろメガネ』（以下、『メガネ』と略記）は２０１２年の社会時評コラム集である。

中野翠には落語についての著書もある。コラムにもしばしば落語ネタが入る。たとえばシネマ落語というシリーズがあるそうだ。「TBSで放映されていた昭和の名人たちの高座『落語研究会』（場所は国立劇場小劇場）をアーカイブ的に映画館のスクリーンで上映しようという試み」（『ひらひら』49頁）なのだが、こんなものを見て何が嬉しいのだろう。彼女は、すでに亡くなった落語家たちの噺を四つ聞くことになる。「DVDで観ているのもあるからなあと、そんなに期待せずに行ったのですが、いやー、やっぱり大スクリーンで観るのは格別の愉しさでした」（同）という反応である。画面の大きさなど落語に関係ないだろうに、中野翠は喜んでいる。

さて2011年には東日本大震災があった。それ以後、それまで週に2回は試写会に行っていた中野は1か月間、1度も出かけなかったという。

実際、試写会を中止しているところが多く、映画館でも上映中止があいついでいる。「映画どころじゃない」という気持ちはよくわかる。しかたない。

生きものとしての人間にとって、生命の維持というのがまず第一だから、芸能、芸術、文学、娯楽、スポーツ、ファッション……などの類は一種の贅沢品なのだ。根本は「あってもなくてもいいもの」なのだ。生命の維持という基盤が安定してこそ、ようやく「なくてはならぬもの」と感じられるものなのだ。（『ひらひら』108頁）

2012年に亡くなった小沢昭一という映画および舞台の俳優は、戦争中、空襲で東京が爆撃されている時でも開いている寄席に通っては落語を聴いていた。生命の維持より自分の好きなものの追求を優先するという彼の姿勢の方が、私ははるかに好きだ。

私の住む大阪では東日本大震災の影響がほとんどなかったので、上映中止や上映延期の映画はあったものの、映画館は営業を続けていた。私は粛々と映画館に通い続けた。阪神淡路大震災の時、自宅は本棚や家具が散乱したが、それでも無事な映画館がたくさんあったので、後片付けをしつつ、いつも通り映画館に通った。好きなものに徹するというのはそういうことではないか。

年末から大地震までに書き上げられたコラムにはたくさん映画ネタがあったのに、3月の2週目以降、映画ネタはやはり少なくなった。「しかたない」などという泣き言を彼女から聞きたくなかった。

翌年の『メガネ』では、震災から1年経過しているので映画ネタが増えている。さっそくスピルバーグの『タンタンの冒険 ユニコーン号の秘密』(2011年)に関して「登場人物たちはアニメと実写のあいのこみたいで、中途半端感がぬぐえなかった……」(『メガネ』15頁)と書く。嫌悪感を隠さない。やっと元の中野翠に戻ってきた。恒例の前年ベストテンでは、『ソウル・キッチン』(2009年、ファティ・アキン監督)、『トゥルー・グリット』(2010年、イーサン・コーエン/ジョエル・コーエン兄弟監督)、『マネーボール』(2011年、ベネット・ミラー監督)、『イリュージョニスト』(2010年、シルヴァン・ショメ監督)という渋い選択もしている(その他は良識的な選択)。

これらの作品は一般にはそれほど評判ではなかったか、そもそも話題にならなかった作品だが、私も楽しんで見た映画ばかりだ。世間で注目されないような作品を称揚するのも評論家の仕事の一つである。映画の宣伝係みたいな映画評論家が多い中、中野翠の存在は貴重なのである。

マーティン・スコセッシ監督の『ヒューゴの不思議な発明』(2011年)に関して「うーん、やっぱり3Dは嫌いだわ。飛び出して見えるということがそんなに面白いとも思えない」「私は3Dメガネがうっとうしく、はずして見たかったが、字幕が二重になって見にくいので、仕方ない、ガマンした。3Dには単純な驚きはあっても深い感興はないような気がする」（『メガネ』76～77頁）と堂々と反3D的な文章を書いている。もしや試写で無理矢理3Dを見せられたか。

私はこの映画を劇場で、当然ながら2Dで見た。映画館に行けば選べるのに、ここでも「仕方ない」である。振り返ってみると、どうも最近の中野翠の映画ネタというのは、試写で見たものばかりと推測する。年齢的なものもあるが、評論家はくだらないものも見る覚悟でさまざまな映画を見て、そこから世間的に知られていないものを発掘して知らせるのが仕事であり、楽しみでもあるのではないか。こんなに効率よく映画を見てどうするのだ。試写で見ているにもかかわらず相変わらず批判的な場合もある点だけは評価できるが。

中野翠は好き嫌いが激しく、私とも似通った価値観なので、読んで面白く感じることがしばしばある。これまでの彼女の本を読んできて、彼女がメリル・ストリープを嫌いなことはよく知っている。『マーガレット・サッチャー　鉄の女の涙』（2011年、フィリダ・ロイド監督）を見た時の彼女の文章。

演技のメリハリも利いていて文句のつけようがない。実生活のメリル・ストリープも人格円満ないい人に感じられる。

にもかかわらず、というか、だからこそと言うべきか、私はメリル・ストリープが苦手だ。見ていて巧いなあとは思うけれど、それ以上の何かを感じない。演技優等生の匂いがどこまでもつきまとう。（『メガネ』83頁）

巧ければいいではないかと思うものの、中野が付け加えた「……実際の本人とは全然違うであろう、イヤミな女（たとえば『シー・デビル』とか『ダウト』とか）を演じた時だけ、俄然、私はこの人が好きになる」（同）というのが効いている。これは中野翠にも符合する。良識的な中野より、意地悪バアサンになっている時の方が読んでいて面白いのである。

近年、中野翠の気に入っている男優がライアン・ゴズリングである。『ラースと、その彼女』（2007年、クレイグ・ギレスピー監督）と『ドライヴ』（2011年、ニコラス・ウィンディング・レフン監督）、『スーパー・チューズデー～正義を売った日～』（2011年、ジョージ・クルーニー監督）を取り上げているが、『ブルーバレンタイン』（2010年、デレク・シアンフランス監督）、『ラブ・アゲイン』（2011年、グレン・フィカーラ／ジョン・レクア監督）という面白い映画もある。ひっそり公開されたこれらの映画を中野は見逃しているのかもしれない。『ドライヴ』での彼の魅力を、「静かな男が自分の恋心と命をかけて、熾烈なたたかいを挑むところが面白く、わくわくさせられる。主人公がいかにもコワモテのワルだったら、こんな面白い味は出なかっただろう」（『メガネ』114頁）と的確に批評している。

中野翠の『サンデー毎日』の連載コラムの2013年版が『東京プカプカ』（以下、『プカプカ』と略記）である。本業は雑文書きと本人が謙虚に名乗っているが、結構読める。

彼女は俳優の顔立ち、体つき、それにファッションに特に注目する場合が多い。たとえば、前項で取り上げた『ドライヴ』のライアン・ゴズリングを「……のっぺり顔……」（『プカプカ』25頁）とか、『ジャンゴ』のレオナルド・ディカプリオの若い頃を「……細長い少年体型……」（同87頁）、その映画で監督をしたクエンティン・タランティーノのアカデミー賞授賞式での姿を「ねっからの映画小僧（それもB級テイスト好みの）がそのまんま49歳になったというのが無防備と言っていいくらいムキダシで、フォーマルな席にはどうもおさまりが悪いのだった」（同89頁）、『欲望のバージニア』のミワ・ワシコウスカについて「容姿に透明感や清涼感があり、クラシックな世界でもモダンな世界でもそれぞれすんなりなじんでしまうところが貴重だ」（同163頁）、同じくガイ・ピアースについて「髪は黒く染め、べったり真ん中分けでなでつけ、眉を剃り、蝶タイと縞のスーツでビシーッとキメた強烈ファッション」（同）、テレビドラマ『あまちゃん』の能年玲奈について「美少女には違いないけれど、肩や脚のあたりに少年のような生硬な線がある。猫背ぎみになって、足を開きぎみにして突っ立って、リスのような瞳を光らせ、上唇を尖らせて『じぇじぇ〜』と驚く姿が、何とも言えずおかしくて、かわいい」（同173頁）など、独特な観点から俳優を見ている。

おそらく『サンデー毎日』の読者層は熱心な映画ファンではなさそうだからか、どの批評も断片的だ。昔はもっと深く長く映画論を書いていた。

この本では巻末に、『サンデー毎日』以外の媒体に発表した小津安二郎についての文章がまとめて載っている。たとえば小津映画の女優たちが着る着物について次のように書いている。

> 徹底的と言っていい程、格子、縞、カスリが多い。絵画的ではなくグラフィック・デザイン的。作り手の個性などはまったくない、無名の人びとが歴史の中で作りあげて来た幾何学的な柄だ。個性や抒情性はきびしく排除されている。それが、おのずから画面に端正で理知的な美しさ（ちょっと生硬な感じも）を与えている。（『プカプカ』268頁）

小津の研究論文などではあまり触れられたことのない、ファッションについての論である。また小津映画の特質についても次のように書いている。

毎回、美人女優を芯に据えながら、小津監督は恋愛を描かなかった。私を含め、女たちの好物は手を変え品を変えての恋愛映画だ。メロドラマだ。どんなに地味で堅実な女でも『風と共に去りぬ』ではメラニーではなく、断然、自由奔放なスカーレットに感情移入するものなのだ。そんなことは承知のうえで（?）小津監督はシャアシャアと、恋愛至上主義に感染していない。おリコウな娘を撮り続けた。理由はたぶん「好きだから」。その一点。現実にそういう娘がどれだけいるものか、なんて関係ないのだった。その種の「リアリティ」はまったく無視なのだ。（『プカプカ』276頁）

一つの小津論として読むに値する。これは若い人に言っても仕方がないが、私と同世代の人間は、映画を見ながら人生を過ごしてきた。だから、その時代時代に見た映画が自分の人生にいろいろな影響を与えてきた。だから、その底に共通した認識がある。

たとえば2013年に亡くなった大島渚。私たちの世代にとって、時代と並走したこの監督の存在は大きい。中野翠は『日本春歌考』（1967年）を見て、「何だかよくわからないまま、社会のダークサイドに斬り込んでいる感じが、当時の私には刺激的で、新作ができると追い駆けるようにして観た」（『プカプカ』59頁）という。その後も大島渚およびその周辺の映画を見て、一つの思いに到達する。

映画は単純に面白いというので観るのではなく、何かもっと深い意味がある、社会とか国家とか性とかのとらえ方に斬新な視野を与えてくれる、そういう刺激があるのが「いい映画」なのだ、難解だ

と思ったら、わからない自分のほうが未熟なだけなのだ――と当時の私は信じていたのだった。（『プカプカ』59頁）

若い頃は多かれ少なかれ、そのような感情をもつだろう。彼女は現在、娯楽的要素にもっと着目している。それは村上春樹に対する不満感に結びついていく。

……近頃の私、小説に限らず映画でも何でも「笑える」というところがないと、もうひとつピタッと来ないカラダになってしまっているんですよね。ゲラゲラ笑いは求めていない。どんなシリアスな話でもクスッとした笑いが欲しい。それがないと、何だか物足りなく感じてしまうのだ。（『プカプカ』127頁）

映画を判断する尺度というものは実はない。まったく造りの違う映画を一つの基準で善し悪しを判断してはいけないのだ。だから中野翠がインド映画『マッキー』（２０１２年、Ｓ・Ｓ・ラージャマウリ監督）をほめても私は驚かない。殺された青年が蝿に生まれ変わって殺した男に復讐するという話だ。インド映画独特のくどい演技、分かりやすい演技など見るに耐えないと考える人もいるだろう（私もうっすらそういう人の一人）。彼女は次のように評する。

生まれ変わりの蝿（勿論ＶＦＸを駆使している）の動きが、実に表情豊か、感情豊か。わくわくさせられる。ストーリーテリングも力強くて、巧いんですよね。「さて、どうなるか？」「おっと、そう来たか」という感嘆の連続。

　カタキ役の俳優の大げさ演技も楽しい。残虐非道のワルなのにどこか憎み切れない愛嬌がある。

（『プカプカ』247頁）


私は度が過ぎると思った。人の好みはいろいろというしかない。


中野翠は大きく言えば評論家で、以前はその中から特化して映画批評もやっていた。年をとるにつれ、徐々に映画ネタの比重が軽くなり、映画の本も出なくなった。だから、年間の出来事について述べていくこのシリーズにも映画ネタは以前よりぐんと減った。たぶん、見る本数もぐんと減ってきているはずだ。

　２０１４年の分をまとめた『晴れた日に永遠が…』（以下、『晴れた日』と略記）には、映画を見る人なら分かる隠れた名作佳作レベルのものしか取り上げられていない。ちょっと物足りない。くだらない映画も見て、さんざんけなすという文章も読みたい。かつてはそのようなものがたくさん含まれていたのだ。

　いくつか取り上げてみよう。

　前年の映画『桐島、部活やめるってよ』（２０１２年、吉田大八監督）でバスケットボールに耽っている高校生を演じていた東出昌大について。中野の評価は「……その、せせこましさのない、どこかノホホンとした顔立ちと、一八九センチという思い切った長身を好もしく感じていた」（『晴れた日』134頁）というものである。先の映画は彼のデビュー作だが、「群像劇ながら、主演格の役柄」（同135頁）と認識しているようだ。ほとんど台詞などないから、私は端役だと思う。覚えていないが、ラストシーンが彼のアップだという。校舎の屋上で、映画部部員のカメラの前でカメラを見つめるシーンだ。

中野はまだ彼の評価を正しく定めたわけではなく、面白い新人が出てきたと注目するだけだ。映画批評家としては廃業しているから、たぶん東出が出ていた『寄生獣』（２０１４年、山崎貴監督）や『アオハライド』（２０１４年、三木孝浩監督）のようなくだらない映画など見なかっただろう。中野ももう年寄りだから、そのような映画になど時間は割かないだろう。

女の子は誰でもそうなのだろうが、中野も少女時代はディズニーに憧れたという。年を取るにつれ、ディズニーの魂胆が見えてきて、「……違和感のようなものを感じることが多くなった」（『晴れた日』169頁）。成長している証である。

やがてアニメに関してはディズニーを捨て、ピクサーに心を動かすことになる。これも健全な成長だ。そうこうする内、ディズニーはピクサーに乗っ取られることになり、というか、ピクサーがディズニーに憑依し、そして『アナと雪の女王』（２０１３年、クリス・バック／ジェニファー・リー監督）である。彼女は辟易する。

ヒロインである姉妹の目がやけに大きく鋭く、コワイくらいだ。姉妹が歌いあげる歌も「どうだどうまいだろう」と言わんばかりの、自己陶酔的な、過剰にドラマティックな歌唱なのだった。

どういうわけだか私はそういう歌唱がしんそこ苦手なのだ。乗れなくて乗れなくて苦しくなるほど。（『晴れた日』169頁）

私もこのアニメには感心しないが、歌唱には感心している。「どうだうまいだろう」を好ましく思う。なぜなら、私は念のために日本語吹替え版も見たのだが、松たか子はオリジナルのイディナ・メンゼルと比べると貧弱で、「どうだうまいだろう」にならない。なぜこの程度のアニメが異常なヒットをしたのか私にも分からない。近所の小学生も「レリゴー」なんて口ずさんでいるのを耳にしている。すなわち、ディズニーの伝統である子供だましがうまくいったのだろう。小学生ならだませる。大人は子供の付き添いで見に行っているだけだと思っていたが、中野は違う考えをしている。

たぶん、カラオケ文化とも関係があるんでしょうね。レリゴーのような、美声で朗々と歌いあげる歌というのは「カラオケ映え」するのではないか。一人カラオケというのもはやっているようだから、レリゴーのような歌は、一人で歌っていても気分が「盛り上がる」のではないか。自己陶酔しやすく、気分がスカッとするのではないか。（『晴れた日』170頁）

いい年をした大人が一人でカラオケに行って「ありのままで」なんて歌っている光景は私にとっては不気味である。東京ディズニーランドみたいにディズニーは大人も騙せているようなので、せめて私は引っかからないようにしようと思う。

中野は日本語版の「ありのままで」が空疎であると書いているが、私は空疎というより誤訳ではないかと思う。面倒くさいので一々チェックする暇がないが、Let it goと「ありのままで」なら明らかな誤訳だと思う。もちろん翻訳者は分かってわざと誤訳する危険を冒しながら、それでも口ずさみやすい歌詞にしたのだろう。私はそれを俗化と考える。

中野翠の世代の人で多少映画に目覚めている人なら必ずアレハンドロ・ホドロフスキーに目を付けている。ロシア系の、チリ出身、アメリカ人の、フランス在住監督である。ともかく、いくら映画を見なくなっても、ホドロフスキーの新作である『リアリティのダンス』（２０１３年）が公開されるのなら、他の予定を捨てても映画館に駆け付ける（中野は試写室で見ているが）。

とても八十代の人が撮ったとは思えない力強さと奔放さなのだ。美しいのだか醜いのだか判然としない、何とも言えない鮮烈なイメージの連鎖にわくわくした。（『晴れた日』178頁）

この映画の語り口はデコボコしていて、決して滑らかではないのだが、独特の魅力にあふれている。これこそ映画だと思う。中野もちゃんとチェックしている。

中野翠のことをちょっと情けなく思うのは、サボり癖がついてしまったことだ。『ゴジラ』（１９５４年、本多猪四郎監督）を、ＮＨＫ・ＢＳプレミアムで「前半三十分程」を見逃したまま見たというのである。前後の文章からすると初見だ。それでも「やっぱり、好きだわー、傑作だわー」と思った（『晴れた日』190頁）らしいが、信用できない。ちゃんとスクリーンで見てもらいたい。折しも２０１４年には初公開60周年を兼ねてデジタル・リマスター版が公開されたのだから、見ようと思えば見られた。結局、３分の２しか見ていないにもかかわらず、「今回『ゴジラ』第一作を観て……」（同192頁）という風に論を進めている。現在の中野は、映画に対する意欲も愛情も執念も乏しくなっていると私は判断する。

あまり注目されていなかった『６才のボクが、大人になるまで。』（２０１４年、リチャード・リンクレイター監督）をちゃんと見て、それなりの評価、すなわち「人生の主役は時間なのだ」という結論を見いだすところなど、一部、感覚が研ぎ澄まされた点はあるが（『晴れた日』267頁）、あくまで一部である。

以下、「近頃、脱走物映画ってあんまりみかけないんですよね」（『晴れた日』226頁）などとトンチンカンなことを書いたり、『ジャージー・ボーイズ』（２０１４年、クリント・イーストウッド監督）の登場人物がカメラに向かって話しかける演出を「この演出アイディアはうまく成功している」（同228頁）と勘違いなことを言ったり、時代劇映画ベスト10を選ぶのに1位に『七人の侍』（１９５４年、黒澤明監督）を選ぶなど平凡な名作を集めたりしている点に、どうも彼女の映画力の低下が感じられる。その一方、『悪童日記』（２０１３年、ヤーノシュ・サース監督）のおばあちゃん役の巨漢ぶりに対し「この怪物的ばあさんと出会うだけでも、この映画を観る価値があると思わせる」（同243頁）と相変わらず異形なものへの偏愛ぶりは健在だ。

社会時評的な部分としては私と似通った感性をしているのだが、どちらにせよ、若い人たちには疎まれる。私も疎まれる。ほぼ同感だと思った部分。再びケータイについてだ。

スマホだと、自分の関心だけでピンポイント的に情報を得ることができる。世間、および多くの他人たちの関心は排除される。
そこが何となく、ほんとうに何となくなのだけれど、おそろしいことのように感じられるのだ。自分を相対化するセンスに乏しくなってしまうのではないかと。（『晴れた日』112〜113頁）

もしかすると「スマート・フォン」というのが「スマート」（賢い）電話であることを知らないのかもしれないが、その名称とは裏腹にスマホの普及でその常用者はどんどん思考力を失っていくと私も思っている。答が出るまでの思考の時間がスマホでカットされてしまうからだ。カーナビがタクシーにも常備されるようになり、かえって地理に不案内な運転手が増えてしまった、というような矛盾を感じる。

中野翠は1年の総まとめを年末に出版したいのか、正確に言うと前年の11月から当年の11月頭までを1年分としている。『この素晴らしき世界⁉』（以下、『素晴らしき』と略記）は、その2015年版である。

この本では普通の評論家が世相を眺めて社会批評しているような観があるのだが、それでも映画を捨てたわけではないので映画ネタがいくつか紛れ込む。もちろん、映画が彼女の生活の中心ではもうなくなっている。だからか、ちょっとニブいぞ、と思うことがしばしばある。

映画評論家としての衰えを示す記述。


私は映画好きと言いながら、映画なら何でもというタイプではない。苦手な映画というのが厳然としてある。

暴力を前面に押し出した、というかそればっかりの映画が苦手ですね。観ていて痛くなってしまうばかりではなく、いろいろな物がこわされ、破片などが散乱するのがイヤ。すごく現実的に醒めてしまって、「後片付け、どうするんだあ⁉」と、もう、それぱっかり気になってしまう。

アクション物でも、銃撃戦ならいいのだけれど、体を使った、格闘技系のアクション物は苦手。TVを観るのでも、各種スポーツは好きなのだけれど、格闘技には、相撲以外興味がない。痛さが直接的に伝わって来るようで耐えられないのだ。（『素晴らしき』22〜23頁）

確かに映画批評を専門にしているなら問題である。嫌いな映画を排除すると、ハリウッドのアクション映画はほぼ全滅だし、香港のカンフー映画も見られないことになる。同じように彼女は宇宙物が嫌いだという。映画評論を仕事にするのなら、どのような映画でも選ばずに見て、何らかの価値判断を示さなければならない。苦手でもいいのである。なぜ苦手かを分析すればいい。映画評論家とか文芸評論家は人間のあらゆることを描く芸術を取り扱うのだから、どのようなものでもとりあえず受け容れなければならない。嫌いだから見ない読まないでは仕事にならないのだ。現在の中野は、そのような映画に自分からは近寄らないようにしているようで、間違って見たとしてもその作品に嫌悪感しか示さない。

タイトルを書くのは遠慮しておくけれど、男友だちの間では評判のいいアメリカ映画の試写を観て、私は辟易した。閉口した。（『素晴らしき』134頁）

全編これ、ガンガン、ビュンビュン、バキュ〜ン……といった激烈な音響と、けたたましい音楽が響き渡りぱなしで、目をつむるとゲームセンターかどこかに閉じ込められた気分。（同）

映画を通常見ているなら、彼女が名前を伏せている作品が『ワイルド・スピード SKY MISSION』（2015年、ジェームズ・ワン監督）だと分かる。私は自分の頭を空っぽにしてアホになるために、この種の映画を時々見るが、その用途は果たせる。そして、中野の考えも理解できる。正しい反応だと思う。

正当だと主張するならタイトル名を出すべきだ。実名を出して批判すると、映画会社から試写状が来なくなるのを恐れたか。しかし、映画会社の人がこの文章を読めば、非難されているのが自社の配給作品だとすぐ分かると思うのだが。

評論家の多くは、同業者が集まる映画会社の試写室で映画を見ている。映画館では見ていない。それは評論家の書く文章が基本的に新作公開時に公表されるからだ。宣伝のために書かれるのだから、映画が公開されてから見たのでは遅い。さらに宣伝にならないような書き方は許されない。そういう状況の中で、たいていの映画館よりは小さなスクリーンで新作を見るのだ。

試写室で見るのと映画館で見るのとでは雰囲気がまったく違う。試写室の観客は、ほめるために映画を見るというのが前提だ。映画館の観客は、確かに特定の男女優のファンが楽しむために見に来ている場合が多いのだろうが、その他にただ映画が好きだから見に来ている観客もいる。後者の場合、見た後、不快感をもって劇場を後にする場合もあるのだ。

ハリウッドのアクション映画、香港のカンフー映画もダメなら、当然ながら日本のヤクザ映画もダメだろう。だから高倉健追悼の佐藤忠男の文章にかこつけて次のように書く。

『幸福の黄色いハンカチ』『鉄道員』などで、生来持っている実直さや寡黙さを市民的な枠の中で、魅力的に表現することに成功した。アウトサイダーかマイホームおやじかという単純粗雑な話ではない。その間の絶妙な位置にいる男の肖像をリアルに刻み込んだ。(『素晴らしき』25頁)

長年、高倉健の映画を見続けてきた者として言うが、晩年の高倉健はストイックすぎて、ワンパターンに陥っていたと考える。立派な人物ばかりを演じていて、まるで吉永小百合みたいになってきている。

その吉永の大ファンをサユリストと呼ぶ。一般世間や映画界の浅い層では彼女は大女優ということになっているが、もう少し深い層では、彼女の出演作はことごとく退屈ということになっている。その理由の追究をしている。

……吉永小百合映画に心打たれたことは、なぜか、少ない。

少女時代の『キューポラのある街』（'62年）の吉永小百合はとてもよかった。貧しい家の少女で、身なりもみすぼらしかったけれど、それらを突き破るような、みずみずしく、すこやかな命の輝きがあって、引き込まれた。

大人になってからの吉永小百合映画には、なぜか、あんまり乗れなかった。（今見れば魅力的に感じられるのかもしれないのだけれど）、いつも「ひたむきな目をしている女優」という感じで、そのひたむきさが、若かった私には鬱陶しく感じられ、自然と敬遠するようになってしまったのだ。（『素晴らしき』86頁、「)、」ママ）

中野は吉永をずっとそう捉えていたのだが、『細雪』（1983年、市川崑監督）で彼女を見直したという。中野は見直したものの、その後も吉永小百合は同じ路線で退屈な映画に出続けている。というか、彼女が出るから映画が退屈なものになるのだ。

年をとって中野は億劫になってきたのか、二次的なものでも許容するようになっている（映画をDVDで見ていいと思うのもその表われ）。中野の友人である評論家・呉智英から小林真琴の漫画『劇画・長谷川伸シリーズ』が面白いと聞き、その漫画を取り寄せる。「……どの話もすばらしく面白い仕上がりになっている」（『素晴らしき』115頁）と書くのだが、話が素晴らしいのは長谷川伸の原作がすでに素晴らしいからである。漫画的にも素晴らしいのなら、そして評論家として頭が冴えているなら、当然、長谷川伸の原作に進むべきだろう。

北野武監督作品のほぼ最低作と私の判断する『龍三と七人の子分たち』（2014年）の評価もトンチンカンだ。

ホント、ヤクザの老後というものについて、あらためて考えてしまいましたよ。高齢化社会の波はヤクザの世界にもあるわけだ。切った張ったで若いうちに命を散らす者は、いかにもヤクザらしくてそれでいいのだろうけれど、幸か不幸か無事で、命永らえ、ジイサンになってリタイアした者たちはどんなふうに、どんな思いで、暮らしているのだろう。

ヤクザ映画を撮り続けて来た北野武は、そんなヤクザの老後を喜劇として描いた。うん、やっぱり喜劇としてしか描けなかっただろうな。（『素晴らしき』140～141頁）

「ヤクザ映画を撮り続けて来た」わけでもない北野武のこの映画を好意的に捉えるとは、中野も、北野同様、耄碌したか。

他にも「ホラー映画『貞子』（私は観ていないが）……」（『素晴らしき』145頁）などとボケた中野翠は映画評論の看板を名実ともに下ろす必要がありそうだ（中野は『貞子3D』のことを言っているのではなく、おそらく『リング』のつもりで書いている）。

中野翠の『ぐうたら上等』（以下、『ぐうたら』と略記）は時評の2016年版である。

中野翠は、何年もかけて「絶えず映画を見ている人」から「たまにしか映画を見ない人」に変化してきている。ただ、「まったく見ない人」にまではなっていない。とにかく、長年、彼女の時評エッセイを読んできているので、その変化がはっきり分かる。映画鑑賞本数が少なくなるにつれ、当然ながら、映画への感性が鈍ってきている。

たとえば『手紙は憶えている』（2015年、アトム・エゴヤン監督）という映画がある。認知症で記憶がまだらになっている主人公が、同じ老人ホームの入所者にあることを頼まれる。自分たちを収容所でいじめたナチスの兵士が、戦後、名前を変えて逃亡し、アメリカに入国し、素性を隠したまま、現在、平穏な死を迎えかけている。彼らを平安に死なせてはならない、自分たちにしたことを許してはならない。だから、そいつの居場所を突き止めて殺してくれ、と頼むのだ。

頼んだ方は体を悪くし車椅子生活で動けない。だから費用負担はこちらですからと、同じ収容所にいて、今同じ養老院にいる主人公に依頼するのである。ただ、主人公は認知症が進んでいて、前日のことをきれいさっぱり忘れている場合が多い。そこでその収容所仲間に課した使命を手紙に書いておいてもらう。朝起きて、その手紙を読めば、使命を忘れない、という工夫をする。

私は「絶えず映画を見ている人」なので、発端を見た時、結末が読めてしまった。こういう作り方なら、こういう終わり方になるだろうと予想した。その通りになった。ところが、「たまにしか映画を見ない人」である中野翠は、「……ラスト近くに明かされる仰天の真実——。そこには二重三重の恐怖感があった」「エーッ!?　とビックリした」（『ぐうたら』257頁）と反応している。

それでも映画関係者の話によると、しっかり先読みしていて、結末も予想できていたという人がいるのだそうだ。頭の出来が違うのね。（『ぐうたら』257頁）

頭の出来の違いではない。絶えず映画を見続けていて映画的感性の鈍っていない映画関係者なら、普通、そう予想するのである。中野における感性の鈍化は、おそらく自分から率先して面白い映画を探して見ようという意欲が減退していることから生じている。

レオナルド・ディカプリオがアカデミー賞主演男優賞を獲った『レヴェナント：蘇えりし者』（2015年、アレハンドロ・G・イニャリトゥ監督）という映画がある。アカデミー賞発表後に日本公開されたにもかかわらず、主演男優賞を獲ったぐらいでは興行にあまり影響しないのか、客席は比較的空いていた。雪の中のシーンが大量にあって単調である上に、ディカプリオは髭モジャで顔がよく分からない。ディカプリオ・ファンにも不満が残りそうだ。ファンは彼の美形しか求めていないのであって、演技力など求めていない。

この映画のマスコミ向けの試写会に中野翠は向かう。悠々と会場に30分前に着いたのにすでに満員で追い返される。中野は「配給会社に泣きついて（?）後日、席を確保することができた」（『ぐうたら』115頁）という。

マスコミ・プレス向けの試写会というのは日時が限定されているので、それにこちらの予定を合わせないといけない。もちろん無料である上に、詳しい内容と批評の手引きまで含む資料（プレス・シート）ももらえるので、映画批評を書く立場の人に便利でもある。だからプロの映画批評家、評論家は、こぞって試写室通いをすることになる。

中野翠の住んでいるのは築地の向かいの月島あたりだったと思うが、それは各映画会社の試写室の多い銀座に近いからである。だから、その地を選んだと彼女は何度か書いている。前述したように、中野翠には映画関係書も何冊かあり、昔は映画評論家の看板も掲げていたのである。永い付き合いなので、今はそれほど映画に熱心ではなくても、配給会社の人に無理を言うこともできたわけだ。

しかし、である。本当に映画を見たいと思うのなら、好きな日に好きな時間に映画館に行けばいいのだ。時間のやりくりをあまりせず、簡単に見ることができる。ごくまれに、見落とした映画を映画館に行ってでも見る映画評論家がいるが、宣伝のため何かの記事を書く必要から、できれば公開前に見たいと思うのが普通の映画評論家だ。しかし、中野のこの、執拗に配給会社に頼むという姿が、私にはさもしく映る。

映画会社の試写室で見ることから起こる不都合のもう一つの例。『キネマ旬報』ベストテン1位の『マッドマックス　怒りのデス・ロード』（2015年、ジョージ・ミラー監督）に対する彼女の評価が低かったのは、試写室の環境が原因である。3D試写会でしかも指定席制だったという。「……3D嫌いの私は2Dで観たかったのだけれど、日にちがうまく合わず、仕方なく3Dで観た」（『ぐうたら』64頁）。さらにその上に、座席は「一番前のまんなかの席」（同）だったという。彼女は大いに怖がってこの映画を見た。鑑賞後に感じたのは、「2Dで観たら、きっと心おきなく楽しめたんじゃないかとも思った」（同 65頁）というものだ。

本当に映画が好きなら、そして不本意でない状況で映画を見たいのなら、無理せずに映画館に行けばいいではないか。その後、彼女がこの映画の真価を見極めるために2Dで上映している映画館に行って見直したという記述はこの本にはない。不本意な見方で、不本意な評価のまま中野は放置している。

実は最近、映画熱が低下気味だなあと感じていた。映画を観ている時の没入感というか一体感が何だか薄れてしまっているような気がしてならないのだ。

たぶんそれはＣＧ多用映画や３Ｄ映画の氾濫と無関係ではないと思う（それらの映画がなぜ嫌いかは、いずれ改めて、ネッチリ書きたいと思っている）。（『ぐうたら』42〜43頁）

試写は１日限りではないものの、日程は限定されていて、その日、その時間に見に行けなければ見られない。すごく面倒である。

その面倒臭さを排除するためには、無料招待されて見るのをあきらめ、公開後、お金を払って映画館で見る生活に戻ればいいのだ。金銭はかかるが、時間が自由になる。ただし、それでは仕事にはならない。それに試写室の観客は基本的に同業者である。みな、記事を書くために見に来ている。そのような同業者の思惑が充満している環境で映画に没入できるのか。映画館でしばしば体験する見ず知らずの観客との一体感など経験できない。

中野の映画熱が冷めた原因は、決してＣＧ映画や３Ｄ映画のせいではない。自分の興味本位ではなく、仕事で、あるいは何らかの義務感から、映画を見るようになったからだ。

さて、「いずれ改めて、ネッチリ書きたい」と言っていたＣＧ映画と３Ｄ映画のつまらなさについて、詳しく書いている。

近頃は３Ｄが大流行だけれど、画面が飛び出して見えるというのが、なぜそんなにウケるのか⁉私にはわからない。

そもそも人間の頭というか想像力とかいうものは、スクリーンという平面に映し出されるものを、立体的に再構成して見ることができるものなのだ。つまり、３Ｄ化の機能はすでにして頭の中に備わっているのだ。

それなのに、なんでわざわざ、あのうっとうしい3Dメガネをかけて観たがるんだろう。もしかすると、頭のどこか……想像力が劣化しているのかもしれない。

2Dに較べると3Dのほうが刺激が強い——ということは私も認める。それは直接的で、わかりやすい刺激だ。世の中には、「刺激」＝「興奮」＝「感動」と思い込んでいる人も多い。

あいにく私は、「刺激」と「興奮」と「感動」を、それぞれ少しずつ異なったものとして考えているので、「刺激」ばかりを前面に押し出したような映画には、つい、腰が引けてしまうのだ（うーん、やっぱり無理してでも『マッドマックス』は2Dで観るべきだった……）。（『ぐうたら』65頁）

中野翠の場合、3D、2Dの2種類公開の場合も、映画館には行かないのだろうか。映画館に行けば、そのような選択は簡単にできる。

でも中野翠はもう、映画へのそれほどの情熱は持ち合わせていないようなのだ。無理をしなくても2D版を見ることができるのにしなかったのは、金銭的な問題、時間的な問題があったからではなく、やはり映画への情熱が覚めてしまっているからだ。そして、もう老人に分類される世代であるから、今さら映画への情熱が復活することはあるまい。

老人になると過去を回顧しがちだが、この本でも中野は自分の少女時代を回顧する。

映画がまだまだ娯楽の王様だった彼女の子供時代、彼女は初めて洋画の2本立て、『シェーン』（1953年、ジョージ・スティーヴンス監督）と『ローマの休日』（1953年、ウィリアム・ワイラー監督）を見る。

ストーリーもよくわからないまま、画面の中に引き込まれていた。没入していた。だから、映画が終わって、映画館を出る時、何とも言えない奇妙な気分になった。おなじみの町並みが、初めて見る町並みのように、あるいは芝居の書き割りのように嘘っぽく見えてしまうのだった。今にして思えば、映画という嘘にあまりに没入しすぎて、すぐには現実に戻れなかったのだろう。映画の世界のほうが「ほんとう」で、現実の世界のほうは「うそ」に感じられるという、倒錯的な心理状態になっていたのだろう。(『ぐうたら』80頁)

この美しい思い出は、彼女にとって単なる思い出のままである。試写室通いなどやめて映画館に行きさえすれば、すぐ子供時代に戻れると思うのだが、彼女は回顧しただけなのだ。もう昔の感性を取り戻すには年を取りすぎている。

映画評論の一時代を築いた蓮實重彦に関しても、その強力な影響力の外に彼女はいる。

……私は蓮實氏の影響はあまり受けていないようだ。蓮實氏も頑固なのだろうが私も頑固なのだ。蓮實氏のことは好きだけれど、蓮實信者は苦手。たぶん……映画を味わわずに論じたがるから。(『ぐうたら』153頁)

しっかりとした考えをもっている女性映画評論家をこのまま朽ちさせるのは惜しい。

えっ、『ラ・ラ・ランド』(2016年、デイミアン・チャゼル監督)をほめるのか、と多少がっかりするところもあるのが『TOKYO海月通信』（以下、『海月通信』と略記）で、中野の2017年の時評である。『ラ・ラ・ランド』を中野は次のように批評する。

冒頭、渋滞の車の上で踊り狂うシーンからして圧倒され、引き込まれる。あのシーン、おおぜいの動きと息が合わないと成り立たないものでしょう。全員、失敗が許されない。だからこそ、見事に息が合った場面に理屈抜きの感動が。（『海月通信』52頁）

といっても、苦労すれば必ずいい映画になるという話でもない。ワンカットが続くのを見ている内に、無理してワンカットにこだわっているなあと私は思い始めた。ワンカットにする必要をあまり感じない。振付も平凡だった。このシーンに本格的に参加しない主人公二人の、歌も踊りもそれほど優れたものでないのが、この映画にとって致命的であった。中野の理想とするミュージカルがどういうものか知りたい。北朝鮮の、見事に息のあった行進やマスゲームにも中野は「理屈抜き」で感動するのだろうか。私は少しだけ感動するのだが。

中野は劇場公開前にもう一度、この作品について論じている。この作品がアステア&ロジャース・コンビ映画のダンスシーンを踏襲しているというが、「……きっちりとこなすんですよね」（『海月通信』70頁）という評価は買いかぶりである。一所懸命、努力したなどということは宝塚女優でも言えることだ。努力と出来とは必ずしも比例しない。私には平凡な踊りにしか見えなかった。

俳優以外でも、「音楽、画面の色彩設計、衣裳、撮影……文句なし。堂々の傑作だ」（『海月通信』71頁）と書いているが、私にはどれも平凡にしか見えない。私はこの映画がアカデミー賞で多部門にノミネートされているとは知っていたが、アカデミー賞の授賞式前に見た。この程度の映画が賞を総なめにしたら、日頃から思っているようにアカデミー賞の腐敗が極まったと思っただろう。それをベタぼめするとは、中野も老いたか。

一方、中野の映画的勘がまだ鈍っていないように思えるコラムもいくつか出てくる。たとえば、あまり世間で注目されなかった『ドント・ブリーズ』（２０１６年、フェデ・アルバレス監督）や『スウィート17モンスター』（２０１６年、ケリー・フレモン・クレイグ監督）を取り上げている。前者に関しては「一時間半弱、まさに息もつかせぬサスペンスとアクション。脚本の巧さに感心する。次から次へと繰り出される攻防のアイディア」（『海月通信』44～45頁）とベタぼめの後、この映画の最大の長所が猛犬の攻撃シーンだと言う。確かに予兆なしにいきなり登場するシーンにはびっくりするが、それもアイデアの一つぐらいにしか私には思えない。中野は犬好きなので個人的な過大評価だとは思うが、まあ批評の許容範囲である。もう少し書き込んでほしいという希望はあるが、『僕のワンダフル・ライフ』（２０１６年、ラッセ・ハルストレム監督）までほめるのは許容できない。

「んなバカな！」と思われるだろうが、私はコロリ、乗せられた。甘美な夢物語として。（『海月通信』205頁）

この監督の犬映画、『マイ・ライフ・アズ・ア・ドッグ』（１９８５年）はタイトルに犬が入っているが、結局、人間を描いているので楽しく見た。しかし、忠犬ハチ公映画『HACHI 約束の犬』（２００８年）同様、この映画も私は「んなバカな！」という気分で見ていた。犬の輪廻など許すわけにはいかない。

『スウィート17モンスター』に関しては、「男の人にはどうかなあと思うけれど……」と留保しながらも、ヒロインのヘイリー・スタインフェルドをほめ称える。

……全身、役柄そのものといった演技力と魅力を発揮している。大物感あり。太い眉と、しっかりした肉づきの体が、何とも言えずキュート。肉弾少女という感じ。もうしばらく、痩せないでほしいな。(『海月通信』120頁)

これは欧米の映画ではよく見られることだ。ふて腐れた表情とたるんだ肉体、エロ台詞など、日本の若い女性タレントには演じるのが不可能な映画である。現代日本映画ではあまり見られない。せいぜい熱演しているぐらいのところだろう。

現実のベトナム少女殺害事件にからめて書かれたロリコン趣味についても的確だ。

いつの時代からか、わが日本の巷にはロリコン趣味が氾濫するようになった。おそらく一九八〇年代以降のことだと思う(と書いて自分でも驚く。もう三十年以上なの!?)。

具体的に言うと、目ばかりやたらと大きく、鼻は薄い影のごとく描かれているだけで、ほとんど無視状態。口はオヘソのごとく小さい(たまに記号的に、大きく笑っている状態に描かれることもあるが)……という絵柄の氾濫。完全に子供顔。(『海月通信』117頁)

中高生の男子がぞろぞろ劇場に集まってくる種類のアニメが私は嫌いだった。それらのアニメの多くにおいてヒロインたちは中野の指摘通りの絵柄である。シリーズ物なら1作目だけは見るようにしているが、2作目も見たいと思うことはほとんどない。中野のように子供顔が嫌いなのではなく、内容や表現が幼稚だから嫌いなのだ。今やサブ・カルチャーではなく、メイン・カルチャーになっている現状を中野は嘆いている。

そしてそのような幼稚文化に対するものとして大人ウディ・アレンの『カフェ・ソサエティ』（2016年）のヒロイン、クリステン・スチュアートを取り上げている。

やや面長の、美女というより美青年といった、りりしく、やや苦味の漂う顔立ちで（ロリコンにはウケないだろうな）、主人公を抜け目なく翻弄する役にピッタリ。シャネルの宣伝キャラクターをつとめているという縁で、シャネルはこの映画に衣裳を提供している。（『海月通信』119頁）

ロリコンの中高の男子は確かにウディ・アレン作品など見ないだろう。大人の（金持ちの）ファッションなどにも興味はなかろう。また、『女神の見えざる手』（2016年、ジョン・マッデン監督）のジェシカ・チャステインの良さなどもロリコン趣味の中高生には分からないだろう。中野に言わせると、「……硬質で冷たい美貌と絶妙の演技（ファッションも大いに見もの）……なんだか変種の悪女物映画のような感触もあり、わくわくした」（『海月通信』237頁）ということになる。ロリコン趣味の男の子たちも子供だろうから、この種の大人の映画は見ないだろう。

ウディ・アレンの映画はシネコンとミニシアターを行ったり来たりしているが、中野はシネコン映画でありながら上映館が少なく、宣伝もほとんどされていない映画も見逃していない（試写だが）。『ベイビー・

ドライバー』（2017年、エドガー・ライト監督）である。見る映画がなくなってしまって、まったくマークしていなかった映画に手を伸ばそうとしている時に私はこの映画を見つけた。内容を何も知らずに見に行ったら、見ている最中からアタリの感触を得た。

なお、年々、老化が進み、中野も小林信彦と同じようにテレビで事足りるという生活の色が濃くなりつつある。子供の頃に見ていたテレビムービー『ヒッチコック劇場』のDVD全4巻、日本のテレビドラマ『傷だらけの天使』全3巻を買い込んで、毎晩見る生活をしている。また、NHKでかかっていたイギリスのテレビムービー『ダウントン・アビー』について編集者と熱く語ったりもしている。

実のところ、私はテレビドラマはめったに観ることが無い。映画を観ることでドラマ的興味は満ち足りてしまっているので、映画と違って毎週毎週というのも、かったるいし……。（『海月通信』173頁）

実は私も同様で、「映画を観ることでドラマ的興味は満ち足りて」いるのでテレビドラマにはほとんど興味がない。興味の湧く映画は他にいくらでもあるので、テレビドラマに時間を割く余裕がない。中野は出不精になってテレビに傾いてしまったのだと思う。

私は映画好きを自認しているわけだが、実を言うと、ごく限定された範囲での映画好きにすぎない。映画なら何でもいいというのではなく、観るのが苦痛という映画も結構多いのだ。まあ、無人島で暮らすのだったら、どんな映画でも喜んで観るけどね。人間が映っているというだけで。（『海月通信』117頁）

もう映画から心が離れてしまっている。

これまで何度も指摘してきたが、中野は常にスマホを非難している。試写会や街頭で、無作法なたわけ者が乱暴狼藉をしているのをこの本でもたびたび取り上げている。前にも書いたと思うが、映画上映中にスマホをいじっている人がいたら「消してください」と言えば済むし、通路を妨害したまま立ち止まってスマホをいじっている人がいたら「どいてください」と言えばいい。上映中にもスマホを開く人にはすぐ「消せ」と言わないと、その後もしばしば開くことになる。エンディングのクレジットが流れ始めた途端にメールを打ち始めたりした隣の人に対し、「この上出来映画の余韻にひたる喜びというのを犠牲にしてまでスマホに執着するなんて、この映画に対する冒瀆みたいなものじゃあないのか?」（『海月通信』50頁）と中野は心の中でつぶやく。私は映画が終わった後は仕方がないと思っているが、中野がこういう場合にはっきり言葉で意思表明すれば私は中野の味方をするだろう。中野にはまだ意思表明するだけのささやかな勇気がない。スマホ中毒者にはハッキリ言わないと通じないと思う。

私もしばしば経験することだが、寄る年波で、身辺にあったものがよくなくなる。探してもなかなか出てこない。中野がよく見失うものとして挙げていたのが、驚くべきことにテレビのリモコン、スマホ、手帖なのだ（『海月通信』84頁）。中野もスマホを持っていた。

今のところ、他人のスマホを非難する時に言うように、中野はガツガツしてスマホをいじってはいないだろう。しかし、老化が進むにつれ、テレビにしがみつくようになっているぐらいだ。多くの人と同じようにスマホ依存症にならないという保証はない。スマホを所持していても非難の刃は鋭くしておいてもらいたい。

B. 作家・評論家 II

(1) 井上ひさし

【井上ひさし『映画をたずねて　井上ひさし対談集』(2006年11月、筑摩書房、ちくま文庫)】

何度でも書くが、映画は映画館で見ないといけない。その意味から言って、昔の井上ひさしは信用できた。

井上ひさしのかつてのパートナー西舘好子は、劇団こまつ座の面倒をずっと見ていた。ある時、その劇団の演出家と仲良くなり、井上ひさしとは離婚してしまう。その結果、井上ひさしは自分の劇団を自分の娘と運営することになる。小説も大量に書き、初日延期や公演中止もあるが劇団運営もこなす。そして、実は大の映画ファンである。

井上は『映画をたずねて　井上ひさし対談集』という映画関係者との対談本を出した。対談の相手は大物ばかりだ。本多猪四郎、黒澤明、山田洋次、渥美清、小沢昭一、関敬六、澤島忠、和田誠、高峰秀子である。年寄りばかりに見えるが、その通りで、これらの映画人が活躍していた時代が、言ってみれば、日本映画の全盛期だったのである。

彼は小さい頃、仙台の養護施設で育ったが、「……やはりいじめっ子もいれば、怖い先生もいる。結局、逃げ道は映画でした」(13頁)と言っている。これも映画の効用の一つである。辛い時にはその辛さを紛らわせるために映画館に行く。

西舘に駈け落ちされ、最終的に離婚した頃、井上は作家生活が忙しく、長く映画から離れていた。その時、彼がとった行動というのが次のようなことになる。

……人生の辛い時には映画をよく観てますね。離婚の前後などは、それまで仕事が忙しくて何となく映画から遠のいていたのが、映画館に行きっ放しでした。（13頁）

この言葉は『ゴジラ』（1954年）の1作目を撮った本多猪四郎との対談の中に出てきた。井上ひさしが本多監督をびっくりさせたのは、一般には怪獣映画の監督と思われ、自認もしている本多がかつて撮った恋愛映画を井上ひさしがちゃんと見ていることだった。『この二人に幸あれ』（1957年）を、井上ひさしは浅草のストリップ劇場で働いている時期に、向かいの東宝の映画館で見ていたのだ。

残念なのはあとがきの時点で、「卓上用のDVD再生機ができてから、うんと手軽に映画が観られるようになりました」（321頁）と書いている点だ。誰でも歳をとると怠惰になってしまうのだ。若い頃には頻繁に映画館に行っていたのに、年をとると楽な方策を考える。

別に異常でも何でもないことだが、映画館で映画を見る人は、その映画を見た時の状況をだいたい覚えているものだ。映画館の記憶と共に映画を覚えている。ちなみに井上ひさしが『ゴジラ』を見たのは、岩手県の療養所の職員をしていた時期、釜石の映画館においてであった。私もたいていの映画に関して、作品名を言われたらどこの映画館で見たか言える。シネコンはみな同じような無個性インテリアなのではっきり覚えられないのだが、昔の映画館の内部はしっかりと覚えているものなのだ。

山田洋次をまじえた鼎談の中で、井上は黒澤明から次のような発言を引き出している。

黒澤　日本映画がなぜダメになったのかと聞かれて、ぼくがいつもいうのはね、昔は監督が撮りたいというものを撮らせていた、それが営業部あたりが口を出すようになっておかしくなったんです。映画っていうものを本当に理解しているのは作ってる連中なんでね。監督に今度はこういうものを作れっていったって、そう実力を出せるものじゃないんですよ。（53頁）

いくら黒澤明が言っているからといっても、そのままなるほどと思ってはいけない。撮りたいものを撮っているはずの自主製作の映画は劇場にかかっても、館内はたいていガラガラである。観客の興味を惹かない。現代においては、何かいい作品を自分で探して見つけよう、というような観客はあまりいない。黒澤明の言っていることは、現在どころか1990年代でも時代錯誤だろう。いい映画なら観客がついてくる、という幻想を鼎談の時点（1991年）で黒澤はまだもっていたのだろう。

シナリオは映画の設計図である。「……シナリオが一流なら、監督が仮に二流三流でもいい映画はできる。だけどシナリオが三流なら、一流の監督がいくら頑張ってもうまくいきませんよ」（94頁）と、シナリオも書く黒澤明が発言している。

渥美清に関しては、井上ひさしにも縁がある。渥美清がテレビや映画に出る前、浅草の名門ストリップ劇場、浅草フランス座でコントをしていた。業界ではストリップ界の東大と呼ばれていたそうである。昔の、あるいは東京のストリップ劇場は、関西のようにえげつないエロでまとめるという舞台進行ではなく、間にコントやスケッチ、踊りや歌を連続して見せたという。ボードビル劇場にエロを加えた、バーレスク劇場みたいなものだった。井上ひさしは渥美の出演していたストリップ劇場で演出助手をしていたのである。渥美清は私生活を一切表に出さず、監督の山田洋次でさえ渥美清の自宅がどこなのか知らなかった。井上ひさしも自宅を知りたくて、別れた後、後をつけたことがあるそうだが、見つからなかったという。

その「男はつらいよ」シリーズの監督、山田洋次とも浅からぬ縁がある。山田洋次が非「寅さん」映画、『キネマの天地』（1986年）を撮ろうとした時、脚本にテレビ界から山田太一と、山田洋次のファンだという井上ひさしの2人を呼んだ。その時期は、井上ひさしが妻の浮気で夫婦喧嘩の絶えない時期と一致していた。夫婦喧嘩をした翌朝、両山田と井上が集まって脚本を書くのである。平常心では書けず、迷惑をかけたという意識が井上ひさしにはあったという。

澤島忠からは美空ひばりについての情報を得ている。井上ひさしからも情報を提供する。たとえば美空ひばりと映画俳優の小林旭との結婚を仲立ちしたのは暴力団山口組三代目組長である。芸能とヤクザは密接につながっている。

また「地球の上に朝がくる」という歌を歌った芸人、川田晴久（旧名・川田義雄）は、かつて子役時代の美空ひばりのことをずいぶん可愛がった。周りからイジメられるのを救ってくれた。その川田晴久が後に病気になる。その頃、所属していた薄情な吉本興業は彼を首にする。その時、彼に救いの手をさしのべたのが山口組三代目だった。美空が不遇だった頃に川田晴久が面倒を見ており、その川田晴久が不遇の時、山口組組長が手厚く面倒を見てくれた。そこで美空ひばりは組長に信頼を置くようになった。

このような事情を知らずに、女性歌手が山口組と手を組んでいると表面的にしか捉えないのはいけないと井上ひさしは釘を刺す。

井上ひさしは、エノケン（榎本健一）にも同じようなことがあったと教えてくれる。「戦前エノケンが金に困っているときに、神戸のピスケンという親分が助けてくれた。そこでエノケンは神戸を通るときはかならず下車して挨拶を欠かさなかったそうです」（272頁）という。

このピスケンに関しては劇作家マキノノゾミがその人物の名前をそのままタイトルにした芝居にしている。その舞台は見のがしているので分からないが、このようなニックネームは珍しいから、おそらく同じ人物なのだろう。

井上ひさしには浅草時代の芸人との交流をもっと書き残しておいて欲しかった。

（2）長部日出雄

【長部日出雄『邦画の昭和史』（2007年7月、新潮社、新潮新書）】

この人の映画批評が信用できたのは、彼がビデオやDVDどころか試写室でも映画を見ることを潔しとしていなかったからである。マスコミに映画関係の連載をもっていたが、それだけでは自分の思い通りのことが書けないということから、自分で「紙ヒコーキ通信」という数ページの刷り物を発行し始めた。年間いくらかを払い込むと、毎月、新しい号が送られてくるというシステムである。その試みが始まった頃、私はすぐ申し込んだ。信頼できる匂いを感じたからだ。彼が「紙ヒコーキ通信」を始めた頃はまだコンピュータが普及しておらず、活版印刷だった。今なら間違いなくウェブサイトで同じことをしただろう。

後年、長部日出雄は自作の小説を原作とする映画『夢の祭り』（1989年）を監督する。ただ、映画監督は一時的なものであり、この作品が最初で最後である。その後はまた作家活動に戻り（映画批評関係は少なくなったように思う）、現在に至っている。なお、「紙ヒコーキ通信」は後に本にまとめられた。長部が書いた『邦画の昭和史』にも『夢の祭り』のことが最後に出てくる。

撮影中から公開にかけて、作家を業としながら映画の監督をしたことで、たいへんな非難と中傷の嵐に曝され、きわめて卑劣な妨害にも遭ったが、しかし、少年時代からの憧れの的――小津安二郎、吉村公三郎、木下恵介のホームグラウンドである松竹大船撮影所（いまは跡形もなく消えてしまった）で、セットの撮影ができたことは、自分の生涯でなにものにも替え難い貴重な宝石のような思い出になった。

わが映画人生に悔なし、である。（217～218頁）

そして、彼の『邦画の昭和史』では映画館での鑑賞を問題にしなくなった。何しろ、副題が「スターで選ぶＤＶＤ１００本」となっている。この人は映画館主義者であることをくっきり放棄してしまったのだ。映画館で映画を見る喜びをあれほど説いてきたこの人が、ＤＶＤの名作リストを書いている。明らかに堕落である、裏切りである、と私は考える。しかも名作リストにちゃっかりと自分の監督作品も入れている。どうも気に食わない。私も公開当時にその映画を映画館で見ているが、それほど面白いとは思っていない。

ビデオやＤＶＤを許容するようになって、どのようなことを書いているのか、中身を見てみよう。人気スターの変遷を通じて、日本の現代史にまで言い及ぶ記述は実にうまい。

三船敏郎は、悲惨な敗戦の結果として生まれたアプレゲールと闇市の反抗性の象徴であり、石原裕次郎がそれに加えたのは、経済の復興と近代化の進行による都会的な洗練と、太陽と潮の香りだった。

その明るく恵まれた太陽族の近代性に飽き足らず、かつそれによって抑圧されていた大衆の非合理と血と土着性への欲求は、高倉健の唐獅子牡丹に表現の通路を見出した。（12頁）

時代の捉え方が上手い。昭和20年代が三船敏郎、30年代が石原裕次郎、40年代が高倉健で代表されているのがあまりに的確である。その後に続いて50年代が渥美清である。うっかりしたのか「男はつらいよ」シリーズ48作品を「山田洋次・原作脚本監督」（14頁）と書いている。残念ながらその内、初期の3作目、4作目は他の監督（森崎東、小林俊一）である。山田洋次はシリーズの中の46本しか監督していない。映画監督経験のある長部日出雄はどうしても映画監督の肩をもちたくなるようで、マンネリと言われ続けた「男はつらいよ」シリーズを擁護する筆致もどこか大げさである。

マンネリを意識するのは、じつは観る側より、作る側（脚本監督の山田洋次およびスタッフ）と、演ずる側（渥美清）のほうが先で、そこで決まりきった設定のうえに、毎回いろいろと違った趣向と工夫を凝らし、新鮮さと面白さを保ちつづけるのが、どんなに辛く苦しい至難の業であるか――。（69頁）

しかし、である。作る側が辛く苦しくて一所懸命努力しても、それはその作品を見る観客には関係のないことだ。真面目に努力しても報われないことは世間にいくらでもある。それをよく頑張ったねといたわるのは、学芸会の演技を親がほめるのと同じである。

小津安二郎の『晩春』（1949年）もベタぼめである。

古都鎌倉の一隅に、ひっそりと暮らす学者の父とその娘の、質実で品格のある生活を、伝統的な様式美を重んずる低い視点から、格調高く描き、原節子はそのなかで、男やもめの父親を（自分では気づかずに）恋人のように想う、嫁き遅れた娘のナイーブでかつ複雑微妙な感情を、観客の想像力を掻き立てる抑制された演技で、ほぼ完璧に表現した。（88頁）

演技における「ほぼ完璧」という記述の意味が私には分からない。情緒に流されている。単に演技がよかったと書けばいいのに、どうして「完璧」という言葉を使いたがるのだろう。私は基本的に「完璧」という評価をした文章は信用できないし、書いた人も信用できなくなる。

この種の本が共通して陥る弱点が二つある。ついつい名作主義になってしまうことと、現代の作品がおろそかになることである。個人的に好きであってもその作品を選ぶと顰蹙を買う、というような作品は決して選ばれない。人の好みはさまざまなのだから気にせず書けばいいのにと思う。

たとえばこの本で、やくざ映画は取り上げられているが、ピンク映画やロマンポルノは取り上げられていない。「眠狂四郎」シリーズのところで市川雷蔵を取り上げ、「……総じてエロとグロが絡み合う退廃的な世相を背景に、ユニークな殺陣を見せる雷蔵の清潔な色気が、神秘的な雰囲気を醸し出していた」（64頁）と評している。ロマンポルノに魅力的な男性が出ることは少ないが、それでもたとえば神代辰巳の作品を1本ぐらい入れても罰は当たるまい。

現代を代表する女優として蒼井優と宮沢えりを、男優は真田広之や柴田恭兵を選んでいるのをみると、やはり長部は、今はもう映画など見に行っていないのだろうなと思う。なぜ柴田恭兵のような俳優が選ばれているかは簡単に想像がつく。

(3) 塩野七生

【塩野七生×アントニオ・シモーネ『ローマで語る』（2009年12月、集英社インターナショナル）】


塩野七生といえば、イタリア関係の本をたくさん出している人だ。イタリアの歴史が専門であり、基本的にイタリアに住み、時折、日本に戻ってくる。またアントニオ・シモーネというのは彼女の子息である。アントニオは映画関係の仕事についている。映画関係の本を書いたことのある母親とその息子が、映画について語り合ったのが『ローマで語る』である。

私は映画館で映画を見ない人が偉そうに映画を語るな、と常々思っている。なぜなら、DVDやビデオは映画ではないからだ。以前にも、塩野七生は映画書を書いたことがある。基本的にビデオ鑑賞だけで書いた本だったので、私は徹底的に馬鹿にした。

この本でも彼女の基本姿勢は変わっていない。頻繁に、DVDの時代になったことを喜んでおり、映画が書物と同じようにいつでも手に取り見られることを大いに喜んでいる。何度でも書く、DVDは映画ではない。

塩野七生はフェリーニの項で、「ＤＶＤでもなくましてやパソコンでもなく、映画館で観ないとすばらしさを味わえない映画があるけど、『甘い生活』もこの『ローマ』も、それだと思う」（23頁）と書いている。この何と、だらけたいい加減な態度。どのような映画でも映画館で見ないと分からないに決まっている。なぜなら映画は映画館でかけられるのを前提として撮られているからだ。映画館で見る必要がないというのなら、最初から劇場公開などせず、オリジナルＤＶＤとして出せばいいのだ。

実際の映画製作の現場についたこともある息子アントニオの発言に耳を傾けたい。


アメリカ人は、映画製作をビジネスと思っている。イタリア人は、アートと信じている。ビジネスだから組織をきっちり作り、各自が担当する分野を明確にする。一方、アートになると、その人にとっては自らの才能を発揮することが最重要事になるから、整備した組織や担当分野の明確化は、才能の発揮をじゃまするものだとして拒否する傾向が強い。（61頁）

アメリカで2本の映画の製作助手、イタリアで1本の映画の製作助手をしただけの、まだ駆け出しの若造であるアントニオだから、青臭く生意気なことを言っている。

イタリアにおいても映画製作はビジネスであるに決まっている。アートと勝手に思って、各分野で才能を発揮されたら一本の作品としてはバラバラな印象を与えてしまうだろう。劇場で公開して動員を増やす、というのが商品としての映画の宿命である。映画を作るということは明らかにビジネスであり、その中で、より商業的であるか、より芸術的であるかの違いにすぎない。映画は、資本主義的商品であることからは逃れられない。

ちなみに、彼がイタリアで製作助手をした『副王家の一族』（2007年、ロベルト・ファエンツァ監督）は、日本でも公開されている。私もあくびを噛み殺しながら見た。セットは重厚だったのだが、撮り方やストーリー展開がまるでテレビの連続ドラマみたいでつまらなかった。まあ製作助手の責任ではないが。それでもアントニオは、映画を「アート」と信じているのだろうか。

アントニオも母親の姿勢を受け継いでいる。彼がルキノ・ヴィスコンティ監督の『ルートウィヒ』（1972年）を名作と考えるのに異論はない。また、この作品はアントニオの生まれる前に撮られた映画である。DVDやビデオで見ざるを得ないという事情も分かる。しかし、ビデオはビデオなのである。DVDはDVDなのである。


この映画を観るときは、ソファに座り、ケータイなり電話なりは切って外界と遮断し、かたわらにはブランデーの入ったグラスでも置いてゆったりとした気分で観るべきだ。絶対に、ビールやコカコーラやポプコーンつきで観る映画ではない。（89頁）

アントニオは、そのような見方をしていても、映画を見たと思っているのかもしれないが、それは映画ではない。何を気取っているのだろう。そのあたりの気取りも母親譲りである。自国の映画の名作なら、フィルム・アーカイブや映像博物館などで、必ずフィルムでの上映があるはずだ。もしないとしたら、イタリアは映画的に遅れた国であると断定するしかない。自国の映画文化の貧困さを嘆けばいい。家庭内でのこのような見方で名画を見た気になって満足しているのだから、アントニオの映画的感性もすでに減りつつあると考えられるし、映画人としての将来も危ういと感じる。

記録映画『ザ・ローリング・ストーンズ　シャイン・ア・ライト』（２００８年、マーティン・スコセッシ監督）を塩野七生は珍しく公開初日に映画館に見に行っている。その監督名をこの本では「マーティン・スコセーゼ」と表記している。この監督の名前は昔から様々に表記されていた。私は「マーティン・スコセッシ」と書くようにしているが、これまでスコシージ、スコルセッシなど何種類もあった。「スコセーゼ」という表記はこれが初めてである。イタリア語読みか。

さて、この映画で塩野七生が目をつけたのは元・大統領のクリントンが出てくるシーンである。映画撮影用に開いたコンサート会場に元・大統領の一族郎党がやってきた。その時、塩野七生が感じたのは次のようなことである。

母親や娘を連れてきただけでなく、家の子郎党まで引き連れて、もちろん大統領候補のヒラリーも来る。クリントンが三十人ものチケットを要求したなんてことも、誰かが言う。そして、名を売る場があれば必ず活用する政治家そのものという感じで、演奏会の始めにつまらないスピーチまでやる。あのクリントン一家を見ていて、もしも私がアメリカ人ならば絶対にヒラリーには投票しないだろうと思いましたね。もう、クリントン一家は真っ平だと。（220〜221頁）

私は違うことを感じた。その嫌なクリントンにローリング・ストーンズのミック・ジャガーがペコペコしていたのだ。そこを映像に残したのは、もしかすると「スコセーゼ」のイヤミかとも思う。ロックをやっている者が、元・大統領に媚びなんか売るな、と私は言いたい。塩野七生はそのシーンには気がつかなかったのだろうか。

(4) 原田宗典

【原田宗典『私は好奇心の強いゴッドファーザー』(2004年4月、講談社)】

原田宗典のエッセイはこれまでたくさん読んで楽しんできた。数少ないが戯曲も読んだ。ところが彼の小説はこれまで読んだことがない。その彼が『私は好奇心の強いゴッドファーザー』という映画書を書いている。

彼は1959年生まれだから、ビデオ、DVDの普及前に映画体験を積んでいる。映画館でしか映画を見られなかったこの世代には独特の映画館体験があるのだ。1984年時点での映画事情を書いている。

何しろこの家庭用ビデオデッキが普及する以前は、映画もテレビドラマも、基本的には一回こっきりしか観られないものとしての価値を誇っていたのだ。同じロードショウを観るのでも、もう二度と観られないと思えばこそ、目に力も入ったものだった。従って〝ロードショウ〟という言葉そのものにも、独特の重みがあった。ほんの束の間、繁華街をにぎわせては何処へともなく立ち去っていくロードショウは、どこか旅人のようでもあった。だから、ロードショウを観にいくという行為のどこかしらには、旅へ出るような気持があったものだ。少なくともかつての私には確かにあった。(141頁)

そして、ビデオが普及し始めて、彼は同世代の映画ファンと同じ悩みを持つようになる。ミニシアター系の作品はビデオでいいかなと思う一方、これだけはロードショーで見なければならない、という具合に作品の選別が始まるのである。

私は映画館主義者なのでこのような選別はしない。すべて映画館で見るのが正しいと思っている。だから見るか見ないかの二者択一なのである。見る本数が多いので、旅立ちに匹敵するような心理状態にはならない。あくまで日常生活の流れの中で、ご飯を食べるように日常的に映画を見る。

作家的観点から、彼は近年の映画的内容について自分の息子に説く。

「……お父さんは思うんだけど、こういうアニメーションとか娯楽映画っていうのは、悪役とか〝悪〟とか〝毒〟の部分が際立ってないと、面白くないんだよね。ただ愛と正義が光っているだけじゃ、どうも物足りないんだな。ウォルトはそのへんのことがよおく分かっていて、悪役を凝って創る人だったんだよ。だからウォルトがいなくなってからのディズニー作品は、悪役が今ひとつなんじゃないのかな。〝毒〟がたりないみたいに感じるんだよね」（150頁）

当然の論である。正義が正義だけなら何とも思わないが、強大で極悪な敵がいると正義が対照的に引き立つ。ウォルト・ディズニーは研究のしがいのある人物である。作品を古いものから見ていって、原田宗典の言っていることが実際に正しいかどうか吟味してみるのも面白い。ディズニー没後のディズニー映画が本当にそうなっているのかも調べてみると面白い。現在のディズニー作品はアニメも実写映画も、大悪人は確かにあまり出てこない。基本的に甘ったるい話ばかりだ。本当に、ディズニーが亡くなってから方向転換したのかどうか、調べるのにそれほど苦労は要らないだろう。

次に原田によるハリウッド映画に対する提言および不満の表明を、少し長いがタメになるので引用する。

　ハリウッドは、映画の作品的価値というものについて、どのように考えているのだろうか？　多分どのようにも考えていないか、ほとんど考えていないか、全然考えていないのだろう。金を生まなくては、何の価値もないのだ。と言うか金を生むことだけが即ち価値であるかのようではないか。作る目的が「金」なのであれば、映画はもはや鍋や釜やペットボトルと同じ、単なる製品にすぎなくなる――おいおい、製品じゃなくて作品だったんじゃないのか映画ってのは。と一言文句をつけたくなるところだ。どこの世界に千八百円も出して、薬罐をじーッと一時間半も眺める馬鹿がいるというのか。客は製品じゃなくて、作品を観ようと思って映画館に足を運ぶのだ。なのにハリウッドは常に「金」を求める余り、結末を三つ作っておいて……なんてことをやるもんだから、一時間半圧力鍋を眺めている方がマシに思えるような製品を我われに提供し続けている。日本のおじさんとしては、そこんとこ猛省を促したい。（196〜197頁）

私は物を書く人間として、〝物語〟には力がある、と信じている。読者観客を魅了して、我を忘れさせてくれる「物語力」という力があるのだとしたら、昨今の（特にハリウッド）映画は、軒並みこの「物語力」がヘナチョコで、弱っちいのだ。ＣＧが多用され、もはや不可能はないほどの映像力こそ手に入れたものの、それを作品へと高める「物語力」が、てんで足りないのである。一応断っておくけど、ここで言う「物語力」とは、筋の組み立てがどうこうとか、話の展開のテンポが好いとか、そういう技術的な側面ばかりではなくて、むしろ「説得力」に近い力である。その方が分かりやすいなら、昨今の映画には説得力が足りない、と言い換えてもいい。（197頁）

原田がこう言ってからすでに10年以上経っている。ハリウッドは改善されただろうか。あるいは金儲けが目的なので、最初から改善などするわけがないのだろうか。

もちろん、ハリウッド映画といってもいろいろあるので、一緒くたにしてはいけない。日本で大ヒットする昨今のハリウッド映画はだいたい原田の言うとおりになっている。すなわち、このような姿勢で映画を作る方が儲かるということだ。見方を変えれば、観客がなめられているということになる。

もちろん、それらの映画を面白く見ている人は面白いと思っていればいい。私はハリウッドの大作映画のほとんどを面白く思っていない。今のところ、原田の意見に賛成である。そしてハリウッドがそう簡単に方向転換するわけがないとも思っている。

（5）黒田信一

【黒田信一『まんぷく映画館』（1999年5月、北海道新聞社）】

黒田信一といえば、札幌に無謀にも芸術映画をかけるミニシアター「ジャブ70ホール」を自力で開設した人として知られる（今はもうない）。彼の書いた『まんぷく映画館』には本のタイトルとは裏腹に、食べ物のことなどほんの少ししか書かれていない。それどころか映画のこともそれほど書かれていない。それでいて映画をネタにした、悠々とした人生の滋味を感じる。人間世界の変な面白さに溢れているのである。

たとえば寺山修司の『田園に死す』（1974年）に青森県の恐山が出てくる。

映画では、思い出地獄めぐりと言いたいような荒涼たる風景が目に残るが、実際に行くと、〝血の池地獄〟は底に赤い色を塗ったコンクリートの池だし、霊場の入り口にはアイスクリーム屋も出ている。その名も聞いて驚く〝霊場アイス・恐山盛り〟。チョコ、ミント、バニラの三点盛りときた。（65頁）

こういう建前と本音のぶつかり合いが何か楽しい。寺山修司監督の映画の詩情と同時に現実の人間のたくましさまで感じ取れるのである。

黒田信一は、ある時、FMラジオを聴いていて、「若い女性がキャッキャと英語でまくしたて、アメリカ人らしきお兄ちゃんがこれまた早口の英語で声を張りあげていた」ことにうんざりする。黒田信一の単純な疑問、「どうして英語で放送しなけりゃならん？」（80頁）。そこから映画『グッドモーニング，ベトナム』（1987年、バリー・レビンソン監督）に話を繋げる。この映画でサイゴンの米軍ラジオ局のDJが屋台でベトナム人と食事をしながら、交流を深めようとしてベトナム人に英語を教えるのである。

やれやれ。ベトナム語を覚えるのではなく、英語を教えるのだ。アメリカ風国際的ご親切。相も変わらぬ、楽しげなハリウッド的無邪気。（81頁）

もちろん、この映画は平凡なハリウッド映画ではない。予想外の結末につながる。それはともかく、屋台で食事をしたぐらいで、地元の人と交流している、馴染んでいるなどと呑気に勘違いしてはならないのである。

後一つ。『ブレードランナー』（1982年、リドリー・スコット監督）にも屋台が登場する。ハリソン・フォードが英語で「四つくれ」といい、屋台の親父が日本語で「二つで十分だ」という。それで出てきたのがウドンなのである。しかも屋台の親父は「スシ・マスター」だという（228頁）。謎が深まる。

（6）福井晴敏

【福井晴敏『テアトル東向島アカデミー賞』（2007年3月、集英社、集英社文庫）】

福井晴敏の小説はこれまで読んだことがない。彼の原作の映画化作品がどれも面白くないので（原作者のせいばかりではないにしても）、そのまま読まないままの状態である。ハリウッドのアクション映画風に小説が書かれているという評価があるが、だから面白くないのか、と納得がいく。

福井も映画書を出している。『テアトル東向島アカデミー賞』というタイトルだ。もちろんそのような映画館はない。自宅の「映画館」、つまりビデオ・DVDで見る「映画」についての本である。小説家として売れっ子なのかどうか知らないが、普通に映画館に行って映画を見るというような時間はなさそうである。当然ながら、映画館で見るのとビデオ・DVDで見るのとの間で、ほとんどこだわりは見受けられない。


劇場の入りはメガヒットというほどではなかったのだが、公開後に口コミで噂が広がり、ビデオで大ブレイクした。他の三強が劇場ヒットを追い風にしていたのに対し、『エイリアン2』はビデオによって多くの人々に認知された事実を忘れてはならない。

何度観ても新しい発見のある本作が、くり返し視聴できるビデオでこそヒットしたのは必然。レンタルビデオの普及が、映画館から人の足を遠のけたと言われて久しいが、それゆえに生まれた映画の収穫がここにある。（22頁）

だからどうだと言うのだ。「エイリアン」シリーズを小さなモニター画面で見て何が面白いのか。何度も見られないから観客はスクリーンに集中するのであって、いつでも好きな時に同じシーンを何度も繰り返し見て何かを発見したとして、それのどこが面白いのだろうか。重箱の隅から情報を集めるような見方を映画作品自身は望んでいないと思う。

福井原作の映画化が面白くないのは、次のような映画を面白がっているからだろう。自分の面白いと思っている映画を念頭に小説を書いているからだ。

作家性やドラマ性を犠牲にしてでも、観客の求めている画面を成立させるために粉骨砕身する――クリエイトというよりプロダクトと表現した方が相応しい、ハリウッド・メジャーの映画作りの神髄がここにある。無論、功罪両面あることに議論の余地はないが、『リーサル・ウェポン』はその後十年以上にわたって計四本のシリーズ物が製作され、『ダイ・ハード』と並ぶアクション映画の代名詞になった。ノー天気だろうが、観た後になにも残らなかろうが、パッと観てワッと楽しめる、この手の映画を多くの観客が求めているのは紛れもない事実ということだろう。（43頁）

一般にエンターテインメント小説や通俗小説は、確かに読者が求めているものを与えてくれるのだろう。読んだ読者は満足する。しかし、そうでない小説もなければならない。売れる小説ばかりでは本屋も小説誌も実に貧弱なものになるに違いない。

そして「クリエイト」という動詞と「プロダクト」という名刺を並列するという言葉遣いの杜撰さを見ると、この人の小説もおそらく大雑把に書かれていると推測してしまう。そしておそらく、読者に喜んでもらうために、または売れるために、福井は平気で作家性やドラマ性を捨てる気である。

福井が日本映画界の現状について述べている文章。

『平成ガメラ三部作』しかり、前作とはテイストも観客対象も異なる『マクロスプラス』しかり。前作のヒットが保険になる所以はわかるが、そのために「ガキ映画」「オタク映画」の烙印を押され、正当な評価が受けられないばかりか、それをステップにもっと昇華してしかるべき邦画界が、文芸映画の出来損ないとテレビドラマの二番煎じで糊口をしのいでいる現状を、そろそろ真摯に見つめるべき時が来ている。ハリウッドを模倣したエセ娯楽映画でもなければ、ATGの尻尾のような独善的芸術映画でもない、新しい日本映画の潮流はすでに目の前に現れている。（37頁）

福井が見るのは、洋画ではハリウッドのアクション映画、日本映画でもアクション映画ぐらいなのだろう。アクションのない、東海岸で作られている「出来損ない」でない映画や、ハリウッド的文法から離れたアジア映画や、作家性を捨てないヨーロッパ映画など、彼の頭の中には浮き上がってこないのだろうか。「ハリウッドを模倣したエセ娯楽映画」というのは、てっきり福井原作の映画化作品のことかと思ったが、自分の作品は除外しているようだ。

そのような日本映画の窮状を救うのがアニメ『機動警察パトレイバー2 the Movie』（1993年、押井守監督）というわけだ。その後、福井は「ガンダム」シリーズや「宇宙戦艦ヤマト」シリーズに参加しているから、言行は一致している。というか、我田引水だったのか。現在、産業的にはアニメが日本映画界を支えているように見えるが、私はそれを好ましいとは思わない。

根本的に取り違えていると思える発言もある。やはりアニメの「機動警察パトレイバー」の劇場版を見て福井が考えたことだ。

……「役者が主体となる実写映画においては、語り得るストーリーは自ずと制限される」という事実。これは小説を実写映画化した時にも直面する問題で、役者の生身を利用する以上、脚本段階でいかに操作しようとも、原作で想定した主題を奏でられるとは限らない。また無理に奏でようとすると、役者の艶を圧殺する結果にもなりかねないのだ。

だからこそおもしろい、とも言えるんだけど。押井アニメを観て、じき映画化される拙作に期待と不安を膨らませる今日この頃……。（180頁）

どうも福井は映画をストーリーの絵解きと考えているようだ。文字でストーリーを進行させる小説と、映像でストーリーを進行させる映画とは違うのだ。低級なテレビドラマのように、すべて台詞でストーリーを進行させたり説明したりするのは、映像作品としてはダメなのだ。もちろん才能のある監督やシナリオ・ライターなら、映像で主題を奏でられる。福井晴敏はそのような映画をあまり見てこなかったのだろう。

本職が小説家ならではの、映画化についての発言も記しておきたい。『レッド・オクトーバーを追え！』（1990年、ジョン・マクティアナン監督）について書いた項目だ。


長大緻密な原作を、まったく損なわずに映画化するのは不可能。むしろスケール感を損なわず、これだけ手際よくまとめられたのだから十分ではないか、と。しかしそれは一観客だから言えることで、映画制作の現場にいる樋口氏には、映画が原作に追いつけないと決めつけられていること自体が問題なのだ。はなから負けるとわかった戦になんの意味がある。原作と同等か、それ以上の作品に仕立てる勝算がないなら映画にするべきではない。『ブレードランナー』や『砂の器』など、忠実な映画化とは言えないけど、原作を凌駕して映画史に輝く作品は現実に存在しているのだ。（46頁）

映画化作品と原作小説の優劣を言ってみても仕方がない。優劣の問題ではなく、ジャンルの違いの問題なのだ。だから映画は原作に追いつかなくていい。いや、追わなくていい。別方向に行ってもいいと思う。なぜなら、最終的に観客が接するのは映画だからだ。原作小説の映画化作品ではないのだ。

原作に忠実な映画化（そのようなことが可能かどうかは別問題）がいかにつまらないものか容易に想像できるが、原作小説を凌駕しようが原作に追いつけなかろうが、出来た映画が面白ければ何の問題もない。出来た映画がつまらなければ、それが原作小説の忠実な映画化であろうが原作を凌駕したものであろうが関係ない。

くだんの樋口真嗣による福井晴敏原作の映画化作品『ローレライ』（２００５年）は面白くなかった。それが原作を凌駕していたせいか原作に追いつけなかったせいか、原作を読む気のない私には分からない。

（7）松久淳

【松久淳『愛の教訓』（２００４年４月、小学館）】

松久淳といってもまったく知らなかった小説家だ。ただ、昔、『天国の本屋〜恋火』（２００４年、篠原哲雄監督）というつまらない軟弱映画があって、その原作『天国の本屋』（平成12年12月、かまくら春秋社）が「松久淳＋田中渉」名義によるものだった。２人で小説を書くのは珍しい。どのように書くのか知りたいと少し思うが、出来上がった小説が面白くなければ、特に知りたくはない。

映画があまりにつまらないファンタジーだったので、原作本を購入したにもかかわらず長い間、本棚で眠っていた。あまりに長い間眠っていたので、間違って文庫版まで買ってしまっていた。もったいないので決心して読んでみた。いわさきちひろ風の挿絵が入った、ということは現代のライトノベルに近い発想で、中身は映画同様、甘ったるいファンタジーである。陳腐な比喩が何度も出てくるのでうんざりしてしまった。ウブな女の子を騙すような作風に不純さを感じた。なぜこのようなくだらないファンタジーに耽っているのだと難詰したくなった。

しかし、映画書『愛の教訓』を読んで認識を改めた。原作やその映画化のファンタジーとは違って、あからさまなエロ話を公に大声でするような口調で語って、ラブ・ロマンス映画論を書いている。それなら小説の方も歯の浮くような話などやめて、こちらで書いているような、真実味あふれた原作を書いてしまえばいいのに、と思った。

どれくらいエロ話か。元々、渡辺淳一のエロ小説が原作だった『失楽園』（1997年、森田芳光監督）を論じる中で、「1人の人と10回するのと、10人の人と1回ずつするのとどちらがいいか」というような馬鹿馬鹿しく下品なことを松久は延々と論じているのである（11頁）。一般に馬鹿馬鹿しく下品な男たちはこのような話をしがちである。しかも、真面目な人と対談する形式（松久淳＋田中渉という設定）で、全篇にわたって同じ調子なのである。松久淳がエロ親父役で、田中渉が真面目役という形である。

ということは、映画および小説の『天国の本屋（～恋火）』では、松久の方はサボって、田中渉が中心になって書いたのだろうか。とにかくエロっぽいところなど映画にも原作小説にもまったくないからである。

エロ小説原作のエロ映画化についてエロ話をするのは当たり前だが、そうでない作品を選んだ時のエロ話は、その落差が極端でいっそう面白い。強引にエロ話にもって行くこじつけ方が面白い。

私はくだらない映画を見ると、その原作小説もくだらないと思ってしまい、たとえ買って持っていても読む気が失せる。私にとって村上春樹や有川浩などの作品はその一例である。映画化がどれも面白くないので、買ってあるのに読まない。外国映画ではベストセラーになった純愛小説『マディソン郡の橋』（1995年、クリント・イーストウッド監督）もその一つ。だいたい純愛小説と聞いただけで私は読む意欲をなくすのだ。先に映画を見てしまったまま、原書で手に入れた原作小説は放ったらかしである。

監督でもあり主演でもあるクリント・イーストウッドのキャラクターを松久淳は「あの風貌で世界を旅するカメラマンだよ。モテモテに決まってるし、あんな片田舎の二の腕の太いおばちゃん相手に本気になるわけないじゃん」（16頁）と説明する。身も蓋もない。ちなみに「二の腕の太いおばちゃん」を演じたのはメリル・ストリープである。それなら松久も自分の小説でロマンティシズムなど捨ててしまえばよかったのだ。

一応、名作と思われている『タイタニック』（1997年、ジェームズ・キャメロン監督）に関しても、「この映画のポイントはね、『タイタニックが沈まなかったら』を考えると見えてくるんだよ」（23頁）と、こちらも身も蓋もない。「君は生き残れ」と言ってディカプリオは沈んでいく。残った女性ケイト・ウィンスレットは、「……100歳を越えても平気で生きてるからね。幸せな家庭まで築いて」（24～25頁）とロマンティシズムをぶった切っている。

同様に、「男はつらいよ」シリーズでは寅さんの理想の恋人は妹だと近親相姦的なものを見出しているし（第8話）、『初恋のきた道』（1999年、チャン・イーモウ監督）のチャン・ツィイーが現代のシーンで「……年取るとあんな頑固ばばあになっちゃってる……」（45頁）と痛いところを突く。『猟奇的な彼女』

（2001年、クァク・ジェヨン監督）は「ハリウッド的正統ラブコメ」と断定しながらも、そこには儒教的教訓があるという。「お見合いババアのいうことは聞け」という教訓。最初から聞いていたら、最初から二人は会うわけでそれなら十分で済む映画となる。その程度の面白さの映画だと考えているわけだ（第21話）。

最後にはこれら軟弱なラブ・コメディをまとめて、「補講　集中ラブコメ講義」として総括している。簡単にいうとラブ・コメディは落語だ、と。つまりネタは同じでもその語り口が重要であるということ。平凡な結論だが、松久淳は少なくとも小説家としてより批評家としての観察眼の方が優れている。

（8）長嶋有

【長嶋有『観なかった映画』（2017年3月、文藝春秋）】

長嶋有という固有名詞は、映画『サイドカーに犬』（2007年、根岸吉太郎監督）の原作者として初めて覚えた。彼が原作を提供したのは他に『ジャージの二人』（2008年、中村義洋監督）があるだけなのだが、これら2本を私は共に面白く見た。『ジャージの二人』の時点では原作者が誰か、あまり考えていなかった。

かつて、『ジャージの二人』に関して原稿を書くことがあって、その折、原作も読んで、映画表現と文学とがどう違うか考えたことがある。文学特有の表現、映画特有の表現などについていろいろ考えた。無音の小説が原作でありながら、音を伴う映画の方に向いた題材だと思った。前者の『サイドカーに犬』については、原作はすでに買ってあるのだが、なぜかまだ触手が動かない。長嶋は映画書『観なかった映画』の中で、原作提供者の立場としての意見を述べている。自分は俗物だと認めた上で、監督や出演者たちが、原作が良かった、と公にどんどん表明してほしがっている。『ジャージの二人』の初号試写に招かれた時のことを書いている。

あらゆる原作者が俗ではないかもしれない。これは僕の私見だが、映画関係者には、とにかく原作者のことはたてておけ、たくさん言葉で褒めておけと声を大にして言いたい。原作者とトラブルを起こさない方法はそれだ。バズーカ撃たれたくなければ、ビリビリ出迎えるんじゃなくて「褒め」だ。（206頁）

主に、映画が原作と大幅に違っている、ということでしばしばトラブルが起こる。たいていは原作者の方からの怒りの声だ。「バズーカ（砲）」というのは、原作者の怒りを意味する。初号試写（完成品ではなく、撮った映像を荒編集したもの）を見て後、原作者が駄々をこねて、原作者の名前を外せ、などといったような無茶な攻撃のことを言っている。

もちろん、最初からつまらない原作をわざわざ求めて映画になどしないから、関係者の誰かがその原作のどこかを気に入っているのは確かだ。当然、それを書いた原作者にも好意をもつだろう。もちろん、気に入り方というのもいろいろで、儲かりそうな映画になるという予想も気に入る動機の一例である。

この『観なかった映画』はなかなか挑発的なタイトルだ。作家、小説家が書く映画批評は一般的にあまり面白くないので、あまり期待せずに読み始めた。

タイトルとは裏腹に、この本で彼が取り上げている映画を、大半が試写だが、彼はちゃんと見ている。予想と違って、結構、面白い。まず飄々とした文体がある。真剣には核心に迫らないよう、従来の映画批評の定型に陥らないよう、自覚的、自制的である。普通の平凡な映画評論家なら必ず書くような文章をからかいながら、引用しながら、自分では使わず、他人があまり目をつけないところについて論じている。

たとえば、『007　スカイフォール』(2012年、サム・メンデス監督)を論じる中で、核ミサイルの発射を止めようとする時に、主人公はそこらにあるバイクを盗んだり、走ってきた車を止めて乗っ取ったりする。その場合、後で弁償するとか、上司がまたやってくれたな、後始末が大変だ、とか言ったシーンを入れていないと、長嶋には納得できないのだそうだ。リアリズムでいくとそうなのだろう．ただ、映画では省略もありだ。

一般の批評家には、頭の隅っこにほめないといけないとかけなしてはいけないとかいった強迫観念が潜んでおり、ほめるにしろけなすにしろ、手放しでは正直な批評が書けなくなっている。長嶋はそのような批評家連中をからかっている。


つまり「巨匠」とか「全米№1」とか「総額何億円」とか、映画は「言う」。俳優や監督の「名」も、映画好きは言い合う。

それはそれで映画という文化の大きな楽しみだろう。だが、本当はその映画内で起こっていることだけで語れるのではないだろうか。それが「映画を語る」ことにならないだろうか。(9頁)

当たり前と言えば当たり前のことを言っている。しかし、実際には作品に様々な情報を付け足した映画批評が多いのだ。文芸批評で言うと、「大小説家」とか「ベストセラー」とか「構想何十年」とか「言う」ようなものだろう。文芸批評でよく使われる、小説家自身の出所来歴を調べ尽くして作品と強引に関係づける手法なども、同じ手口だ。だから「作品」そのものについてだけ論じるというのは、改めて正しい方法であるといえる。

では、作品の内容を論じるのに、それまでの出演作から言及していくのはどうか。

出世作をまず得て、看板になるヒット作に主演、ミニシアター系や地味な映画にも出演し……と順調に「履歴」を作ることのできている一人と思っていたのだが、いつの間にか「教師役に挑戦」だけでは「もたない」（失礼！）気が。（17頁）

これは『バッド・ティーチャー』（2011年、ジェイク・カスダン監督）に主演したキャメロン・ディアスについて述べた文章だ。ディアスに限らず、たいていの俳優はそのような道をたどるものだ。進化なのか、単なる変化なのか、あるいは退化なのかは知らないが、そのようなパターンで映画俳優のボス格になる実例は簡単に挙げられる。長嶋は作品歴をたどることで、ディアスが教師役をするぐらいで観客を呼べると思うには無理があると言っている。

従来の映画批評ではメッセージやテーマについて語られることが多いが、その次に多いのは俳優についての言及である。しかし、長嶋はあえてそういうやり方を避ける。ジョニー・デップ主演の、『ラム・ダイアリー』（2011年、ブルース・ロビンソン監督）は箸にも棒にもかからないほど退屈な映画だったが、長嶋は擁護する。もちろんほめ専門の映画ライターのような定型のほめ方ではない。

映画が映画の都合で押し進める手つきよりも、景色や出来事が手前に感じられる。本当はそんなわけはないのだ。映画の中の出来事は映画の都合で起きている。大量のエキストラに入念に動きを仕込んだ上で出来たシーンなのかもしれない。でも、そうでなく、猥雑な街の中で勝手に暮らす人々の中にジョニー・デップが自然とまぎれているような錯覚がある。（21頁）

一般に映画の観客の多くは俳優を見ている。そしてストーリーの展開を見ている。しかし、長嶋はそれらを無視して、単に映っているものだけを問題にしているのだ。焦点の合わせ方が違う。そう考えれば、この飛びぬけて退屈な映画も、その退屈な部分には目もくれないことによって、他の魅力が浮かび上がってくるというわけだ。私に言わせれば、風景ぐらいしか見るところがないのか、と言いたいところである。

ナオミ・ワッツがダイアナ妃役を演じた『ダイアナ』（2013年、オリヴァー・ヒルシュビーゲル監督）も相当に退屈な映画だが、その退屈さをうまく表現している。

相手の男がいかん、ちゃんと受け止めてあげないと。あ、ダイアナもダメ、その言い方はないと思うわー……映画の始まりから終わりまで徹頭徹尾、ワイドショーに夢中のおばさんと同じ次元で思い続けた。（80頁）

テレビのワイドショー見ながらしゃべっている貴種好みのおばちゃんたちの視点で映画を撮っていると評すると、この映画の退屈さがどこから生まれたのかはっきりしてくる。長いワイドショーとしての映画だったのだ。実際、映画館に来ていたのはおばちゃんばかりで、私は韓流おばさんとかなり重なっていると思っている。ヨン様好きとダイアナ好きは底の方で精神構造が似ていると思った。

ここまでの長嶋の文章は、雑誌掲載分のものだったが、ここ以降は、彼が書き下ろしたり、パンフレットに載せるために書いたりした文章である。前半の文章はフラフラいい加減に書いていて面白かったのだが、こちらでは肩に少し力が入ってくる。書き方も少し変わる。1作目と比較されて格段に世評の低かった『スピード2』（1997年、ヤン・デ・ボン監督）をほめる中で次のように書いている。

野心的というほどのことでもないが、役者名をいわない映画評に挑戦してみて、連載中から評価してくれる向きもあり、僕もまた手応えを感じてもいた。

だけどだ。「役者の名前を出さないで、そこに起こったことだけを語る」ことができるからといって、映画に登場する人物が「（別の個性をもつ）役者が演じている」という事実をないことにできるわけでもない。（133～134頁）

斬新な批評方法をとっていたのに、少し留保するようになる。何かメッセージを伝えようとして、中身のある書き方をするようになるのだ。映画界への提言まで大々的に述べるまでになる。

『サイドカーに犬』はよい映画だったが、いい思い出ばかりにもならなかった。映画の公開にあわせての雑誌の対談のゲラで、映画の一部分にやや否定的なツッコミをしたら、ゲラを映画会社の人が勝手に直そうとした。

監督が尊敬してくれて現場のスタッフは丁重でも、宣伝に携わる人は、同じ作品を取り扱っていると思えない図々しく横柄な態度だ。原作者を宣伝のコマのように使おうとする（そんな人たちばかりではないのだろうが）。（207頁）

宣伝部がそういう部署であることはすでによく知られていることである。原作を提供したからといって正義感ぶるのは、ちょっと大人げないように感じる。映画会社の人が映画の敵になることがしばしばあるのだと諦めるしかない。

(9) 伊藤計劃

【伊藤計劃『伊藤計劃映画時評集1』（2013年1月、早川書房、ハヤカワ文庫）】
【伊藤計劃『伊藤計劃映画時評集2』（2013年3月、早川書房、ハヤカワ文庫）】

先年、伊藤計劃の原作小説のアニメ化があった。『屍者の帝国』（2015年、牧原亮太郎監督）『ハーモニー』（2015年、なかむらたかし／マイケル・アリアス監督）、そして『虐殺器官』の3作だ。

ただし、『虐殺器官』は制作会社が倒産したというニュースを聞いた。その後、公開延期となり、結局、2017年に村瀬修功監督によってまとめられている。私は1作目の『屍者の帝国』を見て、この映画と映画の作りあげている世界に何の興味もないことを再認識し、残り二つは飛ばしてしまった。原作小説も私のまったく読まない分野の小説である。たぶん、今後もこの種の小説は読まない。

ただ、伊藤計劃の書いた映画批評の本が2冊出版されていて、そちらのほうは読んでいる。著者は2009年、34歳で早逝している。

この本にはその年以降公開の映画は当然ながら取り上げられていないし、映画批評が書かれた期間はごく短い。すごく限定された期間に書かれたものである。まとめられた2冊の目次をざっと見ると、邦画も少しあるが取り上げているのは基本的に洋画である。さらにいうなら、彼の小説のテーマと関連するような分野、いわゆるファンタスティック系（SF、ホラーなど）の作品の比率が高い。

彼の本職がよく分からないのだが、小説家と呼んでいいのだろうか。映画批評家としては局外批評家（非専門批評家）ということになる。それは本人が自覚している。次の文章でも明らかだ。批評する際の基本的姿勢について書いている。

はじめに断わっておくと、ここでやっているのは本質的におすぎと同じ、映画批評じゃなくて映画の紹介だ。

これらを読んでくれている人を映画館に誘導すること。それがこのコンテンツの目的だ。ぼくのなけなしのボキャブラリーを総動員して、その映画についての情報を修飾しまくり、映画館へいってもらう。ぼくの好きな映画を皆にも見てもらいたい、という単純な欲望を達成するためのことばたちだ。（『伊藤計劃映画時評集1』以下『1』と略記、11頁）

実際に実践できているかは別問題として、姿勢としては映画をけなさない、ということになる。さて、局外批評家がよくやらかすのは、間が持たないため、あらすじを丁寧に描くことだ。伊藤もその例外ではない。この部分がかなりつまらない。それはすっ飛ばして、批評に入ったところから読むのがいい。『伊藤計劃映画時評集2』（以下、『2』と略記）に収録された文章では、書いている内容を見出しで区分けして、あらすじについては「Plot Summary」としてくれている。

本人は原則的に映画館に見に行って批評を書くと言っている。試写会で見て書く本職映画評論家とは立場が異なっている。これらの文章はウェブ上に書いたものだから、封切直後に映画館で見て書いても、極度の不入りで打ち切りにならないかぎり、その文章を読んだ読者はその文章の内容を確かめるため映画館に見に行くことが可能だった。

新聞、雑誌の映画批評は、週刊誌にしろ、月刊誌にしろ、発行されるのにタイムラグが生じる。書いてから公表されるまでに長い時間がかかる。だから映画評論家には公開よりはるか前に原稿を書いてもらい、書いた文章が編集発行される頃に映画が公開されるよう段取りをする。だから必然的に、評論家は映画を試写室で見ざるを得ない。

この点が伊藤計劃と違う。パソコンの普及のおかげで彼の試みが活きてくる。せいぜい1週間の間に見て書いたものが読まれるというシステムが可能なのだ。

気をつけないといけないのは、一方でウェブ上にある匿名の映画批評は基本的に信用できないということだ。面白くなくても嘘をついて無責任にほめることのできるのがウェブ媒体である。匿名だからこそそれが可能になる。伊藤のように自分のサイトに実名入りで書いている場合は話が別だ。

私はウェブより紙媒体の方を信用するので、現在のところ、ウェブ関係の批評は一切無視している。この2冊の本のように、書籍化され、書いてあることの責任の所在がはっきりした時点でやっとお相手をすることにしている。

ただし、これらの本は伊藤の死後に刊行されている。伊藤は内容に最終的な責任がとれない。ゲラでのチェックができないからだ。たとえば、ハワード・ホークスという監督名を「ゴークス」(『2』37頁)と誤記している。パソコンのキーを見ると、GとHは隣り合っているので、単なる打ち損じなのだろう。原文通りという方針なのか編集者は修正せずに放置している。もし生きていれば直していただろう。もしや、編集者が映画の素人なのでチェックできなかったのではなかろうな。

批評方針について伊藤は次のように書いている。

　基本的にぼくはここで、好感を持った映画についてしか書かない。ときどき笑いのネタとしてトンでもない映画を紹介することもあるけど、そういうのはあくまでネタ。だからすくなくともぼくがダメだと思った映画はほめていない、ってくらいは信用してくれてもいいわけだ。(『1』13頁)

ということなので、私がそれほどでもないと思った映画を、彼がどうほめているか確かめてみる。たとえば『踊る大捜査線　THE MOVIE』(1998年、本広克行監督)。

　まあ、映画として観に行くと確かに困ってしまうシロモノではありますが、「でっかいテレビ」だと思えばそう腹も立たないいし、それどころか、かなり楽しめるんじゃないでしょうか……(『1』82頁)

その通りだ。しかし、だったら「好感を持った映画についてしか書かない」という自分の言葉を裏切ってしまうのではないか。この文章はその映画が映画ではなく「でっかいテレビ」と言っているのだから、ほぼ最大級のけなしである。「……テレビシリーズ観ていなかった人が『映画』として観に行くのは辛いかも……」（『1』85頁）という言葉は正に納得のいく記述である。私も映画館で見てテレビだと思った。シリーズ4作プラス、スポンオフ2作の中では最もましかもしれないこの作品が、やはりつまらない映画ということになる。「でっかいテレビ」など私は見たくない。

かなり退屈なシュワルツェネッガー主演の『エンド・オブ・デイズ』（1999年、ピーター・ハイアムズ監督）についても、ほめているのかけなしているのかよく分からない。

やたら爆発とかしますが、フッツーのアクション映画です。「マトリックス」と違って目をみはる映像もありませんし、「アルマゲドン」みたいな大袈裟なドラマや音楽もありません。フッツーです。シュワファンはその辺を覚悟して観に行くように。（『1』218頁）

何度も「フッツー」と馬鹿にしているように、全然、好感を持っていない。「覚悟して」見に行かないといけない映画というのはダメな映画ではないか。結局、伊藤はほめるつもりで書きながらも、心の内から湧き出てくる嫌悪感を抑えきれないのではないか。それならいっそ、最初からほめ専門宣言などせず、是々非々だと宣言すればよかったのだ。

伊藤は舞台ミュージカルと映画ミュージカルとの差異をしっかり前提として論じた上で、『ダンサー・

イン・ザ・ダーク』（2000年、ラース・フォン・トリアー監督）を論じる。

ショウとしてのミュージカル、それは常に舞台というフレームの上に成り立っているもの。舞台そのものの強烈な虚構性ゆえ、劇中で登場人物が心情を歌で表現しだしても、別段違和感はありません……しかし映画となれば話は別。彼らはリアリティある風景の中で当然歌い踊りだし、軽やかに物語の文法を逸脱します。舞台が要求するリアリズムとミュージカルのもつダイナミズムは素直に馴染みますが、映画の持つ「写真性」とミュージカルの力は、その本質において異なったものです。（『2』44頁）

もちろんこれは一般論としては正しい。ただし、映画の中の「リアリティある風景」の中で、実際に歌い踊るシーンでしか歌や踊りの出てこないミュージカルもある。『キャバレー』（1972年、ボブ・フォッシー監督）といったような例外はいくつかある。

伊藤は34歳で亡くなっているので、ミュージカル映画の鑑賞本数も、ミュージカル舞台の鑑賞本数も、ごく限られたものだろう。それはこの映画の法廷シーンで机に乗ってタップダンスを踊るジョエル・グレイに関して一言も言及しないことからも分かる。グレイは『キャバレー』でアカデミー賞の助演男優賞を獲っているし、舞台版でも同じ役を演じているのだ。

それぐらいだから、伊藤は『ダンサー・イン・ザ・ダーク』のデジカメ撮りの小汚い映像とめまぐるしく変わるカット割を何とも思わない。むしろこの作品に好意的である。

現実の描写が手持ちカメラによるドキュメンタリータッチの手ぶれ映像で、夢の中のミュージカル場面が（なんと！）百台のデジタルカメラを使用した、アングル換えまくり、編集しまくりの絢爛な場面であるのも「夢」と「現実」の対比が「映画」と「現実」の対比そのままであることを示しています。（『2』45～46頁）

全盛期の映画ミュージカルでは、才能あるダンサーが何人もいたので、できるだけカットを割らずに全身の動きを延々と映し続けた。この映画は違う。トリアーの演出は、多くの新曲プロモーションのビデオ・クリップと同じように、単なる目くらましだと私は思った。この映画が作られた頃は、まだデジタル機器の精度が低く、デジタル撮りの映像は滲んでいて凄く汚かったのだ。それに気づいてほしいと思う。100台用意したといっても、そんなもの、お金さえあればできる。数の問題、労力の問題ではない。問題はその方策が作品にどれだけ貢献するかなのだ。

しかし、伊藤にとっては違う。「ぼくは『凄い映画を見た』という感動とともに、劇場を後にしました」（『2』47頁）というくらいだから、トリアーの術中にはまったのだろう。彼が長生きしていたら、もっと面白い映画批評が書けたのだろうか。

C. 評論家・研究者

（1）上野千鶴子

【上野千鶴子『映画から見える世界』（2014年3月、第三書館）】

上野千鶴子の映画書『映画から見える世界』の副題に「観なくても楽しめる、ちづこ流シネマガイド」とある。この言葉からも分かるように、この人は別に映画など見なくてもやっていける人なのだ。映画など見ないで、映画で描かれていることを考察するだけでも楽しめると考えている。

略歴に女性学、ジェンダー研究などのトップランナーとある。ただ専門からはずれた映画論に関しては、トップどころかビリあたりを走っているように思える。

映画館という存在に映画と同じぐらい大きな意味を感じる私は、このような人こそ映画文化衰退の原因のリーダー的存在であると考える。この手の学者文化人は映画館になど行かない。どうせ家で、一人でビデオやＤＶＤで映画を見た気になっているのだろうなと思っていたが、案の定である。自分で言っている。

映画評の連載は楽しいしごとだった。試写会の案内をもらっても会場に行くヒマのないわたしのために、毎回映画評のプロ、金子裕子さんがよりすぐりの映画を数点、ＤＶＤで送ってくださった。そのおかげでたくさんの映画を封切り前に見ることができた。画像の質が少々落ちるのと、画面の片隅に「sample」の文字が入るのはガマン。遅い夕食後、深夜に映画を見る楽しみを、五年間にわたって味わった。そのためにわざわざ映写機を購入し、壁面にスクリーンが降りてくるようにして、おうちにミニシアターをつくったりもした。（182頁）

この人の書いているのは「映画評」ではない。「DVD評」である。たぶん海賊版防止なのだろう、映画会社から映画ライターに急ぎの原稿のために手渡される参考DVDには「sample」の文字が定期的に画面を横切るという。よくそのような代物で映画の内容を論じられるものだ。作品選択さえ他人に任せて平然としている彼女の主体性のなさに呆れる。

彼女は「若い頃は、三本立ての映画館……」（182頁）や「……オールナイト上映にもよく行っていた」（同）、実は「……かくれたシネマフリーク……」（同）だと自認している。昔はよく行っていた、というのはすでに現役を離れた過去の年寄り映画ファンの常套句である。そういう輩は相手にしないにかぎる。

映画は廃れた骨董品文化ではない。今でも多くの映画館で新作映画がかかっている。映画館どころか試写室に行くのも億劫がる現在の怠惰を、彼女は言い訳しているにすぎない。怠惰をごまかす老人の回顧談など聞きたくもない。

昔はさかんに見たかもしれないこの人の映画脳はすでに衰えていて、映画館という選択肢がくっきり穴ぼこになっている。老後にはTSUTAYAの近所に住んで、好きなDVDを借りて見るのは、「……TVをつけっぱなしにしていく高齢者……」（182頁）より豊かな老後を送っていることになる、などとトンチンカンに考えている。「……そのうち映画も音楽配信と同じように、ネット配信になってTSUTAYAにわざわざ足を運ばなくてもすむようになるかもしれない」（183頁）という風に、彼女の頭は弛緩しきっている。現在、一日中テレビを見ながらボーっとしている老人とさして変わらない。上野の期待通り、すでに配信で「映画」を見る時代になりつつある。

彼女はこの本のあちらこちらで、絶対に映画館には行かないぞ、と強い意志を示しているように思える。たとえば冒頭から、「ＤＶＤなら家でビールを飲みながら見られるし、途中で一時停止してトイレに行くこともできれば、早回しもできる」（6頁）と書いている。彼女は映画館になど行かないから、映画館でもビールを売っているところが多いことを知らない。しかも、ＤＶＤでは途中で止めたり早送りしたりもできると喜んでいるのだから、たぶん彼女は実際にそういう見方をしているのだろう。

鈍感な彼女は「映画ドラマはＴＶドラマとちがうことを誰もが知っているし、見るときの構えだってちがう。役者だって、舞台のときと、映画のときと、ＴＶの場合では、演じ方がちがって当然だろう。映画は映画なのだ」（同）と息巻いている。映画館に行ってヒットしている映画を見るなんてことを金輪際しないこの著者に、「映画は映画だ」という間抜けなことを言われても返答のしようがない。映画ドラマとテレビドラマの違いが分かるなら、映画館で見るのとＤＶＤで見るのとの違いにも気づいてもらいたい。

実際、多くの大ヒット映画ではテレビタレントがテレビ演技をしているが、この人には感知しようがない。自分で映画を選ばないし、映画館にもいかないのだから。

彼女がこの本で取り上げている映画には客観的に見てくだらない映画はほとんどない。といっても自分で選んでいるのではない。彼女のポジションに合わせて編集部の関係者が勝手に選んだＤＶＤだから、彼女は無知という荒野に呆然と立って、与えられるものをただ受け容れているだけなのだ。彼女なら何か言いそうだ、それならこの映画を推薦しよう、という風に作品が選ばれるのだろう。裸の王様みたいだ。

本当につまらない本だが、一応読んだので内容で気になったことを二つ、三つ。

彼女はフォークランド諸島を「……南太平洋の小島……」（31頁）と書いている。イギリスとアルゼンチンが領有権をめぐって争った地だ。その諸島はもちろん大西洋にある。フェミニズムには関わってこない題材だとこのようなミスをする、ということか。といっても、その時のイギリスの首相はサッチャーだから、フェミニズムと無縁ではない。

間抜けなのは、『ディア・ドクター』（2009年、西川美和監督）を見て、「この映画の最大の収穫は、笑福亭鶴瓶という『映画俳優』の誕生を目の当たりにしたことだ」（114頁）と書いているところだ。笑福亭鶴瓶は主役も含めてたくさんの映画にこれまで出演している。出演第1作は1976年である。あまり面白くなかった1990年の『東京上空いらっしゃいませ』（相米慎二監督）や、吉永小百合がかすんでしまうほどの好演をした2007年の『母べえ』（山田洋次監督）なども、たぶん上野千鶴子は知らないのだろう。『ディア・ドクター』の後に『おとうと』（2009年、山田洋次監督）がかかっていることも多分知らない。映画出演歴が30年を越えるこの落語家のことを何も知らずに、映画俳優の誕生だ、と呑気に書いている。本当に裸の王様だ。

彼女はフェミニスト的見地から『ヴァイブレータ』（2003年、廣木隆一監督）を論じる。

女の描く男は、女が夢見る男だ。こんな男にいてほしーなあ。その逆に、男の描く女は、男の夢の女。あたしは日活ロマンポルノが好きじゃなかった。だれのロマンだよ。こんな男につごうのいい女、いるわきゃ、ねーだろ。『赤い髪の女』から二〇年。脚本家の荒井晴彦と監督の廣木隆一のコンビは、ついに女につごうのいい男をつくりだしたんだろうか。（117〜118頁、なお『赤い髪の女』は正しくは『赫い髪の女』）

彼女が勝手に思いついて言っているだけのことだから、別に目くじらを立てなくてもいい。しかし、上野はロマンポルノをろくに見ていないのではないか。噂だけ聞いて、知った口をきいているだけではないのか。

私には廣木隆一と荒井晴彦のコンビ作がそれほどあるとは思えない。廣木監督も荒井晴彦もすでに一般映画をたくさん撮ったり書いたりしているし、ロマンポルノなどとっくの昔に終焉を迎えている。そもそもエロっぽいとはいえ、『ヴァイブレータ』はロマンポルノではない。その上、その映画の原作は女性の赤坂真理だ。上野は原作をチェックしたのか。原作で女性が書いていることを、荒井晴彦が彼の都合のいいように書き換えたのかどうか、ちゃんと調べて書いてもらいたい。フェミニストとしても何といい加減な放言をするのだろう。

当然ながら、上野千鶴子は廣木・荒井コンビの新作『さよなら歌舞伎町』（２０１４年）など見ているはずがないだろう。また『ヴァイブレータ』の後のコンビ作『やわらかい生活』（２００５年）も見ていないだろう。こちらも原作は女性の絲山秋子だ。

一方で、「ハーヴィ・ミルク。私たちは、彼が何者かを知っている。私たちは、彼が１９７８年11月27日に48歳で殺されたことを知っている」（138頁）と、勝手に誰でも「ハーヴィ・ミルク」（彼の伝記映画では「ハーヴェイ」表記）を知っていることにしている。同性愛者か、同性愛の研究をしている人か、彼についてのドキュメンタリー映画や劇映画を見ている人でなければ、一般には知られていない人物といっていいだろう。この人の教養のデコボコさには往生する。

この種の文章を書く人が好んで使う表現を、上野千鶴子も使う。

わたしは専門の映画批評家ではなく、ただのしろうとの映画愛好家だから、いかに映画がつくられるか、というくろうと的な興味より、何を映画が伝えてくれるか、のメッセージのほうに興味がある。（104頁）

要するに、上野は他の目的で映画を見ている。逆に言うと、何かの研究材料になる場合にしか映画を見ない。あるいはこの本のように、原稿を頼まれた時しか映画（ではなくＤＶＤ）を見ないのだ。そのような人の書く映画論が読んで面白いわけがない。ただ、東大名誉教授という肩書をありがたがる人は、話に出てくる映画を見ないまま、上野千鶴子の言っていることをなるほどと頷いて満足するのだろう。馬鹿馬鹿しい。

私がなぜこの本を口汚くののしるのかというと、遥洋子の『東大で上野千鶴子にケンカを学ぶ』（２００４年11月、筑摩書房、ちくま文庫）を読んだからだ。テレビタレントの遥洋子がふとフェミニズムに目覚め、人を介して東大での上野のゼミに参加することを許された。そこでの３年間（＋今度は他の大学に招かれてフェミニズムの授業を担当することになった1年間）についてまとめた本である。

東大における上野千鶴子の授業は激烈なもので、いい加減なことは一切許さない。大量の課題を出し、厳密な論文発表を課す。発表の番に当たっている学生が寝過ごして遅刻すると、上野千鶴子にこっぴどく叱責され、馬鹿にされ、尊厳を踏みにじられ、糾弾され、とうとう泣かされてしまう。それほど厳しい授業をやっている。発表当日、上野からの質問に答えられないかもしれないという恐怖から、体調を崩す学生がたくさんいるぐらいの厳しさだ。遥洋子は無理を言ってゼミに加えてもらっているから、途中で抜けてしまっては仲介者の信用の無くしてしまう。遥洋子は最後まで必死でくらいついた。

その姿を知っているだけに、上野千鶴子はどうして映画に対してこのようなだらけたいい加減な態度をとれるのだと思うのである。映画について書いたこの本には手抜き感が充満している。上野千鶴子は遥洋子が経験したような必死さを寸分ももたず、軽薄でだらしない文章を垂れ流すだけだ。

(2) 西部邁・佐高信

【西部邁・佐高信『西部邁と佐高信の思想的映画論』(2015年1月、七つ森書館)】

月に1回、金曜日の深夜、「朝まで生テレビ」というタイトルの番組がある。何らかのテーマを設定して、論者たちが深夜から早朝まで延々と討論する番組だ。『思想的映画論』の対談者である西部邁も佐高信も時々それに出演していた。2人とも老齢なのだが(この本の時点で西部は70代前半、佐高は60代後半)、元気にしゃべっていた。

2人とも専門は政治経済だったと思う。西部が右翼的発言をし、佐高が左翼的発言をした。思想的には敵対しているのだが、映画に対する趣味が一致するということでこの対談本が成り立った。元はテレビ番組での対談で、その活字化である。

放送では他の作品も扱っているようだが、この本に収録されている作品群を見てげんなりした。あまりに平凡な選択だからだ。

『モロッコ』（1930年、ジョセフ・フォン・スタンバーグ監督）
『カサブランカ』（1942年、マイケル・カーティス監督）
『生きる』（1952年、黒澤明監督）
『東京物語』（1953年、小津安二郎監督）
『シェーン』（1953年、ジョージ・スティーヴンス監督）
『十二人の怒れる男』（1957年、シドニー・ルメット監督）
『喜びも悲しみも幾年月』（1957年、木下惠介監督）
『アラビアのロレンス』（1962年、デヴィッド・リーン監督）
『ドクトル・ジバゴ』（1965年、デヴィッド・リーン監督）
『悲情城市』（1989年、ホウ・シャオシェン監督）

現在、中年から老年で、普通に映画を見てきた人なら誰でも知っている映画ばかりである。最も新しいのが『悲情城市』でやっと1989年の作品なのだから呆れる。一番新しい作品が四半世紀前の作品なのだ。げんなりする。その前の『ドクトル・ジバゴ』が1965年の作品だから50年前の作品。何か、骨董品を陳列しているみたいに見える。

10本中7本が1950年代、1960年代である。彼らが熱心に映画を見ていたのがその時代で、それ以降、ほとんど映画など見ない生活を送ってきたと想像できる（私が映画を見るという時は、常に映画館で見ることを意味する）。映画ファンだと自称する人の多くが、この二人のように今は見ていなくて、昔はよく見たというタイプである。現在、映画を見馴れていないから、あちらこちらでボケ気味の発言となる。

たとえば『東京物語』のところで次のように言う。

西部　……一般的に小津安二郎は戦争反対だったといわれていますね。その最大の理由は、応召してシンガポールに行ったとき『風と共に去りぬ』を観て、こんなに大規模で派手な映画を作っている国に、我が日本が勝てるはずがないと思った。それ以来この戦争には必ず負けると確信し、戦意を鼓舞する人たちに対して冷ややかだったといわれています。(96頁)

比較的よく知られているエピソードである。それを得々としゃべっている。彼が戦後の小津安二郎監督作品を見てそう思いたい気持ちは分かる。

そもそも軍や軍人を信じていた人を除いて、戦争に賛成する人などいないと思う。小津安二郎もその程度の反戦意識はあったにちがいない。しかし、小津安二郎は戦争中、中国北部を転戦する毒ガス部隊に所属していたことが明らかになっている。いくつかの本でそのことが詳しく論じられている。毒ガスで敵の中国兵を攻撃しながら戦争反対もないだろう。

西部はそのことを単に知らずに以上のような発言をしているのか。知っているが知らぬふりをしてか、無視して発言しているのか。彼は後の文章でも小津を「反戦といわないまでも非戦論者」(176頁)と断定している。根拠を示してもらいたい。戦後になって反戦論者であるとか非戦論者であるとか言っても、まったく信用できない。戦時中にその主義を唱えてこそ論者と呼べる。

同じようにトンチンカンな発言であるのは『十二人の怒れる男』についてのやり取り。

佐高　『十二人の怒れる男』は映画的な舞台の展開がなく、ずっと一室でやりとりが行われるだけです。
西部　いい意味で安上がりです。一室でしゃべっているだけですから。（139頁）

この発言を何も知らずに読むと、なるほどと思うかもしれない。しかし、この作品は元々テレビドラマだったもののリメイクである。内容にも関係するが、テレビスタジオで撮るのだから、映画的な舞台展開がないのは当然である。元のテレビドラマはビデオテープが普及する前の製作だから、生番組である。映画のように場所をいろいろ動くことができない状況で作られたテレビドラマである。その映画版だから、そうなる。

もちろん、そのことを知らなくても、陪審員室から出ずに討議を重ねるという内容だから、もともと映画的でないとは言える。実は映画版では最後に建物の外に出る。2人ともそのシーンを忘れているのだろうか。

多少映画を見ている人なら、そのパロディである三谷幸喜脚本の『12人の優しい日本人』（1991年、中原俊監督）という映画のことを口に出すはずだ。しかし、ロクに映画を見ていないこの二人は、日本の裁判員制度について述べ始め、映画からどんどん離れていく。「朝まで生テレビ」における自分の立ち位置を、西部はこの映画の主役ヘンリー・フォンダに喩える始末である。まるで英雄気取りなのだ。他の人から否定されても正しいと思うことを主張するというキャラクターが自分に似ていると考えているわけだ。

おそらく当該の映画をDVDで復習して対談に臨んでいるのだろうが、困ったことに吹き替えで見ている場合もある。『カサブランカ』のところで、２人は楽しそうに言っている。

佐高　……吹き替えで日本語にしたら全然ダメ。
西部　僕も今回初めて吹き替えで観たけれども、よくないね（笑）。（64頁）

改めて言うまでもない。普通に映画を鑑賞しようとする人は吹き替えなどで見ない。出演俳優自身の発声に接したいからだ。個人的に私は日本の声優が酷いと思っているので、昨今流行りの日本語吹き替え上映など決して見ない。

西部はあとがきで、自分たちの対談を自画自賛している。

我らの対談が、少なくとも他者たちのそれと比べて、格段に面白いことはとうにわかっていた。というのも、そのＤＶＤが送られてくるたび、我が妻が、自宅のＴＶの前で座布団をおいてその上に正座し、一時間のあいだ身じろぎもせずに我らの対談を観覧し、「面白かったたか」と聞けば、「うん、面白かった」とニンマリしてくれたからである。（252頁）

何と、非論理的な判断なのだろう。私は西部の妻がどのような人なのか知らない。その妻が面白いと言ったからといって、なぜそれが「格段に面白いこと」の証明になるのだ。西部邁は妻の判断力を過信してはならない。周りが迷惑する。

(3) 粉川哲夫

【粉川哲夫『映画のウトピア』(2013年12月、芸術新聞社)】

粉川哲夫は特に映画を専門にしているわけではない. しかし、映画の本を何冊か出している。文化論的な内容の場合が多く、現在、映画批評界にブームが起こっているフィルム・スタディーズの先駆的近隣的存在といってもいいかもしれない。

まず『映画のウトピア』という本の中の奇妙なタイトル「ウトピア」。粉川の説明では「ウ・トピア」と分節し、「この非場所は、どこにでもあり、どこにもない。ユートピアとはもともとは、そんな意味だった」(5頁)としている。だからといって、「映画のウトピア」の意味はやはり分からない。

私は映画批評本の善し悪しを判断するのに、つまらない作品をちゃんとつまらないと否定できるかどうかを基準にしている。もちろん、読む私と批評家の意見が違ってもいい。つまり、いつもほめてばかりの批評家は信用できないということだ。彼らは作品の善し悪しを判断する仕事をしているのではなく、善し悪しと関係なく作品をほめる宣伝という仕事をしているのだ。

粉川哲夫は「宣伝部員」ではない。たとえば比較的評判の良かった『北のカナリアたち』(2012年、阪本順治監督)について、粉川哲夫は次のように書く。

クレジットでは監督の名(阪本順治)よりも撮影監督の名(木村大作)の方が目立ち、森山未來、宮

崎あおい、松田龍平も出演しながらなぜこんなにつまらないかという謎が一番興味深いという稀有な作品であった。（19頁）

実は主演は吉永小百合で、粉川はわざと吉永の名前を外している。良識ある映画批評家なら、吉永小百合が出演する映画は統計的につまらないと分かっているから、主演していても相手にしない。そのような良識を粉川はもっている。一般紙、一般雑誌、そしてテレビ・レベルでは、吉永小百合が大女優ということになっている。そのデマに乗っかって映画の宣伝をしている人たちを相手にしてはいけない。

また監督名より撮影監督名の方が目立つという指摘も重要だ。確かに木村大作はしっかりした実力をもつ撮影監督である。たびたび偉そうな発言をするが、たいてい言っていることは当たっている。ただ、彼に指図できるレベルの監督が今の日本にはあまりいない。だから増長する。

想像だが、この映画でも監督の指示に従わない場合もあったのではないか。ロングショットによる風景描写は一片の絵にも比することができるが、裏返すと絵葉書的ともいえる。美しい風景描写が映画の流れから突出してしまうのである。それでは映画のバランスがとれない。そのようなことをこの短い文章で粉川哲夫は訴えていると思う。

次に映画館で映画を見るのとＤＶＤで見るのとの違いについて、粉川はしばしば言及している。どれも含蓄のある言葉ばかりだ。

仕事場に戻ったが、もう少し映像の刺激が欲しくて、海外から届いたばかりのＤＶＤでレオス・カラックスの『Holy Motors』（12）を流し見する。ついつい早送りを押してしまうからＤＶＤはいけない。いや、ＤＶＤのそういう見方は、自分でしつらえたのとは違う劇場や試写室のスクリーンで見る《映画》とは根本的に違うと考えるべきなのだろう。（34頁）

ＤＶＤの早送りとか巻戻しなどの機能は便利さの追求のために作られたのだろうが、映画とは相いれない。映画館において鑑賞者はまったくの受け身である。そういう形態で映画全史の4分の3ほど（70〜80年）経過した後、個人で自由に再生する装置が普及するようになった。いつでも見られる、どこからでも見られる、つまらない所は飛ばせる、見たい所は何度も見られる。これは長所でもあり、短所でもある。映画を作る側は、映画館で客席に縛り付けられた観客を相手に、観客が理解しようとしまいと、映画独自のペースで映画を流す。受け身の観客は映画のペースに追い付こうと想像力を駆使して努力するのだ。そのような過程も含めて映画鑑賞なのである。だから映画館とＤＶＤでは「根本的に違う」のである。それは次の記述にもつながる。

本と同じように、フィルムには、それなりの歴史的沈殿が宿る。それを追体験する場こそが映画館である。ＤＶＤで見ることはできるが、映画館で見ることができる機会は、決して多くはない。（337頁）

つまり映画館では見たい時に見たい映画がかかっているとは限らない。かかっている映画の中から見たい映画を探すのである。しかも数週間後にはもう映画館でその映画を見ることができなくなる。特定の期間と時間に、映画館に行って映画を見る。ここに映画作品対鑑賞者の間に鋭い緊張感が生まれる。一期一会といえばおおげさだが、見逃せばもう次に見る機会は閉ざされる。だからついつい真剣に対することになる。

ところが買っておけばいつでも見られるし、見ている最中に電話が鳴れば止めて、また後で見る、忙しい時には要所要所だけ見ていく、というような見方のできるDVDで、果たして緊張感が生まれるか。一度限りだからこそ緊張感が生まれるのであって、いつでも見られるところからは緊張感は生まれない。もちろん精神も肉体も完全にリラックスした状態で映画を見たい人もいるだろう。そのような人だったら映画館に来ると窮屈がるにちがいない。スマホと同じで、いつでも知りたいことが手元でチェックできるという状況では、人はものを考えなくなる。考えずに、さっさと解答を得る。味も素っ気もない。その点において、映画館で一度きりの映画を見ることの意義が生まれる。

映画館のスクリーンで気になったことは、あとでその問いが満たされるまで、自分の頭のなかに問いの記憶を保持しなければならない。だから、そのあいだに多くの考えやインスピレーションや妄想が付加され、わたしの頭のなかで別の世界が増殖してゆく。（339頁）

手元にDVDがあれば、分からなかったこと、忘れたことをすぐチェックできる。便利とはいかに不便であることか。スクリーンで見た記憶だけが頼りだと、疑問点などを頭の中で反芻する。反芻する時に想像力を使う。ものを考える。想像力の範囲がどんどん広がっていくのである。

粉川哲夫が映画館主義者の一人であることをしっかり覚えておこう。粉川の次のよう映画館体験も貴重である。彼が見に行った映画は『オフィスキラー』（1997年、シンディ・シャーマン監督）である。

しかし、映画が終わって外に出るあいだに、ほかの観客が、「キモチわる〜い」などと言うのを耳にして、少し考えが変わってきた。こういうところが映画のよさである。映画とビデオの境界線は、いまや、なくなりつつあるが、たとえフィルムが電子媒体になったとしても、集団で見る映像は映画であり続けるだろう。映画であるかビデオであるかは、いまや、見られ方の相違で決まる。（185〜186頁）

映画における文化的事象について粉川はいろいろなことを知らせてくれる。たとえば映画館は基本的に禁煙である。その禁煙運動について。

近年、アメリカでは、劇場封切りのときはあったタバコシーンがＤＶＤでは消えたりすることがあるようだが、全米映画協会をはじめとする嫌煙・禁煙支持団体が警戒する映画はなんだろう？（125頁）

これはＤＶＤだけでなく、テレビ放映にも関係してくる。たとえば『仁義の墓場』（１９７５年、深作欣二監督）で、大阪に逃げのびたやくざが覚醒剤を打つシーンがあったはずなのに、テレビではそのエピソードがすっぽり抜けていたと聞いたことがある。今でも、民放テレビでＣＭによってブツ切りにされて放映されるものでも映画と思う人は多かろうが、社会的に問題のあるシーンを、放送局は平気でばっさりカットすることもあるのだ。放送局の人たちは映画を芸術作品だと思っていない。単なるソフトの一つだと考えている。

現在、多くの日本映画は製作委員会方式といって、多くの会社が資金を出し合って作る方法をとっている。それら複数の出資会社の中にたいてい放送局が入っている。公開後、テレビで放映する権利を取るためだ。そのような場合、クランクインする以前から前提としてテレビ放映することが織り込まれている。

ということは、映画を製作する時点からテレビ放映するにふさわしくないシーンは入れないようにする。ここでも商業主義が作品をゆがめるパターンが出来上がっているのだ。だから製作委員会方式で作られる映画のほとんどは噛みごたえのない軟弱な映画になってしまうのだ。

アメリカでは、健康のためなら死んでもいい、というような過激な健康信仰があって、実際にいろいろな団体が、不健康な商品を作る企業に圧力を加える。日本ではＪＴ（かつての日本専売公社）がＣＭにタバコをうまそうに吸うシーンを入れなくなった。タバコを吸う時のマナーについてのＣＭが増えた。アメリカではテレビでタバコのＣＭが禁じられている。あの、カウボーイたちがマルボロを吸っているＣＭはアメリカでは流れないのだ。

そして行き過ぎた健康信仰は映画作品を改変させるまでになっているのだ。映画館ではＯＫだったのに、ＤＶＤではカットされる。これは、映画館には意識的な人が映画を見に来るが、テレビやモニターでみるＤＶＤだと日常生活の中で見られることになり、家庭の子女にも影響力を与えると考えるからだろう。とにかく映画館でかかったオリジナルの作品が、ＤＶＤではカットされる場合があるということだ。ＤＶＤを必死で見て研究論文を書いているような映画学者はこのような事実に対してどのように対処するのか。この人たちは本当に映画を見ていることになるのか。

ＤＶＤに落とす時の改変で次のような面白い事例もある。

かつて『時計じかけのオレンジ』（71）の日本公開に際して、そのシーンの一部にボカシが入ることを察知したキューブリックは、映像の修正を自分の方にまかせることを公開条件にした。その結果、われわれが見たものは、女性の「ヘア」の部分を隠しながらこれ見よがしに飛び回る黒い丸の乱舞であり、日本の表現規制の愚かしさが見事に批判されたのだった。

しかし、ビデオやLDやDVDの版では、あろうことか、この黒丸部分がデジタル技術で色抜きされ、グレーの丸印に変えられており、キューブリックのねらいはしりぞけられている。キューブリックは、権力（組織、メインストリーム、慣習）に屈することはなかったが、権力も彼の反抗に復讐することを忘れてはいなかったわけである。（254頁）

日本は映画のエロ表現に関して実に厳しい。私も『時計じかけのオレンジ』の例のシーンで動き回る全裸女性の股間の黒丸が画面のあちこちに乱舞するのを見て、少し笑い、少し情けなくなった。あの日本版における修正は日本の官憲に対するおちょくりだったのである。もちろんオリジナルな状態で上映されることが望ましいが、キューブリックの苦肉の策の修正をも、ビデオ、LD、DVDは一蹴したのである。

こういう論は、DVDなどをチェックしなければ出てこない。でも私は見ないから、どうでもいい話である。日本での修正版映画だけ見ている私の望みは、イギリスやアメリカでオリジナルの上映があるのに出くわす幸運に見舞われることだ。可能性は十分ある。

私は『サロメ』（1987年、ケン・ラッセル監督）や『プロスペローの本』（1991年、ピーター・グリーナウェイ監督）を海外で見ることができたから満足している。『ピンク・フラミンゴ』（1972年、ジョン・ウォーターズ監督）は大阪の秘密上映会で（といっても、誰でも見に行ける上映会）で修正されていないものを見る幸運に恵まれた。

これらの作品の日本版では映画の中の重要なシーンに大量のボカシがかけられていて、何が何やら分からない。これでは作品の冒瀆である。日本の税関はそのような蛮行を今も行っている。

最後によくある話を一つ。


最近見た映画について話を始めると、「あ、それ、近々見るつもりだから、話すのやめて」と激しく制止する人がいる。わたし自身はというと、見ていない映画についての話を聞くのは大好きである。というより、映画の話なら何でも耳を傾けたいと思う。映画について話をするのと、映画を「見る」のとは、次元が違うのであって、話を聞いたからといって、見る楽しみが半減するとは思わない。むしろ、その話がリアリティを持っていればいるほど、「果してそうなのだろうか」と思い、自分の目で確かめてみたいと思う。そして、実際に、自分で見てみると、「聞いた話とは大分違うな」と思うことの方が多いのである。(218～219頁)

私は個人的には映画について発端や全体的なことしか言わないようにしている。詳しいストーリーを話す一部映画解説者もいるが、そのような人は最初から相手にしない。ミステリーとか意外な結末の映画で、事前に知らされることは確かにつらい。しかし、結末が分かっただけでつまらなく感じるような映画は、最初からつまらない映画なのだ。

そもそも、他人の意見を聞いて映画を見に行くような人など、今はあまりいないのではないか。私も「今、何か面白い映画、やってる?」などとよく訊かれる。しかし、たとえ教えたところで見に行かない人は見に行かない。それではぜひ見に行こうという人はほとんどいないと思っている。「いい天気ですね」というぐらいの意味しか含まれていない。

（4）副島隆彦

【副島隆彦『アメリカ帝国の滅亡を予言する』（2013年4月、日本文芸社）】
【副島隆彦『副島隆彦の政治映画評論　ヨーロッパ映画編』（2015年1月、ビジネス社）】

特に1冊目の本のタイトルからは想像もできないだろうが、両方ともに映画評論集である。『アメリカ帝国の滅亡を予言する』がアメリカ映画の（以下、『アメリカ』と略記）、『副島隆彦の政治映画評論　ヨーロッパ映画編』がヨーロッパ映画の評論である（以下、『ヨーロッパ』と略記）。それぞれ政治学的、地政学的に映画を論じている。

私の世代だと、副島の名前で思いだすのは、かつて高校生の推薦英語辞書として全国の多くの高校で使われていた研究社の『英和中辞典』に副島がイチャモンをつけた『欠陥英和辞典の研究』（1989年11月、JICC出版局、別冊宝島102）だ。英語研究で最大手の出版社の、それも最もよく売れていると思われる辞書に間違いがたくさんあるということを指摘したものである。

辞書で間違いがあると言われたら、英語専門の出版社のメンツがつぶれる。もちろん研究社側や英語研究者からも反論はあった。ごく少ないが明らかに間違いと思われる項目もあった。もちろん副島の単なるイチャモンでしかないのもあった。しかし、とにかく、英語の辞書でも完全であるとは限らないと世間に示したことには大きな価値がある。どのような辞書や事典にも（特に初版には）間違いがあると考えた方がいいだろう。

副島は英語専門の出版社を批判したのだから、当然ながら英語運用能力が優れていると私は考える。ところが、『アメリカ帝国の滅亡を予言する』の中で、「……ロマンティズム（夢見心地という意味）……」（『アメリカ』208頁）と書いてしまっている。一般人がこのような間違いをするのに目くじらを立てる必要はないが、副島は研究社の辞書に異議を申し立てた人である。英語に鈍感であっては困る。たいていの用語には原語綴りを添えるのに、この箇所ではそれをしていない。romanticism が正しく、カタカナだと「ロマンティシズム」である。副島のカタカナを無理に英語にすると romantism となるが、このような単語はない。さては、英語運用能力も眉唾か。

映画運用能力「も」と書いたのは、映画批評にもアレレ、と思うからである。私はこの種の、権力に盾突く人が基本的に好きである。ただ、彼はある時期から政治経済に研究対象をシフトさせ、先に挙げた2冊の映画書もすべて政治的な観点から映画を論じている。ざっと読めば、この人がろくに映画を見ていないことはすぐ分かる。大言壮語で派手に立ち回っているのが少し滑稽である。たとえば、1冊目の『アメリカ帝国の滅亡を予言する』の「はじめに」に次のように書いている。

あと2年もしたら、世界は大きく変わっている。私はそのように予言する。アメリカ帝国が衰退した後の、世界の新しい姿はどのようなものなのか。（『アメリカ』1頁）

予言なんかしなければいいのにしてしまったので、彼が単なるホラ吹きに見えてくる。出版したのが2013年だから、「あと2年もしたら」の2015年はもうすぎている。アメリカは帝国主義かもしれないが、帝国ではない。2015年にアメリカは顕著に「衰退」しているだろうか。考えようによっては、ずっと前から衰退している。しかし、のらりくらりやっている。世界への影響力は戦後すぐから前世紀末ぐらいまでは先端的な国家だったと思うが、今世紀、9・11テロもあって、あたふたしているうちに、世界的指導力を疑われることになり、「世界の警察」的存在でなくなったことは確かである。しかし、衰退しているか。私はそうは感じない。

映画をロクに見ていないと感じるのは、次のような記述を目にした時である。

アメリカ・ハリウッド映画のほとんどは、今も、宇宙戦争ものや、異星人侵略ものや、大爆発シーンの、くだらない限りのスペクタル連続ビックリ驚かし映画である。（『アメリカ』252頁）

確かにそのような映画が多く、日本の宣伝でもその種の映画が圧倒的に多いように見える。しかし、「ほとんど」ではない。そのようなことは映画館に常時、通っていればすぐ分かる。副島はたぶん、テレビの映画CMを見るだけで判断しているのだろう。映画評論を書くのなら、サボらず映画を見続けなければならない。

またこの引用部分の中でも「スペクタル」などと訳の分からないカタカナ英語を使っている。正しくはspectacle＝「スペクタクル」だ。何か頼りなく感じてきて、最初に読んだ辞書批判本をもう一度読み直したくなった。英語のミスを多発する人が権威ある英語辞書を非難しているのだから、あまりあてにならないのかもしれない。

それでは政治的発言に信憑性があるかというと、それも怪しい。たとえば『リンカーン』（2012年、スティーヴン・スピルバーグ監督）に関して副島は次のように書いている。


議会政治家たちの背後には、必ず地元の選挙区の大きな地主や産業資本家たちがいるのである。彼ら資本家（大金持ち層）の力を背景にして、議員（政治家）なるものが選出されるのだ。こういう事実をちっとも描こうとしない。すなわち、この世の真実の姿がまだまだ描かれていないということである。

私がスピルバーグに対してこの映画でも根本的に違和感を感じるのは、「金持ち階級や支配者、権力者階層は絶対に人民peopleではない」という重要な一点を常に曖昧にしているところである。この点で、私、副島隆彦は、スピルバーグと徹底的に争う。（『アメリカ』26〜27頁）

言いっぷりの大げさなのが判るだろう。スピルバーグと争うといったって、スピルバーグの方が副島の存在など知らない。争いようがない。また映画に限らず、文学でも、作者が描きたいことがあればそれを描き、それ以外のことを描くのに精力を使わないのが当然である。描く気がないものを描いていないと批判しても仕方がない。描かれているものを論じなければならない。

ちなみに『リンカーン』には原作があり、さらに脚本はスピルバーグではない。内容の多くは原作や脚本にすでに書かれていることだ。スピルバーグはそれを監督（演出）しただけである。

また、クエンティン・タランティーノが高校中退で、スピルバーグが有名校に落ち、「低成績の州立大学」を中退している（後年、再入学で卒業）ということを挙げた上で、次のように書く。

高い評判の大作映画（社会、政治問題を扱う映画）を作っているから、きっと立派な人物だろう、などと思い込まないほうがいい。（『アメリカ』41頁）

名門大学を出たからといって立派でない人物はいくらでもいるし、低成績の大学を出ていても立派な人物もたくさんいる。要するにそれらは個人の問題であって、出身大学の問題ではない。この学歴偏重主義こそ問題である。特に芸術関係で、どこの大学を出ているか問題視することの方が間違っている。

タランティーノの『キル・ビル』（Vol.1は２００３年、Vol.2は２００４年）を映画館に見に行った時のことが書かれている。

この映画を観にきている映画館の観客を私がふと見回したら、東京に来ている流れ者の貧乏不良白人と、それにくっついている変な日本のねーちゃんたちという組み合わせが過半数だった。（『アメリカ』52頁）

ちょっと話を盛りすぎではないか。私の住む大阪で映画館に通っていて、日本人の「ねーちゃん」を連れた外国人が過半数ということはありえない。いても、せいぜい、１組、２組である。東京では白人観客がそんなに多いのか。しかも、映画を見にきている白人観客が「流れ者」なのか「貧乏不良白人」なのか、どうして彼に分かるというのだ。

この映画のラストに梶芽衣子の「怨み節」が流れる点に関して、副島は感心している。

この曲は非常に良い曲だ。タランティーノが東京にきっと取材と称して数ヵ月も滞在して、日本の女たちと付き合いながら学んで身につけた知恵だろう。ここには、日本の庶民音楽、すなわち演歌に対する深い理解がある。この理解の深さは、アメリカ白人（イタリア系も含む）としては最高度のものである。（『アメリカ』59頁）

単なる個人的好みを根拠に、タランティーノが日本文化を深く理解しているなどというのは、副島の思い込みにすぎないだろう。タランティーノは東映の「女囚さそり」シリーズを好んで見ていて、それに敬意を表しているのだ。そもそも演歌が現代日本で庶民音楽であるとは思えない。若い人はほとんどアメリカのロックや、日本のロックまがいのポップ音楽しか聴いていないと私は考える。

副島の暴走、妄想は続く。『ニュー・ワールド』（2005年、テレンス・マリック監督）というアメリカの植民地時代を描いた映画について、訳の分からなことを書く。

スミスとポカホンタスは男と女であるから性交渉があり、愛情関係が生まれた。人間はたいていの人が、自分が流れ着いた先で居着いたところの女（男）と結婚してしまう。外国に派遣された企業の社員たちは現地の女と結婚することになる。（中略）

人間の男と女は、出会いさえあれば、適当にいい加減に出来てしまうのである。あとからあれこれ反省しても遅いのだ。私はこの現象を指して「流れ着く岸辺」と呼んでいる。（『アメリカ』72頁）

ポカホンタスはネイティブ・アメリカンの酋長の娘だが、何か変な論理の文章だということが分かるだろう。ここにはもう映画も政治も関係がなくなっており、飲み屋で酔っぱらって適当なことを言っているオヤジの言いぶりと同じである。『アビエイター』（2004年、マーティン・スコセッシ監督）の項で、「自分の奥さんひとりとの関係でさえ地獄なのに、よくもまあ何十人の女優と次々に恋愛できたものだと心の底から尊敬し崇拝する」（『アメリカ』91頁）とハワード・ヒューズを称えるところなど、かなり酒の入っている恐妻家オヤジの愚痴や繰り言に近い。

訳の分からないことを口走ることも珍しくない。『スター・ウォーズ　エピソード3／シスの復讐』（2005年、ジョージ・ルーカス監督）の批評で次のように書く。

> 私、副島隆彦もまた、死ぬまで、この共和国軍の軍律に従って、属国・日本で最後まで戦い抜く。立派に戦って死んでみせる。三島由紀夫先生の偉大な志に続く。
>
> 老人介護施設で、マカロニ・チューブ人間にさせられて、厚生労働省の官僚どもと商売医者たちの利益の道具にされて、介護老人収容所（生ける屍のままの牢獄）で殺されてたまるか。（『アメリカ』168頁）

映画批評で日頃の鬱憤、将来の不安を吐露しているにすぎない。これが「スター・ウォーズ」と何か関係があるのか。訳が分からない。

また、ヨーダのモデルが日本の脚本家・依田義賢の名前からとったというのが通説だが（本当かどうか分からない）、副島はどこから聞いてきたのか、ルーカスの自宅の庭師（同じく依田という名前）が木々の間を縄一本で動き回っているところから付けた、という新説を披露している（『アメリカ』179頁）。根拠を示してもらいたい。出典を示してほしい。そうしないと誰も信じてくれない。依田義賢説よりも信憑性が低い。

ヨーロッパ編の『副島隆彦の政治映画評論』について一つだけチェックしておこう。

映画的教養のなさは、『コロンブス　永遠の海』（2007年、マノエル・ド・オリヴェイラ監督）の項ではっきりする。

ポルトガル人を描かせたらこの人の他にいないとされるオリヴェイラ監督の作品が本邦初公開された。（『ヨーロッパ』60頁）

この映画が初公開なら、どうして「ポルトガル人を描かせたらこの人の他にいない」と判断できるのだ。そもそも、調べてみたら、私はこの映画以前にオリヴェイラ監督の映画を日本国内の映画館で12本見てきている。何がこの監督の作品の本邦初公開なものか。副島自身が初めてこの監督の作品を見たというだけの話である。なお言うまでもないが、コロンブスはイタリア人であり、航海の費用を出したのはスペインである。ポルトガル人を描く第一人者が監督したとしても、描きにくいと思う。

つつけばいくらでもおかしなところが出てくる。そのおかしなところというのは、基本的に映画的教養のなさから出てきていると判断できる。政治評論をやりたければ勝手に政治評論をすればいい。ただ、映画を巻き込まないでほしいものだ。といっても、政治評論家としてもその世界ではそれほど高評価で認めてられていないようで、自分の不遇をあとがきや本文の端々でささやいている。

（5）内田樹

【内田樹『うほほいシネクラブ』（2011年10月、文藝春秋、文春新書）】

内田樹は一部で有名な思想家、武道家である。いや、今では世間一般でも有名か。映画の本は『うほほいシネクラブ』で3冊目だが、早くもカタログ本である。私はカタログ本を出すようになった時、その人の力の衰えを感じることにしている（本書も広義ではカタログ本だ。力の衰えを感じる）。

一部、時評も入れてあるが、無作為抽出で選んで見た映画についていろいろと言及している。うっかり「ジブリの新作だけは、映画館で見ることにしている」（167頁）と書いているぐらいだから、彼の基本的な映画生活は動画配信、ＤＶＤに拠る。ひっくり返せば、ジブリ作品以外は動画配信やＤＶＤで見るということだ。

第1章に収録された文章だけが、依頼を受けて試写会で新作を見て、原稿を書き、新聞に載せるというプロセスで書かれたものである。それ以外の章は見たい映画をＤＶＤやネット映像で見るのを常としている。

まえがきで次のように言い訳している。

でも今は、古い映画でも、見たければネット上でクリックすれば済みます。そういう新しい技術的環境を享受していながら、いまだに新作しかレビューしないというのは、ちょっとおかしいんじゃな

いかと僕は思います。（10～11頁）

映画館で映画を見るような人は能率の悪い馬鹿者だと言っているように聞こえる。馬鹿者で結構、私は映画館で見る。モニター画面で見ることに何の抵抗もなく、便利で重宝しているような人に、なぜ映画館でないとダメなのか、どう説明しても無駄である。逆に、映画館で見ないことによって生じる欠点についていろいろ考えてみたい。

たとえば、映画の原語タイトルをカタカナそのままで邦題にしてしまう近年の傾向への苦言がある。

だいたい『コラテラル』なんて英語の意味、知っている中学生いませんよ。お願いだから、中学生が汗で湿った百円玉握りしめて映画館に走りたくなるようなタイトルをつけてくださいね。（63頁）

いったい、いつの時代の話だ。この人ぐらいになると、新作はどこかから招待状が届いたら見に行くようで、身銭は切らないと決めているようだ。映画館で見ないから事情をよく知らない。「中学生が汗で湿った百円玉握りしめて映画館に走りたくなる」と書いているが、今、中学生料金がいくらなのか無知な状態で書いている。２０１８年現在、特殊な映画を除き中学生料金は１０００円である。もちろん、たまには１００円玉10枚もってチケットを買いにくる中学生もいるかもしれない。しかし１０００円札1枚で買うのが普通だ。中学生が１０００円以下の料金で映画館に入れたのはかなり昔だと思う。内田の頭の中の映画脳はその時点で停止しているに違いない。くっきり時代錯誤である。

寝ぼけていると次のような意見も出る。

日本人は年末になると『忠臣蔵』映画が見たくなります。同じようにアメリカのみなさんは年に一度『クリスマス・キャロル』映画が見たくなる。これは僕が最近発見した「ハリウッド映画の隠された法則」の一つです。（19頁）

はて、日本人は年末に「忠臣蔵」映画を見たくなるのか。テレビドラマでは時々やっているのは耳にするが、テレビでやっているものは映画とは呼ばない。もちろん、テレビで「忠臣蔵」映画の旧作を放映する場合はあるだろう。しかし、毎年、年末が近づくと「忠臣蔵」が本当に話題になるのか。最近の若い人たちは、「忠臣蔵」そのものもはっきり知らないと思う。何を寝ぼけたことを言っているのだろう。

次の文章も面白い。『僕らのミライへ逆回転』（２００８年、ミシェル・ゴンドリー監督）について書かれたものだ。

僕たちはいつの頃からか「こっちはお金を払ってるんだから、面白いもの見せろよ」という態度になって、「身を入れて面白がる」という献身的な姿勢を忘れてしまったようです。「嘘のお話」を街中の人が信じる「ふりをする」ことで崩れかけた都市共同体が連帯を取り戻すという物語の結末は、その意味でもたいへんつきづきしく思われたのでした。（96〜97頁）

この本全体を読むかぎり、推測通り、内田は新作に関してほとんどお金を払わずに見ている。「払わず」どころか、タダで見てそれについて文章を書いてお金を得ている。そのような人に、「こっちはお金を払ってるんだから、面白いもの見せろよ」と言う人を非難することなどできない。私もお金を出した以上、それに見合ったものを求める。面白くなければ腹を立てるし文句も言う。「僕はあらゆる映画評において『できるだけいいところを探してほめる』ことを心がけている……」（171頁）と言えるのは、内田がタダで見ているからだと邪推したくなる。お金と時間を費やして見てつまらなかった時の悔しさを彼は知らないのかもしれない。本当に面白い映画であれば、お金を出す出さないにかかわらず、自然に「身を入れて面白がる」ものだ。

映画館で多くの知らない人たちと映画を見るということをほとんどしない人が、「崩れかけた都市共同体が連帯を取り戻す」などといったことをカッコつけてよく言えたものだ。

また公開当時、右翼の襲撃があるということで、多くの映画館が上映中止に踏み切った『靖国YASUKUNI』（2007年、リ・イン監督）について、内田は偉そうに書いている。

この程度の圧力で上映を中止する映画館主たちは、これよりも強い圧力が予想される政治的状況におかれたら「言論の自由なんかなくてもいいです」という宣言書にただちに署名するだろう。（149頁）

この文章を書いた時点で、内田はその映画を見た形跡がない。その映画の公開時、彼は神戸女学院に勤めていたから、勤め先から30分ほどで行ける十三の第七藝術劇場に見に行けたはずだ。その映画館は上映中止に踏み切ることなく、強い意志で予定通り上映を敢行した。にもかかわらず、内田は映画館に見にも行かずに、これまた偉そうに「言論の自由」などという問題を持ち出している。内田はどうせ映画館になど行かないのだから、無関係な話ではないか。放っておいてもらいたい。無関係な話に首を突っ込まないでほしい。

考えてみると、彼が映画のことについて書くのは余技である。『うほほいシネクラブ』の帯には仰々しく「怒濤の187本!」などと宣伝コピーを入れているが、ある程度体系的に時間をかけて見ていないと、うろ覚えによって書き、結果として嘘になってしまう事態も生じる。

たとえばクリント・イーストウッドに関する次の文章。

もしかすると未来の映画史には20-21世紀で最も偉大なハリウッド映画監督として記憶されることになるかもしれません。なにしろ、『ダーティハリー』と『ガントレット』で刑事映画のスタイルを完成させ、……（58頁）

真面目に映画を勉強している人なら『ダーティハリー』（1971年）がドン・シーゲル監督によって撮られていることを常識として知っている。イーストウッドが監督しているのはシリーズ全5作の内、一本、『ダーティハリー4』（1983年）だけである。しかし、内田はその作品について書いているのではない。別にクリント・イーストウッドを「20-21世紀で最も偉大なハリウッド映画監督」と呼んでも私はOKだが、『ダーティハリー』を監督していないことは紛れもない事実である。調べることを怠けて書いた、事実誤認の手抜き文章である。

問題の根は深い。この文章は読売新聞に堂々と載せられた。新聞記者が、たとえ映画担当であってもそれほど映画的教養があるとはかぎらないことは承知の上だが、それにしても情けない。内田のミスを新聞の校閲者も見逃している。世間はこのように劣化していく。そしてその文章が文春新書に入る時点で、著者の内田はまだ気がつかず、新書編集部の校閲者もまだ気がつかないのだから、さらに情けない。もう一つある。

東宝のゴジラはある種の神話的「懲罰」を下すべく、北極海から魅入られたようにまっすぐに東京湾をめざして来るが、……（315頁）

ここで意味するゴジラが『キングコング対ゴジラ』（1962年、本多猪四郎監督）なら北極海というのも可能だ。しかし、その作品に内田は何も触れていない。常識的に、南太平洋の核実験のせいで生まれたのがゴジラとなっているので、北極海では決してない。その前後に、アメリカ版『GODZILLA』（1998年、ローランド・エメリッヒ監督）（内田はタイトルを『ゴジラ』と誤記）をつまらない映画として非難している。その比較の材料に使っている。ところが内田は最初から根本的に間違っている。「ゴジラ」を真剣に見ていないようだ。彼の言っていることがどれもこれも嘘っぽく感じられる。

またまるで大発見したかのような、はしゃいだ文章がある。『アナコンダ』（1997年、ルイス・ロッサ監督）についてである。

この映画はおそらく映画史上はじめて「人間を呑み込む蛇の食道（！）から人間の頭部に迫るカメラアイ」というものを見せてくれました。（203頁）

私は『アナコンダ』を見逃しているが、以前、山本晋也が手掛けていた「未亡人下宿」シリーズ（日活ロマンポルノの買取り作品のピンク映画）の何本かで、膣の内側から侵入物に迫るカメラアイがあったのを覚えている。食道からなら確かに映画史上初かもしれないが、膣からの映像があるのなら、食道からはありそうに思う。確証を掴んでいないので、一応、内田の言う「おそらく映画史上はじめて」という記述への態度は保留しておく。

ジャン＝リュック・ゴダールの『彼女について私が知っている二、三の事柄』（１９６６年）について、他の人が怖がってあまり言わない言い方をしている。

げ、つまらん。

１９６６年にリアルタイムでみなくてよかった。見たらきっと「この映画をみて『げ、つまらん』と思ってしまった僕って、きっとバカなんだ。ああ、なんとか面白いところをみつけなくちゃ」と思って、一生懸命考えて、高校のともだちに「やっぱさ、ゴダールは映画文法を完全に革命したってことは言えるよな」なんて言っているうちに、だんだん本人もその気になって、一年後くらいには、あの映画がけっこう傑作だと思えてきたりしたんだろうな。

ああ、大人になっててよかった。では、もう一度。

げげ、つまらん。（228〜229頁）

私もおおむね、近年のゴダール作品は「つまらん」と思う。しかし、半世紀ほど前の作品を今頃見てつまらんというのは、反則である。たとえば、内田樹自身が高校生の時に文集に書いた文章を「つまらん」と言うのと同じだ。同時代に見られなかったのを良かったと思わず、口惜しがるべきだろう。

D. 学者・研究者

（1）越川芳明

【越川芳明『壁の向こうの天使たち』（2014年3月、彩流社、フィギュール彩）】

越川芳明の名前は『壁の向こうの天使たち』で初めて目にする。案の定、映画を専門に論じる人ではなかった。『壁の向こうの天使たち』の副題に「ボーダー映画論」とあるように、何らかのボーダー（境界）的なものを含んだ映画の批評ばかりを集めている本である。つまり、映画を論じるというよりは、ボーダーを論じる方に力点が置かれている。映画はその材料の一つにすぎない。

現実問題として、国境をめぐるいさかいはどこでも激烈だから、それらを描く映画も当然ながらどれも深刻な内容をもつことになる。そのような深刻な映画ばかり論じている。

個人的な心配だが、と同時に余計なお世話かもしれないが、越川はエンターテインメント映画など見ないのだろうか。もし見ないとしたら、映画の面白さの半分を最初から捨てていることになる。もったいない。映画を楽しむという経験がこれまでないのかもしれない。

越川の専門はアメリカ文学、アメリカ文化一般である。あとがきで「私は、映画学の専門家でもなければ、映画評論家でもない」（191頁）と言い訳している。最初に言ってもらいたい。これは専門外の批評家が映画を論じる時の逃げ口上の常套句である。

越川はそもそも映画などに興味がなかったようで、「四十の手習いとして、サンディエゴの大学で一年生にまじってスペイン語の授業を取り、大学のメディアセンターで、古典的なチカーノ映画を借りて見た。あくまで研究の資料として見ただけで、映画論を書く気持ちはなかった」（同）と平然と宣言している。それが専門の方からいろいろ書く場を与えられるにつれ、「ボーダー映画論」としてまとめられるような文章を書くようになったというのである。

彼の言い分を代弁すると、学術的な記述ミスがあったら謝るが、映画論的におかしいところがあっても許してね、ということになる。要するに映画批評的に立派に書けていなくても専門ではないのだから許せ、ということなのだ。この種の異業種の「映画評論家」がけっこういる。いつでも逃げられるよう予防線を張っている。

たとえば『イヴの総て』（1950年）の監督を彼は「ジョゼフ・マンキエヴィックス」（93頁）と表記する。原綴りは Joseph Mankiewicz だから、そう読みたくなるのは理解できる。しかし、日本では「ジョセフ・L・マンキウィッツ」（あるいはマンキーウィッツ）と長年にわたって呼ばれてきた監督名である。たとえ越川の読み方が原音に近かったとしても、意固地にならず慣例に従ってもいいのではないか。しかし、この種の枝葉末節は大きな問題ではない。問題は別なところにある。

映画批評を専門にする人なら、世界各地の映画の長い歴史を頭に入れ、概観参照しながら映画論を書くものだ。作品一つだけについて論じるのはかえって難しい。長い歴史の中で当該の作品がどういう位置にあるかを考えるのが、広い意味での映画評論である。

ところが、彼はどうも自分の専門に関する映画しか見ない人のようである。これでは映画論として記述の広がる気配がない。前述のチカーノというのはメキシコ系アメリカ人のことで、そのような局所的なテーマの映画しか取り上げていないのが面白みに欠ける。なぜなら、多くの映画ファンはチカーノだけに注目して映画を見ているわけではないからだ。

さらにたとえば、スティーブン・ソダーバーグ監督の『チェ　28歳の革命』（2008年）『チェ　39歳別れの手紙』（2008年）について書いた文章がある。革命家チェ・ゲバラの半生を描いた2部作の映画である。キューバや中米、南米の革命に関わった人の伝記映画だ。越川によるとソダーバーグ監督は、第2部を作るために、その前提として第1部を作ったということである。彼は、「……皮肉なことに、映画としては第一部のほうが断然素晴らしい」（34頁）という評価を与えている（私は両方とも退屈した）。

それというのも、第一部ではソダーバーグ監督の手腕がいかんなく発揮されているからだ。そこでは語りの構造が複雑であり、直線的な時間軸にそって物語が進行しない。一方、第二部は、ゲバラの『ボリビア日記』にもとづいて退屈にほかならない直線的な時間軸で語られており、製作に安易なところが見られる。（34頁）

「映画学の専門家でもなければ、映画評論家でもない」人がよく言ったものである。結局、時間軸が直線的か複雑かを基準にして大まかな評価をしている。そして、ゲバラに関する伝記的事実、中米革命の史実と映画を照らし合わせて、ゲバラを長々と論じていく。結論は第2部でも語り方を変えた方がいいというものだ。

長年、ソダーバーグの映画を見てきた私などは、まずこのような題材の映画を撮るというのが、彼のフィルモグラフィから言って異質であると感じる。なぜ、チェ・ゲバラなのかということにまず疑問をもつのだ。そのような見方は、おそらくこの本の著者にとっては時間の無駄、非合理的だと感じるのだろう。それなら映画になどちょっかいを出さず、文献だけでボーダー論でも何でも好きに論じていればいいのである。もちろん、ゲバラについて大論文を書いてくれても私は困らない。

真面目な学者にありがちなことだが、彼は映画の扱っているテーマに関する書籍をしばしば持ち出してくる。映画に描かれているメッセージやテーマを説明しようとする。あるいは啓蒙しようとする。難しい文献を取り出しては、それを根拠に映画を論じたり、あるいはもう映画など論じず、テーマを論じるだけになってしまったりしがちである。たぶん、それは、もともと資料としてしか映画を見てこなかったせいだろう。

たとえば『BASURA　バスーラ』（2009年、四ノ宮浩監督）を論じるに際し、鈴木静夫著『物語　フィリピンの歴史』を持ち出し、『ルワンダの涙』（2005年、マイケル・ケイトン＝ジョーンズ監督）を論じるに際し、フィリップ・ゴーレイヴィッチ著『ジェノサイドの丘』を持ち出し、『戦火のナージャ』（2010年、ニキータ・ミハルコフ監督）を論じるに際し、A・ビーヴァー著『赤軍記者グロースマン　独ソ戦取材1941－45』を持ち出す、といった具合だ。

また、『ダーウィンの悪夢』（2004年、フーベルト・ザウバー監督）を論じた後、西谷修編『グローバル化と奈落の夢』を読めば理解を深めると勧めるし、『シッコ』（2007年、マイケル・ムーア監督）を論じる際には医学関係のこれこれのホームページをチェックするようにと勧める。

それらの本は専門の越川にとっては必読書なのだろうが、一般映画ファンは普通そんな本を読まない。私たちは映画を見にいっているのであって、映画に描かれている内容を勉強しに行っているのではない（まれに、描かれている内容に興味がわき、勉強したくなることはないでもないが）。

さて、ソダーバーグの『恋するリベラーチェ』（2013年）はラスベガスのゲイ・ピアニストを主人公にしている映画である。ゲイであるから男と女のボーダーを考えさせる映画になっている。当然彼は見ていないといけないはずだが（といってもこの本の出版直前の日本公開だったが）、彼が書いてきた記述から考えると、この種のテーマには興味がないかもしれない。

この本の中でゲイ映画も何本か取り上げてはいる。その中には『恋するリベラーチェ』にも出演しているマット・デイモン主演の『フィリップ、きみを愛してる！』（2009年、グレン・フィカーラ／ジョン・レクア監督）も含まれている。

つまり通常、彼は映画館にかかっている映画を見るような生活を送っているとは思えない。その分、論の薄弱さを感じてしまうのである。

（2）吉田眸

【吉田眸『ドアの映画史』（2011年3月、春風社）】

吉田眸著『ドアの映画史』の大きなテーマは、小津映画に出てくるドアと成瀬映画に出てくる引き戸である。

小津安二郎や成瀬巳喜男に関する作家論、作品論はすでにさんざん出版されているので、もう新しいことは書けそうにない。そこで細部に目をつけて、それを力点にして各作品、および他作品を横断しながら論じていくというやり方が生まれた。明らかにＤＶＤ視聴による成果である。

かつて映画評論家・川本三郎が「映画の昭和雑貨店」シリーズで、映画の中に出てくる小さな物品についてどんどん書き続けていたことがある。私はこれを盆栽本と呼んだことがある。松の木など自然に生やしておけばいいものを、小さな鉢の中にがんじがらめに縛り付けて小さくまとめ、それを愛でる。実にしみったれた考えだと思った。『ドアの映画史』の意図は少し違う。

「ドアの映画史」はいうまでもなく換喩的な題である。つまり映画のドアについての分析は、細部に注意を払いながら映画を「丸ごと」観るということの一例に過ぎない。人物の心理やストーリーなどの「中心」に掛かり切りになるのを避け、脇役たる細部をも等しく「見る」とき、映画が豊かに立ち現れる。(9〜10頁)

そんなことが可能なのだろうか。細部に注意を向けていると全体が見えにくくなることの方が多いように思う。もちろん映画など、どのように見てもいいわけだが、細部を見逃してはいけないという強迫観念に囚われると、映画全体を楽しめなくなる。

あるいは吉田は、映画は基本的にＤＶＤで見るものだと考え、何度も見返すことが可能だという前提の下にそう書いているのだろうか。私は、基本的に映画は映画館で1度きりしか見ない。あくまで映画全体を見る見方をするので、後で誰かに映画の中の何かについて言われてやっと細部のことに気づくといった按配だ。映画館でしか映画を見ないことから生じる見落としがあるが、それでも映画館で1回限りの鑑賞でいいと思っている。

最初からＤＶＤで見ようとしている人なら、何々に注目と言われただけでそのことばかりが気になり、まともには見られなくなってしまうだろう。それらの人々は気がかりなところだけ何度も反復しながら見るのだろう。
この本の著者は、木を見て森を見ずという陥穽に陥らないよう戒めている。木を見ていれば森全体の様相もよく見えるという考え方である。しかし、実際にその姿勢で書いたはずのこの本を読んでみると、案外、木を見て森を見ずという陥穽にはまり込んでいるように感じる。妙にちまちました感じがするのである。

たとえば、映画の中に出てくるドアが内開きか外開きかということを気にしたことがあるだろうか。私の自宅は外開きであるが、勤め先の研究室は内開きである。外開きの理由としては、内開きだと玄関に脱いだ靴がドアに引っかかる、すなわち家が狭いからだと考えている。研究室のドアが内開きなのは、外開きにすると表を通行する学生に当たる危険があるからではないか、という私の考えは「……ドアについての深い思考をサボらせる」(23頁)と吉田によって非難されている。

また、この本には大袈裟なことが書かれている。

内開きは、外に対する内の優位の表現であって、内開きだからこそ、内に閉じ籠ることができる。すなわちドアに家具などを当てればすぐさまバリケードを築くこともできる。ドアが内開きであることはドアの人権上の条件なのだが、そんなことを言えば日本の団地のドアはみな外開きで、困ったものということになる。外開きというのは刑務所のドアなのである。
看守が囚人を外から中へ閉じ込める。外開きのドアは、この閉じ込める運動を見せつける。(19〜20頁)

つまり私の自宅は外開きなので人権が守られておらず、研究室は内開きなので人権が守られているということになる。その信憑性はさておき、これは映画的問題というよりはむしろ民俗学的問題ではないのか。このような基本概念を述べた上で映画作品に描かれたドアについて論が進んでいくが、そのような見方で映画を見ることが豊かな映画鑑賞に通じるのだろうか。

著者はそのすぐ後で、内開き外開きが問題なのではなく、「……ドアの開閉のあり方が映画全体に及ぼす表情・運動にこそ眼を向ける……」（20頁）べきだとしている。

そこから小津安二郎のドアに話題が移るのだが、結論として、「……小津という人は、初期からドアに鋭く厳密であるほどにモダンであった。つまりドアというものは内に開かなくてはならないのである」（23頁）と断定している。内開きのドアは内側を防御するが、例外的に外開きドアの出てくる小津作品では「なんらかの強烈な喪失」（同）が仕掛けられているのだそうな。もちろんそれを確かめるためにDVDを見直す、というようなことを私はしない。

さらに成瀬巳喜男の引き戸に関しては次のように結論づける。

> ドアの分節は開いているか閉まっているかの二者択一であって、引き戸の空間分節が開き方の無限の度合いによる柔らかい分節であるのとは大違いである。それもあってか成瀬のドアは、カオスをくい止めるどころか、カオスを助長する分節なのである。つまりそこには一面的な孤立や無残な人間関係しか胚胎しない。（185頁）

単に引き戸が描かれているだけなのに、カオスなど持ち出すか、と私は呆れる。

ドア以外の話題に関しても、DVD視聴による作品論ならではの記述が目立つ。たとえばカット（ショット）数。吉田は1本の映画のカット数を一所懸命数えている。わざわざ、カメラの移動撮影とフィックス（固定）撮影との回数をチェックしている。それを基に論を進める。

ご苦労なことだが、これはもう映画の鑑賞ではないと思う。科学的分析である。もちろんそれで研究が進むこともあるだろうが、映画研究は科学的分析である必要がない、というのが私の考えである。研究者の間で私は孤立している。私のような考え方の方が圧倒的に少数派なのである。

今や誰でもDVDを反復視聴することによって映画を分析して論じている。そんなことをしていて本当に楽しいのだろうか。

（3）小長谷有紀・鈴木紀・旦匡子

【小長谷有紀・鈴木紀・旦匡子編『ワールドシネマ・スタディーズ』（2016年11月、勉誠出版）】

小長谷有紀・鈴木紀・旦匡子編の『ワールドシネマ・スタディーズ』の各論は映画を飛び越えてしまっている。論者たちは本当は映画には関心がないようにさえ思える。

原因ははっきりしている。執筆者の一人、池田光穂が「映画を題材につかって民俗学や文化人類学の勉強に役立てようとするのが、この本の目的の一つであろう」（170頁）と書いてしまっているからだ。ちなみに池田は、中央アメリカ地域を専門にする文化人類学者、医療人類学者である。「題材」にしている映画は『私の中のあなた』（２００９年、ニック・カサヴェテス監督）である。

この本の他の執筆者も同様で、映画が専門ではない。多くは大阪吹田の万博公園内にある国立民族学博物館の研究者であり、彼らの多くの専門分野は文化人類学だ。だから、ほとんど全員、映画を「題材」にしているだけなのだ。

つまり、題材として映画を取り上げているわけだから、彼らの記述の中には、映画批評、映画評論の部分がほとんど見当たらない。したがって、読んでいても映画の香りがほとんどしない。「題材」を使って、その中で描かれている現実世界の困難を論じているにすぎない。いや、すぎないとは言いすぎだ。世界の困難を論じるのは立派であり、重要なことである。ただ、あるテーマを論じるのに、映画を単に「題材」にしているだけなのが、映画を専門にしている人間にとっては味気なく感じるのである。

場合によっては、映画のことなど放ったらかしになってしまう。映画で描かれている件に関して、専門家である自分の活動を延々と熱を込めて書きつらねる人もいる。その件に関心のある人ならそれは有意義なことなのだが、映画を見ているだけの人には面倒くさく感じる。映画は常に啓蒙の道具とはかぎらないからだ。

なぜか、この本の随所に独立したコラムとしてインド映画に特化した文章が書かれている。４人の執筆者がインド映画を論じている。コラムという別枠でありながら、本文と同じように、各人の書き方はほとんど同じである。つまり、どの人も映画作品自体にあまり関心がないのだ。インド映画に扱われている題材についてのエッセイなのだ。

なぜこのようになったかというと、発端が「私たちの研究成果を生かして映画を解説する本を作りたい」（３頁、「まえがき」）というものだったからだ。最初から映画を論じるつもりがない。映画で描かれている内容を論じたいのだ。もちろん、インド「映画」よりも、「インド」映画に興味のある人には有用だろう。

実際、著者たちの企画は国立民族学博物館で「みんぱくワールドシネマ」という形で催された。かかる映画を私はほぼ全部見ていたので、その催しに参加することはなかった。この博物館では以前から映画はかかっていた。しかし、それまでは文化映画、記録映画という、エンターテインメント性を排除したものが多かった。無味乾燥な文化映画や記録映画より劇場用映画をかける方が楽しめるに決まっている。逆に、私は、描かれている内容について専門家の解説をそれほど聞きたいと思わない。しばしば映画とは関係のない内容に進みがちであるし、解説すること自体が蛇足に思えてくる場合も多い。

たとえば冒頭、『グラン・トリノ』（２００８年、クリント・イーストウッド監督）を取り上げている。解説するのは多文化共生教育、国際協力教育が専門の乾美紀だ。この映画の中でイーストウッドの近所に住む中国系に見える人たちは何者か。私も映画を見た後、いろいろ調べた。少数民族であるモン族だということは突き止め、それ以上は特に調べなかった。

この本では、彼らが中国系ではなく、ラオス、ベトナムの国境付近に住む人たちであることを知らせてくれる。彼らはベトナム戦争時、アメリカ軍に協力して特殊ゲリラ部隊として活躍した。ベトナム戦争が終わり、モン族はアメリカ軍に協力したということからラオスで迫害されることになる。居づらくなって、とうとう故郷を追われ、その一部がアメリカに住み着いたという歴史があるのだそうだ。アメリカ軍に協力してくれたから、お詫び、あるいはお礼としてアメリカに受け容れるのだ。しかし、『グラン・トリノ』を見るのにそこまで知る必要があるか。アメリカに住み着いた少数民族がアメリカでも迫害されているいると分かるだけでいいのではないか。

私は通例、複数の本をいつも持ち歩き、併行しながら読む。1冊に飽きたら、読みかけの他の本に移る。この本も同じ読み方をした。途中から読み出していると、ふと、私は今、何の本を読んでいるのだろう、と思ってしまうことがしばしばだった。映画の本として読み始めたはずだったが、途中から読んでいると、映画の話がまったく出てこないことがしばしばある。

もちろん、そのような解説がまったく無駄だと言うつもりはない。たとえば次の文章。題材はマレーシア映画『タレンタイム』（2009年、ヤスミン・アフマド監督）で、執筆者の信田敏宏は社会人類学・東南アジア研究が専門の民博教授である。

> イギリス植民地政府は、被支配者の集団を分割し、互いに反目させ、支配者に不満の矛先が向かないようにする分割統治政策を採用した。（72頁）

私はこの項を読んだ後、しばらくして『アラビアの女王　愛と宿命の日々』（2015年、ヴェルナー・ヘルツォーク監督）を見た。その時に、なるほどと思った。その映画自体は薄っぺらな偉人伝だったが、イギリスのやり口はよく理解できた。残念ながら『タレンタイム』を見た時にはそう思わなかった。それは、信田が映画に即して言ったのではなく、一般論として言ったからだろう。ヒロインの家庭内の会話に、時々、イギリスの話題が出てくるが、信田が指摘するようなことはあまり感じられなかった。

あるいはまた『ストーンウォール』（2015年、ローランド・エメリッヒ監督）を見た後、『人生はビギナーズ』（2010年、マイク・ミルズ監督）を題材にした砂川秀樹の文章に接し、前者の映画で描かれている事件のあらましをまとめてくれているのに気づいた。砂川はＨＩＶやＬＧＢＴに関する活動をしている人だ。

ハワイ州では1997年に初めて同性婚が結婚に準ずるものとして認められ、さらに2004年にはマサチューセッツ州で、同性間の結婚が認められるようになり、そして2015年には全米で認められるようになったという情報を知らせてくれる（205頁）。

あるいはまた、『人生、ここにあり！』（2008年、ジュリオ・マンフレドニア監督）を題材にして、文化人類学が専門の民博准教授・宇田川妙子が、イタリアでは1978年に精神病院廃絶を目指す法律が施行された、と知らせてくれる（241頁）。時代は遡るが、その前時代、1940年代のブラジルを舞台にを描いた『ニーゼと光のアトリエ』（2015年、ホベルト・ベリネール監督）を思い出して、いろいろ考えさせられた。

この本の各項を書いた人たちは、おそらくまともな映画人生を送っていない。映画を見るのが特に好きなわけでもなく、自分の専門に関係のある映画だけを見る。確かに自分の専門領域について描かれた映画なら容易に理解できるだろうし、描写の間違いに気がつくこともあるだろう。しかし、映画を作る側では観客にそこまでの知識をもつのを期待していない。何もかもすべてを分かっていなくても映画を見る楽しみはあるのだ。

妄想だが、それぞれの作品を一つずつずらし、全解説者が自分の専門とは大きくずれるが、文化人類学的な一般論から知る範囲で映画を論じてくれるなら、これほど肩の凝る本にはならないだろう。一般観客の視点になって、書いていることが読みやすくなるだろう。

(4) 栗原好郎

【栗原好郎『シネマ・クリティック』(2015年8月、彩流社)】

栗原の本を読むのは『シネマ・クリティック』が初めてだが、かなり理屈っぽい。もちろん論じるためには理屈も必要だ。しかし、芸術というものは理屈で割り切れないものがある。理詰めで納得のいく説明ができない場合もある。芸術批評というのは、それを論理的な言葉で分析するわけだ。そこにはおのずから限界がある。理屈を並べていって、極限まで来た後は、感性でその限界を越えねばなるまい。

いつも言っていることだが、モニター画面でDVDを視聴しながらの映画批評は冷徹な分析の域を出ない。限界を越えて感性の領域にまで進むには、映画館体験が必要なのだと私は考えている。それは、映画が映画館で上映されることを前提に作られているからだ。

栗原も「理屈」ではそれが分かっている。

映画は映画館で観るもの、というリュミエール兄弟以来の映画館システムが壊れていく。テレビでの映画上映に始まり、ビデオ、LD、DVDなどの導入が、映画をみんなで観るものから、個人で観るものへと変化させた。不特定多数の人たちと観る映画、万障繰り合わせて開始時間に映画館に駆けつける映画は、もう時代遅れなのか。映画館に限定されない場所で、DVDなどを使った映画を観るという行為は、果たして、映画館で観た映画と同じものなのか。そもそも映画とは何なのか。集団から個人へ。(177頁)

理屈では分かっているようだが、『シネマ・クリティック』で論じられている作品には古い時代のものが多い。おそらくDVDでチェックしながら論じているのだろう。

私は個人的にはストーリーの記述など映画批評に必要ないと思っている。何のためにストーリーを書くかというと、おそらくまだ見ていない人にどのような映画か情報として提供するためのものだろう。しかし、それではより宣伝に近づく。論じるには必要ないと思う。しかし、栗原の論ではしばしばあらすじがしつこく記述される。

私は、映画を観ない人は放っておくという立場だ。見ない人は、ある作品について懇切丁寧にあらすじを書かれていても、それなら見に行こうなどとは思わない。反対に、批評に取り上げられるような映画なら、普通の映画ファンはすでに見ている。結局、見る人と見ない人との境界はくっきりとしてあるのだ。見る気のない人に、批評によって見る気にさせるような情報を与えるのはどこか虚しい。その方法はあるだろうが、それは宣伝に近い。それより、見ている人に向かって、あなたはそう思うかしれないが、私はこう思う、という批評の方が私にとっては好ましい。批評家と読者である私の間で考えが交錯する。それが批評を読む醍醐味である。

栗原好郎はしばしば脱線する。転覆はしないが、脱線をする。脱線したら元に戻るのに苦労するが、栗原の場合、入るプラットホームを間違えた程度なので戻ってやり直すという感じか。

たとえば、「トリュフォーにおける教育」という章では、まずスピルバーグが出てきて、その作品の中で『未知との遭遇』（1977年、スティーヴン・スピルバーグ監督）に話が行く。その映画にUFO研究の博士役としてフランスの映画監督フランソワ・トリュフォーが出演している。スピルバーグはこの博士役のキャスティングの条件として、「子供の心を持っている人間」を選びたいと思い、『アメリカの夜』(1973年)のトリュフォーに出演依頼をしたという。ここまでが前フリで、そこからやっと『野性の少年』(1969年)という本題に入る。

ここから作品分析に入るかと思いきや、その映画の基になった実際の出来事について述べ出し、この映画の下敷きとなったE・M・イタール著『野生人の教育について』、あるいは、アヴェロンの野生児の身体的・精神的な初期発達について』の内容について論じ始める。映画より、野生児の方に論旨が移っているのだ。これが脱線なのである。現実の事件として、映画と同じように野生児は普通児に戻らなかったという。現実のイタールは少年への教育を中止するが、映画の中にも出てくる聾唖学校のゲラン夫人が少年の看護を少年が亡くなるまで続けたという。そういう事実を踏まえた上での、栗原の、この映画に関する結論が次のようになる。

映画の中にもゲラン夫人が登場するわけだが、夫人の少年への賢明で母のような愛情もさることながら、トリュフォー演じるイタールの、少年への父親的関わりの強さの方が印象に残っているのはなぜだろうか。トリュフォーの父性への憧れがそうさせたのか。教育への限りない信頼、いや、信仰にも近い感情を、トリュフォーは抱きつつ、教育者イタールに自らを重ね合わせていったのだった。文明の力を確信しながら。(22~23頁)

私はイタールの本を読んでいないので栗原を信用するしかないのだが、それにしても映画批評をするのに、論理の遠心力を最大限使って、かなり遠くの方まで飛び出ていった後、ぎりぎりで手元に戻ってくるという論じ方である。場合によっては面白く読める。

ただ、この栗原の批評を味わうためには、スピルバーグの作品を常識的に見ていないといけないし、比較的著名なフランス人監督フランソワ・トリュフォーの比較的有名でない『野性の少年』を見ていないといけない。また、トリュフォーがどのような少年時代、青年時代を送っていたかも知っていないといけない。『トリュフォーの思春期』（1976年）もあまり話題に上らない作品だったが、『野性の少年』は白黒のもっと地味な作品である。

念のために書いておくが、栗原はスピルバーグの作品を『E・T』と表記している。何度でも書くが正確には『E.T.』である。批評家ならタイトルを誤記してはならない。

また日本版の『ゴジラ』（1954年、本田猪四郎監督）とアメリカ版の『GODZILLA』（1998年、ローランド・エメリッヒ監督）についても、核の捉え方から日米の映画の違いに言及した部分が面白い。


核に対する考え方においても、原爆を落とされた国と原爆を落とした国との意識のずれを、日米双方の画面から観客は感じることができる。核を人間がコントロールできないものと見なし、それに対して拒否反応にも近い対応をする日本と、核を人知の及ぶ範囲内で、あくまで人間がコントロールできるものとして描くアメリカとの姿勢の違いが、それぞれの映画の構成に明確に表れている。（84頁）

日本版ではゴジラを抹殺するのに、「現実にはありえないオキシジェン・デストロイヤー」（84頁）を使うしかなかった。日本版ではゴジラを一種の神の怒りのように捉えていたので、架空の武器を使わねばならなかった。そして、それでも甦ってきそうな（実際にシリーズ化されて甦る）強大な存在だったのだ。アメリカ人はゴジラをコントロールできるものと考え、空軍のミサイル2発撃ちこむことでやっつける。そこが日米のゴジラの違いなのだ。

……往年のゴジラ・ファンはGODZILLAに違和感を抱いてしまうのではないか。恐竜とは似て非なるものとしてのゴジラの中には、恐竜にはない、神の視点が見え隠れしている。GODZILLAが動物的本能を強く持った存在としてわれわれ人間の前に現れるのと好対照である。（84頁）

ところが、このゴジラ論でも栗原には首を傾げたくなる記述が見られる。監督の本多猪四郎について、「彼は従軍していたため、当時既に『羅生門』や『七人の侍』などで有名になっていた同期の黒澤明などに遅れをとっていた」（86頁）と書いている。従軍していたためだろうか。『七人の侍』は1954年4月公開、『ゴジラ』は同年、11月公開である。また『ゴジラ』は本多監督の7本目の映画であり、第1作の『青い真珠』（1951年）は黒澤の11本目『羅生門』の後に撮っている。

従軍しなかったことで黒澤に有利に働いたのは確かだろう。しかし、あくまで作品の評価や、ヒットしたかどうかによって、本多が遅れをとったと私は考えたい。

この本には「黒澤明とシェイクスピア」の章がある。黒澤明は『マクベス』を『蜘蛛巣城』（1957年）に、『リヤ王』を『乱』（1985年）に作り変えている。

まず、原作とその映画化についての一般論。

原作と映画というのはある意味では不幸な関係にあり、原作を忠実に映画化しようとしても映画の上映時間はせいぜい二、三時間であり、原作の持つ深みに迫ることは至難の業である。また既に原作を読んでいる者にとっては、ついつい原作との照合だけで、映画そのものの評価をしてしまいがちである。一方、映画を見てから原作を読むという場合もあるが、これはこれで映画の印象が強ければ強いほど原作の読み方を限定することになろう。とにかく、原作と映画との関係は昔から良くない。ただ原作の構造を換骨奪胎して、原作の登場人物や場面を大幅に入れ替えることで成功した映画もないことはない。（99頁）

そこから黒澤明のシェイクスピア映画論に進むのであるが、大きな穴がある。シェイクスピアの作品は小説ではなく戯曲である。舞台にかけるためのものなので、原作戯曲も「せいぜい二、三時間」に収まる長さである。論理が曖昧になってくる。

栗原の頭の中では、映画化というのは長編小説を2、3時間に圧縮して作り変えるもの、という固定観念があるのではないか。世の中には短篇小説の映画化もあるではないか。そちらはいろいろ付け加えて、短い小説を2時間の映画に膨張させている。確かに『リヤ王』は長い戯曲だが、『マクベス』は短い戯曲である。黒澤明のシェイクスピア映画化作品は、私には共に長ったらしく感じた。困ったことに、この章では、黒澤作品ではなく、シェイクスピアの戯曲作品の方が延々と論じられているのだ。

（5）櫻田忠衛

【櫻田忠衛『昔、聚楽座があった』(2010年11月、かもがわ出版、かもがわブックス)】

この本を読むまでこの櫻田の名前は知らなかった。1948年、北海道生まれで、現在、京都大学大学院経済研究科の講師である。労働運動に関わり、労働組合関係の役職を歴任している。この本に納められている映画批評も京都労働者学習協議会の機関誌「月刊京都学習新聞」に連載していたものをまとめたものだ。

ちょっとずるいのは「……ぼくは映画に関しては専門的な知識を持たない全くの素人である」(1頁)と冒頭から言い訳している点だ。謙虚な姿勢を示していると考えたい人は考えてもいいが、これはよくある手で、もし何か突っつかれても、だから素人と最初に言っているでしょ、という逃げ口上に使える。たとえば「日本では、実在の首相を描いた映画はまだ作られていない」(179頁)と書いている。私はすぐに吉田茂首相を描いた『小説吉田学校』(1983年、森谷司郎監督)を思い浮かべた。あるいは戦争映画で東條英機(開戦時の総理大臣)の出てくる映画はたくさんあると思う。つまり間違った記述をしている。そういう指摘をされた時に、「映画に関しては素人ですから」と言い逃れできるのである。

言い訳をしようが、書いている批評が面白ければそれでいいのだが、実は面白くない。『東京タワー~オカンとボクと、時々、オトン~』(2007年、松岡錠司監督)の結論部分が次のものである。

ぼくも二五年前に亡くなった母のことを想いだした。一八歳で母の元を離れた親不孝なぼくではあったが、母の最期の一週間を病院で看病し、母はぼくの腕の中でその生を終えた。子どもは何歳になろうとも、その母は永遠に母であり続けるのだ。(65頁)

この記事をネタふりにして映画を論じるならまだしも、結論にこれをもってきているのだ。つまり、映画をダシにして自分の思い出を語っている。

このような書き方はこれ以降も頻繁に出てくる。『シッコ』（2007年、マイケル・ムーア監督）の結論部分は、「ひとのいのちと健康は、もうけの対象にしてはならない。資本主義国であろうが社会主義国であろうが、ひとのいのちは平等であり、国はそれをなによりも大切にしなければならないのだ。これらのことを改めてムーアから深く学んだ」（82頁）という彼自身の主張だし、『アイガー北壁』（2008年、フィリップ・シュテルツェル監督）の結論部分は「山には登るまいと改めて誓った」（221頁）という具合に、教訓めいたものとか、新年の誓いみたいなものになっている。

もちろん批評には色々な形があっていい。思い切り自分に引きつけて論じる場合もあるだろう。個性が個人の独特な考えから生まれることは理解できる。しかし、映画批評は映画を論じるものであって、映画を見た自分自身を論じるものではない。たとえ自分を前面に打ち出そうとも、それはあくまで映画を論じる流れに沿うものでなくてはならない。映画を論じているということを忘れてもらっては困るのだ。

結論部分ではないところでもごく個人的な印象や意見、感想が頻繁に出てくる。『めがね』（2007年、荻上直子監督）の食事シーンを見て、「ビールはぼくの好きなサッポロ黒ラベルが登場していて感激した」（90頁）という。どうでもいい。それにしても実に安い感激である。商品名がくっきり見える時はたいていその会社がスポンサーになっている。金を出してもらったから宣伝しているだけなのに、簡単に感激している。

また『母べえ』（2007年、山田洋次監督）に出演していた笑福亭鶴瓶に関して、「鶴瓶も映画に出演する暇があるのなら、本職の落語を真剣に取り組んだ方が良いのではないかと冷ややかに思っていた」（171頁）と書く。

おそらく櫻田は落語会などにあまり行かないのだろう。テレビで落語をやっているのを見たら真剣に取り組んでいると思うのだろう。実際には、現在、鶴瓶は定期的に意欲的な独演会を開いている。落語ファンも熱烈に歓迎していて、切符がすぐに売り切れる状態だ。それを知らずに書くのが厚顔である。ここでも落語は全くの素人ですと逃げるのか（別のところでは桂小三治ファンと言っているが）。個人の印象だけでその人の価値を判断するべきではない。『ディア・ドクター』（２００９年、西川美和監督）における鶴瓶の演技を「……予想に反してすばらしいものだった」（172頁）と評価するが、私はテレビと同じことしかしていないので予想に反したとは思わなかった。

労働運動に携わっていることから生じる、個性的な見方が彼の批評の特徴だ。『題名のない子守唄』（２００６年、ジュゼッペ・トルナトーレ監督）でのスーパーのレジでのシーンについて次のような評価をしている。

客はレジを待って並んでいて、スーパーの店員は椅子に座ってレジスターを操作している。ヨーロッパのスーパーではよく見かける光景だが、スーパーの店員が座っていて客が立って並んでいるのは、日本では見られない。（87頁）

ここまで読むと、客が立っているのに従業員が座っているのはけしからん、と言うと思うだろう。櫻田は違う。「イタリアの日常の光景なのだろうが、こんな何でもないシーンにイタリアの働く人へのいたわりと、働く人の尊厳を感じた。日本とは大きく違う」（同）と続くのだ。この映画自体は深刻な内容を含むものなのだが、それを見ていてなおイタリアの労働者の姿が目に付くとは、実にこの人独特の視点なのだ。

同じ例をもう一つ。立命館大学映画学部が山田洋次を招聘し、学生と一緒になって作った『京都太秦物語』（２０１０年、山田洋次／阿部勉監督）というつまらない映画がある。学生の映画教育実践の一環として作るからこのように軟弱になってしまうのだ。ところが櫻田は独特の視点でこの映画を見る。

　京子は、立命館大学の図書館に派遣職員として勤務しているが、この映画のなかで派遣職員の労働実態については何も語られない。いま、雇用における正規、非正規は大きな問題で、これを避けては京子の働くという意味があいまいになってしまう。大学の非常勤職員問題は社会的な問題になっており、とくに立命館大学が派遣職員におしつけている労働条件のひどさは際立っていて、正規職員の労働条件の悪化をも招き、他大学の非常勤職員の待遇にまで悪い影響を与えている。製作が「学校法人立命館」であるために、遠慮があってその実態に目をつぶって描かなかったのだとしたら、これはもう映画に値しないのではないのか。（229頁）

これではもう映画批評という名に値しないのではないか。労働組合連合会京都支部の大会での立命館大学料弾演説みたいになっている。映画の出来の悪さに憤っているのではなく、立命館大学の雇用状況に憤っている。

この本の著者は映画を論じるに際して、個人的生活、個人的人生に引き寄せて論じたり、自分の専門的観点から論じたりしている。あくまで映画から離れなければ許容したい。

E．ジャーナリスト・ライター

（1）立花珠樹

【立花珠樹『ニューヨーク人生横丁』（1992年6月、共同通信社）】
【立花珠樹『「あのころ」の日本映画がみたい！』（2010年11月、彩流社）】
【立花珠樹『あのころ、映画があった』（2013年6月、言視舎）】
【立花珠樹『女と男の名作シネマ』（2015年9月、言視舎）】

立花珠樹は元・共同通信の記者である。共同通信社は新聞社ではないので新聞を発行しない。新聞を読んでいると時々、記事の最後に「（共同）」などと書いているのに気がつく。それが付いていると共同通信社が配信した記事であることを示す。全国紙がカバーできない地方や世界各地の出来事を記事にし、それを新聞社に提供する業務をしているのが通信社だ。同種の会社に時事通信社というのもある。これらの会社は、記事や報道写真を加盟新聞社に配信する業務をしている。立花珠樹はその通信社で記者となった。

彼が最初に出した『ニューヨーク人生横丁』は、彼が1988年6月から1991年7月まで共同通信ニューヨーク総局の文化部担当記者として赴任した時に書いた記事をまとめたものである。得意分野は経済記事らしいのだが、現地では個人的に映画の趣味を高めている。

この本ではニューヨークにあった映画館シアター80の項が特に面白かった。その映画館の経営者にインタビューして、いかにしてシアター80が誕生し、運営されたかについて詳しく書いている。私もニューヨークに行けば必ず情報誌を買って、シアター80で何がかかっているかチェックして、見ていないものがあったら見に行ったものだ。後に、この映画館は廃業し、オフ・ブロードウェイの劇場になって、ダンス公演などをしていたようだ。私の興味を惹く出し物がなく、演劇用の劇場になってからは行ったことがない。『ストンプ』というパフォーマンスがすぐ近所の劇場でロングランしているので、そこに行く途中、この劇場を通り過ぎることはあった。

残りの3冊はいわゆる映画のカタログ本である。タイトルから陳腐な中身であることが分かりそうだが、要するに名作を並べて解説している本である。この種の本はたいてい面白くない。立花珠樹の本もその例外ではない。薄味で最大公約数的で面白くない。その原因ははっきりしている。この本を書くのに彼が妙な基準を設けたからである。ＤＶＤで視聴可能なものを中心に選ぶ、という基準だ。

……これまでの長い年月、観客として楽しんできた日本映画の魅力を、「ＤＶＤで観られる」というコンセプトで次の世代に伝えていくことはできないだろうか、とアイデアがひらめいた。これならば、取材のアポイントメントを取らずとも、書くことができる。それも動機のひとつだった。（『「あのころ」の日本映画がみたい！』3〜4頁、以下、『日本映画』と略記）

アイデアというほどのものでもない。誰でも考えそうなことである。実際、その種の本はたくさん出版されている。一般的に考えて、すべての作品がＤＶＤ化されるわけではない。商売でやっているのだから売れる作品、少なくとも採算の取れる作品しかＤＶＤ化されない。映画業界は決して文化事業ではない。文化に理解のある人がごくまれにいるとはいえ、基本はお金儲けである。儲かるものをＤＶＤ化する。ということは、放っておいても「名作」中心になってくる。誰もが納得のいく、誰が見ても楽しめるような、すなわち最大公約数的な「名作」ばかりになってしまう。その中から選ぶのだから、薄味になるのは当然である。
リスト本にしたがって映画を見ていくというような主体性の欠如した見方だと、平凡な鑑賞眼しか身に付かない。いい作品は自分で探して見つけ出すべきものだ。だから、このような本はあまり利用価値がない。

毎日、会社の仕事を終えると、深夜までＤＶＤを観た。暇があれば、さまざまな映画関連の書籍を読んだ。週末はほとんどの時間を、ＤＶＤ鑑賞と原稿書きに費やすことになった。１本あたり原稿用紙２枚にも満たない文章がうまく書けず、何度も書き直すことも珍しくなかった。（『日本映画』５頁）

ごくろうさま、である。これらの本の退屈さのもう一つの原因は、たとえ立花が封切り時に見ていた作品でも、再度ＤＶＤで見直すことによって、当時の熱気や思い入れが中和されてしまうという点だろう。彼は『赤い殺意』（１９６４年、今村昌平監督）を見る時、「できれば、部屋を暗くして、集中して観てほしい。映画を流れる濃密な時間が感じられるはずだ」（『日本映画』155頁）と書いている。本当に感じられるのか。映画館的空間に近づける努力など捨ててしまって、その作品が映画館でかかるよう運動する方がいいのではないか。長いものには巻かれろ、ＤＶＤの時代だから仕方がない、とでも考えているのだろう。次も同じだ。

外出するのがおっくうで、部屋でごろごろしながら、暇つぶしにＤＶＤを観る。そんなときお薦め

なのが、スタンリー・ドーネン監督『シャレード』だ。（『あのころ、映画があった』176頁、以下『映画』と略記）

そんなにDVDで見たいか。億劫がらずに街の映画館に映画を見に行ったらどうだ。DVDでお手軽に済まそうとするからどんどん感性が鈍っていく。『シャレード』（1963年）も、可愛そうに「暇つぶし」映画にされてしまった。つぶす暇があるのなら映画館に行けばいいのだ。

外出しなくていいし、いつでも見られるし、いつでも中断できるし、寝転びながらでも見られる「便利な」DVDにも、揺るがすことの出来ない欠陥がある。『コミック雑誌なんかいらない！』（1986年、滝田洋二郎監督）について「DVDでは、日航ジャンボ機墜落事故の部分がカットされている」（『日本映画』51頁）と彼は書いている。映画館でかかっていたものとDVD化されたものとでは、内容が違っている場合があるのだ。DVD業界の映画文化に対する無理解とだらしなさ、厚顔無恥を痛感する。

映画評論を専門とするには、立花にとって困難な個人的性格要素も出てくる。後者は『東海道四谷怪談』（1959年、中川信夫監督）についてのものである。

ホラー映画は苦手だ。『学校の怪談』を観た夜、悪夢にうなされ絶叫、自分の声で目が覚めたくらいの臆病者なのだ。（『日本映画』196頁）

度胸を据えてDVDを観た。評判通りの傑作だった。予想していたほど怖くはなく、画面から目をそらさずにもすんだ。（同）

以前、何かの本で恐怖映画は大きい画面で見るのとモニター上で見るのとで、恐怖の大きさも変わってくる、というのを読んだことがある。要するに、画面が大きいほど恐怖が拡大するということだ。『学校の怪談』（1995年、平山秀幸監督）を何で見たのか立花は書いていないが、もし映画館で見たとして、DVDで見た『東海道四谷怪談』と並べてみると、恐怖感の多寡はくっきり画面の大きさに比例していると考えられる。

もっとも、『リング』（1998年、中田秀夫監督）のようにテレビ画面から貞子が出てくる場合のように、モニター画面で見る方が臨場感の湧くことがあるかもしれない。しかし、そのような例は少ない。

他に字幕の問題がある。映画館で見た時の字幕とDVDで見た時の字幕が違っていることはよくあるらしい。権利の問題で、映画館上映時のものをそのままDVDに移し変えることができない場合もあるらしい（字幕に著作権があるのかも気になる）。次の引用は『気狂いピエロ』（1965年、ジャン＝リュック・ゴダール監督）について書いた部分である。

最近、期間限定で発売されたDVDを観て驚いた。感動した言葉の多くが、字幕から失われている。しかも、翻訳者名は表記されず、字幕の字が画面にはみ出している。

ベルモンドの悲しげな目、男の手の先を逃げていくカリーナの輝き――。大切にしていたものが汚されたように感じた。字幕をもっと大事にしてほしい。それが文化を伝えるということだ。（『映画』19頁）

だから、字幕の問題だけではないのだ。DVDで見るのに、映画館で見るのと同じものを求めるのが間違っているのだ。映画館で見たものを基準にすれば何ら問題にならない。

さらにバージョンの問題。『アマデウス』（1984年、ミロス・フォアマン監督）について書いた文章。別の資料では上映時間は160分とある。

84年の劇場公開版（158分）でカットされていた部分を復元、約20分、上映時間が延びたディレクターズカット版を観た。大掛かりな特撮やスペクタクルもないのに、長いと感じさせない緊迫感に満ちた人間ドラマに、あらためて舌を巻いた。傑作である。（『映画』119頁）

これも、劇場で見たのかDVDで見たのか分からないが、映画館で見た時の印象と、DVDで見た時の印象を比べた場合、どちらの受け取り方が正しかったといえるのだろう。時間の長さの問題に限らない。なお劇場公開版は160分だが、DVD版は158分である。DVD版は2分、はしょっている。

映画館に行かなくなって弛緩した発言がある。ロクに映画館に行かない人がたいていほめ称える映画『ニュー・シネマ・パラダイス』（1989年、ジュゼッペ・トルナトーレ監督）に関して、次のように書いている。

登場人物のせりふを先回りして口に出す困ったおじさん。上映中ずっと大口を開けて眠っている人。映画館の描写では、こんな観客が確かにいたなあ、と膝を打つ。スクリーンを観ながら、人いきれの中で同じ感情を共有することが、映画館の楽しみだった。（『映画』223頁）

私はそのような状況を、立花が好意的に捉えているのを読んで、実に不愉快に思った。「登場人物のせりふを先回りして口に出す困ったおじさん」がいたら、私は「黙ってみろよ、おっさん」と罵倒する。決して「映画館の楽しみ」にはならない。しゃべりたかったら家でＤＶＤを見なさい、と言う。他人の鑑賞の邪魔をしてはいけない。

そして、映画界の状況に関する記述で気になったことがある。

……90年代の日本映画界で記憶されるべきことは、98年10月に『踊る大捜査線』（本広克行監督）の観客動員７００万人という大ヒットだろう。フジテレビの人気連続ドラマを、その延長線上で映画化し、テレビで大宣伝する。巨大メディアの力をフルに使い、映画を観ることをイベントに参加することのように盛り上げ、若者たちを動かした。

現在は、90年代とは異なり、若者たちも日本映画を観るようになったのは、この『踊る大捜査線』方式の成功が大きい。（『日本映画』46頁。『踊る大捜査線』は正確には『踊る大捜査線　ＴＨＥ　ＭＯＶＩＥ』）

立花はテレビ局映画がヒットすることに無防備に好意的だ。立花は『踊る大捜査線』が本当に面白かったのか。私はこの商業的成功が、近年のつまらないテレビ局映画横行につながった原因の一つだと思っている。オリジナリティを重視せず、知名度があるだけのドラマ作品の映画化が、日本映画の質的衰退を招いたと私は考えている。

立花は本当に『踊る大捜査線』の成功を喜んでいるのか。「若者たちも日本映画を観るようになった」

とはいえ、見ているのはテレビドラマの焼き直しと、漫画原作の軟弱な青春映画、それにアニメばかりである。見ても何ともないような映画でも見た方がいいとは思うが、日本映画の観客動員が増えたことを私は手放しでは喜べない。

次にハリウッド映画について。

戦後の日本が米国から学んだのは、物質的な面だけだったのだろうか。

そんなことはない。「大切なのは、勝つことよりフェアであることだ」とか「つらいときに、笑顔でジョークを言えるのがすてきなのだ」ということを、僕らはアメリカ映画から学んできた。少なくとも、戦後生まれで、少年時代、アメリカ映画にどっぷりつかってきた者としては、そう思う。「フェア」の教科書のような1本が『アラバマ物語』だった。(『映画』62頁)

それで、現在のアメリカが国としてまだ「フェア」を大切にしていると言えるか。通信社の記者をやっていれば、経済だけでなく政治の裏側の情報も入ってくるだろう。それでもアメリカはいつも「フェア」だったと言い切れるか。アメリカは映画の中ではしばしば正義を振りかざすが、現実世界では「フェア」を謳いながらも、あくどいことを時々やっている。それも含めて、アメリカが好きなら私は止めない。

また、シェイクスピアの戯曲の映画化作品について次のように書いている。

キャピュレット家のバルコニーで、2人が愛をささやく場面。「月にかけて」と愛を誓うロミオに、「やめて。夜ごとに形を変える月なんかに誓うのは。あなたの愛まで移り気に思えるから」と

ジュリエットが言う。（『女と男の名作シネマ』165頁）

このような台詞に感心してはいけない。いや、感心してもいいのだが、当然ながらその台詞はシェイクスピアが考えたものである。その映画をほめる根拠とはなりえない。シェイクスピアをほめないといけない。

（2）玉木研二

【玉木研二『その時、名画があった』（2015年8月、牧野出版）】

玉木研二は毎日新聞社の論説室専門編集委員である。1951年生まれだから私より1歳年長である。ほぼ同世代だと考えていい。

新聞記者という立場を有効利用し、世相を反映するような映画を取り上げ、公開当時の世相を反映する新聞記事を探して、その映画がどのような時代に公開されたかを照らし合わせて論じたのが『その時、名画があった』である。

分厚い本なのだが、新聞記事の連載記事を集めたものだからだろうか、薄味である。誤解してはいけない。新聞は常識を分かりやすく書くことを主眼としているので、一部の新聞を除き、個性ある意見を大々的に述べるようなことはしない。新聞社としての常識的で平凡な公式見解で紙面を埋め尽くすことになっている。だから何かの件に関してまったく何も知らない人が読めば大いにためになるのだが、その件に関してある程度の知識を持っている人にとっては物足りない読み物となってしまうのだ。

次に挙げるのは多くの局外批評家（専門ではない批評家）が口に出す決まり文句である。玉木も例外ではなく、批判されるのを事前に回避しようとしている。

私は映画記者ではないし、もとより、できもしない批評をするために企画したわけではない。網羅的、体系的な整理ともおよそ無縁である。ただ、名画が公開されたころの時代の空気、街の姿、人々の関心事は何であったかを、新聞資料を活用して一筆スケッチできないかと考えた。（3頁）

最初から敵前逃亡しているようなものだ。たとえ書いている文章が面白くなくても責任はとらないぞ、と宣言しているようなものだ。この本の薄味は、玉木のこのような姿勢に由来するものである。要するに映画作品に対する強い深い思い入れがない。あくまで標準的な内容に終始するのである。

本来なら新聞社がこのような記事を連載するのであれば、映画記者に書かせるべきなのである。その方がもっと面白い記事になったと思う。ただ、新聞記事は特に映画のことをよく知っている人たちだけが読むのではない。映画について何も知らない人も読む。その意味からすると、薄味の文章の方がいいのかもしれない。

新聞連載であるから、新聞が通常、映画の宣伝広告記事を載せている関係もあり、特定の映画を強く否定することはできない。新聞紙上で新作映画を「大絶讃上映中」という宣伝広告を掲載するのだから、本紙の本文でその映画をけなすわけにはいかないのである。

たとえその映画がひどい時代を代弁するひどい映画であっても映画作品をひどくいうことはない。ここらあたりが、新聞映画批評が薄味である所以というか、信用できないというか。

新聞記者が、新聞という媒体で、映画についての文章を書く時、基本的に批評にはならず、紹介や解説となる。だから一般論だが、新聞記者の書く映画批評は面白くない。

さらに新聞記者の本能かもしれないが、彼らは無知な（と思っている）読者を啓蒙したがる。いろいろなことを教えたがる。これは新聞記者を辞めた、元新聞記者の映画評論家であっても、その本能がたぶん抜けない。今後も新聞記者出身の批評家は次々に出てくると思うが、基本はそういうことだ。

幸い、この本は新聞記者が書きがちな名作主義に陥っていない。取り上げる作品の選択に少しだけ偏りがある。そこが少しだけ面白い。

黒澤明、小津安二郎、成瀬巳喜男、木下惠介あたりの手垢のついた名作群を手堅く押さえてある点は常識、良識に従っているものの、一方で怪獣ものが結構取り上げられるし（『マタンゴ』まで取り上げている）、ミュージカルややくざ映画も時代を表わすものとして取り上げている。

新聞は社会の木鐸という考えがあって、規範的な立場をとろうとしてついつい馬鹿な映画は馬鹿にする。社会的に意義のある作品を取り上げたがる。玉木研二はその悪弊から少しだけ逸脱できている。

ただし、読めば分かるが各項目の半分はあらすじだと思っていい。説明解説を旨とする新聞記事の特徴だ。その映画を誰も知らないという前提で書いている。

黒澤明の大映作品『羅生門』（1950年）を取り上げている。当初、大映社長の永田雅一が内容のはっきりしないこの作品の製作を渋ったにもかかわらず、ベネチアで最高賞を獲得した途端に、製作させた自分の手柄にしたという姿を、玉木は黒澤明の自伝を引用して批判している。まともな新聞記者なら、一方の意見を信じるだけではいけない。永田雅一側からの意見も併せて書いて、読者にその判断を委ねる姿勢が必要だろう。

ただ、この映画公開の2か月前に朝鮮戦争が始まっているという新聞記者的な指摘には、目を開かされた。誰の言っていることが本当のことか分からないという内容の映画と、世界大戦の戦後5年しか経っていない時期に隣の国で、同じ民族同士がそれぞれ冷戦下にある大国をバックに戦争を行っていたという事実を照らし合わせると、また違った感慨が生まれるかもしれない（もっとも、その原作自体は、朝鮮戦争とは無関係の、はるか昔に芥川龍之介によって書かれているのだが）。

木下恵介の『カルメン故郷に帰る』（1951年）は日本初のカラー映画であるが、初であるがゆえに失敗することもあり得ると、念のため、白黒映画も一緒に撮られた。これはよく知られた事実である。「……カラー撮影に並走するように白黒フィルムでも撮影されていた」（59頁）と玉木は書いているのだが、当時、実際に公開上映もされている。この映画は玉木の生まれた年に公開されているから、玉木が当時の事情を知ることは不可能だ。知らなければ調べればいい。映画を同時代に見ないといけないのはこのような齟齬が生まれるからである。

ロマン・ポランスキーの『ローズマリーの赤ちゃん』（1968年）が日本公開された1969年1月、全共闘に占拠されていた東大安田講堂が警官隊との攻防の末に陥落した。この事件とこの映画をこじつけると、確かにいろいろ意味が付け加えられる。

ウィリアム・ワイラーの『ローマの休日』（1953年）の脚本が公式にはイアン・マクレラン・ハンター名義になっているのだが（ハンターは実在する）、実はハリウッドの赤狩り（共産主義者追放運動）で追放されたハリウッド・テンの一人、ダルトン・トランボが書いた。これはもうよく知られている。監督は、赤狩りの雰囲気が充満したハリウッドが嫌で、わざわざローマでロケしたとある。多くのハリウッド映画では、たとえ設定上、海外を舞台にしてあっても、たいていハリウッドの中で撮影されることが多いから、異例と言えば言える。

……有名な「真実の口」で、ジョーが手が抜けなくなる芝居をするシーンは、中世社会の異端審問のようなことが繰り返された赤狩りへの、痛烈な風刺とも見える。（95頁）

見えるか。私には見えない。ここまで書くと、ちょっとこじつけ気味か。面白いのは新聞記者の現役の人が、新聞記者を主人公としたこの映画での捉えられ方を述べたところだ。いわく、「映画で演じられる新聞社や通信社の記者はたいていオッチョコチョイ、ずるがしこい、粗暴、デリカシーに欠けるといったイメージが相場だ」（95頁）。玉木はこれを否定しない。玉木周辺の毎日新聞の記者たちはそのような性格だったとしておこう。

この映画の新聞記者は、王女の冒険を記事にしないことで王女との信頼関係を保つ。しかし、著者は異論を挟む。

ただ気になることが一つある。彼が独占記事を自ら放棄したことである。ジョー、それはいけない。記者は書いてなんぼ、ではないか。いや、特ダネを印刷する輪転機の轟音がラストシーンでは、この名画、ぶちこわしになったか。（95〜96頁）

つまり、『ローマの休日』の記者像はきれいごとすぎると言っているのだ。本当の記者なら、名画のラストをぶち壊すような結末にもっていくと言っているのだ。正直でよろしい。特ダネ競争が、別の意味で新聞の社会的地位を下落させることもあるのに、新聞記者の本能を隠さない玉木は誠実だ。

選定された作品群から見て玉木はミュージカルが好みだと判断されるが、それなら次の文章は承服できない。

JR京浜東北線蒲田駅のホームに「蒲田行進曲」の発車メロディーが流れる。1920（大正9）年から36（昭和11）年まで、駅の南、今の大田区民ホールの地にあった「松竹キネマ蒲田撮影所」の歌である。（421頁）

本当はブロードウェイ・ミュージカルの中の一曲を、日本人が勝手に替え歌にしたものである。それぐらいのことは新聞記者なら、あるいはミュージカル好きなら気のつきそうなことだと思うが。

なお、新聞記事の用語法として、「ブロードウェイ」は「ブロードウェー」、「シェイクスピア」は「シェークスピア」と書くようになっているのだろうか（213頁）。傍線で書く表記を私はすごく安っぽく感じる。毎日新聞社のではなく、手元にある『記者ハンドブック　新聞用字用語集』（2005年4月、第10版第2刷、共同通信社）を調べると、「ブロードウェー」「シェークスピア」と書くよう表記統一がなされている。新聞関係は新聞代金値上げの時のように横並びが多いから、毎日新聞でもそうなのだろう。軽薄に見えるのは私個人の趣味ということで。

もう一つ。自戒を込めて言うが、映画の文章を書いていて、最も恥ずかしいのは映画のタイトルを間違えることだ。新聞ならなおさらだろう。ところが玉木は「ゴッドファーザー」の続編を「Ｐａｒｔ２」「Ｐａｒｔ３」と書いている（350頁）。正しくは「ＰＡＲＴⅡ」「ＰＡＲＴⅢ」である。

（3）松本侑壬子

【松本侑壬子『銀幕のハーストリー』（２０１５年５月、パド・ウィメンズ・オフィス）】

英語で history は「歴史」の意味だ。これを分解して his + story と考え、今まで書かれてきたのは男の書いた話だという主張がフェミニズム方面から言われた。女性の側から書いた歴史があってもいいではないかというので、her + story すなわち「ハーストリー」から、松本侑壬子の『銀幕のハーストリー』が成り立っている。女性から見た映画史だ。

確かに映画のスタッフは大半が男性である。映画監督もカメラマンも美術も音楽も、ほぼ男性社会である。スクリプター（記録係）だけが、大半が女性で、あと、俳優の半分は女性と考えていい。

この本は、松本が女性の視点で映画史の最初から概観する本である。

出だしは快調だ。まず映画の発明時点にさかのぼる。彼女はパリのオペラ座から出ているキャプシーヌ大通りの14番地、世界で初めて観客を前にしてスクリーンに映像が映し出された場所、グラン・キャフェに行く。この店のサロンナンディアン（「インドの間」）という部屋で初めて上映されたのだ。

現在もその店やサロンナンディアンはある。彼女は映画発祥地を見たくて案内してもらったのだが、ある建物の2階だと言われる。映画の資料では地下1階のはずだ。実はその地は現在ホテル・スクリーブ・パリのある場所だったことが判明する。当然、映画発明当時のままではない。ただ、かつてこの建物の地下で初めて映画が上映されたのだ。

ということは現在、その近所にあるグラン・キャフェは名前を騙って知らぬふりをしていることになる。

その章の最後に、松本は壁に貼られたリュミエール兄弟（映画の発明者）の写真の前にたたずむ自分のスナップショットを載せている。私は松本の容貌など特に知りたくない。嫌な気分になった。この人には共同通信社記者という経歴があるが、ジャーナリストなのに何と俗な行いをするのだろう。

その次に出てくるのがアリス・ギイというフランスの女性監督だ。不勉強にも私はこの固有名詞を知らなかった。実は「映画における女性のパイオニア。女性の映画作りは彼女から始まる」（20頁）のだ。

現在もあるフランスの映画会社ゴーモン（当時は写真機材会社）で彼女は女性秘書をしていた。サロンナンディアンでの初めての映画上映に先駆けて開かれたパーティに社長が招かれ、ギイも同道した。そこで映画がサプライズ上映されたのを彼女は見たのだ。

自分も作ってみたいと社長に申し出ると、秘書の仕事に差し支えなければOKと許可をもらう。そしてできたのが『キャベツの妖精』で、一種の性教育映画のような内容である。日本ではコウノトリが赤ン坊を運んでくるなどと子供に言っているが、フランスではキャベツから生まれると言っている。一応、アリス・ギイの自伝には、1896年、映画の発明の翌年にできたとある。ただし現存するのはスチール写真のみだという。ゴーモン社が出しているDVDに同じタイトルの作品はあるが、1900年作となっている。1902年作の『最高の産婆』にはそのスチール写真と同じ映像が含まれているという。

この製作年度のずれに関しては、諸説があるがまだ定説はない。生前のアリス自身が「私自身まったく理解しがたい謎」と言っているというのである。初期の映画にはまだ著作権も確立しておらず、記録も証拠も明らかでないものが少なくない。映画自体シナリオもなしで撮る方法が普通だったという。この謎も今後新しい研究方法や資料の発見などで解明される日が来るかもしれない。だが、そのこととアリス・ギイが世界最初の女性映画監督であり、ストーリーのある映画（劇映画）を作った最初の映画監督の一人であることとは矛盾しない。（23〜24頁）

アリス・ギイの『キャベツの妖精』が大ヒットしたため、その後、彼女はゴーモンの映画製作会社で撮影所長となり、英国人と結婚した後、夫のニューヨーク支社長就任に同行、子供を2人産んだ後、アメリカで現場復帰し、独立してソラックス社を設立。ニュージャージー州に建てたスタジオは当時世界一の規模だったという。

ハリウッドに大資本が入り、ソラックス社は倒産し、夫が若い女優と引っ付いたのでフランスに戻る。現場復帰を試みるが、彼女の居場所はなかった。91歳の時にニュージャージーに戻り、1968年に94歳で亡くなった。

それ以降の章では女性映画を中心に論じているが、深く考えるのではなく、駆け足でリストを作っているような記述だ。新聞記者時代の悪い癖か、啓蒙したがる。ほとんどストーリーかテーマについて論じるだけで、映画という媒体をまったく考慮しない。本の後ろに行くほど、その傾向が強まり、タイトルとあらすじばかり書いている。小説の簡略な歴史を書いているのと同じ筆致になる。

セックス・シンボルとしてのマリリン・モンローを論じる中で、日本にそのような女優がいるかと、松本の勤める女子大の授業で問うと、杉本彩の名前が出たという。驚くべきことに、松本は映画にもたくさん出演している彼女を知らなかった。

私が判断するに、彼女は映画を常時見ているわけではない。特にエロがかった映画になど近寄りもしないのだろう。私は、もうつぶれてしまった天六の映画館で杉本彩のエロ映画を何本も見ている。そして松本は杉本彩をセックス・シンボルとは思わなかった。「MM的な性的魅力は一般化してしまった（?）ので、普通と違う性的魅力となるとより露骨で刺激の強いものということになるのだろうか」（55頁、MMはマリリン・モンロー）と疑問を呈する。彼女が見たのは「花と蛇」シリーズというSMものなので一面的な見方である。隠す方がエロチックなのだが、映画を作る側も映画を見る側も、今は露骨を求めているからそうなるのだ。

すでにカラー映画時代は始まっているのに、マリリン・モンローが出ている『お熱いのがお好き』（1959年、ビリー・ワイルダー監督）は白黒映画である。なぜ白黒か。

理由は、スター俳優の女装だった。とりわけ、二枚目俳優のカーティスが白粉に赤い口紅ではイメージに傷がつく。当時のアメリカでは男の女装はまともには受け取られなかった。映画の役柄に留まらず、俳優自身の人格自体が疑われる―と、喜劇の巨匠ワイルダー監督は考えた。監督にとっては、主役はあくまで男優二人。モンローは彼らの相手役（とまで考えたかどうか）、ともあれ、男優二人のイメージダウンだけは避けねばならない、そのための方策が生々しさを抑える白黒画面だった。（59頁、「……疑われる―と」原文ママ）

今から半世紀前の話である。当時は同性愛者や女装愛好家は俳優のイメージ・ダウンにつながる時代だったのだ。ハリウッドは、あるいはアメリカ社会は、すくなくともＬＧＢＴ（レズ・ゲイ・バイセクシュアル・トランスジェンダー）に関しては遅いが進歩している。

女性視点からという偏狭な見方からくる珍妙な論がある。アカデミー賞で女性監督が初めて監督賞を得た。キャスリン・ビグローの『ハート・ロッカー』（２００８年）についてだ。

第82回にして初めて女性監督としての受賞は、文句なしに快挙だ。しかし、内容はイラク・バクダッドで爆発物処理に従事する特殊部隊の活躍を描くサスペンス・ドラマという。そこまで、〝戦争〟モノでなくても、と思う気持ちが正直言って自分の中にあるのも事実だ。これも女性が平然とクリアーしなければならない課題なのであろうか。（219頁）

全然「文句なし」の快挙と思っていない。しかも、「……という」で分かるように、彼女はまだその作品を見ていない。見てもいない作品が、単に女性が監督賞を獲ったからといって手放しで喜んでいいのか。新聞記者なら事実確認、裏付けをとる。見て面白くなければ女性初の受賞だからといって快挙などと言ってはならない。

しかも、戦争モノとして不満をもっているではないか。女性だから戦争モノを撮ってはいけないと考えるところが、フェミニストとしてもおかしい。従来の、男は戦争好きで、女は平和を守る、という概念から一歩も踏み出していない。

とにかく、作品を見てからとやかく言え、と思っていたら、後に再度取り上げ、今度は批評めいた記述がある。「緊張感あふれる爆発物処理の現場、命がけの仕事をめぐる仲間同士の確執と友情。兵士の勇気の裏に潜む繊細な心理…リアルな描写を重ねてサスペンスを盛り上げる。見終わると体の芯までぐったり、の迫力だ」(223〜224頁、「心理…リアル」原文ママ)。何だ、ほめているではないか。先に述べていた戦争ものを撮ったことの不満はいったい何なのだ。

アカデミー賞が初めて与えられた女性監督作品が戦争アクション映画だったのは、偶然だろう。ただ、この次に受賞する女性監督作品は、せっかくなら戦争以外の話、あるいは戦争に抵抗する人間の話だったら、もっと嬉しい、と戦争嫌いの私は思ってしまうのだ。(225頁)

やはりまだ不満なのだ。ビグローの次作はアメリカ特殊部隊によるオサマ・ビンラディン暗殺を描いた『ゼロ・ダーク・サーティ』(2012年)である。戦争が嫌いなら、たとえ女性監督が撮っている映画でもちゃんとけなしてもらいたい。はっきりしない人だ。

映画と無関係なところで面白い箇所はいくつかある。たとえば、日本では映画史初期には女性役を男性が演じていた。もちろん歌舞伎の伝統から来ている。

江戸時代に女形の芸を極めたと言われる初世瀬川菊之丞は、「男の贔屓多く、あのやうな女あらばと思はせる」のが女形の芸だとしている。歌舞伎発生時から「現実にはありえない女性像」を女でない男が技術として演じるのが「女形」。まさに〝女らしさ〟はつくられる。到底生身の女性の実情に合わないことは明白である。むしろ男がうっとりするありえない女性像は男性（女形）に任せ、女優には女性がうっとりするありえないほど自由でカッコいい女性像や女の底力を、スクリーンで発揮すること。女優にはそういう期待がかかっていた。（32頁。なお、「歌舞伎発生時」は女優主体）

あまり見る機会がないが、歌舞伎を見る見方が変わってくる。

もう一つ、アカデミー賞に関して。アカデミー賞は得票数を公表しないので、私は信用していない（公表しても信用しない？　見ても見なくても投票できるから）。ところが、1968年の第41回アカデミー賞ではキャサリン・ヘップバーンとバーブラ・ストライサンドが、票数が同じで同時受賞しているのだ。本当に得票数を数えていたのか。

なお、巻末には女性監督をリストアップして、それぞれに短いコメントをつけている。

(4) 小宮山量平

【小宮山量平『映画は《私の大学》でした』（2012年7月、こぶし書房）】

小宮山量平は作家というほど活躍していない（いや、私が知らないだけだ）。むしろ編集者と呼ぶべきか。彼は理論社という出版社の創業者でもある。戦前、左翼活動をし特高につかまって拘留され、獄中で転向した。いったん左翼的心情をもった者が、それを簡単に捨てられるのが私には不思議でならない。もっとも、戦前のことだから拘留といっても、たぶん激烈な拷問付きである。拷問から逃れるための表面上の転向という手もあるだろう。私はプロレタリア文学や転向文学に詳しくない。暇ができたら調べてみる。

小宮山量平は1916年生まれで2012年4月に亡くなっている。つまり、『映画は《私の大学》でした』は小宮山の死後、発行されたことになる。老人にありがちだが、この本には「昔は良かった」的な内容が多く含まれている。古臭い名画をダラダラ論じている文章を私はたいてい読まないのだが、念のため、ということで読んでみた。

一応、政治活動をしていたので、偏った真面目さが充満している。


私たちはいつしか、あらゆる芸術をエンターテインメントとして、余りにも安っぽく貶めることに馴れきってしまったようです。ちょうど日本のテレビの放映開始から満四年が過ぎた時点で、わが大宅壮一は、この映像文化の行く手を「一億総白痴化の革命」と予言したものです。その予言は、余りにも見事に当たったばかりか、そんな英知の声による軌道修正すら不可能なまでに、深い迷宮へと落ち込み、政治の世界は暗愚な裸の王様の支配する世界となり果てました。経済の世界も労働そのものが極限まで貶められ、ほんものの仕事への評価は消滅しようとしつつあります。(11頁)

テレビは実際にダメな媒体であると思う。あらゆる芸術がエンターテインメントになっているわけではない。また、芸術がエンターテインメントになっていけない理由もない。見たり聞いたり読んだりして楽しむことの何がいけないのだ。テレビを芸術に入れて考えるのが間違っていると思う。

まるで昔の左翼系論客が書きそうな記述であるが、こういう人たちに限って、現在映画館でかかっているくだらなさそうな映画などろくに見ていない。見ていたら、具体的にそれぞれの作品がいかにダメであるかを述べればいいだけの話である。風潮や噂で論じてはいけない。自分がろくに見ていないのに、現今の映画全体に論の範囲を広げてはいけないし、見ていない映画がエンターテインメントらしいと類推して論じてはいけない。

これがやがて無知蒙昧な暴言に結びついていく。

……今日の映画界が徒に営利主義的なコケオドシ大作主義へと没頭しているかとも思える虚しさを、かえりみないではいられないからです。（52～53頁）

この発言は、彼が良いとする作品と比較してのものである。具体的に良いとして小宮山の挙げている作品は実に1930年代のフランス映画ばかりなのである。この人の頭は1930年代からこちら80年間の間、ロクな映画がなかったという認識か。「徒に営利主義的なコケオドシ大作主義へと没頭している」作品を具体的に挙げてくれないと、読者には比較しようがない。どの作品が営利主義的でコケオドシなのだ。はっきり言ってほしかった。

また、舞台芸術がシェイクスピアの出現で活発化し、「いつしか三世紀に亘る西欧諸国の人間観・人生観・社会観の基底を練り上げており、芸術的価値の底上げを刺激しつづけてきたことは確かでしょう」（94頁）と主張する。しかし、シェイクスピアの亡くなったのは1616年である。21世紀への変わり目ならほぼ400年経っているから、4世紀にわたっている。それとも彼は1910年代以前の、演劇ではなく映画の話をしているのだろうか。そこからさらに珍なる考えに達する。

もしもわが国の映画が、その興行成績において、その芸術的評価において、とりわけＩＴ文明時代の映像文化の新生面において、ぬきんでた役割を演じうるとすれば、今やシェークスピア劇的ドラマツルギーの牙城に迫るほどの認識力が求められているものと言うべきでしょう。（94〜95頁、小宮山は常に「シェークスピア」表記）

また訳の分からないことを言っている。意識がもうろうとしているのではないだろうか。なぜシェイクスピアが出てくるのだ。演劇と映画は根本的に作りが違う。

さらに山田洋次の時代劇『たそがれ清兵衛』（２００２年）を「初めての時代劇に取り組んだ」という壮挙を過大評価はしない、と宣言する。しかし、同監督の『運が良けりゃ』（１９６６年）の舞台は江戸時代である。朝間義隆と脚本を書いた『花のお江戸の釣りバカ日誌』（１９９８年、栗山富夫監督）も時代劇だ。江戸時代を描いていたら時代劇だろう。当然、初めての壮挙ではない。もしかすると、小宮山の頭の中では時代劇＝チャンバラ映画なのだろうか。

ベルリン映画祭で山田洋次の『母べえ』（２００７年）が賞を獲れなかった報に、山田洋次を擁護する文章も書いている。

もちろん、若松監督の永年の探求が報いられたことも、熊坂監督のみずみずしさが評価されたことも、現代の日本映画界の創造力のほどが認められたこととして祝福されるべきことではありません。けれども、そのような創造性や前衛性の突出そのものに勝るとも劣らぬ深淵のような戦闘力こそが、ハリウッド映画の世界的支配力の行く手に、ずっしりと立ちはだかって然るべき現状認識を踏まえるならば、ベルリン国際映画祭には、もうひとつの高度な判断力が期待されていたのではないかと思われるのです。そんな判断力の結末にとって絶好の素材が、あの『母べえ』における地味で、くすんだような愛情表現ではなかったかと思えるのです。（133頁）

ハリウッド映画の世界的覇権に異を唱える点に関しては山田洋次と小宮山量平は似ている。だが、この映画のモデルとなった野上照代の父親は、映画では獄死しているが、実際には転向して釈放されていた。それを知った上で、以上のような考えを述べたのだろうか。小宮山量平は結果的に、この映画の中の人物ではなく、モデルとなった現実の人物と同じように志半ばにして転向している。映画化に際して、志を貫徹して獄死に甘んじるという立派な人物に書き換えるという一種の欺瞞があっても、小宮山は山田洋次をほめ称えるのだろうか。

なお、「若松監督の永年の探求」というのは、『キャタピラー』（2010年）のことで、報いられたのはヒロインの寺島しのぶである（主演女優賞）。熊坂出監督の『パーク　アンド　ラブホテル』（2007年）はこの映画祭で最優秀新人作品賞を獲っている。もしや、小宮山は『母べえ』以外、見ていないのではないか。

老人なら誰でも普通、感性が鈍ってくるから、適切な判断ができない。たとえば歌舞伎の舞台を映画として記録してあるだけなのに、普通の映画料金よりも高い料金で見せる興行が今も松竹で行われている。

映画は未だ百年の存続を踏まえての「若い芸能」に過ぎません。決して古びたのでもなく、衰亡しつつあるわけでもないでしょう。今こそ、あらゆる映像文化の原型として、核として、その発展の足どりを克明に刻みつけるべき時を迎えているのではないでしょうか。たとえば坂東玉三郎の『シネマ歌舞伎　ふるあめりかに袖はぬらさじ』（有吉佐和子原作、二〇〇八年）のようなみごとな舞台映画は、単に歌舞伎調の保存版としてではなく、現代映画劇の一つの到達点を示す観点からの活き活きとした映像として積極的に製作し、ロングランとして公開する値打ちがあると思わせられるのでした。（155～156頁）

やはりおかしくなっているのだと思う。単なる舞台中継の録画をどうして「現代映画劇の一つの到達点」と評価できるのか私には分からない。だいたい歌舞伎を「あらゆる映像文化の原型」と考えるのも訳が分からない。演劇でしかないものが、どうして映像文化と捉えられるのだ。どうせ小宮山は松竹の試写室で無料で見ているのだろう。映画館では普通の映画入場料より高い料金を取っていることなど、もしかすると知らないか、あるいは知らないふりをしているのだろう。そんなにその作品が良かったのなら、歌舞伎座に行って生で舞台を見るともっと良かったのではないか。

彼はおそらくシネコンになどロクに行っていない。にもかかわらずシネコン批判もしている。「その優れた映像文化を、見るも憐れなシネコン・コーナーに追いやって、実験的だの、前衛的だのと、虚しく空騒ぎしていては、おおらかな今日サマの恵みに申し訳ないと思わずにはいられません」（156頁）と嘆く。だが、シネコンでは「実験的だの、前衛的だの」あまりヒットしそうにない映画などほとんどかからない。視点がずれている。

本もロクに読んでいないと推察できる。

例えば『淀川長治集成』全四巻（芳賀書店、一九八七年）と題するみごとなテキストを眼前に据えおき、『日本映画史』佐藤忠男著（全四巻、岩波書店、一九九五年、増補版二〇〇六年）と銘打った集大成を座右に並べるならば、その指呼の間にわが「若き映画芸術」の全容は、すっぽり過不足もなく納められることでしょう。（160頁）

淀川長治の『淀川長治集成』はタイトルにあるような集成したものではなく、単行本未収録の文章を集めたものである。淀川長治の映画論の集成では決してない。佐藤忠男の『日本映画史』も個人で書かれたものだから、そのようなものとして読むべきであって、他の複数の映画史と比べて読むべきである。一人の考え方を真に受けると火傷を負うことになる。淀川長治と佐藤忠男だけで日本映画の全容を知ったと思っては困る。それもこれも結局、老人の偏狭さの表われである。

小宮山のこの本には数か所、映画館に出向いて映画を見る記述はあるが、現代の映画状況を語れるほどの絶対数を見ていないことは明らかである。

間抜けなのは、たとえば『靖国 YASUKUNI』（2007年、リ・イン監督）を長々と論じた後、「私自身は老体である上に田舎住まいでもあるために、『靖国』を見ることができないままに……」（146頁）と書いている。真剣に読んでいたので、がっくりきた。作品を見ないで周辺状況を滔々と語るな、と言いたい。ただの暴走老人である。

現代の映画を滅多に見ないのに、小宮山は珍しくクリント・イーストウッドの『硫黄島からの手紙』（2006年）を取り上げている。なぜ取り上げたか。この作品ももしかしたら彼は見ていないかもしれない。映画雑誌に載った投書で、硫黄島の日本軍でジープが使われていたことに疑問をもった人がいたと知った彼はその反論を書いているのだ。小宮山の世代は第二次世界大戦で実際に戦った戦争体験者なのである。そして苦言を呈する。日本人がジープを知ったのは戦後で、戦中まで将校が乗るのはサイドカーだったという。

そんな予備役軍人集団が太平洋全域に拡大された孤島戦線で、あのアメリカ式みな殺し戦略によって次々と壊滅させられた戦争の歴史としては、その後のヒロシマ・ナガサキや東京空襲だのに見られる惨劇とも併せ、更に巨大な近代戦の真実として語り伝えられなければならないはずです。じつは私自身まる六年に及ぶ軍隊生活を体験し、次兄を硫黄島で戦死させられたという「戦中派」の眼で見れば、この名監督クリント・イーストウッドの可成り緻密な名画といえども隙間だらけの虚構と言わざるを得ません。（85頁）

本当にその映画を見たのだろうか。見たような見ていないような。見ていたなら、投書を読む前に映画の間違いに気づいているはずだし、投書を読んでから映画を見に行ったのならその旨を書けばいいのに書いていない。投書だけを根拠に文句を言っているだけなのではないだろうか。私はこの作品を見たが、将校の乗っていたのがジープだっだか、サイドカーだったか忘れている。私は普通のボケかけた老人である。

（5）塩山芳明

【塩山芳明『東京の暴れん坊　俺が踏みつけた映画・古本・エロ漫画』（2007年11月、右文書院）】

たぶん、映画本コーナーに置かれていなかったらこの本とめぐり合わなかっただろう。副題に「映画」という字が入っているから、紀伊國屋書店梅田店の担当者がそのコーナーに配置したのである。他の本屋では目にしなかった。一応、新刊書は中をチラッと見る。私がこの本を買ったのは小林信彦の『いちど話してみたかった』（1983年6月、情報センター出版局）を「買わない方が得する本」の1冊として挙げていたからである。

私は小林信彦の評論をほぼすべて読み続けてきた。ショー・ビジネスの薀蓄は膨大で、ゼロからこの方面の勉強をする人なら必ず一度は通過して行く作家・評論家である。

初めてその名を知った塩山芳明は、私が読み続けてきた小林信彦をどうけなしているのか。塩山芳明も『日本の喜劇人』（1980年、晶文社）は評価している。彼が非難しているのはこの文章の初出時の小林信彦の状況なのだ。書かれたのは1983年9月発行の『漫画スキャンティ』誌においてである。「買わない方が得する本」という括りの中の最初に出てくる。長部日出雄、金井美恵子たちの本も取り上げられている。

塩山は小林信彦のことを「どうもこの頃このオッサン、やたら鼻につき始めた」（25頁）と書くのである。

……小林のケンカの売り方で特徴的なのは、自分より無名者にのみからむ点。『吉里吉里人』刊行直後、井上ひさしが『日本読書新聞』のインタビューで、小林を名ざしで、出版妨害されたとぶちまけた。小林は基本的人格を批難されたのだが、何の反論もしなかった。出来なかったのだろう。(26頁)

……結局は〝オーソリティ〟との古看板の通じる、映画、および大衆芸能の一杯飲み屋で、けむたがる若い者に向かってクダを。文字通りのガン。(同)

ガンの小林が、これまた鼻につき始めた出版社から出しただけあり、気色の悪さは革命的。中年オカマが厚化粧、若ェ者も(大滝詠一等)それを知りつつシッポ振って談笑。〝ふやけた対談〟の見本のような一冊であり、極めつきの駄本だ。(同)

こういう見方もできるのかと私は面白がった。小林信彦は自分がダメだと考えた対象を徹底的に非難する人なので、同じことを他人からされても文句は言えない。読者としては、お互いに友好的にほめあうよりはずっとましであり、面白い。

小林信彦は間違っても自分の気に入らない人とは対談しない。この本は確かに友好的にお互いほめあったものである。小林信彦の本の中では確かにそれほど芳しくないものであると言えるだろう。

それにしても公に発行される本で、しかも出版したての本に対して、このように大っぴらに口汚く罵倒した勇気は買う。それはたぶん塩山の資質や置かれた現状に関係するのだろう。

塩山の本業はエロ漫画雑誌の編集者である。どういう生活をしているかはちくま文庫の『出版業界最低辺日記』（2006年7月、筑摩書房）に詳しいが、確かに最低辺なのだろう。私は、エロは嫌いではないが、エロ漫画は読まない。というか、そもそも漫画をほとんど読まない。だからこの人の関わったエロ漫画雑誌がどのようにエロなのか知らない。しかし、普通に考えて一般世間からは蔑まれてきただろう。エロ漫画雑誌の編集者だからといって、児童ポルノや猥褻文書ではないのだから法を犯しているわけではない。だから蔑まれる理由はまったくない。しかし、とにかく、ずっと世間から白い目で見られ、言われなき圧迫を受けてきたのだろう。彼はそのような状況への反撃として、虐げられた立場から好きなことを言おうとしているのだ。これ以上、失うものは何もない、退路を断たれた状態で、彼は激烈な批評文を書いているのだ。

たとえば次のような文章。いじけた姿勢が根底にあって、その独特の強みや毒が出ている。

　男女関係における〝いい人間〟がそうであるように、映画においても俗に〝いい映画〟と称される作品は概して退屈なものである。これは洋の東西、新旧を問わぬ普遍的傾向であり、『天井桟敷の人々』（監督・マルセル・カルネ）に幾度ものアクビを強いられた人々は、『泥の河』（監督・小栗康平）でも、睡魔との闘いに明け暮れるハメとなる。〝いい映画〟とは極論すれば多くの場合、〝誰もが抗えぬ人間愛に貫かれた作品〟を指し示すのであるが、うがった見方をするならば、それは一種の批評へのファッショ性をも含む事になる。（22～23頁）

確かに私も世界的な名作といわれている『天井桟敷の人々』（1945年）にはアクビを強いられた。しかし、『泥の河』（1981年）にはうっかり感動してしまった。映画を見た印象など、端的に言うと、お腹がすいている時と満腹状態の時とでさえ、見え方のガラッと変わることがあるものだ。いつも変わらない評価を受けると考える方が間違っている。それが人間というものである。

しかし、一般的に高く評価され、その評価が定まっている作家や作品を悪し様に非難することは一種のタブーになっている。プロの映画批評家なら、間違っても『天井桟敷の人々』を非難することはない。ゴダール作品を分からないとかくだらないとかあまり言わない。それが大人の世渡りのコツである。

塩山は業界の最底辺にいると自覚しているから、これ以上落ちる心配がない。世渡りの心配をする必要がない。だから好き勝手に、業界の顔色を窺わずに書ける。それを同じように現状に不満をもつ読者が読む。

エロ漫画雑誌は全国的に流通しているものの、マスコミというよりはミニコミである。受け手の数が限られている。これは今後も問題になると思うが、多くの受け手をもつ媒体では影響が大きいから、塩山のようにごく個人的な意見あるいは偏見を堂々とは表明しにくい。したがってマスコミで発せられる批評や意見は穏便なものになりがちである。テレビや新聞の映画関係の発言や記事が信用できないのは、マスコミという大媒体に載っているという一点があるからだ。本当に思っていることなど書けないのである。

仕事で宣伝文を書くのは別にして、メディア規模が大きいほど各方面への目配せが必要となりかねない。私の解釈では、批評は確かに多くの人が接する映画という大衆芸術を論じるのであるが、映画を見た上、批評まで読むのは少数の人間である。だから、批評自体は好き勝手に書いていい、ということになる。ほめ言葉で粉飾されたものは読めばすぐ分かる。メディアによっては勝手に書くことを許さない。

その意味で、私と意見が違っても塩山の自由奔放な、遠慮会釈のない批評は楽しんで読めるのである。

(6) 吉本由美

【吉本由美『するめ映画館』(2010年10月、文藝春秋)】

吉本由美の『するめ映画館』のタイトルがなぜ「するめ」かというと、その言葉から誰でも予想できるように「噛めば噛むほど味が出る」といったもので、要するに何度でも見られる映画について、吉本が迎えたゲストと対談していくという構成の本である。

ゲストは、映画に多少なりとも関係のある人を挙げると和田誠、中野翠、リリー・フランキー、安西水丸、川本三郎。他に、村上春樹、都築響一(アート・デザイン編集者)、坂川栄治(装丁家、写真家)、武田花(写真家)、糸井重里(コピーライター)がいる。

この種の本で私が最初に必ず考えるのは、本当にこの人たちは映画を見に行っているのか、ということだ。つまり、DVDをたくさん見て映画ファンと自称しているのではないだろうか、ということだ。

現に、坂川栄治は映画館には行かない。そのくせDVDは700枚持っているという。そんなことは金さえあれば誰にでもできることなので、別にどうということでもない。なぜ映画館に行かないのかと聞かれて、坂川は、隣の知らない人に泣く姿を見られたくないからだとか、酒を飲んだり、葉巻を吸ったりしてだらだら見たいからだとか、スクリーンの画質が悪いし、音が必要以上に大きいからだとか、本末転倒な発言をしている。

糸井重里も、何度も見るという『初恋のきた道』(1999年、チャン・イーモウ監督)もこの映画の初見はDVDである。奥さんが映画館で見て面白かったと言っているのに、彼は劇場には行かず、DVDで見る。まあ忙しい人はそのように怠惰なのだ。

都築響一は学生時代に二番館、名画座でB級映画を見まくった人なのだが、今ではマイナーな映画のDVDの収集に熱心なだけで、率先して映画館に行くわけではない。現在もたくさんつまらないマイナー映画が上映されているのに、それらに目を向けない。

映画書を書いているし映画俳優として忙しそうなので映画関係者の中に入れたリリー・フランキーも、たぶん映画館には、これまでも、これからも行かない。言われなければすべてDVDで済ます人である。面白いのは対談の約束の時間に彼が1時間遅刻していることである。早朝の対談ではなく夕方6時の約束なのに遅刻している。『ぐるりのこと。』(2008年)で、監督の橋口亮輔は彼が遅刻魔だと聞いていたが、そうでもなかった、真面目に来ていたと発言していたが、また遅刻魔に戻ったのかもしれない。

リリー・フランキーがだらしない人であろうと一向に構わないのだが、そのような人は決められた上映時間の映画館などには行かない。対談のホステスである吉本由美はリリー・フランキーの映画書『日本のみなさんさようなら』を自分のバイブルとしている。ということは、この吉本由美も自分から進んで興味のある映画を見て回るという生活を送っていないはずだ。もしや、仕事でしか映画を見ない生活を送っているのだろうか。

現にフランキーの本を読んで、吉本は「……あ、そう? 映画のことばかりでなくてもいいのか、って書き出しが閃いたりする」(38頁)と書いている。この人たちは映画の原稿を頼まれてさえ映画のことを書かない場合があるのだ。

リリー・フランキーがするめ映画として挙げたのは『プリシラ』（1994年、ステファン・エリオット監督）である。案の定、吉本由美は公開当時に見ていない。フランキーがまだ映画館で映画を見ていた頃の思い出の中で、3本立ての話を出してくる。1948年生まれの吉本由美がこの3本立てという言葉に驚いている。つまり、彼女がこれまでもロクに映画など見ていないことが、この反応で確定した。この年齢で映画に興味があるという人なら、若い頃、3本立てなどごく当たり前にあったはずだ。彼女は若い頃、映画館には近寄らなかったのである。

都築響一との対談の中で、彼女は一時、映画雑誌『スクリーン』の編集部に就職していたと語っている。試写が見放題になるという目論見である。自分の金を使って映画を見るなど、吉本由美の発想にはなかったようだ。

川本三郎との対談の中では、「……最近の映画はすぐにDVDになるので、今無理して観に行かなくてもいいか、と見過ごしがちになりますね」（56頁）と彼女は他人事みたいに言っているが、吉本は自分もその一人であるということに無意識である。

現在のフランキーはどのような状況か。


この頃は映画館じゃなく、DVDが増えてきましたね。でも、せっかく買っても、なかなか観られずに溜まっちゃう。試写の案内もいっぱいくるんですけど、試写室っていうのは遅刻したら許してもらえないじゃないですか。それで諦めているんですよ（笑）（42頁）

このような人に映画の原稿を頼んではいけない。さらに言うなら、そのような人をゲストに迎える吉本由美も、映画に関する限り、いい加減な人であると決め付けていい。

フランキーと同じく「イラストライター」でもある安西水丸も試写室とDVDで済ませているような雰囲気である。映画の2次使用媒体としてビデオからDVDに移行する前、レーザーディスク時代があったのだが（DVDの普及であっという間に廃れた）、安西はその時代にどんどんディスクを買い漁っている。「……好きな映画はやっぱり持っていたい……」（48頁）という考え方を私は理解できない。

映画というのは人間との付き合いと同じで、一期一会的なものだと私は思っている。ある時出会った人と二度と会えなくなっても、それが人生というものだと考えている。映画も映画館でかかっている時に見ることができなければ、それで諦める。これも人生と同じだ。恋愛もたまに相手に会うからいいのであって、うっかり結婚してしまっていつでも家に帰ると居る、という状況では、まあ愛情は冷めるものだ（すまない、私の偏見だ）。映画もDVDで持っていて、いつでも見られる状況だと、その映画に対する強い思いはどんどん薄れていくのではないか。

この対談集は、すでに休刊している『TITLe』（文藝春秋）という雑誌に連載されたものだ。休刊後、主要メンバーが『オール讀物』に移って続行したものも加えている。このような連載を発想した編集者はこの本が刊行される前に亡くなったと、あとがきに書かれている。

ろくに映画に興味のない吉本由美になぜこの連載を依頼したのか。主要メンバーに村上春樹、和田誠がいたから、ある程度の彼らのファンや映画ファンがつくと思ったからだろう。対談の相手、主要メンバーの挙げる作品を、挙げられてから初めて慌ててDVDで見る人を対談のホステスにするなど、編集者としての嗅覚が鈍っているとしか思えない。別に映画のファンばかりではない読者相手なら、それはそれでいいのかもしれないが。

吉本由美が村上春樹とタメ口をきくという事実（それほど気心が知れているということを示す）を知った点と、めったに映画について書かない村上春樹にいろいろしゃべらせている点だけは評価したい。

(7) 沢辺有司

【沢辺有司『ワケありな映画』（平成23年5月、彩図社）】


いろいろ理由があって、製作中にいろいろな問題が生じたり、完成してもちゃんと公開されなかったり、公開されてから周辺の人々に変化が生じたりした映画作品がある。それらをまとめて論じたものが沢辺有司の『ワケありな映画』である。

この種の本を前にした時、私はまず著者の年齢を確認する。扱った映画を公開当時に見ているかどうか知りたいのだ。なぜかというと、後に資料で調べて分かることと、当時の状況の中で見ないと分からないことがあるからだ。

略歴を調べると年齢を書いていない。しかも、映画が専門ではないように見える。「パリでシネフィル生活に沈潜する」と書いているが東京都在住である。過去に映画都市パリで映画を見ていた時代があるということだろうが、そのあたりもボカしている。本当に映画をいつも見てきたのだろうか。

本文を読んでみても、ネットや雑誌、参考文献を調べるだけで書けるようなものばかりである。作品に関する評価が曖昧なのだ。ビデオやDVDで初見の後、意見を述べている場合が多い。ただ、情報としてはまとめられているので、使い方によっては重宝する。

たとえば、2011年、TOHOシネマズなどの「午前十時の映画祭」で日本初公開された『ブラック・サンデー』（1977年、ジョン・フランケンハイマー監督）というテロ映画が取り上げられている。確かに公開予告があったのに公開中止になったことを覚えている。前売り券も販売されていた。パレスチナ・ゲリラがベトナム帰還兵と共に、大統領も列席しているアメリカン・フットボールの優勝決定戦スーパーボウルのスタジアムにテロをしかける映画である。それをイスラエルから派遣された諜報員が追いかける。このあたりの時代背景、外交関係などを知っていないと映画への評価が変わる。公開当時、パレスチナ・ゲリラは悪人で、イスラエルがその攻撃に耐えているという描かれ方だった。やっと初公開された現在、イスラエルが強大になりパレスチナ人を弾圧しているという雰囲気が濃厚である。悪と正義が言ってみれば逆転している。だから同時代に見ないといけないのである。

この作品がどうして公開中止になったか。「上映を中止しなければテロ行為に発展しかねない」というテロ予告の脅迫状が東宝系映画館に届いたからだという。次の記述が分からない。

このとき名指しされた作品は上映中の『ジェット・ローラー・コースター』（1977）だったが、それまでアラブ関係機関から自粛要請があったのは『ブラック・サンデー』であったことから、東宝は脅迫状の狙いは同作と見て上映中止を決める。（25頁）

東宝はなぜ名指しされていないのに「脅迫状の狙いは同作」と判断したのだろう。差出人は京都大学、大谷大学、愛知工大の学生運動グループを名乗っている。もしかすると愉快犯かもしれない。よど号ハイジャック、浅間山荘事件の後の時代なので、活動家の残党がまだ存在したにしても、学生運動はどんどん下火になっていた時代のはずだ。

著者によると、この作品は1986年にビデオ化されたが、シネマスコープではなく、テレビ・モニターのサイズ（スタンダード・サイズ）だったという。2006年、DVD発売され、それはシネスコ版だったという。「でも、劇場の大画面で味わいたいというのがファンの願いだろう」（同）と沢辺は書いている。

だが、最初に書いたように2011年、実際に初公開されている。東京では2011年の冬に公開されている。上映回数は1日1回とはいえ1週間の興行だから、沢辺は行こうと思えば行けた。しかし、この本の執筆時点では見に行っていない。発行年月からいって、執筆に間に合わなかったとも考えられるが、3月11日の大地震についての記述がこの本にあるから、間に合わなかったわけではない。そこで最初の疑惑に戻る。本当はろくに映画など見ていないのではないか、と。

これは『スパルタの海』（1983年、西川克己監督）でも同じだ。戸塚ヨットスクールを題材にした映画だ。その校長が合宿所での厳しい指導（体罰）のあまり生徒を死なせてしまった事件が映画公開直前に発生して公開中止となった。クレジットに未公開作品と堂々と書いている。後、戸塚ヨットスクールを支援する会が著作権を買取り、ビデオ・DVD化し、流通に乗せず自主販売されているという事実と共に、「一部の映画館では上映が行われ……」（29頁）たとも書いている。

大阪でも講演付きで第七藝術劇場で公開された。またプラネットプラスワンという自主上映団体映写室でも公開されている。これらは東京での上映が済んでから大阪に来たものである。ところが、この本では例外的な上映会を除いて未公開ということになっている。にもかかわらず、「暴力、青春、海、風、死、すべてが渾然一体となった傑作である。映画ファンなら必見だ」（同）と書いている。明らかにビデオ、DVDで見ることを勧めている（私は未見）。

ファンなら、「劇場の大画面で味わいたい」と考えているのなら、必ず映画館に馳せ参じるところである。自分の本に取り上げた作品なのだからいっそうその思いは強いだろう。しかし、未公開のままという記述で終わっている。つまり、どうやら彼は日本版のビデオ、DVDを見るだけでこの章を書いているということになる。ということは、やはり沢辺は映画ファンではないのだろうと邪推してしまう。

現に、未公開作品、上映中止作品のビデオやDVDの発売情報の記述はやけに詳しい。映画館で映画を見るというのが彼の生活の中では軽視されているのである。

また、『原子力戦争 Lost Love』（1978年、黒木和雄監督）について述べた章で、DVD化されていないので「視聴するのはかなり難しい状況にある」（113頁）と書いている。映画は「鑑賞」するものだが、「視聴」はテレビやDVDの場合に使う。なおこの作品のDVDは沼田の本が出版された直後の2011年12月に発売されている。

ソフト化の封印理由が、スリーマイル島原発事故により大っぴらに発売する状況ではなくなっているからだという。私は田原総一朗原作のこの映画を公開当時に見ている。それ以前に原発のジプシー労働者（各地の原発で危険な仕事に就く労働者）についてのルポをいくつか読んでいたので、原発内重大事故の隠蔽を扱ったこの映画自体は、特に物珍しい内容だとは思っていない。ただ、情報として、この映画のロケ地が福島第二原発近辺の福島県いわき市だということはこの本で初めて知った。

原子力関連では中学の理科の教師が原発から核燃料を盗み、自宅で原爆を作り、政府を脅すという内容の『太陽を盗んだ男』（１９７９年、長谷川和彦監督）も取り上げられている。しかし、その章においてもビデオ、ＤＶＤ情報を載せるのみだ。どうして、劇場での再公開の時に見るという方向に進まないのだろう。理由ははっきりしている。沢辺が映画ファンではないからだ。この作品を私は公開当時に見たきりだったが、菅原文太追悼番組を組んだ兵庫県の塚口サンサン劇場で再見することができた。著者には、見たい映画を映画館でどうしても見たいという情熱が欠けているように思う。いや、もしかすると映画を見たいという欲望すらないのかもしれない。

F. 劇作家

(1) つかこうへい

【つかこうへい『つか版 誰がために鐘は鳴る』(2006年3月、主婦と生活社)】

2010年に亡くなったつかこうへいの舞台を私はだいたい見てきていた。晩年は自作の改作、改訂版、別バージョンばかり上演していて、もういくらしぼり出そうとしても何も出てこないのだなあと感慨に耽った。

ほぼ最後期のつかこうへい事務所公演『熱海殺人事件』を見ていて、その台詞の汚さに老醜という言葉を思い浮かべた。引き際を誤ったと思う。改訂版などでお茶を濁さず引退すればよかったのだ。以前、劇作家をやめ小説家に転身したこともあったのだから。

かつて前衛にいた者がいつの間にか時代に取り残され、無意識に後衛に位置していたように感じた。殿様になっていたので、周りでそれを言ってくれる人がいなかったのである。

もともと彼と映画との相性は悪かった。何本かの映画につかは原作を提供しているが、見るに耐えるのは『蒲田行進曲』(1982年、深作欣二監督)ぐらいである。もちろん、その脚本を書く時点で監督の深作欣二にかなり絞られ、つかはプライドも捨てて、その映画化にひれ伏すことになった。舞台ではワンマンだったが、映画では素人扱いされた。だからこそ、映画として見るに耐えるものになったのだ。演劇界にも深作欣二のような存在があれば、つかの晩年はもっと幸福だったと思う。

映画撮影所を舞台にしたこの『蒲田行進曲』に映画の話題が時々出てくるが、せいぜい有名な作品やスターの話ばかりである。本当のところ、つかは映画などあまり見ていなかったと推定する。

同じことはその著書『つか版　誰がために鐘は鳴る』でも言える。全編を通じて論じられているのはテレビドラマの『冬のソナタ』である。この本の基になったのは女性週刊誌の連載だったから、無理をしてそのようなテーマにしたのかもしれない。でも、少しだが映画のネタも紛れ込む。

つかは在日韓国人でもあるので、当然ながら韓国の事情に詳しい。韓流おばさんの間では常識なのかもしれないが、「韓国では、どのような理由があるにせよ、兵役に行っていない男性は貶められる」(18頁)とある。兵役に行かなかった者は「腰抜け、卑怯者」と差別されるそうだ。

韓国映画ドラマ界の四天王と呼ばれる人たち(たぶん日本で勝手に言っているだけだろう)の軍隊経歴が記されている。イ・ビョンホンは公益勤務要員として6か月に期間短縮。ペ・ヨンジュンは視力が悪く兵役に行っていない。チャン・ドンゴンも気胸という病気で兵役は免除されている。ウォンビンも入隊したものの靭帯部分断裂で中途除隊している。いわゆる韓流四天王の中には、韓国の多くの青年たちがしたように満期除隊した者がいないのである。

アメリカでも同様、ジェイムズ・ディーンが遠視で兵役拒否されている。そこから、兵役を全うしていない者たちへの、つかこうへい独特の見方が生じる。

　彼らの微笑みの裏には、決してこの社会に完全には受け入れてもらえないという、諦めからくる寂しさがつきまとっているように感じられる。(19頁)

しかし、それは思い込みではないだろうか。あるいは後付けではないだろうか。俳優は役柄によってイメージがある程度決まってしまう。そのイメージからいろいろ想像を羽ばたかせただけなのだろうと私は思う。

他にためになった記述がある。韓国は日本よりさらにひどい学歴社会で「……俳優という仕事は国民にとって自分達の代表であり、高学歴・高身長・鍛え抜かれた肉体・人柄と、完璧さを求められている」（23頁）とのこと。だから結局中退したものの、ペ・ヨンジュンは最後まで大学を卒業することにこだわったという。映画俳優に求められるものが、日本と韓国では微妙に違うのである。

日本で今、映画俳優というのがもうあまり存在しない。たいていはテレビタレントが映画に出ているだけだ。テレビタレントの学歴を問題にする以前に、教養のない人でもタレントになれるという風土が日本にはある。それどころか、教養のなさを武器にしているタレントもいるぐらいだ。アジア諸国には日本に続けというような風潮があるので、いずれ日本と同じような状況になるかもしれない。現にＡＫＢ48みたいなタレントたちがアジア各国で生まれている。だいたいＡＫＢ系列のタレントがアジアに出稼ぎに行ったり、現地チームを作ったりして結構受け容れられているぐらいだから、現地でもその素地はあるのだ。幸い、韓国の映画界はまだ毒されていないようだ。でも先は分からない。

さて、つかこうへいが韓国映画の現役観客でないと思わせる文章がある。

……韓国は儒教の国で、清潔・清廉であることが大切にされる。そのために、ドラマや映画で悪を表現するときにも、あまりくどいものにはしたがらない。言い換えれば、悪の表現が弱い。（168～169頁）

そんなことはない。2000年代に入ってからの韓国映画には、アメリカ映画に出てくるような、殺すこと自体を楽しむような人間がどんどん登場している。暴力描写、残酷描写も日本よりえげつない場合もある。つかはろくに韓国の現代映画など見ていないと判断する。テレビやDVDで見られるものしか見ていなかったのだろう。

もっと言えば、つかこうへいが基準にしているのはテレビドラマだけのようである。彼がこの本の中で名前を出す映画はほとんど「名作」ばかりだ。日頃から映画を恒常的に見ている人ではないように見える。現に彼は「私は10年ほど前から日本の映画に興味を失っている」（139頁）と明言もしている。

つかが『蒲田行進曲』の、まず舞台用の戯曲を書く時、主人公・銀ちゃんのモデルにしたのが「市川歌右衛門」（142頁）であると堂々と誤記している。正確には「市川右太衛門」だ。編集者も気づいていない。モデルにしたといっても、その主演映画を実際に見ていたわけではないだろう。知識として仕入れただけだと思う。

ここでも、つかこうへい、および編集者の映画的教養のなさにあきれる。少し映画のことを知っている人なら、その戯曲のタイトルがなぜ「蒲田」なのだろうと不思議がるだろう。蒲田というのは松竹映画の撮影所のあったところで、松竹はアクション映画がそれほど得意ではなく、家庭劇の名作をたくさん作った会社である。あのような殺陣を多用するような映画を松竹が作るわけがない。市川右太衛門がそもそも東映のチャンバラ・スターであるし、映画化された撮影所も東映太秦撮影所である。つかの単なる無知か。もしかして、つかこうへいは松竹と東映の違いも認識していないか。

日本公開時の映画タイトルの表記も杜撰で、中国映画の『HERO』（2002年、チャン・イーモウ監督）、『LOVERS』（2004年、チャン・イーモウ監督）を平気で「ヒーロー」「ラバーズ」と表記する（145頁）。

実にいい加減だ。同じではないか、と考える人もいるだろうが、タイトル表記がローマ字なら常にローマ字表記でなければならない。『E.T.』（１９８２年、スティーブン・スピルバーグ監督）を『ET』や『イー・ティー』と書いてはいけないのと同じである。

かなり昔の映画『カサブランカ』（１９４２年、マイケル・カーティス監督）の中の有名な「君の瞳に乾杯」という台詞について「ええかっこしいハンフリー・ボガートの面目躍如の台詞であった」（181頁）と書いているのも、そそっかしい。「君の瞳に」というのは字幕翻訳者の勝手な意訳であり、日本語としては映画から逸脱した過剰表現である。ハンフリー・ボガートのかっこよさに収斂させてはいけない。

また『アメリカン・ビューティー』（１９９９年、サム・メンデス監督）に関しても、何というか、浅知恵を披露している。

アメリカの今の家庭を描写したこの物語は、主人公の死をもってしてもなお、繰り返し誇らしげに咲くバラのように、「再生」へのメッセージを送っているのだ。（122頁）

もちろんそのように解釈するのも結構だろう。私は、こちらも門外漢だが美術史家の木村泰司の方を信じたい。彼は次のように言っている、「……サム・メンデス監督は、赤い薔薇を人目に触れる前庭に植えるなんて主人公の妻は俗物の極み！と、観客に伝えているのである（プラス、お育ちがあまりよろしくないと……）。だいたい、前庭を『展示場』のようにしてしまうこと自体、とても品がよくないことなのだ」（『西洋美術史から日本が見える』、２００９年7月、ＰＨＰ研究所、ＰＨＰ新書、22頁）。こちらの説明で映画を反芻すると、なるほどと思えるのだ。まあ、映画は見た人がどう解釈しようと自由なのだが。

驚くことに、新劇の歴史を分断するような偉業を成し遂げたつかこうへいでさえ、言葉遣いには注意不足で、平気で「エンターテイメント」（正確には「エンターテインメント」）、「ナルシスト」（正確には「ナルシシスト」）などと表記している。出版業界、印刷業界ではもうこの誤記をカタカナ日本語として捉えて、誤用とは考えなくなっているというが、言葉で勝負する劇作家なら言葉遣いを厳しくしてもらいたい。

最近、反新劇で一時代を作った劇作家たちの１９６０年代の戯曲を読み直しているのだが、つか以前でも言葉遣いの不注意さにしばしば呆れることがある。もちろん映画ネタの間違いもたくさんある。

考えてみると、その当時、前衛となった人たちは20代の人が多かった。今もそうだが、20代で隅々まで神経の行き届いた文章を書く人は少ないし、たとえ書くことができてもその勢いのなさ、整いぶりだと演劇の世界を変革することなどできなかっただろう。

ここまでで彼が在日韓国人であることを利点にして、韓国事情に詳しいこと、しかし映画関係ではいい加減な知識しか持っていないことを確認した。

では劇作家であることを利点にして優れた論を出せているか。

人を笑わせるコメディアンが殺人者を演じると、時として鳥肌が立つような恐怖を見せることがある。この世のものと思えぬ美しさを持つアイドルが変質的な犯罪者を演じると、底冷えのするような悪魔の戦慄が走る。

人とは、どんな立派な人間でも時としてあさましくなることがある。が、人間はそこが面白いのだ。

そして役者がそれを見せてくれるからこそ、人は映画館へ、劇場へと足を運ぶのである。（60頁）

このあたりのことは北野武が『ソナチネ』（1993年）などですでに実践している。つかの書いた『つか版　誰がために鐘は鳴る』以前の映画だ。ではつかが北野武を真似て発想したかというと、話は逆だ。つかはそのようなキャスティングの発想を、すでに舞台で行っていた。つかの本は、これまでに考えてきたことをまとめたにすぎない。北野武は1972年ツー・ビートを結成しているが、つかが「つかこうへい事務所」を設立した1974年以後、何をしていたのだろう。つかの芝居を見にいっていただろうか。

作劇法に関しても、たとえば映画『卒業』（1967年、マイク・ニコルズ監督）で、彼は花嫁を奪って逃げる主人公の視点より、花嫁を奪われた男の方に注目する。「……私の人生も、花嫁を奪われる側だろうと思っていた。が、二度目に見る頃には自分は花嫁を横取りする側の人間だと思い始めてきた」（77頁）と屈折した考えをもっている。

そういえば、つかの影響を大きく受けた大阪の小劇場の劇作家・坂本チラノが大昔に『卒業』の続篇というかヒントを得たというか、そのような芝居『パ・ド・ドゥ』を上演したのを見たことがある。もちろん面白くはなかったのだが、その当時、つかのエッセイ集で読んだことのあるような発想で書かれていたことを思い出す。また『卒業』から発想を得た『迷い婚』（2005年、ロブ・ライナー監督）もあったし、ハリウッドの内幕を描いた『トラブル・イン・ハリウッド』（2008年、バリー・レヴィンソン監督）の中でも『卒業』の続編がダメな企画の例として出てきた。なお、池本幸司氏からの情報では、原作者自身が続篇を書いているそうだ。そういうものを書いているようではダメだと思う。

普通の評論家たちがそのご都合主義を非難するテレビドラマ「冬のソナタ」に関しても、「その役者の生命力があればいいのだ。客もまたその生命力を受け、幸せになるからである」（76頁）と擁護する。これは映像芸術である映画あるいはテレビドラマと俳優芸術である舞台との違いか。あるいはまた屈折したつかのことだから、本音を隠して逆のことを言い張っているのかもしれない。つかの作風がそういうものばかりだからだ。

同業者・三谷幸喜の「古畑任三郎」シリーズに関しては、「これを盗作と言わないならば、世には盗作という概念そのものがない」（87頁）と手厳しく非難する。さらに「……日本のテレビ局は盗作承知で番組を作る」（88頁）と制作母体まで非難する。8割がた、言っていることは正しい。

しかし、三谷幸喜にも言い分はある。「……僕らは、『刑事コロンボ』の精神に敬意を表しつつも、形を真似るんじゃなくて、精神を真似たかった」（三谷幸喜・松野大介『三谷幸喜　創作を語る』、2013年11月、講談社、55頁）。まあ、これも言い訳なのだろう。

つかこうへいが演劇界で大ブームを起こしたのと同じように、三谷幸喜も大ブームを起こした。それを横目につかが嫉妬しているだけなのかもしれない。どちらにせよ、テレビドラマなのだから放っておけばいいのにと私は思う。

そもそも、今の日本のテレビドラマは作り手が作りたいものを作らない。いや、作れない。まず人気者をかき集め、コミックやお手軽小説、インターネット等で評判の作品を適当に当てはめる。または広告代理店の市場調査やスポンサーの意向で都合のいいストーリーをでっち上げ、やはり適当にタレントを当てはめる。いかに頭とからだを使わずに視聴率を取るか。それしか考えていない。映画界も似たようなものだ。（189頁）

何度も言うが、テレビというのはそういうものだから放っておけばいいのである。スイッチを切っておけば静かなものである。

最後にチョロッと映画界に八つ当たりしているが、映画界に矛先を向けるのならちゃんと見てから言ってもらいたい。つかも映画界に原作を提供したり、脚本を書いたりして（書いたことにして）、これまで恩恵を受けている。彼の原作映画化が自分の非難と重なっていないと言えるのだろうか。

ペ・ヨンジュン問題について。主演していた『四月の雪』（2005年、ホ・ジノ監督）が『ランダム・ハーツ』（1999年、シドニー・ポラック監督）の盗作であると決めつけ（確かにほとんど同じストーリーなのだが）、それでもつかはペ・ヨンジュン擁護に回る。「私は、ペ・ヨンジュンが、このような作品に出ることで、ハリウッドで笑いものになり、葬り去られるのが、不安である」（90頁）と嘆く。

しかし、ペはハリウッドで葬り去られる以前に、そもそもまだ知られていないのではないか。日本限定の大人気としか私には思えない。

(2) 河原雅彦

【河原雅彦『スターおすすめられシネマ』（2015年1月、日之出出版）】

昔、HIGHLEG JESUSという劇団が関西に公演しに来たことがあって、その劇団の舞台を一度だけ見た記憶がある。その主宰者、演出家が河原雅彦だった。

映画との関わりでいうと、ジャニーズ事務所の「嵐」などアイドルが出る映画、すなわち「嵐」ファン以外にはあまり説得力をもたない、もたなくていい映画（「ピカ☆ンチ」シリーズなど）の脚本をいくつか書いている。時々、俳優としても出演している。

アイドル映画の方は、映画館ではなくどこかのホールを借りての上映で、普通の映画料金より高かったので私は見ていない。堤幸彦が監督しているので、つまらない作品になることはだいたい予想がつく。この種のアイドル・グループと関係が深いので、映画的にはそう重要な仕事をする人ではない。

彼の著書『スターおすすめられシネマ』の趣向は奇抜だ。普段、ホラーや下劣映画のみを愛好する河原に、雑誌編集部が仲立ちとなって若手俳優たちにお気に入り映画を推薦してもらう。他人が個人的に選んだ映画を見て、河原が映画の見方の体質改善を図るというものである。

ただ、本のタイトルにある「スター」と、無理すれば呼ぶには呼べるのだろうが、人気先行の実力が追い付かないタイプの若手俳優ばかりなのだ。ロクに映画など見ないようなタレントが、本人が選んだのか、マネージャーが入れ知恵して選ばせたのか、結構カッコつけた作品を推薦している。

それぞれの作品批評の半分を占めるのは、どうでもいい、くだらない世間話である。その後に続く映画に関する話についてはほとんど飲み屋でグダグダ言っているようなレベルのことだけだ。つまりこの本には読むべきところがない。いくら河原が映画ファンだといっても、せいぜいDVDを見ているだけの話だ。河原の、そのレベルに合わせているのか、映画を推薦してくるスターたちも評価の定まった平凡な選択眼によって選ばれた名作ばかりである。話の盛り上がりようがない。

わざと軽薄を装っているのか、本人が本当に軽薄であるからその性格を文章が反映しているのか、とにかくチャラチャラした文章なので読んでいて疲れる。若い読者はこのような文章を喜ぶのだろうか。チャラチャラした文章でツィッター程度の長さの感想を書いているだけなのが退屈の最大原因だが、それ以外にやはり推薦する側も、推薦を受ける河原も映画館体験をほとんどしていないことが遠因にあると思う。河原は自宅のＤＶＤ棚を「MY TSUTAYA」と呼んでいるくらいだから、最初から映画館になど行く気がない。映画館で映画を見るという発想自体がない。さらに作品を推薦してくる「スター」たちも映画俳優としてはもう一つな人ばかりなので、映画的議論の盛り上がりようもない。

ゲストとして対談の相手になっている斎藤工は映画に目覚めた頃、レンタルビデオ店の棚を端から端まで順々に見ていったということを誇らしげに語っている。河原もそれに感激している。どうして映画館をハシゴして回るという行動に出なかったのだろう。斎藤は映画に目覚めたのではなく、ビデオに目覚めたのである。だから、斎藤はつまらないテレビドラマ界やＣＭ界でうろついているだけなのだ。彼は映画界にもどんどん進出しているが、見てもこれといったものがなく、斎藤工が出ている映画はつまらない映画という烙印を押しかけているところだ。

もう一人の対談ゲスト小栗旬も私はまったく評価しない。小栗旬主演、河原雅彦演出の舞台『時計じかけのオレンジ』（２０１１年）は私も見たが、改めて小栗旬というのはテレビサイズの俳優であり、映画はもちろん、舞台でも当然、間がもたない、と再確認しただけだ。

小栗はショックを受けた映画として『KIDS』（１９９５年、ラリー・クラーク監督）を挙げていて、「それこそ、イギリスの若者が酒やドラッグに溺れて人生がめちゃめちゃになっていくっていうもので、……」（56～57頁）と気取って語っている。

残念ながら、この作品はアメリカのニューヨークを舞台にした映画である。小栗は自己の映画的教養の低さを自覚していないし、映画マニアを自認しかねない河原もその映画の内容を小栗に訊いているぐらいだから訂正しないし、編集部も校正できず、訂正しない。誤解しているのにショックを受けるという器用さを小栗旬は持ち合わせているが、それ以外の演技力にはまだ蜷川幸雄が吹き込んだ芝居臭さが残っている。

言っておくが、この記事が最初に載ったのは『CINEMA SQUARE』（日之出出版）という映画雑誌だ。映画雑誌であるのに編集部に映画的教養が欠け、映画的教養のいびつな演出家が、それほど大きな成果のない自称映画俳優の発言ミスを見逃しているのだから、映画を取り巻く文化はどんどん退廃していくばかりである。

（3）高橋いさを

【高橋いさを『オリジナル・パラダイス』（2006年2月、論創社）】

劇団ショーマの主宰者である高橋いさをは映画関係の本も何冊か書いている。そのうちの1冊が『オリジナル・パラダイス』で、「原作小説の映画館」という副題からも分かるように、映画とその原作小説とを比較検討している。

プロの映画評論家でこのようなことをやっている人は少ない。原作小説とその映画化は媒体が違うのだから違っていて当然で、それをことさら比較してもあまり意味がないと考えられるからだろう。また、映画はだいたい2時間前後で鑑賞できるが、原作で長いのになると読み終えるのに何日かかるか分からないぐらいのもあるので、コスト・パフォーマンスからいうとすごく不合理である。だから映画評論家はしない（例外的にする人はいる）。

ではなぜ劇作家の高橋いさをはそれをあえてするのか。それは彼がこれまで映画から多くの影響を受けてきたからである。小説からも多く影響を受けてきたからである。彼の戯曲のタイトルにしばしば映画関連の意味を匂わすものがあるのはそのせいである。彼は自分が芝居を書く過程で、小説からも映画からもアイデアを拝借することがあるので、いっそのこと、その関係を一から解明してみるか、ということになったのだろうと思う。

たとえば彼はヘレン・マクロイという作家の小説作法から教訓を得ている。「幕が上がる前に、すでに多くのことが起こっていなければならない――」（16頁）というマクロイの理論を高橋は面白がる。

具体的には『サブウェイ・パニック』（1974年、ジョセフ・サージェント監督）という映画がマクロイ理論適用の一例で、この映画ではいきなり犯罪が始まる。事前に計画を練るシーンから始めない。クエンティン・タランティーノはさらにこの理論を推し進めて、『レザボア・ドッグス』（1991年）を撮る。冒頭の無駄話の後、銀行襲撃を描かず飛ばしてしまって、何やら一部失敗したような様子で逃亡しているところから導入部を始めている。

高橋いさをは「……小説にしろ、シナリオせよ、戯曲にせよ、どんなストーリーを作る時にも、応用の利く非常にすぐれた作劇の心得……」（16頁、「シナリオせよ」ママ）とヘレン・マクロンの理論を評価している。おそらくそれを頭に入れて、彼は戯曲を書いているのだろう。ただこの本の最後の方になって、彼は次のように書いている。

時々、わたしは反省する。それは、わたしが物語というものに大きな比重をかけて映画や小説や演劇を見たりする傾向に起因する。そもそも五十四本も映画を選び、その映画と原作と比べて考察するなどという情熱は、面白い物語というものへの強い興味なしには生まれない。だから、今でも物語は大事であると思う。けれど、物語だとか、起承転結だとか、序破急だとか、五部三点説だとか、三幕構成だとか、三単一の法則だとかそんなものはどうでもいいじゃないかと思う時がある。ある一人の魅力的な人物がいて、その人物の人生をあるがままに、川が流れるように自然に描ければ、それはとてもドラマチックなことなのではないかという思い。あるいは、一人の男がいて、一人の女がいて、その二人が出会い、恋に落ち、喧嘩をして、別れていく――世の中に腐るほどあるであろうこういう人たちを、こまやかに描くだけで、他に何もいらないのではないかという思い……。（204頁、『偶然の旅行者』について）

同感である。作劇作法によらずとも面白い映画はいくらでもある。彼は原作小説とその映画化の比較検討を継続する内に、だんだんそうすることの意味の薄さに感づいてしまった。そしてその反対に、映画芸術における表現の問題の核心に触れることになったのかもしれない。いい傾向だ。
ただ、いい傾向でないこともある。

高橋いさをは確か大学や専門学校で演劇を教えているはずである。教えるのが演劇で良かった。この本のように、映画と小説を絡めて教えていると、おそらく出来のいい学生に必ず突っ込まれるだろう。すなわち、彼の映画的教養には各所に欠損部分があり、とんでもないホラを吹くからである。

高橋いさをは確かに小さい時から映画をよく見ていたようだが、体系的ではない。すごく偏りのあるのが、彼の書く映画に関する文章の随所で分かる。

たとえばジャンヌ・モローを評して「……悪女女優ナンバーワンの呼び声も高い」（22頁）と書いている。私はそのように思っていない。誰がそのような高い呼び声を出しているのか疑問に感じてしまう。そのような表現を使った項目の中でタイトルを挙げている『突然炎のごとく』（1961年、フランソワ・トリュフォー監督）の彼女も、「悪女女優ナンバーワン」というキャラクターだと考えているのだろうか。私は『突然炎のごとく』のジャンヌ・モローを決して「悪女」だとは思わない。もしかすると私と高橋の間で「悪女」の概念が違うのだろう。

また黒人俳優のアカデミー賞受賞について書かれたところで『夜の大捜査線』（1967年、ノーマン・ジュイソン監督）を取り上げている。その中で彼はシドニー・ポワチエを「黒人俳優としてはアカデミー賞史上初の受賞で、その後、二〇〇二年のデンゼル・ワシントンまで黒人俳優の受賞歴はない」（46〜47頁）と書いている。

普通に映画を見続けている映画評論家なら、アレッツ、シドニー・ポワチエが『夜の大捜査線』でアカデミー賞主演男優賞を獲っていたっけ、と思うはずだ。また、もし高橋のいう「黒人俳優」の中に黒人女優も含まれているのなら、ハッティ・マクダニエルがはるか昔の『風と共に去りぬ』（1939年、ヴィクター・フレミング監督）ですでに最優秀助演女優賞を獲っていることを即座に思い出すだろう。本書の出版前に公開されている『チョコレート』（2001年、マーク・フォースター監督）でハル・ベリーが主演女優賞を獲っている。まさか、黒人俳優に女優は含まれないと考えているのか。要らぬ誤解をされないためには、「黒人主演男優としては」と書いた方がいいだろう。

と思って念のために調べてみたら、『夜の大捜査線』で主演男優賞を獲っているのは白人の警官役ロッド・スタイガーだった。ポワチエはこの映画で獲っていない。彼が獲ったのは『夜の大捜査線』より4年前の出演作『野のユリ』（1963年、ラルフ・ネルソン監督）においてである。つまり彼は結果的に嘘を書いてしまっている。

彼の映画関係書にはこの程度の単純な嘘や間違いが頻出する。安心して読めない。映画愛好家が安心して読めない映画書というのも問題である。

G. 漫画家・漫画評論家

(1) みうらじゅん

【みうらじゅん『みうらじゅんの映画批評大全1998-2005』(2006年10月、洋泉社)】
【みうらじゅん『みうらじゅんの映画批評大全2006-2009』(2010年3月、洋泉社)】
【みうらじゅん『みうらじゅんの映画ってそこがいいんじゃない!』(2015年3月、洋泉社)】

男子中高生の頭の中にはエロが充満している。みうらじゅんは1958年生まれだからもういい年である。中高生でないにもかかわらず、彼の頭の中にはまだエロが充満している。この本に限らず、みうらじゅんの本には常にエロが充満している(仏像鑑賞関係の著書は除く)。普通、いい年になると、エロは表に出してこないものだが、みうらじゅんはどんどん出してくる。

この「映画批評大全」シリーズはこれまた下品な映画が好きな映画雑誌『映画秘宝』に連載されたものである。みうらが、なるほど映画について書いてはいるものの、8割方エロ話である。しかし、あまり陰湿ではなく、さわやかな(というほどでもないが)、ユーモアに転じた文章で、読んで退屈するようなことはまったくない。彼の書いた『カリフォルニアの青いバカ』(河出文庫)『やりにげ』(新潮OH!文庫)などは私の愛読書である。ゲラゲラ笑ってしまうほど面白い本である。このシリーズ本もそれと似た雰囲気がある。

ただ、これらシリーズ本は映画批評本でもあるので、ここではエロ抜きで、かなり難しいのを覚悟しながら、映画のことだけを引用して、みうらじゅんの映画批評がどのようなものか解明しておきたい。

簡単に言うと、みうらじゅんはエエカッコしている奴をバカにする姿勢なのである。たとえば日本の作品のアメリカ版リメイク、リチャード・ギア、ジェニファー・ロペス主演の『Shall we Dance? シャル・ウィ・ダンス?』（2004年、ピーター・チェルソム監督、「We」表記の資料もあるが、ポスターやみうら表記では小文字）について、みうらじゅんは次のように書く。

……どう考えてもギアのダンス教室通いのキッカケは、ポリーナ（ジェニファー・尻プリプリっス！）の肉体狙いだったはずなのに、「私とつきあいたくてダンスを始めたのなら、時間の無駄よ！」と、下心を図星に見抜かれた夜から、大人の言い訳に専念する。「君の表情は、心の中の僕自身を表していたんだ」、詩のボクシングじゃあるまいし、真顔で言ってのけるギアにまた爆笑！　その後、少年を装ったギアのはにかんだ顔。長井秀和じゃなくとも「騙されるな！」と、言いたくなるところだ。

（『みうらじゅんの映画批評大全1998-2005』271〜272頁、以下『1998』と略記）

ロマンチックな気分でこの映画を見ていた人に冷水をぶっかけるような批評である。しかし、実際、リチャード・ギアはいつもこのようなスカしたキャラクターばかり演じており、一部で馬鹿にされている。日本版の笑わせキャラクター込みで、みうらもリチャード・ギアを馬鹿にする。

劇中、竹中直人役の外人がロン毛のズラを取られたり、渡辺えり子的外人がショーツ1枚になったりと、それなりのお笑いシーンが用意されているが、爆笑王リチャード・ギアの前には軽いジャブ程度にしか映らなかった。（『1998』272頁）

リチャード・ギアを爆笑王だと考える人は少なかろう。しかし、真面目に誠実に演じれば演じるほど、彼はみうらじゅんの餌食になる。ある意味で、笑わせようという魂胆なしで笑わせるのだから、確かに爆笑王であるのかもしれない。

ともかく、このような批評の仕方をするのは、彼が学生時代から今日に至るまで露骨に性欲中心に生きてきたからであり、その逆に異性にまったくモテなかったからである。カッコいいことをしても空振りすることが多かったからである。だから世間で流通している建前に対して拒否反応を示すのは当然である。

みうらじゅんは、もちろんエロ映画は大好きなのだが（ちなみに杉本彩が一番のお気に入り）、それ以外に、いわゆるオタクたちが好む映画、怪奇物とかスプラッタ・ムービーとか、低予算の安物映画などが特に気に入っていて、『１９９８』にはそのような映画ばかりが載っている。間違っても、文芸大作や文部科学省推薦の感動映画など出てこない。たとえ出てきたとしてもからかいの対象でしかない。

低予算映画の安物映画として『シベリア超特急２』（２０００年、ＭＩＫＥ ＭＩＺＵＮＯ監督、笑わせるが水野晴郎のことである）を取り上げてみよう。

うかつにも無名時代の寺島しのぶが危なげな演技をこの映画で披露している。もしかすると、母親・富司純子が娘を映画デビューさせるために強引に押し込んだか、あるいはどのような映画かも知らず騙されて出たのかもしれない。それほどひどい映画である。このような演出をしてはいけないという反面教師としての役割しか果たさない映画である。それをみうらじゅんは冗談でほめた。その冗談を真に受ける人がいた。水野晴郎本人である。その結果、みうらじゅんは「第14回　日本映画批評家大賞　功労賞」を水野晴郎からもらった（その事務局の住所は水野晴郎事務所と同じ）。受賞理由が面白い。

「あまり陽の当たらない日本映画を紹介、世間に広めていただいた功労に対し――」って、「それ、『シベ超』のことだけじゃないっスか！」とツッ込むと、「いやいや、『北京原人』のほうもあったでしょ」とおっしゃった。（『1998』278頁）

自分で決めて自分の映画をほめた人に自分で賞を出しているのだから世話はない。別のところで書いているのだが、みうらじゅんが1作目をほめたからだろう、水野晴郎はみうらのところに『シベリア超特急2　満州菊富士ホテル』（公開タイトルではない）の決定稿を送りつけてきたのだそうである。出演するわけでもないみうらじゅんのところにどうして送りつけたのだろう。そのサブ・タイトルからも分かるように、舞台のほとんどはホテル内部の話である。どこが「シベリア超特急」なのか、誰も分からない。水野晴郎は実に不思議な人である。

もちろん、みうらじゅんも不思議な人である。一方で、真面目に漫画を描いているし、仏像の鑑賞旅行にも出かける。「大島渚」という映画監督の名前を冠したバンドをやっていたこともある。そして、彼が最も気に入っているミュージシャンがボブ・ディランで、バンド活動を描いた漫画『アイデン&ティティ』が映画化された時（2003年、田口トモロヲ監督、脚本は宮藤官九郎）、世界で初めて「ディラン本人が正式に楽曲を提供した……」（『1998』192頁）という真面目な面もある。その楽曲というのがその映画の最後に流れる「ライク・ア・ローリング・ストーン」である。

自分が原作者なのに、『アイデン&ティティ』を見たみうらじゅんは泣いた。「マジ泣けた。僕は原作者という立場をスッカリ忘れて、何度も泣いた。初監督とは思えぬ田口トモロヲの見事な作品！」（『199

8』192頁）と大絶賛。確かにこの映画は面白い。バンドをやっている人はみな見るべき映画である。

この映画を見ても分かるように、みうらじゅんには現体制に反対するロック精神が今も息づいている。同時に中高生の頭の中のように、エロも充満し続けている。

第2弾、『みうらじゅんの映画批評大全2006‐2009』（以下、『2006』と略記）に行く前に、少し昔の話を。

1999年、大阪の今はなき扇町ミュージアムスクエアのフォーラムで、みうらじゅんが大物産展をやっていたことがある。一番くだらなかったのは、物心ついた頃から貯めた、エロ写真を雑誌から切り抜いて貼ったスクラップ・ブックだ。私も使っているコクヨの馬糞紙のものだ。みうらは現在もこの習慣は続けているようで、その数、数百冊に上るという。この情熱はいったいどこから来るのだろう。

田口トモロヲ監督の『アイデン&ティティ』（前出、2003年）と『色即ぜねれいしょん』（2008年）、さらにSM映画『変態だ！』（2015年、安齋肇監督）の3本の映画にみうらじゅんは原作を提供している。最初が圧倒的に面白い。次の『色即ぜねれいしょん』はほぼ自伝的内容なのだが、エロなことばかり考えている高校生が主人公である。映画の主人公同様、みうらじゅんの頭の中は今も性欲で満ちている。だからあらゆる映画をエロ的に見る。まるで中学生から成長していないようで、みうらの頭はエロな妄想でいっぱいである。

格好の標的となるのは『おっぱいバレー』（2008年、羽住英一郎監督）だ。現在にいたるまで映画俳優としてはパッとしない綾瀬はるかが女教師役で、弱小の男子バレーボール部の顧問になる。強くならせるため、うっかりと「試合に勝てばおっぱいを見せてあげる」と約束してしまう。そのような内容で観客動員を増やそうとする製作者側の魂胆が明白である。

しかし、みうらじゅんは冷静である。かつて一緒に女装バンドを組んでいた安齋肇（タモリの深夜番組で、洋楽の歌詞が日本語に聞こえるコーナーを担当）から、その映画でおっぱいが出るのかどうか訊かれて、軽く「出るわけないでしょ！」と言う。「……それはあくまで常識的に考えて、綾瀬はるかという人がまだ〝出す〟わけはないと思って言ったまでのこと」（『2006』211頁）と考えるのである。

しかし、「出すわけない」と思っていた映画、たとえば『北京原人 Who are You?』（1997年、佐藤純彌監督）で、片岡礼子がおっぱいを出した例もあるから、淡い期待をもつ。エロ小説のシリーズ、フランス書院文庫的妄想をかきたてた上で鑑賞に臨む。


実際、映画を観てみたら、フランス・ストーリーとはずいぶん違っていた。何でも憶測で決めてはいけないということだ。でもひとつだけ当たっていたことは、ラスト近くまで待たされて、バレー部員が先生の胸で泣くシーン。とうとう〝出るか!?〟と、思ったが、〝出なかった〟こと。安斎さん、やっぱり出ないよ、コレ。（『2006』212頁）

これまで通りROBOTが作る、一連のつまらない映画の1本なので、ロクな映画の出来るわけがないのは最初から分かっている。普通なら相手にされない映画だが、それをあえて、「おっぱい」というタイトルに釣られるふりをして、みうらじゅんは見に行くのである。それのみが目的なら最後まで見て怒るところだが、彼は余裕綽々である。世間にはそのような欺瞞が充満していると達観している。

一方で彼は素直に感動して泣くことを極端に嫌う。泣くなんてカッコ悪いと思っているからだ。感動的な映画に接すると、「涙のカツアゲ」にあったと嘆く。感動しそうになると感動しないようにするために、かつて爆笑したことを思い出した。あるいは、事前に感動しそうな映画を見る場合、エロDVDを持参して気を散らしたりもする。その頑なさがちょっとおかしい。

たとえば韓国のオムニバス安物泣かせ映画『サッド・ムービー』(2005年、クォン・ジョングァン監督)は最初から泣かせ映画と分かっているので、覚悟しながら見に行く。


泣かせにかかりやがったら歴代ボンド・ガールを思い出せばいい。特にウルスラ・アンドレスの白い水着の股間な。会場はオバハンだらけ。2回目以降のリピーターは1000円で観られるという。オレは静かに靴下を脱ぎ、隣の席に干した。さぁ、どこからでもかかってきやがれ！「おら、おら、泣いてみぃー」(ハングルで)、オレは涙のカツアゲ常習犯なので、その手にはもう乗らないぜ。(『2006』54頁)

何なのだろう、この意固地さは。今も「007」シリーズは作られている。このシリーズの特徴は絶対に脱がないのに、すごく猥褻なボンド・ガールを必ず出してきて主人公と絡ませる点だ。イギリス的謙虚さか、本当にいくら猥褻なことをしていても絶対に脱がなかった。それがいっそう猥褻に感じさせる。

韓流おばさんたちは泣くつもりで韓国映画を見に来るから、下手すると、その涙に感染するかもしれない。だから、靴下を干すという、ちょっと怪しい行動に出る。泣きそうになったら、脂足の入っていた靴下の臭いを嗅ぐのだろう。変態っぽい。変態っぽい以前に、周りの観客の傍迷惑となる。

みうらの映画批評本では、放っておくと取り上げた作品のことなどまったく論じることなしに終わることもある。たとえば、アメリカのアカデミー賞を獲った『おくりびと』（２００８年、滝田洋二郎監督）の項では、死んだ彼のおじいちゃんのことばかり書いている。おじいちゃんはヘビースモーカーだったので、煙草（ピース）の缶を棺桶に何個も入れる。焼き場で焼かれているうちに、その缶が次々に爆発し、焼き場の人から文句を言われた。『おくりびと』の批評は結局その話だけで終わってしまうのだ。おそらく、みうらじゅんはこの映画を見て感動し泣いたにちがいない。カッコ悪いので話を逸らせているのである。

みうらじゅんはボブ・ディランが大好きだが（『アイデン&ティティ』参照）、マイケル・ジャクソンにはほとんど興味がない。だから『マイケル・ジャクソン THIS IS IT』（２００９年、ケニー・オルテガ監督）を見てもそっけない。「本当におもしろい人たちの特徴はそのルックスや言動もあるが、自分であるということにクソがつくほど真面目だということだ」（『２００６』235～236頁）と訳の分からないことを言い、ＭＪをその類の１人に挙げるのだ。そして結論は次のような、軟弱というか、どうでもいいというか、言い方になる。

> ジョン・レノンしかり、本当におもしろい人は最終的に地球とか宇宙とか、ＬＯＶＥとか誰にでもわかるでっかいテーマに至るでしょ。それはもう宗教といってもいい。自分などがあるとすればその中の一部に過ぎないことに気づくんだな。オレはＭＪについてほとんど知らないが、本当におもしろかった人ということだけはよくわかった。あと、オレのほうが１学年上で、イニシャルが同じだったこと。合掌。（『２００６』236頁）

各項には、それぞれ取り上げた映画をネタにした彼のエロ漫画が付けられている。その映画を見ていなくても、読むだけでも面白い読み物と言える。

シリーズ第3弾が『みうらじゅんの映画ってそこがいいんじゃない！』（以下、『そこ』と略記）である。

一般に、喧嘩せず仲良く社会的な生活を送るためには、角が立つようなことは言ってはいけないし、相手のメンツをつぶしてはいけないし、王様は裸だと言ってはいけない場合もあるなど、世間にはさまざまな規範がある。

みうらじゅんはそれらをたいていは破る。真面目にやっている人をからかったり、真剣にやっている人の間抜けぶりを笑ったり、中学生みたいに猥褻語を平気で使ったりする。自由奔放に、言い換えればつまり誠実に、いろいろなことに関して発言する。それを言ったらおしまいよ、というような類の発言までする。そのいろいろなことの中に映画を対象にした文章も含まれる。

新刊の『そこ』は、前作、前々作と書き方は同じなのだが、副題がメインタイトルになった。これまでの本に関して、一部で「あれでよく批評と言えるな」という噂を聞いたからタイトルを改名したという。誠実である。

読者にとっては、批評であろうとなかろうと読んで面白ければそれでいい。もちろんみうらも面白ければそれでいいと思っているのだろう。その姿勢が文章の端々に見られる。全然、反省などしていない。

みうらは脂足なので夏場はむれる。だから涼しい映画館ではたいてい履物を脱ぐ。ガラ空きの映画館だったら、靴下を脱いで座席の背中で干す。先にも実例を挙げた。反社会的で嫌な観客である。たぶん、次の回の客は何も知らずにそこに頭を乗せるのだ。そういうことを書いて平気なほど、みうらは野生人なのである。

映画批評においても傍若無人な一面がある。良識ある平凡な批評家のように、カッコつけて、真面目で有意義で社会的に優れている映画を見ることもあるのだが、それを論じることに何の興味ももっていない。むしろ、たいていの批評家から馬鹿にされているような作品、黙殺される映画、黙殺どころか見られもしない作品を好んで選び、わざわざ映画館まで足を運んで見て、書く。

文章の多くは、映画館に行くまでの事前思考、切符を買って場内に入るまでの並んでいる客の状況、見終わった後の観客の反応などに割かれている。映画本編についての言及は極端に少ない。あらすじについてはほとんど書かないといってもいい。これでは見ていない人には何が何やら分からないだろう。しかし、映画館という存在に思い入れのある人にとっては、これらの無駄と思える文章がいとおしいのである。

私も映画に関しては悪食である。どんなにひどいものと予想できても一応見にいく。予想はたいてい当たって、時間の無駄だったと思うことがしばしばある。しかし、時間の無駄と思うのは私の修行が足りないのである。みうらじゅんは修行が足りているので、ひどい映画を見にいってもめげない。そのひどさを一ひねりして、修行の過程の一部として楽しむ技術を習得している。みうらはひどい映画を見るのを滝に打たれるような修行と捉えているが、実に打たれ強い。どんなにひどい映画でも、そのひどさを逆手にとって楽しむ。それらひどい映画をみうらははっきり「修行映画」と呼ぶ。

この場合の『修行映画』とは、オレのことをよく知っているまわりの人から「よく観に行くねぇー」とか、「勇気あるねぇ」とか、半ば呆れ顔で言われた映画のことである。それは「一体、誰が観るの?」と言われるカルト映画の類ではなく、あくまで一般映画を装ってフツーにシネコンで公

開されているもの。(『そこ』4頁)

実は私も同じことをよく言われる。幼児向けのアニメを見にいくとか、堤幸彦の続篇映画を見にいくというと、周りの映画好きから、どうしてそのようなものに時間を無駄遣いするのかと呆れられることがよくある。みうらはつまらないと思った時点で、「そこがいいんじゃない!」と強引にひっくり返す。最大のピンチを最大のチャンスに変えるようなものだ。そして形容矛盾になるが、シネコンは駄作の宝庫なのである。

みうらは基本的に映画を見るのは映画館においてなので、その描写からその映画を見に来た観客の状況が手に取るように分かる。たとえば年寄りになったかつてのアクション・スターたちが集合した、いかにも退屈そうな『エクスペンダブルズ』(2010年、シルヴェスター・スタローン監督)について。

平日なのでナメていたら、どうやらレディース・デーというやつで女だらけの列。しかし、何もそんな日に平均年齢が50歳以上のオヤジだらけの映画を観る女はいなかった。(『そこ』51頁)

みうらは基本的に女好きなので、若い女の子の動向には敏感である。切符売り場に列をなしていた女の子たちは、この映画にはまったく近寄らなかったというのである。

みうらは若い女の子をしばしば馬鹿にする。みうらは若い女の子の価値観で、若い男の子が特定の映画を見せられることに同情する。たとえば『アベンジャーズ』(2012年、ジョス・ウェドン監督)という、つまらないアメリカン・コミックスの、つまらないドンパチ映画化作品がある。

日本に置き換えると、月光仮面と鉄人28号とウルトラマンと仮面ライダーとゲゲゲの鬼太郎とアンパンマンが集結すればって話だろ。でも全米のように単純を得意としない日本ではヒットが望めるかというと、そこは疑問。家族連れは期待できてもカップルとなると女の方から「これだけは無しでしょ」と、誘うまでもなく却下。仕方なく男は『海猿』を観るハメに。（『そこ』163頁）

アメコミの映画化も相当退屈だが、「海猿」シリーズも相当ひどい感動映画である。それを喜んで見る感性が私には理解できない。下心のある男は、そこは貸しにしておいて、「海猿」についていき、退屈するのだろう。

また、木村拓哉主演の『SPACE BATTLESHIP ヤマト』（２０１０年、山崎貴監督）について。みうらはアニメの「ヤマト」を見たことがない。私と同じだ（映画になったのは見ている）。だから、「イスカンダル」という固有名詞が彼の頭の中で「椅子噛んだる」と文字化けするという（みうらは京都生まれ）。いいセンスである。朝一の回に行くと、観客は彼1人だった。

椅子噛んだるには放射能除去装置があるんだね。それを地球に運び込む。要するにヤマト運輸ってことだな。オレもヤマトに乗り込む気持ちで誰もいない映画館のド真ん中に移動、背筋を伸ばした。（『そこ』65頁）

ところが、本編直前にカップルが入ってきて彼の喜びは半減する。それでもめげない。この映画の退屈さは想像をはるかに越えるが、みうらはびくともしない。エロ的に曲解して楽しむのである。

不細工な犬を主人公にした『わさお』（２０１０年、錦織良成監督）は、私が見ようと開場を待っていた時に東日本大震災が起こったことで記憶に強く残っている。大阪のなんばパークスシネマでもかなり揺れた。忘れられない映画である。

そもそも何でオレがぶさお、いや『わさお』を観に来たかということだが、数日前に飲み屋で「やっぱ、今、見るなら『わさお』でしょ」と発言してしまい、「さすが！　みうらさん、カンは鈍ってへんなぁー」と、山田五郎に感心されたからである。一体、何のカンなのか？　オレにも説明し難いが、このカンだけで今までやって来たことには間違いない。このカンが鈍ったときは死ぬときと見付けたり。（『そこ』73頁）

もちろんこの映画は十分に退屈な映画だ。しかも、みうらは犬一般が嫌いである。犬嫌いなのに犬映画をわざわざ見にいく。独特のカンである。いや、執念か。

今では誰も覚えていないだろうが、小惑星探査機「はやぶさ」に関して、同時期に映画が次々に作られた。みうらは「……一度もはやぶさに興味を持ったことがなかった」（『そこ』134頁）のに見に行く。渡辺謙主演の『はやぶさ　遥かなる帰還』（２０１２年、瀧本智行監督）をまず見る。見ていて彼が気になるのは、渡辺謙のカツラと江口洋介のコンタクトレンズ、山崎努の喫煙だけである。つまらないと映画の世界に没入できないという経験は誰しもあるだろう。どんなにつまらない映画でも、視点を変えれば耐えられる。

みうらはつき合いよく別作品『おかえり、はやぶさ』（２０１２年、本木克英監督）も見に行く。藤原竜也と、渡辺謙の娘・杏が出演していて、それだけでもう面白くない映画と予想できる。はやぶさ映画の２回目だから、ストーリー（というか起こった事実）は知っている。映画の中で「はやぶさはもう絶望です」と悲嘆にくれているシーンになると、みうらは、自信をもって、大丈夫だ、とスクリーン上の登場人物をなだめるのだ。今、見ている映画が面白くないので、そのようなことをして映画館で遊ぶしかない。

市川海老蔵主演の『利休にたずねよ』（２０１３年、田中光敏監督）も相当な退屈映画だが、そのような映画を面白い映画だと勘違いして映画館にやってくる老人客層の描写が面白い。

劇場前は平日の午後だというのに大混雑。大半は年寄り、ジジィのほとんどはハンチングをかぶり、ババァはウィッグで頭を高く盛り上げていた。オレももうすぐこの域に突入するんだと思ったら何だか笑けてきた。（『そこ』231頁）

こういう客層は吉永小百合主演映画でもよく見かける。最近だと『ミケランジェロ・プロジェクト』（２０１３年、ジョージ・クルーニー監督）の客層がそうだった（こちらはそれほどの退屈映画ではなかったが）。みうらも相当退屈しているはずだ。なぜなら、次のようなことが気になるからだ。

映画が始まる前から隣の席のオバさんが若者みたくポップコーンを食っている。どうやら固いとこが歯に詰まったらしく先ほどから指を口に突っ込み、必死で取ろうとしているのが気になってなかなか映画に感情移入できない。（『そこ』232頁）

たぶん順序は逆なのだろう。退屈で映画に感情移入ができないので、隣のオバさんの仕草が気になったのだろう。

ベストテンを選んで1年を振り返る文章で、必見とした『ルパン三世』（2014年、北村龍平監督）と『近キョリ恋愛』（2014年、熊澤尚人監督）は本当にDS映画である（DSはみうらの造語で「どーかしてる」の意味）。特に前者において、私はあまりの退屈さに、ほとんど違いのないインターナショナル・バージョンまで見てしまったくらいだ（なぜだ）。まずその『ルパン三世』から。

……さぞかしイケメンファンの女性客で混雑しているだろうと、レディース・デーだけは避けて観に行った。まず、上映前に宝塚歌劇団が来年2月20日から公開する『ルパン三世』のCMに背筋がゾクッとした。肝だめしに観たいもんである。そして、例の〝NO MORE映画泥棒〟、泥棒つながりでルパン三世とコラボ。「映画泥棒なんてケチなことはしなさんな」と、小栗ルパンが言ったとき、またも背筋がゾクッとした。もう、映画が始まる前からこれなんだから期待は高まるばかり。（『そこ』269頁）

もちろんこの「背筋ゾクッ」「期待」は、偉大なる修行映画に接することができるという気分の高揚と期待である。そして期待通りの修行映画だった。

次に『近キョリ恋愛』でも「女子高生やOLがわんさと映画館に詰め掛けているという噂を聞き、〝ここは一丁、修行しに出かけますか！〟……」（『そこ』277頁）と渋谷の映画館に出かける。女子高生やOL

が集まる映画は退屈映画に決まっているから、みうらは「修行」しに行けると期待しているのである。

本論ではエロ的に結論づけているが、年末回顧の文章では「例の〝壁ドン〟を初めて目にしたとき、純愛という世界こそが最大のDSだったことに気付かされた。ちなみに殉愛もね」（『そこ』286頁）と、軽く退屈さをうっちゃっている。退屈さにびくともしない体力を私も身につけたい。

みうらは仏像に関しても何冊か本を出している。この映画本の中にもウルトラマンのルーツが弥勒菩薩だということに小学生の時に気付いたという話が出てくる（『そこ』127頁）。あの頭の部分が同じ形をしているのだ。エロ映画『エマニエル夫人』（1974年、ジュスト・ジャカン監督）の籐椅子に腰かけている姿も、直観的に弥勒菩薩を彷彿させるという。

さらに『パシフィック・リム』（2013年、ギレルモ・デル・トロ監督）のところで、海外の怪獣ものと比べて、なぜ日本映画の怪獣は「着ぐるみの中に人」という造形にこだわるのか、について仏像的見地から面白い意見を開陳している。


怪獣がモンスターと大きく違う理由は、それらが神仏の化身であるという考え方ではないのか？だから当然、怪獣の中には魂が宿ってなければならない。〝着ぐるみの中に人〟である必然は、そもそも仏心を持つとされる人間が怪獣という化身で現れることに意味を持つのではないのか？（『そこ』215〜216頁）

含蓄のある言葉だ。彼はエロだけの男ではないのである。

（2）奥浩哉

【奥浩哉『GANTZなSF映画論』（2012年5月、集英社、集英社新書）】

漫画には興味がない。興味がないのに、漫画関係者がたまに映画論を書くので仕方なく読む。漫画家、あるいは漫画原作者は一応、映画と隣接していると考えられるメディアに属している。しかし、漫画はあくまで静止画であり、映画はあくまで動画である。まったく別の分野だと考えていいと思う。にもかかわらず、漫画のアニメ化、漫画の実写化がすごく多いのが現状である。

漫画の映画化がどんどん広がっているので、漫画家や漫画原作者が映画に関しても通であるかのように世に受け容れられつつある。

まず前提として映画の『GANTZ』（2010年、佐藤信介監督）も続篇『GANTZ：PERFECT ANSWER』（2011年、佐藤信介監督）も私にはまったく面白くなかったことを確認してから論を進めたい。その原作漫画を書いたのが奥浩哉である。彼は『GANTZなSF映画論』の著者でもある。

彼は中学生の頃、映画にはまり込み、ホラー映画目当てに映画館に通うようになった。ところが19歳の時に上京して真っ先にしたことというのが、映画館通いではなくレンタルビデオ店の会員になることだったという。すぐに安易な方向に向かったわけだ。

東京ではスクリーンでたくさんの映画が見られるのだから、当然、映画館通いが始まるのかと思ったら、この体たらくである。「映画を観ないと呼吸ができないような感じで、そのころが人生で最も集中的に映画を観ていた時期だったと思います」（15頁）と懐古的に書いてあるが、彼が見たのは映画ではない。すべてレンタルビデオ店から借りてきたビデオである。そんなことで「人生で最も集中的に映画を観ていた時期」などと言ってもらいたくない。この人が見ているのはビデオにすぎない。ビデオは映画とは違うのだ。

映画は、画面が動きますし、サイズも大きくて迫力がある。なおかつそこに音楽がついて、俳優の演技も入る。まさに総合芸術と言われるだけあって、目の前で本当に起こっていると思わせる力、そこにリアリティを感じさせる力は映画のほうが圧倒的に優れています。（18頁）

漫画と比較して映画の良さを述べている文章である。言っていることは正しい。正しいのだが、その基準となっているのがビデオなのだから情けない。

彼はそれらビデオから漫画のアイデアをいただく。彼の描いた漫画「ＧＡＮＴＺ」の世界観は『ブレードランナー』（１９８２年、リドリー・スコット監督）と同じ図式をもっているとか、「ＧＡＮＴＺ」の女性キャラクターは『トゥームレイダー』（２００１年、サイモン・ウェスト監督）のアンジェリーナ・ジョリーを想定して描いたとか（漫画の連載開始は２０００年で時期が前後するが、奥本人の弁）、ヒロインの吉高由里子は『ロッキー』（１９７６年、ジョン・Ｇ・アヴィルドセン監督）のエイドリアンがモデルだとか、いろいろと書いている。

つまり彼は自分の描く漫画「ＧＡＮＴＺ」のイメージの主要な部分を映画（実はビデオ）から借りたと

白状しているのだ。

彼はお世話になったハリウッド映画（といってもビデオ）を擁護する。

現在のハリウッド映画を馬鹿馬鹿しくくだらないと切って捨てる人もいるでしょうけれど、色々な分野の天才たちが工夫に工夫を凝らして、万人にわかりやすいように、楽しんでもらえるように、多額のお金をふんだんに使ってつくられた、贅沢な代物なのです。もちろん、鑑賞する方は、つまらなければつまらないと言うのは自由です。しかしハリウッドメジャー映画ほど才能が集まってつくられた映画は、他の国には存在しないということはわかってほしいです。（173頁）

この中の、「才能が集まってつくられた映画」なので面白く楽しめる、との飛躍的結論に私は承服できない。この人の信奉する『ブレードランナー』の監督、リドリー・スコットが撮った『悪の法則』（2013年）が全然面白くないことを考えれば、才能が集まってもつまらない映画が出来上がることは頻繁にある。才能が集まろうと凡才が集まろうと、観客は出来上がった作品を見て決めればいいのだ。才能の結集が必ずしも名作の保障とはならない。

奥浩哉の書いた『GANTZなSF映画論』は、SF映画の名作をずらずら並べてあるだけの、内容がペラペラのカタログ本である。彼のファンしか喜んでは読まないだろう。

（3）荒木飛呂彦

【荒木飛呂彦『荒木飛呂彦の超偏愛！映画の掟』（2013年5月、集英社、集英社新書）】

荒木飛呂彦は『荒木飛呂彦の超偏愛！映画の掟』（以下、『掟』と略記）の前に、同じく集英社新書で『荒木飛呂彦の奇妙なホラー映画論』（2011年6月）を書いている。そちらも内容がペラペラだが、今回の本も内容が薄い。多分その薄っぺらさの原因は映画館で映画を見ていないことから生じるのだと思う。

映画館で見るのとビデオ、DVDで見るのとの違いを、荒木はほとんど意識していない。どちらでも同じ、あるいはDVDの方が便利だという認識だろう。忙しい人はだいたいそういう論理に逃げる。

特にビデオ、DVDに頼っているとは書いていないのだが、『ヒート』（1995年、マイケル・マン監督）を「ヒマがあったら観ては、何度でも泣いています」（『掟』31頁）という記述や、次のような文章から、彼は映画館になど行かないと推定できる。その彼が、ベースにサスペンスのある映画が自分の好みと気づく。

それからというものは、僕は映画を観てはノートを広げ、この時点で登場人物のキャラクターを描いているとか、ここからサスペンスが始まっている、あるいはこのアイテムを使うことでこのような効果を生んでいる、などと研究を重ねていきました。（『掟』13頁）

自分の描く漫画に活用するために映画を見るというのが彼の基本姿勢である。だから身につかないのだと思う。同じ穴の狢というか、前項の奥浩哉が感動した『インデペンデンス・デイ』（1996年、ローランド・エメリッヒ監督）を荒木飛呂彦も好んでいる。

「話がメチャクチャすぎるだろ」と笑う人がきっといることでしょう。確かに、アホらしいといえばアホらしい展開です。でも僕は、このくだりで泣いてしまいました。「地球を守るため、大統領が戦闘機で戦う」という行動には説得力があったし、危険と分かっていても決着をつけにいく、という筋立ては、「男泣きサスペンス」の本質から全くブレていなかったからです。（『掟』48頁）

そもそも説得力を観客に要求するような映画ではない。奥浩哉の方は、「ウィル・スミスがエイリアンを殴って気絶させたり、大統領が自分で戦闘機に乗って戦ったり、思わずツッコミたくなるような荒唐無稽なシーンもありますが、それもすべては映像の圧倒的な説得力やリアリティがあってこそ成立しているのだと思います」（『ＧＡＮＴＺなＳＦ映画論』22頁）という具合に同じく擁護している。

私はこの映画をくだらないと思った。笑った。「説得力があった」とも「リアリティがあってこそ成立」したとも思っていない。「思わずツッコミたくなるような荒唐無稽な」、くだらないドンパチ映画だと思って見ていた。

このような思い入れたっぷりな文章がこの本の随所に登場する。「たとえば映画ファンだったら、邦画、テレビドラマの映画版、アニメの実写版、ハリウッドのリメイクなどを全否定したりする」（『掟』144頁）と彼は残念がる。いたって真っ当な映画ファンだと思う。私はこれらの映画を全否定するわけではない。稀にそれらの作品の中にも優れたものもあったと推測する。具体的な作品名がパッと出ないが、それなら、荒木飛呂彦の方も実例を挙げてちゃんとほめてもらいたい。

擁護しておきながら、荒木のこの本には日本映画の記述が出てこない。明らかに日本映画を軽視していると感じる。軽視するのも結構だが、正しく誠実に軽視してもらいたい。荒木が上に挙げたジャンルのくだらない出来の実例を私はいくらでも簡単に挙げられる。たとえば『ジョジョの奇妙な冒険　ダイヤモンドは砕けない　第一章』(2017年、三池崇史監督、ちなみに荒木が原作)などはどうか。荒木にそれができないのは、おそらくろくに日本映画を見ていないからだ。これは奥浩哉も同じだと思われる。

結局、荒木の「……自分の漫画に役立てようと、映画をかなり分析します」(『掟』184頁)という功利的な鑑賞の仕方に問題があるのだ。

映画を映画として楽しんで、それから後、漫画のネタに盗用するなり、流用するなり、オマージュを捧げるなり、すればいい。何かの魂胆をもって映画を見る、何か利用できるものがないかと映画を見る、このような姿勢で、映画の面白さを満喫できるとは私には思えない。

(4) 弘兼憲史

【弘兼憲史『弘兼憲史の人生を学べる名画座』(2004年12月、主婦と生活社)】

漫画家・弘兼憲史の『弘兼憲史の人生を学べる名画座』は無内容である。映画タイトルにも時々あるパターンだが、タイトルに「~の」と著者の名前を入れている。つまり何が書いてあるかより、誰が書いているかの方が重要であるということを示す。タイトルからその名前を取れば、誰も読まないような本なのだ。

弘兼憲史の漫画が原作の『課長　島耕作』（1992年、根岸吉太郎監督、田原俊彦主演）を見ているが、主演・田原俊彦の貧弱さ以前に、サラリーマン生活の描写に何の面白みもない。

彼も昔は映画青年だったようで、「今のようにビデオはありませんから、手元が光って暗闇でも書けるボールペンと手帳を持って映画館へ通い、印象に残ったシーンをスケッチしたり、ポイントを書き留めたり……」（2頁）といった生活を送っている。周りの観客にえらい迷惑である。

私は映画館で上映中にケータイを開いて光を放つのが視界に入ったらすぐに「消せ！」と叫ぶことにしている。また、この人は、まだ海賊版防止キャンペーンのなかった頃に、『ローマの休日』（1953年、ウィリアム・ワイラー監督）の上映中、カメラで直撮りしていたと、その熱狂振りを自慢するかのように書いてもいる（29頁）。オードリー・ヘップバーンのアップを撮りたかったのだそうだ。これも傍迷惑である。シャッター音がうるさい。私が、「やめろ」と怒鳴る前に、今なら著作権法違反で通報されるだろう。だから自慢してはいけない。

それはともかく、この本で取り上げているので最も新しいのが『シンドラーのリスト』（スティーヴン・スピルバーグ監督）で1993年の作品だ。つまりそれ以降この本を書くまでの10年、ろくに映画館になど行っていないように思う。古い平凡な名画ばかりでつまらない。彼は自分の漫画に映画からヒントを得た、というか、ほとんどそのままの台詞や状況を採用している。隠してはいないからパクリとは呼ばないが、結局、彼が映画を見る目的は漫画のネタ探しということになるのだろう。

一つだけ面白かったのは『ディア・ハンター』（1978年、マイケル・チミノ監督）の項目。彼は米軍基地のある岩国出身で、小さい頃から米兵の生活をよく知っていた。沖縄経由でベトナムにこれから向かう兵隊たちの姿を見て、『ディア・ハンター』前半部の鹿狩りシーンがしみじみ分かったという。「沖縄に行くということは死を意味するも同然でしたから、とても複雑な心境でした」（69頁）。これは彼にしか分からないこの映画の見方だろう。

(5) やまだないと

【やまだないと『ハルヒマヒネマ』（2008年10月、講談社）】

漫画を読まない私は女性漫画家についてほとんど情報をもたない。阿部嘉昭のサブ・カルチャー関係本にこの漫画家を高く評価する文章を見つけたことがあるぐらいである。エロ漫画を主に書いているそうだ。

本職は漫画家だが、映画化された自分の原作もあるが、残念ながら私はすべて見逃している。新たに脚本を書いたテレビドラマもある。『ハルヒマヒネマ』には映画の学校にも行ったことが記されている（49頁）。映画映像とまったく無関係というわけではない。

ところでタイトルの『ハルヒマヒネマ』だが、意味は不明である。自分のことをヤマラハルヒと呼んでいるところを見ると、「ハルヒ（＝やまだないと）のヒマに任せてシネマについて書いた本」と勝手に解釈した。

読み始めてすぐ分かるが、基本はビデオ鑑賞である。漫画家の習性なのだろうか。映画館や試写室に行くことはまれだ。なので、この本がたいしたものにならないのは分かっている。だがちゃんと予防線は張っている。この本はメモの集成であり、その「メモに書いてあるのは感想で、批評とか評論ではないつもり」（3頁）と宣言している。やはり、まともに読まなくてもいいのかもしれない。

ただ何かためになることがなかろうかと探してみれば、漫画の映画化については漫画家独特の考え方が分かるのではないか。たとえばツゲヨシハル（やまだは固有名詞をカタカナ表記する。普通は「つげ義春」）原作漫画の映画化『リアリズムの宿』（２００３年、山下敦弘監督）について次のように書く。

なんで、ツゲヨシハルの漫画を映画にしたいのかわからない。
映画にするなら、ツゲヨシハルじゃなくて、「ツゲヨシハル的なオレ」でいいじゃないか。
こういうのって、他人のモノの見方の面白さを見せようったってつまんないと思うのだが。自分のモノの見方の面白さを見せればいい。（7頁、やまだは文頭や段落替わりの一字下げをしない書き方をしている）

これは原作の映画化というものを否定しているのだろうか。それとも漫画の映画化、あるいはつげ義春作品の映画化だけを否定しているのだろうか。自分の漫画の映画化である『L'amant ラマン』（２００４年、廣木隆一監督）については「映画版と原作の漫画版でどっちが好きかといえば、ハルヒは、もちろん自分の描いた原作の漫画のほうが好きである／ハルヒの見たいもの、聞きたいこと、感じたいことが描いてあるから」（11〜12頁、「／」は改行の意。以下、同じ）と当たり前のことを平然と言っている。原作漫画を勝手に映画化するな、と言いたいように読み取れる（それなら原作を提供しなければいいのだが）。

漫画の映画化に関しては他に『ハチミツとクローバー』（２００６年、高田雅博監督）について彼女は次のように書いている。

ハルヒが今まで、漫画原作の映画や、漫画になりたい映画を好きでないと言ってきたのは、人間を漫画にしようととても窮屈な演出をする映画に関してだった。

漫画のような動きやセリフ回し、画面の切り方、つなげ方。

ハルヒは、そういうの見ていて、とても窮屈だったんだ。(276頁)

私には伊勢谷友介や蒼井優がすごく作り物めいた役に見えたし、窮屈に感じた。確かに漫画的には見えなかった。この映画の主演・櫻井翔が出ていた、同じく漫画が原作の『黄色い涙』(2007年、犬童一心監督)と比べてみると、確かに『ハチミツとクローバー』の方がより漫画から遠ざかっている。しかし、そこかしこでぎこちなさを感じたのも確かである。『黄色い涙』の方はジャニーズ事務所・嵐のメンバーが主要人物なので幼稚にならざるをえない。漫画的だった『黄色い涙』の方をやまだないとがどう思っているのか知りたいが調べがつかない。やまだはビデオやDVDでしか見ないから、時系列もめちゃくちゃだ。自己申告どおり、本当にメモみたいな本である。

なお、長生きしながら性別を横断する主人公を描いた『オルランド』(1992年、サリー・ポッター監督)に関して、「まさに、日本の少女漫画が、描き続ける世界だと思うのだ」(69頁)と指摘するのは、少女漫画家独特の視点であるといえるだろう。要するに漫画というのは突拍子もないことが起こっても不思議でない世界ということか。ということはリアリズムを旨とする映画とは元々相容れないものなのかもしれない。

漫画原作の映画化作品以外の映画についての評価はごく個人的な嗜好を前面に押し出しているものが多い。特に嫌いな映画に対する激烈な評言が面白い。たとえば『模倣犯』（2002年、森田芳光監督）についていて、「見事に面白くない。面白くないどころか心配になってくる。この映画は監督に愛されていないのじゃないかと」（101頁）と書き、『リンダ　リンダ　リンダ』（2005年、山下敦弘監督）に関してはカントクがどうこう以前に、ハルヒはとにかくこういう無理矢理冷めてたりとぼけた人ばっか出てくる映画が好きじゃないのだ」（165頁）と書く。直感的に映画の核を突いているとも読める。しかし、この嫌いなタイプの監督の作品をけっこう見ている。愛憎の裏表か。

誰が見てもくだらなく感じたに違いない『丹下左膳　百万両の壺』（2004年、津田豊滋監督）については、「は？／トヨエツの胸ぐら摑んで、平手入れたい映画だった。往復で」（267頁）と怒りをぶつけている。このような激烈な怒り、不満はプロの批評家にはできない技だろう。

私は面白く見たし、一般的にも評価の高かった『フラガール』（2006年、李相日監督）にも手厳しい。

見事に型どおりのセリフしか使わずに、一言のオリジナリティもなく、へたすれば、お笑いになってしまいそうなくらいオーソドックスを意識して作られた映画。奇をてらえばいいってもんじゃないということを学んだ。笑わせようと思ったら泣かれてしまって、監督はうしろめたいだろうなあ。と想像すると愉快だ。にしても誉めすぎだから！　ぜったい！（343頁）

世間の高評価に疑義を呈しているのである。この考えに説得力があるかどうかは別問題だが、一理ある。確かにオーソドックスな泣かせ映画であると考えることもできる。しかし、何度も言うが、彼女は映画を基本的にビデオやＤＶＤで見ているのであるから、劇場で見るのと同じに考えてはいけない。ビデオやＤＶＤで見たからこそ、そのような印象を受けたのかもしれないからだ。

彼女が映画館で見ないといけないと思うのは、いい映画を見た時である。「どえらいかっこよさだ。映画館で見ればよかった」（19頁、『コンスタンティン』）、「面白かった。もったいないので映画館で見るべきだ。映画館で見てよかった」（59頁、『ティム・バートンのコープスブライド』）、「実はビデオやＤＶＤで見るのはコレが初めてで、この映画は試写会に始まって、映画館でよく見た。／なんか映画館で見るべき映画かなと思う」（97頁、『パルプ・フィクション』）、「これも、映画館で見逃したのを悔やむ映画。／家のテレビだと、あんまり面白くないから。でも、これがもし大画面だったら、大音響だったらと思って見ると面白い」（141頁、『パイレーツ・オブ・カリビアン／呪われた海賊たち』）、「そして、やっぱり、こういう映画は映画館で見ないと。／と、ハルヒは、ＤＶＤで見て何度も気づくわけなのだ」（284頁、『ロード・オブ・ザ・リング／王の帰還』）、「この映画は（もう、何度同じことをいうんだって感じだけれど）、映画館で見ればよかったなあ。ハルヒ、パリへ行く日本航空の中で見た。ハルヒんちのテレビより小さい画面で、カントクに申し訳なかった。タダだし」（329頁、『嫌われ松子の一生』）。このように何度も、映画館で見なかったことを後悔している。

頻繁に後悔するぐらいなら映画館に通えばいいと思が、それならそれで別の後悔をするかもしれないから、彼女の見方は放置するしかないか。

彼女の方針はつまりこういうことである。ＤＶＤで見て良い映画だったと分かったら、映画館で見ていたらよかったと嘆き、たまに映画館で見て良い映画だと分かったら、映画館で見ていてよかったと安心するのである。良い映画と映画館が結びついている。

しかし、DVDで見て良かったと感じた映画を、回顧上映などで、映画館で見た場合、もしかすると面白く感じないかもしれない。二度目に見ると面白くなくなる映画がけっこうあるからだ。

この女性漫画家は、おそらく今後も心を入れ替えて映画館に通おうとはまったく思わないだろう。仕事をしながら、あるいは仕事の合間にDVDを流しっぱなしにしてチラチラ横見鑑賞するのがオチだろう。この漫画家のファンは彼女の発言を楽しめばいい。一般的にまともに読まれることは本人も希望していないと思う。

(6) 大木えりか

【大木えりか『21世紀萌え映画読本』(2013年4月、新書館)】

実際に誰かがオタク用語の「萌え〜!」と発声しているのを私は今まで聞いたことがない。あれはあくまで喩えであって、抽象的な事象を表わすための用語だと今でも思っている。もし実際に「萌え〜!」などと言っている人がいたら、私は即座にその人を危ない人だと思うだろう。

しかし、活字で本の中に書き付けるばかりかタイトルにまで使う人がいる。大木えりかである。この人が何者か私は知らないし別に知りたくもない。しかし、この人の映画に対するいびつな接し方には興味がある。「萌え〜!」も相当変な日本語だと思うが、彼女の書いた『21世紀萌え映画読本』には腐女子とかBLとか訳の分からない、特に分かりたくもない言葉が頻出する。漫画周辺の世界に対し、さらに馬鹿にしたくなるような感情が私の中で増してくる。

念のため、意味を確認しておく。まず、ＢＬは「ボーイズ・ラブ」の頭文字で「男性の同性愛」のことらしい。Boys Loveと書くのか、Boy's Loveと書くのか、知らないが、それらの英語がどうして「男性同性愛」の意味になるのか私には分からない。どうせ和製英語だろう。腐女子や腐男子になるともっと複雑で、元々は「男子（女子）同性愛者」たちを好む女子（男子）という意味らしいが、徐々に意味が変化しているようだ。

また「感無量」「号泣必至」「〜萌え」「スノビッシュな」などという使い古された常套句を平気で何度も使う。思考回路が硬直しているに違いない。

さらに言語感覚を疑いたくなるような考え方もある。オタクという概念を「……昨今ではあまりイメージのよろしくない単語……」（41頁）と書いた後で、実際には「……オタクと呼ばれる人には知的で親切なタイプが多いと思う」（同）と書いている。個人の印象だから別に異議は唱えない。だから、オタクと呼ばれる人たちのことを偏狭で群れたがる人たちと捉える私の考え方も認めてもらいたい。この本を読んでも、取り上げる映画の選択が実に偏狭だと感じている。

偏狭な上に不勉強な面もある。たとえば「スターウォーズ旧三部作（エピソード1・2・3……）」（120頁）という記述があるのだが、それはエピソード4・5・6である。単なる書き損じかもしれない。その後、彼女は新作としてまた（エピソード1・2・3）と書いている。ちゃんと見ていないのかもしれない。

また障害者が出てくる映画を「……ハンディキャップ系……」（200頁）と呼ぶ言語感覚もいかにもオタク系だ。私も「〜系」と使うことがあるが、こういう呼称のいけないところは、余りに大雑把に分類してしまう点にある。私も反省する。とにかく言葉は丁寧に使いたい。

この種の本を読むためには「やおい」という言葉も知っておいた方がいいだろう。同性愛のエロ描写中心で、山もオチも意味もない、その頭文字を取って「やおい」というのだそうだ。レッテルを貼り替えているだけの話だ。

同性愛＝ホモセクシュアルであるが、ホモソーシャルという概念を考え出した人がいる。その考察者イヴ・セジウィックの本を私は読んだことがないが、他の映画論で引用されているのを読んだことがある。「同性間の社会的絆」を表わすという。簡単に言うとホモセクシュアルからエロを抜いた概念と私は捉えている。

大木は「……この、男性同士のホモソーシャルな関係こそが、女性にとって〝萌え〟の対象なのだと思う。あるいはホモソーシャルな関係をホモセクシュアルな関係だと敢えて誤読することが大事なのかも」（6〜7頁）と定義している。勝手に誤読したらいい。

こういう定義付けから始まって映画の紹介に入るのだが、別にこの新しい概念を採用して分析してみたところで、何か新しい局面が開けるというわけではない。男の友情を別の言葉「ホモソーシャル」と言い換えているだけの印象が残る。最初に取り上げられるのが私の大嫌いな映画シリーズ「ロード・オブ・ザ・リング」である。彼女にとっては「……ホモソーシャルな関係を見出すという萌え方があることを知ったきっかけ……」（15頁）となった作品だそうだ。

１９８０年代だっただろうか、女性の間でイギリスの同性愛者映画が流行ったことがあった。イギリスの上流階級出身の大学寮内における同性愛者の映画が何本か続けて公開され、その上映館に若い女性がどんどん集まっていたのである。『アナザー・カントリー』（１９８３年、マレク・カニエフスカ監督）がその１本だったが、金持ち階級の美男子が大学寮でラブシーンを演じるというのが、他にも何作かあった。こんなきれいごとに憧れてどうするのだという私は反感をもった。
たとえば男子公衆便所で中年の太ったオッサンと若い男の子が交合する『プリック・アップ』（1987年、スティーブン・フリアーズ監督）などのような汚い同性愛映画の方が私にはリアルに感じられた。なぜこんなことを思い出したかというと、『英国王のスピーチ』（2010年、トム・フーパー監督）を取り上げる際、「……英国の貴族制度は王国物ファンタジーの基本枠組……」（70頁）であり、日本人はそのような枠組みをもつイギリスが大好きだというのである。労働者階級の同性愛より貴族階級の同性愛の方に人気があるということだ。何だろう、この感覚は。このような状況にも貴種好みが出現する。

ボーイズラブは、恋愛についての夢を見させてくれる物語だと思う。美しかったり賢かったり有能だったり、魅力的な男性たちが登場して、自分が幸せでいるための伴侶を見出す。恋敵の登場とか失恋の疑いとか、もちろん恋愛に障害はつきものだけれども、それは物語のエッセンスでしかない。最終的にはハッピーエンドが待っている（もちろん例外もあるでしょうが、とりあえず大まかな傾向として）。（64頁）

要するに宝塚歌劇と同様の、浮世離れしたファンタジーの世界に酔っているだけのことである。たとえばすごく面白く見た『ばしゃ馬さんとビッグマウス』（2013年、吉田恵輔監督）のヒロインの同僚も、ボーイズラブのシナリオを書いている、というような台詞があった。その種の人たちは単に流行に乗ろうとしているだけなのだろう。実際のところ、これは流行り廃りの問題ではない。同性愛者は昔からいたし、今もいるし、今後もいる。個人にとっては、勝手にファッションや流行として捉えられたら傷つく場合もあるだろう。ファッションとして捉えるのがいかにも軽薄に感じる。

私が大木の映画鑑賞眼を馬鹿にしたいのは、同性愛愛好家的観点からしか映画が見られなくなっている点だ。たとえば『ブロークバック・マウンテン』（2005年、アン・リー監督）について、「……素晴らしい作品だとは思うけど、萌えの範疇に含めないという人の方が多いのかもしれない」（140頁）と書いている。「萌えの範疇に含めない」というのは、単なる事実を述べているだけなのか、それとも含まれていないからつまらない映画だと考えているのか、はっきりしない。彼女の考える「萌えの範疇」は実はすごく狭いのではないか。

またたとえば、『ラム・ダイアリー』（2011年、ブルース・ロビンソン監督）という、エピソードを団子の串刺しのように並べているだけの退屈映画に関して、そのモデルについて詳しく述べている。にもかかわらず、劇映画ではなくドキュメンタリー映画で、その映画でモデルになった本人が登場するし、『ラム・ダイアリー』でその役をやったジョニー・デップがナレーションまでやっている『GONZO～ならず者ジャーナリスト、ハンター・S・トンプソンのすべて～』（2008年、アレックス・ギブニー監督）を見逃しているというのは、萌え基準でしか映画を見ていないからだろう。

萌え映画の見分け方まで、頼まれもしないのに書いているのだが、その見分け方を知って、読者にいったいどのように映画を見てもらいたいのか。萌え映画でなければ見なくていいという考えなら、さらに視野を狭くするばかりである。

これはオタク一般の問題である。端的に言うと視野が狭い。他の映画以前に周辺の映画さえ見ていない。学生運動が華やかだった昔、専門のことしか分からない大学の先生のことをタコツボ型研究者と呼んだ。タコツボのタコはツボに入り込んで入り口から外を見るだけ、つまり極端に視野が狭いということの喩えである。オタク系（また使ってしまった）関係者は基本的に視野が狭いと私は考えている。だから彼ら彼女らの書く映画論は読んでも面白くないのだ。

視野が狭いついでにもう一つ。

……それまではフランケンシュタインみたいに創造主を殺す恐ろしい存在だったロボットの描かれ方が変わった……（211頁）

念のため書いておくと、原作で死体を継ぎ合わせて作られた人造人間はクリーチャー（創造物）と呼ばれている。フランケンシュタインは人造人間を作った科学者、つまり創造主の名前である。オタクの教養とはこの程度のものなのだ。

そういえば『映画　怪物くん』（2011年、何と中村義洋監督）では韓国人総合格闘家のチェ・ホンマンが「フランケン」に扮している。原作漫画の時点で、世間の誤解にのっとって間違えている。このような単純ミスを放置して定着させた藤子不二雄Ⓐの罪は重いと考えたい。

なお各章の終わりのイラストがいかにも少女漫画臭くて、私は不快に感じる。描いたのは有名な漫画家らしいのだが、私はまったく知らない。興味もない。

H．映画関係者

（1）井筒和幸

【井筒和幸『サルに教える映画の話』（2005年10月、バジリコ）】

井筒和幸というとテレビのバラエティで好き勝手なことを言っているオッサンと思っているかもしれないが、実は素晴らしい映画監督である。映画批評家としても鋭い視点で映画を批評する人である。プロの批評家の多くが映画会社の顔色をうかがいながら批評をしているのと比べると、はるかに優れた批評を書いている。これは映画技術のプロでありながら、映画批評のアマチュアであることの利点である。

ここで取りあげる『サルに教える映画の話』は対談形式になっている。本当に対談したのかどうかは分からない。架空の、ここでは映画のことなど何も知らない若い、チャラチャラした女性（＝サルと見なしているようだ）を相手に、懇切丁寧に映画の本質を教え込んでいく形式となっている。

井筒の映画批評は実に明快で自信に溢れている。たとえば宮崎アニメに関して、「……自分の力で生きろとか、想像力を持てとか、お説教映画が多いなぁ」（53頁）とけなし、『千と千尋の神隠し』（2001年）に関しては「映画ってのは、本当に具体なんです。ちゃんとキャメラがあって、風景があって、横から誰かが飛び込んできて、それをフィルムに収めていくのが映画。でも、アニメはキャメラもなしに作るわけでしょ?·そんなの映画じゃないんだよ」（54頁、「?·」の後の一字分の空白はなし。以下同じ）とバサッと斬った後、ゴダールの難解さを擁護する。

いかにもアート・フィルム、プロパガンダ・フィルムで、何かをいわんとしてるけど、よう分かるし、写してるものが非常に具体なんですよ。ストーリーはメチャクチャだし、映画を解体するって、傷がビヤーっと流れたりする。ハリウッド映画が最悪、ハリウッド映画こそ帝国主義のプロパガンダだってね。でも、それも具体でしょ、傷入れてんだから、分かりやすいじゃん。（55頁）

一般に難解と言われているゴダール映画に比べると、『千と千尋の神隠し』の「顔なし」の方がずっと分かりにくい。「何か勝手な思いつきで、あれはこうだとか、みんなにいわそうと思うてる作為を感じますね」（同）と非難するのである。

日本で最多の観客を動員したのは『千と千尋の神隠し』だが、実写映画では『踊る大捜査線 THE MOVIE 2 レインボーブリッジを閉鎖せよ！』（2003年、本広克行監督）である。このシリーズ映画に関しては、キャラクター作りにおいて取材不足であると非難する。

どこにおんのよ、あんな湾岸刑事。日本のどこにおんねん？どこにもいないよ。それは取材しないで作ってるからですよ。チヤホヤ話にチヤホヤされて、そんなんが全国に五〇〇万人いるわけでしょ。考えられないですよ。いかにジャンク・フードとファースト・フードしか観てないかということ。（72頁）

私に言わせると、織田裕二のイキッた演技が耐えられなかった。まあ取材はしているのだろうが、不十分だということだろう。ではちゃんと取材している映画とはどういうものかというと、たとえば笠原和夫が脚本を書いた『仁義なき戦い』（1973年、深作欣二監督）である。井筒和幸が珍しく、「オレは笠原さんを尊敬してますよ」（84頁）と全面肯定している。

井筒言うところの「サル」がスクリーンとモニター画面との違いについて尋ねると、映画技術者としての井筒和幸が答える。


スクリーンだと、目の動きとか、手の所作、服の感じ、風景の右端、左端、色んなものが見えてくる。モニターでは上手くいっていたと思った目の芝居でも、スクリーンに写すと変にキョロキョロしていたりとかね。モニターで短く切ったカットが、「もうちょっと観たいね」という感じになることが多い。だいたい、アップ・ショットを切りすぎている場合が多いナ。もちろん逆もあるけど、その判断が出来るわけ。映画のリズムがここで初めて見えてくる。だからコンピュータのデジタル編集だけで劇場に出すことは、誰にも出来ないということです。（127〜128頁）

この発言に続けて、「映画はスクリーンで観て、初めて雰囲気とか空気感とかが、見えてくるものなんや」（128頁）と断定している。

私は常に映画は映画館で見るが、井筒和幸に合わせて言っているのではない。1970年代、ビデオのまだない時代に映画を見ている人たちは誰でもそう思うはずだ。思わない同年代の人というのは転向しただけなのである。

たとえば『たそがれ清兵衛』（2002年、山田洋次監督）の暗い部分が液晶モニターでは何も見えない。その理由を説明する中で、モニターの場合、赤、緑、青の三原色をすべて消した時に黒を表現することになり、実際に映っているのはモニターの素地の色であるのにすぎない。一方、「……フィルムの黒は、本当に光が当たっていない。しかもその周囲に漏れている光が回り込んで出るから、同じ黒でも艶というのが出てくる。例えば着物の裏側は暗いけど、どこからか光が回ってくるから、微妙な色合いになる。そこがフィルムとテレビの大変な違いなんです」（144～145頁）と説明してくれる。

このような文章を読むと、映画というのは光と影の芸術であることが分かる。改めてフィルム撮り映画をスクリーンで見ないといけないと痛感する。しかし多勢に無勢で、映画界はフィルムを捨てた。観客もスクリーンを捨てかけている。

井筒和幸が明らかな間違いをしているところを見つけた。客席内に売店があって、売店のおばちゃんも一緒に映画を見ながらいろんなものを売っているのが、大阪の新世界国際シネマ、と井筒は書いている。それは、今はなくなってしまったトビタOS劇場である。新世界国際シネマは今も営業中だが、一応、売店と客席内の間には扉がある。新世界国際地下なら客席の後ろにドアなしでトイレが剝き出しになっている映画館だ。

井筒和幸も最近は新世界の映画館に行っていないのだろうな。

(2) 押井守

【押井守『勝つために戦え！ 監督篇』（2010年3月、徳間書店）】
【押井守『勝つために戦え！ 監督ゼッキョー篇』（2010年8月、徳間書店）】

【押井守『実写映画　オトナの事情』（2010年6月、徳間書店）】

2010年の年明けに見た映画が押井守の非アニメ作品『アサルトガールズ』（2009年）だった。どうして年の初めにこんなにひどい映画に付き合わないといけないのか、と自分の不運を恨んだ。思い付きとしか思えない脚本で、汚いデジカメ撮りの、「映画」とは程遠い作品だった。その映画は黒木メイサが主演で、彼女が出ているとろくな映画ではないという法則が、私の頭の中に固まりつつある。

この映画は実写だが、アニメの監督が実写映画を撮るからこのようなひどい出来になるのだろうか。これまで押井守が監督した実写映画はだいたい見ている。「パトレイバー」シリーズや『スカイ・クロラ The Sky Crawlers』（2008年）などのアニメはまだ面白く見ることができるのだが、実写映画にはろくなものがないと個人的に結論づけている。

ろくな実写映画を撮れない押井守が、自分の実写映画演出能力は棚に上げて、他人であるさまざまな監督についていろいろ語っているのが、『勝つために戦え！　監督篇』と『勝つために戦え！　監督ゼッキョー篇』である（以下、『監督篇』『ゼッキョー』と略記）。

実のところ、この2冊は彼の実写映画よりははるかに面白い。押井守は映画よりサッカーの方が好きだ。だから映画や監督を論じる際にも彼は勝ち負けにこだわる。それが本のタイトルに反映されている（この2冊の前に主にサッカーについて論じた『勝つために戦え！』という本が出ているらしい）。

彼が「勝ち」と考えているものは一般の人の考える「勝ち」とは少し違う。たとえば宮崎駿との比較で考えれば、押井守は興行的にまったく勝負にならないのに自分の方が勝ちだと考えている。その理由は、押井守は大ヒットしたことがないからだという。宮崎駿は大ヒットを義務づけられているが、押井守は映画を撮り続ける立場にまだ留まっている。だからゴダールと同じように自分の方が「勝ち」と考えるのだ。

……ゴダールは処女作の『勝手にしやがれ』以外全部赤字なの。ところがデビューしてからこのかた仕事が切れたことがない。どんどん規模は小さくなって一時はビデオで撮ってたけど、最近はまた映画を堂々と撮り始めてる。なぜなのか、っていう話だよね。それはつまり、映画の勝敗は興行だけで決まるわけじゃないってことだよ。（『監督篇』12〜13頁）

蓮實重彥の考えだったと思うが、観客の動員数が問題なのではなく、観客に与えた衝撃の深さと動員の掛け算でその作品の価値が決まるという。たとえ観客が少なくても、衝撃が深ければ歴史的には偉大な作品となりうるというのだ。押井守は自分もゴダールと同じタイプと考えている。

押井守はカンヌ国際映画祭に行った時、自分には朝から晩まで各種メディアの取材がひしめきあったのに、同じく参加した木村拓哉や松本人志らにはメディアがまったく集まらないどころか、出迎えさえなかった、と自慢げに語っている。日本における人気など、国際的にはほとんど何の価値もないということを自慢している。

公開当時の時点で世界最高の売り上げを成し遂げた『タイタニック』（1997年）の監督、ジェームズ・キャメロンは決して「勝ち」ではないと書いている。

事業家としての彼は『タイタニック』の後は何をやっても『タイタニック』よりは後退するしかな

いわけだ。あれ以上の成功はないんだから。だからそういう意味で言えば『千と千尋（の神隠し）』以上に動員できない宮さんと同じだよ。なにやっても前の七掛けとか八掛けの数字にしかならない。宮さんはそれを気にしないだろうけど、キャメロンは気にするんだよ。「ああ、やっぱり『タイタニック』がピークだったんだ」って言われたくないけど、もうあれ以上の社会的成功というのはあり得ないわけだよ。戦争と同じで、勝ちすぎると戦争目的自体を失うんだよ。（『監督篇』48～49頁）

もちろん、押井守のこの論は『アバター』（２００９年）の『タイタニック』を上回る大ヒットによって破綻する。ありえないことが起こった。興行的な意味からだけでなく、この『アバター』を見て技術的にも押井守は自分の「負け」を高らかに宣言する。

あれは日本でＣＧとか特撮とかその手の映像をやってる人間にとっては大事件だよ。技術的にはもう敗けたとかどころじゃなくて、一〇年以上追いつかないレベル。もちろんこれからもＣＧや３Ｄの映画はやるんだけど、技術レベルとしては一〇年はつきはなされた。一〇年追いつかないということは、どういうことかというと、未来永劫追いつかないかもしれないいんだ。ＯＳとかジェットエンジンと一緒で、日本の技術はもう完全に水を開けられちゃった。そういう意味で言えばショックだよ。

（『監督篇』51～52頁）

素人目には『アバター』にそれほどの映像的飛躍があったとは思えない。また３Ｄに関してあまり触れていないので、本当だろうかとも思う。もっとも、確かに『アバター』みたいな映画が日本で作られるとはまったく思わない。追いつかないことは理解できる。

3冊目の本で改めて問題にするが、私の考えでは押井守はちゃんと映画を見ていない。私が「ちゃんと」というのはフィルム撮影、スクリーン上映を意味する。今はデジタル撮影で我慢しないといけなくなったが、基本的な考えはそうだ。

ところが、押井守は基本的にビデオかテレビ放映でしか映画を見ない。『監督ゼッキョー篇』では堂々と「……いまは映画なんかビデオで見りゃいいじゃん」（『ゼッキョー』295頁）と発言している。しかも彼は、作品を途中から見たり、途中で見るのをやめたり、平気ですることができる。だから上で引用したように、偉そうなことを言ってもまったく信憑性がない。

彼が高く評価する監督に三池崇史がいて、「東映が初めてVシネマと称したころの作品から見てるよ」（『監督篇』83頁）と押井守は言っている。Vシネマはフィルム撮りだが、ビデオ発売するだけだ（たまに劇場公開する場合もある）。押井守がずっと見ていると言っても、単に仕事場にビデオを持ち込んで見るというだけの話なのである。押井守は怠け者であることを自認しているが、三池崇史を優れていると判断する理由の一つは、彼が絶え間なく映画を撮り続けている、その気力なのである。

テレビアニメの先駆者・手塚治虫についても、押井守が大家になっているせいもあり、手厳しいことが言える。この点はほめられるべきだろう。もう一人の大家、宮崎駿も手塚治虫に対して終始、批判的なのだが、アニメ界というのは、大家にならなければそのようなことは決して言えないという、嫌な世界でもある。

この本ではたとえば「……作家的な意味で言ったら僕は手塚さんのアニメ作品はひとつも尊重してないから。ことごとく面白くないと思う。手塚さんのなかでは大人のアニメを作りたいっていうものが一方であったはずなんだよ。願望としてね。それは『（哀しみの）ベラドンナ』だったり、『千夜一夜（物語）』だったり」（『監督篇』109～110頁）と言っている。

私も同意見で、嫌いなディズニーにはいくつか面白いものがあるのだが、手塚治虫のアニメ、および漫画はさっぱり面白くなかった。もっとも、押井の挙げる『千夜一夜物語』（1969年）では監督は山本暎一であり、手塚は総指揮、構成、脚本に名前を連ねているだけであり、『哀しみのベラドンナ』（1973年）では監督はおろかスタッフ表にも手塚治虫の名前はない。虫プロが製作に関わっているからといって、出来の悪さをすべて手塚に押しつけるわけにはいかない。

私が言ったって、どうということはないのだが、アニメ関係者の前ではそのようなことは言えない。しかし、押井守は言う。アニメ界で下っ端だったら、このようなことを言っても誰からも相手にされなかっただろう。

映画批評家に関しては次のようなことを言っている。

……蓮實の書いた本は好きでずいぶん読んだよ。四方田犬彦も好きだけど。映画批評と言える映画批評はさ、あのふたりが書いたものくらいだよ。でも結局はフランス文学者だからね、文学者の余技として映画を語ってるだけだもん。（『監督篇』126頁）

これは蓮實重彥が言ってたけど「映画監督は何も考えてない。無意識に撮ってる。本能で撮ってる。批評することでその仕事を明らかにしてあげるのが批評家の仕事だ」みたいなことを言ってたと思うんだけど、これは正しいと思うね。監督とか作った人間が思ってもいない事実を明らかにしたり、監督が語り得ていない部分を言葉にしたりするのが批評家の仕事だっていうさ。これは上野（俊哉）さんもそうだよ。あの人がたまに僕の映画を見て言うことには、時々「あっ」と思うときがある。僕がすでに知ってること、わかってることを批評家に言葉にされてもうれしくもなんともない。そもそもそれを批評とは言わない。それは感想だよ。（『監督篇』127頁）

学生時代、押井守は金子修介（「ガメラ」シリーズの監督）とつるんでいて、深作欣二の『宇宙からのメッセージ』（1978年、深作欣二監督）を見に行って呆れる。この作品はアメリカで『スター・ウォーズ』（1977年、ジョージ・ルーカス監督）が大ヒットしているという噂を聞いて、『スター・ウォーズ』が日本で公開される前に偽物として作った作品である。

とにかくね、開いた口がふさがらないっていうのはこのことを言うんだなって思ったよ。始まってすぐに予感はしたんだけど、五分ぐらいで「こりゃダメだ」っていうのは二人ともはっきりわかった。金子とは当時よく東映の映画をふたりで見に行っててさ、映画館から出てだいたい三〜四時間は喫茶店でお話するんだけど、この映画は突っ込みたいけど盛り上がらないんだよね。「なんでこういうことやっちゃったんだろう？」って首をひねるばかりで。本人はたぶんやれると思ったんだろうけど、東映っていう会社自体がそもそもSFに向かないんだよ。それに、そこにいる役者の資質としても向いていない。（『監督篇』167頁）

この作品は深作欣二の作品歴の中でも異質なものである。しかし、一部のオタク連中の間ではこの作品がカルト映画として認められている。押井守は深作欣二には「……SFのマインドだけはなかったんだろうね」（『監督篇』167〜168頁）と決め付けている。そしておそらくその指摘は正しい。とにかく少なくとも学生時代には映画館に映画を見に行っていることは分かった。

2冊目の『監督ゼッキョー篇』では、同時代の監督ばかりではなく、古典的な監督、巨匠的監督なども論じている。その際、事前にどの監督を論じるか仕分け作業を行っている。その仕分けの基準が作品を見ている、見ていない、ではないのだ。つまらない匂いがすると言ったり、一つの作品を3分見ただけでダメだと言ったり、実にいい加減な基準なのである。だからいろいろな監督に関して評価していくのに、それほど大した根拠はない。大雑把に言うと、押井は映画の良し悪しを好き嫌いで決めている、ということを頭に入れておかないといけない。

3冊目の『実写映画　オトナの事情』（以下、『オトナ』と略記）は『TVをつけたらやっていた―押井守の映像日記―』（2004年1月、徳間書店）の続篇である。前作も思い切りつまらなかった。タイトルにあるように、彼が論じる映画というのが、本当に文字通り「TVをつけたらやっていた」ものなのである。映画館で見ようとは意識の隅っこにさえない。

TV放映される映画も、スクリーン・サイズやCMによる中断など、本来、映画とは似て非なるものだが、そのTV放映版でさえ、風呂上りにかかっていたから見るとか、犬の散歩があるから途中で見るのをやめるとか、実にいい加減にしか見ないのである。このようないい加減な内容の連載がずっと続いたということは、その連載が乗っていた『アニメージュ』（徳間書店）という雑誌の読者も同じような精神構造であると思われる。

この本の基になった『アニメージュ』は月刊である。月に1本の映画を見るというのが押井にとってそれほど困難なのだろうか。押井守は月に1本の映画をテレビで見ることさえ珍しいのである。「映画どころか天職ともいうべき犬の散歩すらできない状況なので、当然の如く映画なんか一本も見ていません」（『オトナ』9頁）、「当然の如く映画なんか1本も見ていませんでした」（同15頁）、「映画館もテレビもない荒野をマラソンしている状態なので、何も見ていません」（同63頁）、「なにしろ無敵チェルシーに快調ハンブルガーですから映画をまったく見ていません」（同111頁）、「もともとテレビでしか映画を見ない主義なのに、最近は暑くて――したがって、朝七時には犬の散歩に行かなければならず、早寝早起きの健康ライフを強制されているので、風呂上がりのセンプウキ時間以外にまったく、何も見ていません」（同167頁）、「一年後に見ようが、五年後に見ようが、結局見損なおうが、全く困らない」（同189頁）、「なにしろ『スカイ・クロラ』の制作で忙しく、映画なんか何も見ていないので、最終回だというのに映画とカンケイない話です」（同255頁）というような、いい加減な、開き直った言い訳ばかり書いている。

基本的にテレビでしか見ないから、劇場公開されていないような作品を批評したり、断片を見ただけで（サッカーの試合放映を待つ間とか、犬の散歩の合間とか、途中から見たり、途中で見るのをやめたり、簡単にする）偉そうに映画（といってもテレビ放映）を批評するのである。

この連載は結局5年も続いたそうだが、雑誌読者も編集者も、それに押井守自身も、よく続けたものだ。ほとんど何の意味もない本である。

押井は映画をテレビでしか見ない理由も書いている。「TVで映画を見ることについては、以前にも書きましたが、ゴロ寝、タバコ、犬と一緒、オヤツし放題の他に、映画館と違って画面も音も小さいので、製作者に騙されない、感動し難いという最大のメリットがあります」（『オトナ』105頁）。わざわざ映画を見る楽しみを自ら禁じているようなものである。

押井守が監督している実写映画やアニメに対しても、私たち映画ファンは押井と同様の態度で接すればいい。押井守の映画は予告編を見るだけで見たことにしてしまえばいい。

(3) リリー・フランキー

【リリー・フランキー『日本のみなさんさようなら』(2002月3月、文藝春秋、文春文庫+PLUS)】

彼のエッセイ本は以前から楽しく読んでいた。顔をちゃんと見たのは2008年に『ぐるりのこと。』(2008年、橋口亮輔監督)で主演していた時が初めてだ。その前に小説家として『東京タワー~オカンとボクと、時々、オトン~』という大ベストセラーがあったが、先に映画化(2007年、松岡錠司監督)を見てしまい、面白くなかったので、所持しているが放置してある。『ぐるりのこと。』のメイキングの文章を読むと、彼は実生活ではまったく時間を守らない人だそうだ。橋口監督はちゃんと撮影できるのか心配したという。実際にはほとんど遅刻しなかったそうだ。しかし、『ぐるりのこと。』を見ていると、そこはかとなく、時間にだらしない雰囲気が感じられる。そのいい加減さがほんわかしていい。ただし、つきあいたくはない。

リリー・フランキーの『日本のみなさんさようなら』はタイトルからは判別できないが、映画の本である。ざっと読めば面白い。しかし、あまり映画の本を読んだ気がしないのである。たぶん、リリー・フランキーは特に映画が好きではないのだ、と思わせる面がある。仕事で映画のことを書くことになって、それでレンタルビデオ屋に行って適当に面白そうな作品を選んで書いている、という雰囲気が濃厚なのである。新作は少なく、いかにもレンタルビデオ屋の棚に並んでいる古い作品のラインナップを見ているような気分になる。

先に書いたように、だから面白くないというのではない。着眼は鋭い。そして、その鋭さだけがこの本の持ち味である。

たとえば俳優のキャラクターについて、次のような着眼点をもつ。いい役者というのは「……客にモノマネされるような独特の濃度を持った役者だ」（64頁）と定義し、実例として挙げているのが丹波哲郎である。作品は『砂の器』（1974年、野村芳太郎監督）。

丹波哲郎がセリフを喋る。そのセリフの内容がストーリーに重要な部分に触れ始めると徐々に声がデカくなり、〝これはお客さん、ポイントでっせ〟という所では、もうシャウトなのだ。丹波のセリフにSEもアタックもいらない。「それとなく」とか「なにげに」ではなく「断じて」である。だから か、丹波のセリフは心地良く耳に入り、残るのだ。（同）

もちろん、丹波哲郎は俳優生活が長かったからいつもこのような演技をしているわけではない。監督によってさまざまな演技をする。しかし、リリー・フランキーが指摘するような面はあるにはある。上記のようなイメージはある。しかし、単発的な指摘なのだ。

同じく新劇風の臭い芝居をする仲代達矢を「あのカロリーの高い芝居……」（80頁）とうまく形容し、『雲霧仁左衛門』（1978年、五社英雄監督）の彼について、次のように書く。

とにかく仲代ときたら、「天下正道に抗い続ける大泥棒の雲霧仁左衛門」と自己紹介をするだけのセリフさえ、フルパワーで挑む。その時、眼光は爛々と見開かれ、体中の血管はレリーフ状に浮き立ちながら「ったあ俺のことよぅオー!!じゃがーどりゃむー!!」とリッター800メートルの高燃費である。胃腸の弱い方にはもたれる芝居だ。しかし、仲代達矢のスゴさはその暑苦しさを超えた哭きの竜的せつなさにある。（同）

たとえば黒澤明の『天国と地獄』（1963年）ではそれほど高カロリーの演技はしていないし、晩年の『引き出しの中のラブレター』（2009年、三城真一監督）では仲代達矢とは気がつかないくらい抑えた演技だった。つまり、仲代達矢の高カロリー演技は中期の脂が乗っている時代に特有のものだったのであり、演出家の要望だったのだ。と思っていたら、2016年の『海辺のリア』（小林政広監督）で再び高カロリーの演技をやりたい放題にやっている。サソリはサソリだ。

結局、俳優の資質というよりは演出の問題だと考えられる。演出が抑えてくれれば静かにしているし、野放しにされると好き勝手をするのだ。スター俳優はともかく、普通の俳優なら役によって演技を変えるのは当たり前である。柔軟性のある俳優なら（たとえば田口トモロヲ）出る映画ごとにキャラクターを大幅に変えてしまう。俳優の演技についての一般論など成立しない。あくまで作品ごとに考えねばならない。リリー・フランキーはおそらく『砂の器』『雲霧仁左衛門』を単発で見て、上記の鋭い指摘をしたのである。

リリー・フランキーの弱点を考えるなら、今言ったように、体系的に映画を見ていない点だろう。もし、丹波哲郎や仲代達矢の映画をキャリアの最初の方から継続的にずっと見ていたら、以上に挙げたような意見は出せない。彼にはたいして映画知識や映画教養がないから、とんでもない着眼点で一点突破するだけである。

だから、このような単眼的で偏狭な映画論はこれからもいくらでも書けるだろう。しかし、ちゃんとした映画作品論や監督論、状況論などはおそらく書けないし、書かないし、書きたくもないだろう。読者は着眼点の鋭さと文章表現を楽しめればいい。

大林宣彦監督に関して、たとえば『HOUSE　ハウス』（1977年）を取り上げ、次のように書く。


怪しいオバサンの顔と口調で若手女優を脱がし続ける大林監督はこの時点でもすでに、あまり意味があるとも思えないヌードシーンを盛り込み、大林世界を構築しています。（86頁）

確かに、大林監督は劇場用映画第1作『HOUSE　ハウス』以降も、若い女優を脱がせてはいる。しかし、リリー・フランキーがその後も大林宣彦の作品をずっと追い続けて見ているとは思えない。たぶん、友達からの伝聞を基に思いつきで書いたか、勘で書いたに違いない。必ずしも主演女優を好んで脱がすわけではない。

それより、まったく何の思い入れもなく、この作品だけを見て、登場人物のあだ名が、メロディ、ファンタ、マック、オシャレなどと呼んでいる点に着目した点はいい。この項のタイトルは「恥ずかしいにも程がある。」である。日頃からまともに映画を論じている人なら、このあだ名の異常さには案外気づかないかもしれない。評論家の気づかないところに目を付けるのが一種のビギナーズ・ラック（初心者の幸運）と言える。

北野武『Kids Return キッズ・リターン』（1996年）擁護の文章もプロの批評家ならなかなか言えない。このような擁護の仕方は批評家のプライドが許さないだろう。

解り易いことやクサいことがなんとなくローブローに解釈されてきた日本映画。そしてどうなった。訳のわからないセリフと意味の無い空気が充満した。訳もオモシロさもわからない作品がたくさん。解り易いことが何でイカんのかなと不思議に思った。（92頁）

北野武に関してはさまざまな評価があるが、リリー・フランキーのこのような見方も、ちょっと読むには十分面白い。おそらくじっくり読むだけの分量は書かないだろう。

その後、リリー・フランキーは主演作も含め、映画俳優がほとんど本職になりつつある。『奥田民生になりたいボーイと出会う男すべて狂わせるガール』（2017年、大根仁監督）では、フリーライターという自分のパロディまで演じてみせている。

（4）沼田やすひろ

【沼田やすひろ『「おもしろい」映画と「つまらない」映画の見分け方』（金子満監修、2011年8月、キネマ旬報社、キネ旬総研エンタメ叢書）】

キネマ旬報映画総合研究所の出版物はどうも変だ。沼田やすひろの『「おもしろい」映画と「つまらない」映画の見分け方』（以下、『おもしろい』と略記）はタイトルだけでなく、内容も安っぽい。業界誌である『キネマ旬報』が映画を「おもしろい」「つまらない」と分けて、「つまらない」方は見なくていい、という主張を受け容れていいのだろうか。この本では映画を見てがっかりしないように、その選別法を述べている。

この本の中で面白い作品として取り上げられている映画は、『キネマ旬報』が毎年公表する『キネマ旬報』ベストテンの上位にはほとんど入ってこない。つまり、『キネマ旬報』本誌と沼田やすひろの主張は食い違っている。食い違っているのに、それをキネマ旬報社が出している。そこがひっかかる。それだけ懐が深いとか、寛大だ、ということか。

私は沼田が取り上げる「おもしろい」映画を少しも面白いとは思わない。むしろ、映画の低級化に貢献している作品だと考えている。沼田の価値観とは正反対なのである。しかも、沼田はこの本の冒頭で、『キネマ旬報』の記事の信頼性を疑うような発言をしている。前評判と後評判の違いについて述べたところである。

前評判は、映画配給会社の広告宣伝や試写会（「無料」なのがポイントです）を観た人の評価で作られるので、本当におもしろいかどうかはわかりません。（『おもしろい』16頁）

この項のタイトルは「タダで観た人の評判は信用できない」というものである。『キネマ旬報』の中の記事の大半は「タダで観た人」が書いたものである。記事にするためには公開前に試写室、あるいはＤＶ

Dで見ないといけない。批評家たちはタダどころか、見て書いて、それでお金をもらっている。さらに信用できないということになってしまう。

後評判に関しては「実際にお金を出して作品を観た人の評価なので、信用できます」(『おもしろい』16頁)と呑気なことを書いている。私はお金を出して、この本の中で取り上げられている作品を見ているが、たいていくだらない作品だと思っている。「実際にお金を出して作品を観た人の評価なので、信用できます」というのなら、私の意見を認めなければならないが、それでよろしいか。沼田の考えと矛盾する。

要するに、そのような定義自体が間違っている。タダで見ようがお金を出して見ようが、面白いか面白くないかに関しては、個人の価値判断にすぎず、定まった評価などない。

この本には金子満という監修者がいる。ソ連の昔話研究家の理論を元に研究、分析し、金子が東京工科大学の「……研究室で見つけ出した……」(『おもしろい』11頁)面白さの普遍的構造理論を利用して、沼田が1冊の本を書いているということだ。

ついでにいうと、沼田は映画産業振興機構に認定されたシナリオ・アナリスト(分析者)だという。しかもシナリオ・ライターも自認しているようだが、自ら劇場用映画のシナリオを書いたことはない。私にはこういう肩書を見ると、ついつい胡散臭く感じる癖がついている。

金子と沼田が考え出したエンターテインメント理論を、両人の頭文字を取って自ら「KNセオリー」と名付けたり、監修者の理論を「13フェイズ」や「リマインダー」といった片仮名を使ったりするところなど、啓発セミナーや儲け話をする詐欺師の口ぶりに聞こえてくる。本文を読んでもその印象は変わらない。彼によれば、評論家の評価は「……評者独自の感性や判断基準……」(『おもしろい』11頁)で書かれているため、読者が同意できるとは限らない。だから「13フェイズ」や「リマインダー」の理論で判断していくと述べる。しかし、その理論も「評者独自の感性や判断基準」ではないのか。

ちなみに良いストーリーを形成する「13フェイズ」（「フェイズ」は「局面」）というのは、フェイズ0から順にフェイズ13まで計14項目ある。全部書き出すと、0．背景、1．日常、2．事件、3．決意、4．苦境、5．助け、6．成長・工夫、7．転換、8．試練、9．破滅、10．契機、11．対決、12．排除、13．満足というものだ。まるでゲームのようだ。

こういう単純なテーマで順番にシナリオを書けば面白い映画になるのだ、「おもしろい」作品には必ずこの構造があるのだという。

用語の「リマインダー」は reminder で、「記憶を助ける工夫」とか「思い出させるための暗示」とか、要するに「思い出させる remind もの」という意味だが、この本では「～らしさ」という意味にしている。主人公のストーリー以外の部分における語り（テリング）の要素のことらしい。

具体的に言うと、「ミュージカル・リマインダー」というのは歌と踊り、「コメディ・リマインダー」というのはギャグ描写ということだ。私には沼田の言っていることの意味が分からない。

作品についていうと、『火垂るの墓』（１９８８年、高畑勲監督）では主人公は変化しない。だからそれを補うために「悲しみリマインダー」と「感動リマインダー」を仕込んだという。何を言いたいのかさっぱり分からない。「ストーリーとテリングを兼ね備えた良作……」（『おもしろい』73頁）として挙げているのが、『ハナミズキ』（２０１０年、土井裕泰監督）だから、沼田の理論は破綻している。彼が良作としている作品が私にはつまらなかったからだ。

私が特に不信感をもつのは、その理論の開発者が「研究室で見つけ出した」という点である。昨今の映画研究者の常で、彼らは映画を映画館で見ない。研究室や自宅でモニターの前に座り、止めたり、早送りしたり、戻したり、必要な場面は繰り返して見る。私はそのような所業を映画の鑑賞だとは思わない。

念のために言っておくが、そのような私の考えはあくまで異端であり、ほぼ孤立無援状態であるのは承知だ。言いたいのは、この理論の開発者は映画を見る楽しみを捨てた上で、映画の面白さを研究し、面白さの理論を発見したと言っているのだ。沼田はシナリオが行き詰った時に助言を与えて良い方向にもっていくことも仕事にしているそうだが、このような理論で映画やドラマが面白くなるとはまったく思えない。

昔、岡田斗司夫も同じようなことを言っていた。ハリウッド流の映画製作のパターンを真に受けて、映画をストップ・ウォッチ片手に見る。ということはすなわち映画館などには行かない。彼らが映画と称して見ているものは実はDVDなのである。

ハリウッド映画のパターンとして出だし何分で登場人物の説明が終わり、何分たったら危機が訪れ、何たらかんたら。そのパターンに合っているかどうかを吟味するのが映画を見る楽しみだと勘違いしている。

沼田やすひろがこの本で書いているのは、それをもう少し細かく設定し、系統立てているだけのことだ。要するにこれらの人たちは、映画をあるパターンに押し込めて、そのパターンに合っているかどうかで作品の善し悪しを決める。この人たちは映画とは縁のない人だと私は思う。人間の思想、思考、思索は宇宙よりも広く大きく、一つのパターンに収まるものではない。いびつではみ出すものがあるからこそ、人類はいろいろな方向に進歩する。型にはまった硬直した考えからは新しいものなど生まれてこない。

沼田やすひろの思想の硬直は随所にある記述で分かる。たとえば映画で一番大事なのはストーリーであり、そのストーリーを形にした映画脚本で一番大切なのは「問題を抱えた主人公の内面の変化を描くこと」(『おもしろい』19頁)だと彼は書いている。この記述だけで、映画が描く世界の多くは閉鎖されてしまう。主人公が問題を抱えていないといい映画にならないと沼田は考えている。主人公の内面が最初から最後まで変化しなければ、即、面白くないと判断できるというのか。私はどのような描き方でも映画としてOKだと思う。

ここでストーリー主体ではない映画についての本を対置すると分かりやすい。村山匡一郎+編集部編『ひきずる映画』(2011年8月、フィルムアート社)で扱われている主な作品は、沼田やすひろにしてみればほぼすべてつまらない作品となる。

沼田理論によると、「……第12、第13フェイズでは、すべてのモヤモヤが解消していることが大切です」(『おもしろい』107頁)ということなのだが、『ひきずる映画』で取り上げている作品は「……提示された世界はよく分かりにくいが、われわれの心に突き刺さったり、心を抉られたり、身をゆさぶったりする映画がある。見終わったあとで心身の奥に沈殿した何かを考え、また言語化せずにはいられないような映画」(『ひきずる映画』3頁)である。

この2冊の著者の「おもしろい」映画というのは、正しく相反するものである。もちろん『ひきずる映画』が主に芸術映画と呼ばれがちな作品を選んでいるのに対し、沼田本では基本的にエンターテインメント作品と呼ばれるものを選んでいる。まるで土俵が違う。間違ってもらっては困るが、芸術映画がいつも素晴らしいわけではない。

沼田やすひろは、言われなくてもゴダール作品など元々見ないだろう。なぜなら『ひきずる映画』に言わせると、「すでに1980年代の作品から、物語を語ることを放棄していたように見えるゴダールは、

90年代以降、さらにこの傾向を強め……」（『ひきずる映画』140頁、本文は横書き）ているからだ。

明確な物語が含まれていなければ沼田理論は当てはめようがない。あるいは、これもたぶん沼田やすひろは見る気がしないだろうが、『白いリボン』（２００９年、ミヒャエル・ハネケ監督）という映画がある。この映画では「……『悪意』の行為もほとんど示されずに被害の結果だけが伝えられる。そのため、『なぜ』『どうして』という観客の問いかけは宙吊りにされたまま、謎は謎のまま観客の心にラストまで沈殿していく……」（『ひきずる映画』156頁）。沼田の理論では説明のしようがない作品である。

あるいは『エッセンシャル・キリング』（２０１０年、イエジー・スコリモフスキ監督）で主人公は一切、台詞を発声しない。内面の変化も感じ取れず、主人公はただひたすら逃亡するだけだ。

つまり、沼田理論ではまったく処理できない作品が世界には山ほどある。それらの作品に対して沼田理論はまったく無力なのである。沼田理論が適用できるのは、せいぜいスター・システムで作られたハリウッドのアクション映画や、製作委員会方式で作られたテレビ局主導の安全穏便な日本映画ぐらいだろう。

（5）宮越澄

【宮越澄『監督と俳優』（２０１４年10月、愛育社）】

宮越澄は土居通芳監督の最後の弟子と自認する。私が若い頃にアルバイトしていた映画館ではいつも古い映画をかけており、看板書きをやっていた私は、この「土居通芳」という名前を何度も看板に書いたことを覚えている。代表作として良く名前の出るのが『地平線がぎらぎらっ』（1961年）であるが、これは見ていない。

その土居監督の弟子である宮越のフィルモグラフィを調べたが、映画作品はない。テレビ時代劇や「西部警察」が有名だ。

宮越の書いた『監督と俳優』には誤字がたくさんある。特に作品名、人名に多いのが致命的だ。師匠の作品なのに、「艶説、明治邪教伝」と表記している（20頁）。正確には「艶説　明治邪教伝」（1968年）である。しかもその主演者の名前が内田良平、「内田たか子」と書かれている。内田良平など出演しておらずクレジットでは高橋昌也であるし、内田も「たか子」ではなく「高子」だ。公開年月も1か月間違えている。

他にもマラソン・ランナー有森裕子を「有本裕子」（22頁）、俳優時代に宮越自身が出演していた『007は二度死ぬ』（1967年、ルイス・ギルバート監督）を『007は2度死ぬ』（15頁）、トム・クルーズ主演の『ラスト　サムライ』（2003年、エドワード・ズウィック監督）を「ザ・ラスト・サムライ」（43頁）と誤記している。「釣りバカ日誌」も「釣り馬鹿日誌」と記されている（111頁、なお92頁では正しく表記）。

映画以外でも、江戸時代の有名な俳句、「目には青葉山ほととぎす初鰹」を引用するのに、「目に青葉、山ホトトギス、初がつお」（29頁）という具合に、読点付きの上、漢字と仮名、ひらがなとカタカナ、字余りなどまったく無視している。細かくいえば、鰹を平仮名の古語で書けば「かつを」だ。俳句は一文字一文字に神経をすり減らすものなのに、宮越は緻密さ繊細さに欠ける。

このように注意散漫な人がよく監督をしていたものだ。彼はテレビ時代劇の演出を多数してきたし、現在、時代劇の道場を開いているらしいが、古典の教養がこのようにいい加減で大丈夫だろうか。

宮越は監督・演出家なので、この種のチェック能力に欠けるのなら編集者がしっかりしないといけない。出版元の愛育社は近年、映画関係書をいくつか出しているが、校正、校閲は著者任せにしているのではないだろうか。

可哀想なのは、工藤夕貴。


英語しか喋らない日常生活、苦労の連続の生活から、ついに苦節二年、二十九歳の時に念願のハリウッドデビューを果たしたという。（54頁）

伝聞表現の「という」というので逃げるつもりかもしれないが、工藤の生年は1971年だから、29歳の時に映画デビューなら2000年の作品ということになる。『ヒマラヤ杉に降る雪』は1999年に製作され、日本公開が2000年だからこの映画のことを言っているのだろう。しかし、デビュー作『逆噴射家族』（1984年、石井聰互監督）から彼女を見続けているファンなら、当然、18歳で出演したハリウッド映画の『ミステリー・トレイン』（1989年、ジム・ジャームッシュ監督）や23歳で出演した『ピクチャーブライド』（1994年、カヨ・マタノ・ハッタ監督）を見ている。「苦節二年」「念願のハリウッドデビュー」という言葉は、無知からくる感激だったのだ。実に虚しい。テレビ関係者はみな、このように勉強不足なのだろうか。

次のような俳優評価がある。

藤原紀香、観月ありさ、鶴田真由さん等は、大女優への器量を持ち合わせているのに、いまいち殻を破れずに低迷している。表現が通り一辺で浅いのだ。恰好つけて、それらしく演じているだけだから、人間的魅力に乏しく、激しい感情、情念が滲み出てこないのだ。（75頁、正確には「通り一遍」）

名前を上げられている3人はどの人もタレントまがいの女優ばかりだ。「表現が通り一辺で浅いのだ。恰好付けて、それらしく演じているだけだから、人間的魅力に乏しく、激しい感情、情念が滲み出てこない」という意見には私も賛成だが、彼女たちが「大女優への器量を持ち合わせている」とは思わない。まあ、見解の不一致ということで置いておこう。将来、これら3人が大女優になるのを期待して待ちたい。なお、118頁では「……品のない言葉が氾濫しているテレビ界」の俳優の実例として木村拓哉、飯島直子、久本雅美と共に藤原紀香の名前も挙がっている。

宮越澄の代表作であるテレビの「西部警察」についての記述が結構ある。

特にカーチェイスや衝突のシーンでは全員が一点集中、心臓を止めて挑戦するぐらいの意識の統一が要求されるし、見学者の整理（人避け）は完璧でなければならない。（199頁、「心臓を止め」は「息を止め」か）

当時の石原プロは石原軍団と呼ばれ注目度もチームワークも群を抜くクルーであった。俳優もスタッフも脂がのりきり絶好調、仕事が趣味で危険を伴う撮影はむしろ緊張感を楽しんでもいるようで、予期せぬ知恵が随所に発揮され、決して時間を無駄にしなかった。夜遅くまで、侃侃諤諤の打ち

合わせが常識のようでもあった。（同）

……ファンの見物人には必要以上に気を使った。私有地や、ビル内での撮影には絶対に人を入れなかったしロープを張り巡らして危険地域にはファンを近付けなかった。最大の安全管理を敷いていたのである。（200頁）

しかし2003年、このドラマの撮影中、車が暴走して人身事故を起こしている。だからこれらの記述も、石原プロを擁護するための弁解のように読める（その時の監督は宮越ではない）。この人身事故のことを忘れているのなら、それも含めて宮越はいろいろ気が抜けていると解釈するしかない。

I. テレビタレント

(1) 江頭2:50

【江頭2:50『江頭2:50の「エイガ批評宣言」』(2007年12月、扶桑社)】

江頭2:50(エガシラ・ニジゴジュップンと読むらしい)をチラッとテレビで見たことはあるが、別に何も感じない。騒がしく客イジリしているだけだと思う。もっとも本業は大川興業というグループのメンバーである。こちらの舞台公演を見ていないので、その芸人としての実力に関しては何も言えない。テレビで見る限り、たいしたことはないと思っているだけである。

彼はコメディ映画に大爆笑したことがないという。彼が出演するバラエティ番組のハプニング的な笑いが彼にとって面白いのであって、コメディ映画は作りこんであるから、意表を突かれない。だから、面白くないという。

彼の映画書『江頭2:50の「エイガ批評宣言」』の中の文章を読む限り、彼のしゃべりを編集者がまとめるという形を取っている。前半部分では、そのままインタビューを受けている形である。チャラチャラしたタレントと違って、作品選択には少し味がある。ハリウッドのメジャー映画ばかりをほめるタレントとは違う。

最後の章に彼自身の生涯ベスト25を挙げているのだが、1位が『ゴッドファーザーPARTⅡ』(1974年、フランシス・フォード・コッポラ監督)というのが渋い。1作目ではないのだ。他に目ぼしいのを挙げると、同じく渋いのは『善き人のためのソナタ』(2006年、フロリアン・ヘンケル・フォン・ドナースマルク監督）、『ゆきゆきて、神軍』（1987年、原一男監督）、『シティ・オブ・ゴッド』（2002年、フェルナンド・メイレレス監督）、『奇跡の海』（1996年、ラース・フォン・トリアー監督）、『飢餓海峡』（1965年、内田吐夢監督）、『マルコヴィッチの穴』（1999年、スパイク・ジョーンズ監督）などがある。真ん中ではなく、少しずらした感じの選択である。ともかくテレビでの彼のキャラクターとは合わない。

これらは『ゴッドファーザーPARTⅡ』『飢餓海峡』を除いてすべてミニシアターでの公開作品である。それぞれ適度に面白く、特殊に面白い。ただ江頭の場合、「……名画と呼ばれる作品は、たいていテレビで観たんじゃないかな」（82頁）と言うぐらいだから、それらの作品も映画館に見に行っていないかもしれない。ビデオで見つけたのだろうと思うが、それにしてもあまり目立たない作品を見ている。

少年時代、彼が住んでいた村には映画館がなかったという。佐賀市内の映画館まで自宅からろくに舗装されていない道で15キロあったという。雨が降ってもガタガタ道を自転車で走って尻が痛くなっても通ったという。かつては映画館で見る喜びを知っていたのだ。

……オレにとって映画鑑賞とは、水がポタポタ垂れて、ケツが痛いものなんだよ。鑑賞するだけじゃなく、映画を〝体験〟していたからこそ、一部始終を強烈に覚えているし、映画が〝当たり〟だったときに死ぬほど感動できたんだ。（88頁）

ではその批評方法はどうなのか。本職ではないので素人っぽい。ほとんどすべてがストーリーについての発言である。何度も言ってきているが、映画の中でストーリーの占める割合は、本当は低い。あくまで映像作品であるから、映像の重要度が最も高くなければいけない。

一方、テレビドラマは映像作品のように見えるが実はそうではない。ストーリーに絵が付いているだけである。その絵に有名タレントを置いているように見える。そのせいか、テレビドラマで話題に上るのは俳優であり、シナリオ・ライターである。監督（テレビでは演出という）やカメラマンなどほとんど知られていない。これがテレビドラマを映画作品と同等に扱えない理由の一つである。映画は違うのだ。だから、次のような習性が出てくる。

お笑い芸人なら誰でもそうなのかもしれないけど、仕事柄、映画を観る時に、まずオチを考えちゃうんだよ。「こうやってストーリーが始まったんなら、オレなら、こう落とす」って。だから、映画を観ていても途中でオチが読めちゃって、興ざめすることがあるんだよね。（144頁）

たぶんこのように考えられるのはハリウッドのメジャー映画に対してのものだけだろう。ヨーロッパ映画、アジア映画にはハリウッド流のオチのない映画などいくらでもある。ある意味で人生の進行と同じで、オチのない生活が普通である。ヨーロッパ映画やアジア映画はハリウッド映画よりずっと大人なのである。

子供的な精神構造をもつ江頭2：50は、たとえお笑い芸人でなくても、オチを求めたに違いない。もっとも、少女から成長しない精神構造の韓流おばさんと違って、彼は『オールド・ボーイ』（2003年、パク・チャヌク監督）のような、韓流おばさんが見たがらない映画までちゃんと見て、ちゃんと評価する。そこだけは立派だ。

現在のところ、彼が取り立てて映画が好きとは思えない。仕事として映画のことをしゃべれと言われればしゃべるだろう。しかし、ストーリーのみについてしゃべるのなら、別に映画でなくてもいいのだ。今後もたいした成果は望めないだろう。

なお、『E.T.』(1982年、スティーヴン・スピルバーグ監督)のことを『E・T・』と、江頭ばかりか、脚注でも表記している(85頁)。中黒の「・」ではなく、省略を表わすピリオドなのだから『E.T.』でなければいけない。縦書きでは表記しにくいが、それでもそれが正式タイトルなのだ。映画の正式タイトルである以上、そこはきちんとしないといけない。映画的教養に乏しい江頭2:50は仕方がないにしても、扶桑社の編集者でさえその誤りをチェックできないのだから、映画関連のさまざまな部分が衰退していると痛感する。映画批評において映画のタイトルは絶対に間違えてはいけない。私も気をつける。

(2) 前田敦子

【前田敦子『前田敦子の映画手帖』(2015年4月、朝日新聞出版)】

前田敦子や大島優子はAKB48卒業後、いろいろな映画に出ているが、両者ともいつまでたっても俳優として芳しくなく、さしたる成果をあげていない。それは、元々、たいした芸をもっていなかったからだと私は考える。だから今後もAKB48出身者に対して私は冷淡でいるつもりだ。文句があるなら、お金の取れる芸を見せてほしい。

さてテレビタレント前田敦子に、いったいまともな文章が書けるのか、まともな批評ができるのか。

『前田敦子の映画手帖』は、「映画手帖」と銘打っているぐらいだから、いちおう、映画批評の本である。しかし、当然ながら内容は薄い。

歌唱力にも踊る技術にも容貌にも傑出した点のないタレントが、文章だけは上手い、ということは確かにありえないことではなかろう。しかし、文章がうまい、あるいは鋭い批評眼をもっているという理由から、朝日新聞出版の『AERA』編集部の記者が目を付けて、『AERA』に映画批評を書かせてみよう、と思ったはずがない。『前田敦子の映画手帖』はその連載をまとめたものである。

ＡＫＢ48の営業方針で、大手の各出版社、テレビ、ラジオに、文章を書かせたり、関連記事を書かせたり、ＡＫＢ関連の特集やムック（本と雑誌の中間）や公式本などを出版させたり、番組出演させたりする。今のところ、ＡＫＢ関連の記事を載せて出版すると部数が増えたり、注目を浴びたりして関連会社は大儲けできる。大儲けさせることによって、ＡＫＢ48への批判を封じるのだ。日本の多くのマスコミは金を摑ませれば、比較的自由に操れるという状況にある。

この『前田敦子の映画手帖』に書かれている程度の文章なら、もし著者が前田敦子でなければ、誰も読まない。誰もこの本を買わない。何を書いているかが問題ではなく、誰が書いているかが問題なのである。

後述するが、松本人志が映画批評を書いて本にした時も同じように感じた。昔も今も、そしておそらく将来もそうだと思うが、松本人志も内容的に特に大したことは言わない。しかし、松本人志が映画批評を書く、映画批評本を出すということに意味があるのだ。私はそれを無意味だと思う。誰が書いていようと、書いている内容がよければ他のことはどうでもいいと考えるからだ。

前田敦子ほどの人気だと、そう簡単に街中の映画館には行けないだろうが（周りが騒いで見ていられないだろう)、それでもこの本を読むかぎり、彼女は結構行っている。一般人に比べれば比較的よく行っている。といっても、鑑賞本数からいうと圧倒的にDVDやブルーレイによる鑑賞の方が多い。その結果、彼女には「ジャケ買い」をする習慣も生まれた。ジャケットを見て買う。これは昔、LPレコードの時代によく言われたことである。発売される種類があまりに多過ぎて、何を買っていいか分からない時、カバージャケットのデザインに惹かれて買うのである。前田敦子はそれをDVDやブルーレイでやっているのだ。

前田敦子は気づいていないが、それらのジャケットの大半は、劇場公開時のポスターやチラシのデザインと同じだ。もしジャケ買いが習慣となっているのなら、劇場公開時にそれをやればいい。ジャケ買いという言葉が最初に出てくるのは、よりによって、ジャン=リュック・ゴダールの『女は女である』(1961年)だ。前田敦子とゴダール。合わない。別にゴダールを神格化する必要はないのだが、次のような感想を聞くと、ガクッとくる。

想像した以上に、すっごくかわいい映画でした。女友だちと2人で見たんですが、かわいいポイントが多すぎて、ずっとキャアキャア言ってました(笑)。(14頁)

ゴダール映画を見て、このような反応を示すのは珍しい。ゴダールの初期作品だからまだ良かったが、近年の作品を見て、それでも同じような反応を示したらほめてやりたい。

前田敦子は自称、歌手・俳優だが、同業者の優れた歌唱、優れた演技を見てどう思うのか。バーブラ・ストライサンドの『スター誕生』(1976年、フランク・ピアソン監督)のところでこのようなことを言っている。

そして見どころはなんといっても、ストライサンドさんの歌です。ライブシーンが何度かあって、1曲まるまる収録されていたりするんです。ストライサンドさん自身が歌手だから当たり前なんですが、そのライブシーンがとにかくリアル。ドキュメンタリーを見ているような気分になります。しかも表現力がものすごい。ストーリーと重なって、強烈に訴えかけてきます。（17頁）

これを書いている時、前田敦子は自身が曲がりなりにも歌手であることを忘れている。基本的にAKBのコンサートは口パクと聞いているが、ということはAKBのコンサートは本物を見てもリアルではないということになる。しかもストライサンドの歌が上手いのは「歌手だから当たり前」と言っている。それが正しければ、前田敦子は少なくとも歌手ではないし、さらに俳優でもない。

パトリス・ルコントというフランス人監督が来日した時、彼女との対談の企画があった。前田はルコント監督の『暮れ逢い』（2013年）を、ルコント監督は前田の出演作『さよなら歌舞伎町』（2014年、廣木隆一監督）を見た上での対談である。ルコントが愛想で前田にフランス映画に出演しないかと打診してみたら、「まだ全くの経験不足なので、どうでしょう……（笑）。言葉の壁も大きいですし。でも、夢と野望はあります」（28頁）と調子に乗って、その気になっている。監督がインドのミュージカル映画みたいなのを撮りたいと思っているというと、前田はさらに調子に乗って「7年間、歌って踊ってきたので大丈夫です！」と本気である。

彼女の「まだ全くの経験不足」という自己評価は、私と同じ意見である。しかし、「大丈夫です！」（同）という言葉には同意できない。7年間も歌って踊って、あの程度なのか、というのが私の実感である（すべてドキュメンタリー映画を見ての評価）。

この本には、何か所か、ブロードウェイでミュージカルを見た時のことが書かれている。もし、そのような本物の舞台を見ていて、それでも自分にミュージカルができると考えているのなら、傲慢か間抜けとしかいいようがない。あるいは無知。あるいはミュージカルをなめている。

もっとも、前田の言っていることは、ルコント監督に売り込むためのセールス・トークみたいなもので、本気ではないのかもしれない。というのも、後に『レ・ミゼラブル』（2012年、トム・フーパー監督）のところで正直に告白しているからだ。

私にはまだ、ミュージカル映画をやり切れる自信はありません。そこまでの実力を、身につけられていないと思っています。でもいつかは、やってみたいです。そういうチャンスが来たら、絶対に手をあげます。（75頁）

こちらの発言には大いに同意する。謙遜と受け取らず、真実の吐露だと受け止めたい。でも、そのようなチャンスが来て、前田が手をあげたら、それだけできっと採用されるのだろう。日本のミュージカルは実力主義の俳優をオーディションで常に厳正に選ぶ段階にまで成熟しておらず、まだまだ客寄せできる人を中心にキャスティングされる傾向があるからだ。前田が出ても旧態依然の貧弱なミュージカルにしかならないだろう。

前田敦子は、どうも、大物監督と対談すると気が大きくなるのか、ホラを吹く。『ノア　約束の舟』（2

014年）というつまらない映画を撮ったダーレン・アロノフスキー監督との対談でも、まるで歌手みたいなふりをして、監督を騙す。

監督　……歌も歌うんですよね？
前田　はい。いまはソロになりましたが、以前は200人くらいいるグループで一緒に歌って踊ってました
監督　それはすごい！　俳優業と歌手業、どちらが好きですか？
前田　女優さんになりたいと思って、この世界に入ったんです。だから、私の中では俳優業のほうが大きいです。
監督　すばらしい！　俳優と歌手が両方できる人はハリウッドには少ないんです。……（199頁）

アロノフスキー監督は前田敦子を俳優と歌手の両方できる人だと思い込んでしまった。彼女は、どちらも下手ですと、自分で否定すべきだった。それにしても「200人くらいいるグループ」と聞いて、監督はどのような想像をしたのだろう。
演技やアクションに関しても、大いに問題があるだろう。『キック・アス／ジャスティス・フォーエバー』（2013年、ジェフ・ワドロウ監督）に出演していたクロエ・グレース・モレッツのアクションについて次のように書いている。

クロエちゃんのアクションは、見ていて本当に気持ちがいいです。もう抜群の運動神経。小さい女

の子なのに、巨体の悪役たちをばっさばっさと倒していくんで、かなりすかっとします。女性で殺陣が上手なのって、本当にかっこいいですよね。（125頁）

ここでも自分のことは棚に上げている。彼女は2013年に秋元康の企画で『Seventh Code　セブンス・コード』（黒沢清監督）という中編映画に出演している。彼女の役柄も「小さい女の子なのに、巨体の悪役たちをばっさばっさと倒していく」ものだ。クロエのアクション演技と比較すれば、前田はいかにも素人である。そのような素人芸で映画をでっち上げておきながら、知らぬ顔でよくクロエに感心できたものだ。

彼女が映画に目覚めたのは『風と共に去りぬ』（1939年、ヴィクター・フレミング監督）で、その後、犬童一心監督、松江哲明監督、スタイリストの伊賀大介、秋元康の熱心な勧めでいろいろな映画を見て、趣味と呼べるまでになったという。

この本の中で『イニシエーション・ラブ』（2015年、堤幸彦監督）を撮影中、監督たちと映画を観にいくことになり、堤幸彦が提案した映画に、『ニンフォマニアック　Vol.1』（2013年、ラース・フォン・トリアー監督）があった。私は監督の遠回しのセクハラだと思うが、実際に見た前田は、次のような印象をもつ。

予告編などから受ける印象とずいぶん違う作品でした。まず、皆さん期待するほど（?）エッチな映画ではありません。そういうシーンに向けて雰囲気を盛り上げるとかせず、淡々と性を描いている。だから人間的な一側面、みたいになっていて、雰囲気としてエッチさがないんです。（70〜71頁）

堤幸彦のセクハラは失敗した。堤は前田敦子のキャラクターを純真無垢だと勘違いしていたのではないだろうか。『イニシエーション・ラブ』を撮っていながら、どうしてそれに気がつかないのだろう。私は『ニンフォマニアック Vol.1』を変態オヤジ監督の妄想映画と考えているが、前田敦子の妄想はそれをはるかに上まわっていたということか。

前田は山下敦弘監督にもよく映画を勧められるそうだが、それで彼女の行き着いた先が次のようなことになる。

> ミーハーかも知れませんが、例えばアカデミー賞の作品賞にノミネートされた作品をすべて見ていく、というのも私はありだと思っています。だって、絶対に外れがないから（笑）。（200頁）

このアカデミー賞は日本のアカデミー賞ではないことを祈るが、アメリカのアカデミー賞でも作品賞ノミネート作品にはたくさんの「外れ」があると私は実感している。前田は「映画が趣味」と公言するにはまだまだ修業が足りないと思う。日本のアカデミー賞は「当たり」「外れ」と無関係な選定をされるので、ほとんど相手にしないにかぎる。ただし、何年かの内に、間違って前田敦子が受賞するかもしれない。その程度の日本アカデミー賞なのである。

文章論的に言うとやたらと「！」や（笑）を使い過ぎだし、泣けばいつも「号泣」なのも軽薄である。もういい年なのだから落ち着こうではないか。

（3）松本人志

【松本人志『シネマ坊主3』（2008年6月、日経BP社）】

松本人志は本職が映画批評家ではない。しかし、『日経エンタテインメント！』誌で丸9年間も映画批評を書いている。いや、物理的に言うと、松本人志は1字も書いていないかもしれない。なぜなら、喋ったことを記者がまとめて追加情報を足して一つの批評にしているように読めるからだ。いわゆる口述筆記というやつである。「（笑）」などという文字も入れている。自分でそう書いたのではなく、記者が、松本人志がここで笑ったからメモしておこう、ということで足された字なのだろう。そして記者がまとめた文章を本人が校正する。あるいは校正も全部記者にお任せでやっているのかもしれない。

映画は見ればだいたい、誰でも分かるから、素人でも何らかのことが言える。松本人志の映画批評はその程度のものだと私は評価する。もし松本人志という固有名詞が伴っていなかったら、これらは連載記事にはならなかっただろうし、『シネマ坊主3』など3冊の本にもならなかっただろう。

私はまず、スクリーンで見なくてもいいと考えている点で松本人志の批評を疑う。最初の頃は熱心に試写室に足を運んだり、場合によっては一般劇場に出向いたりもしていた。しかしだんだん慣れてくるとダレてきて、堂々とＤＶＤで見たと書く。自分で選ばず誰々がほめていたから見ると書く。だから、見れば誰でも何かは言える、というレベルで捉えればいいと思う。

たとえば、『下妻物語』（２００４年、中島哲也監督）を彼はＤＶＤで見ている。「まあ、たしかに悪くはありませんでした。映像の色味がいいですね。照明で色彩に特別な加工をしているのかな。ちょっと違う感じがして、よかったと思います」（9頁）と書いている。私はこの映画を映画館のスクリーンで見たが、ビデオ撮りの粗雑で汚い画面に辟易した。内容や演出は気に入っているのだが、画面のあまりの汚さ、ボケ具合を私は認めるわけにいかない。なぜなら、スクリーンで見ることが映画批評の基本事項だと私は考えているからだ。モニターのような小さな画面で見れば映像は凝縮され、汚さも目立たないし、ボケも是正されるだろう。しかし、ＤＶＤはあくまで二次的産物である。ＤＶＤで見て「映像の色味」などと言われても困る。あくまでスクリーンが基準である。スクリーンに拡大された映像がダメならダメなのである。

松本人志は選んで見た映画に★10個満点で採点している。私はいつも思うのだが、芸術作品を点数で評価する人をどうも信用できない。なぜなら、★8個と★7個とで何が違うのか、明確に説明できないだろうからだ。数値で測れないのが芸術である。

困ったことに、彼は２００７年に『大日本人』というつまらない映画を撮ってしまった。それを大胆にも自分のコラムで取り上げ、しかも★9個と評価した。なぜ満点ではないかというと、「……もっと上をめざしたいという気持ちを込めて……」（150頁）とのことである。心配しないでもいい。テレビのバラエティならともかく、映画として『大日本人』はほぼ底辺に位置する作品なのでいくらでも上は目指せる。

松本人志は書く。

ともあれ結果的にはデビューとしては、まあまあ申し分なかったですね。第1回監督作品なのに海外からも招待されて、マスコミもしっかり取り上げてくれて、知名度もあがって、お客さんも入ってくれてますからね。ただ、これ以上求めるとバチが当たるかもしれませんが、いまひとつ爆発的な達成感はないいんです。（154頁）

まあ本人にはどう考えてもらってもいいが、たいていの映画愛好家からは相手にされていない。最初の「申し分なかった」を私はうっかり「もうしわけなかった」と読んでしまった。もし好評が伝わっているとしたら、単に松本人志ファンに受けているだけの話である。「これで賞なんかもらってしまうと、自分の中で映画に飽きてしまうかもしれないから、賞はとらないほうがいいんでしょうね（笑）」（155頁）と呑気に書いているが、どうも映画界における自分の位置が分かっていないようだ。

他人の作品についてはどうか。『ヒトラー～最期の12日間～』（２００４年、オリヴァー・ヒルシュビーゲル監督）について、松本人志は次のように書く。

……タイトルが『ヒトラー』だけなら、もっと普通に見られたと思うんです。ところが、「最期の12日間」とあるので、何か知られていない話があるのかと思って、期待値のハードルが上がってしまったんです。それで、12日の間にこれまで語られてなかった何かがあればよかったんですけど、それもなく。最期に本人の語りで何か新しい情報でもわかるのかと思ったら、そこは字幕が読めず。だから最後の１日が見られなくて、11日間しか見せてもらえなかったみたいな、なんか中途半端な感じの映画でした。（20頁）

いかにもありがちな邦題なので、邦題は原題とは関係がないとプロの批評家なら考える。ドイツ語の原タイトルは「失脚」「没落」という意味の単語である。日本の配給会社が勝手に余計な解釈をつけた邦題にしてあるのだ。この配給会社の騙しに気がつかず、松本人志はムキになって怒っている。このようなあおりに引っかかるのは素人である。ちょっとしたことも調べずもせずに口からでまかせで喋ったことを記者にまとめさせる。つまり、松本人志は映画批評家としては素人なのである。

また実写版の『ハイジ』（2005年、ポール・マーカス監督）に関しても、アニメ版には泣かせ場面がある（たとえば車椅子から立ち上がるシーン）のに、この映画にはないと不満をもらす。そして、この監督が原作を嫌っているのではないかと推測する。おそらく松本人志は原作など読んでいないだろう。私も読んでいないが、そのようなことを書きたい時には原作をチェックする。原作をチェックできないなら、そのようなことは書かない。

松本人志は原作ではなく、高畑勲演出のテレビアニメから劇場公開された『アルプスの少女ハイジ』（1974年）を基準に考えているのだろう。プロの批評家なら、高畑がアニメ用に拡大解釈したり、脚本の吉田義昭が感動的になるよう書き換えたりした、と考える。松本人志は詰めが甘い。

つまり、松本人志のこの映画批評集は、彼が映画を見て頭に浮かんだことを吐き出したままのもので、その後の加工を怠ったものである。本人には裏づけを取ったり、資料を調べたりする気も時間もないだろう。だから読んでいて根拠の乏しい批評に読めてしまうのである。あるアニメを見て映画館から出てきた小学生観客に「映画はどうだった」と質問する。その時に発せられる小学生の「面白かった」という発言と大差がないと考える。

松本人志は自分を笑いの天才として多くの芸人に仰がれているとの自覚があるのだろうが、映画批評に関しては素人である。映画についての文章にも権威があると考えてはいけない。

2008年6月でこの本の基となった雑誌のコラムは終了した。松本も義務で映画を見ることから解放されて嬉しいだろう。これでもう映画を見ない生活に戻るだろう。

雑誌のその欄は、誰かもっと活きのいい、若いプロの映画批評家に替わって担当してもらいたいものだ。

(4) 千秋

【千秋『映画ブ、作りました。』(2015年3月、朝日出版社)】

私はまともに千秋の出ている番組を見たことがないのだが、数秒単位でしゃべるのを聞いていて、子供のまま大人になったような、甘ったれたしゃべり方をすると感じた。他人の話を聞かずに勝手にしゃべるイメージがある。

それでも千秋は結婚して、子どもを産んで、離婚した。娘を引き取り母子家庭となったわけだが、基本的に家庭内で母子揃ってDVDを見て感想を述べる。それをまとめたのが『映画ブ、作りました。』である。まったくの無内容。「映画ブ」といっても「映画クラブ」のことなのだが、このような言語感覚が私には理解不能だ。本人は「略して」と言っているのだが、どういう略し方なのだ。それとも「映画部」のつもりか。

まえがきに少し長い文章があるが、本文に入るとほぼツイッター程度の長さの文章しか書かれていない。一応、ノートに書いているそうだ。一見、ただのメモである。

子供は2003年生まれなので、これらの文章は娘が小学生の高学年か中学生の頃に書かれたものである。娘の名前は「苺」として、署名されている。当初、ノート1ページぐらい感想を書いていたそうだが、面倒くさくなって1語でもOKということで、この本に収録されているのは1語レベル、一言レベルのものが多い。

彼女は一応、有名人だから街中の映画館で見ると騒然とすると思われる（それほどの人気かどうか私は知らない）。娘にとって可哀想なことに、『モンスターズ・ユニバーシティ』（2013年、ダン・スカンロン監督）を除いてすべて家庭内でのDVD鑑賞である（千秋単独で映画館で見たことはある）。

本当なら街中の映画館で見て、娘に社会性を身に付けさせないといけないが、現時点では家庭内鑑賞せざるをえない。もう少し娘が成長して、自分で勝手に映画館に行くようになればいいのだが、DVD鑑賞に慣れていると、映画はDVDで見るものと思ってしまいはしないかと心配である。放っておくとオタクになってしまって、手に負えなくなってしまうのではないか。

私は決して評価しないのだが、『ニュー・シネマ・パラダイス』（1989年、ジュゼッペ・トルナトーレ監督）を見直した千秋も「世の中の評価ほど感動しないんだけど……」（116頁）と書いている。映画館の存在自体あまり知らない娘にはこの映画の何も理解できないので「昔みたいな映画だね」（同）という感想しか出ない。DVD視聴を基本にする千秋だから、映画館の大切さを娘に訴えるほどの考えはないのだろう。だから映画も面白くなかったのだろう。もちろんこの映画をネタに映画館の大切さなど教えられないのだが。

母親としての責任で、千秋が見る映画を選択する。場合によっては先に見て、娘が見て大丈夫かどうか確かめてから見せる。家庭教育に親の主義主張があっていいが、芸術に接するには自由放任がいいと私は個人的に思っている。母親が千秋だから視野が狭い。狭い視野から選ばれた作品を見ることで成長したら、娘も母親と同じく狭い視野でしか物事を見られなくなるのではないか。まあ他人の子なので、好きな教育方針でやればいいと思う。

たとえば『サウンド・オブ・ミュージック』（1965年、ロバート・ワイズ監督）。母親と娘の意見を列挙すると。

名曲だらけだから一緒に歌えるよ。アメリカ人の基本でしょ、日本人だけど。（20頁）

いろんな歌がでてきた。最後みんなつかまらずに他のまちに行けてよかったと思う。（同）

添えられたデータには吹替えの俳優の名前が書かれているし、「一緒に歌える」というぐらいだから、きっと日本語で「ドはドーナツのド」と、原文とは無関係な、デタラメな歌詞で歌っているのだろう。千秋は「アメリカ人の基本でしょ」と書くが、アメリカ映画とはいえ、これがオーストリアを舞台にしているることはほとんど千秋の頭にないかもしれない。娘は「他のまちに行けて」と書いているが、この映画のラストはオーストリアからスイスに山越えするシーンで終わっている。その深刻さをあまり感じていないようだ。

千秋は、なぜか幼児教育上と言うなら好ましくなさそうな『ラースと、その彼女』（2007年、クレイグ・ギレスピー監督）を娘に見せている。

面白い面白いって言ってました。どうやら苺さん、ヒューマンドラマなど、なんてことないほのぼの系も面白く飽きずに観れるらしい。

めちゃくちゃ面白くて、ラースが人形の女の人を彼女にして、しゃべりかけたりして、さいごは人形が死んじゃって泣いてた!!（56頁）

人形といっても、これはダッチ・ワイフであって、その裏には大人の深くて暗い闇が横たわっている。もしや、千秋もあれを着ぐるみと思っているのか。この映画には悲痛な印象を私は受けたが、千秋が考えるようなほのぼの系であったとは思ってもみなかった。娘が今後、いろいろ大人の悪い世界を知って成長し、その時、この映画を見たらもっと深く理解できるかもしれない。

同じくこれも幼児教育上好ましくなさそうな、いや、むしろ幼児からこういうことを教えておいた方がいいかもしれない『キッズ・オールライト』（２０１０年、リサ・チョロデンコ監督）も見せている。

この映画、イベントにも出たことがあります。／映画に続いて二回目。／最近ママ友も面白いって言ってたので思い出してまた観ました。／世の中には色んな価値観があって色んな家族がある。／わたしもみんなもこれでいいいんだって思える映画です。／人生楽しまなくちゃ。／たまにまた観たい。（158頁、「／」は改行の意）

みんな仲良しが一番いいね。／わたしも家族みんな大好きだよ。／ママもパパも、じいじもばあばも／大阪のじいじも大阪のばあばも。（……と家族や親せき、ペットの名前をずっと言ってました）（同）

この作品は実際、素晴らしいレズ映画である。それを理解して娘に見せているのなら千秋は偉い。しかし、娘は何も分かっていないようだ。子供には分からない大人の世界があるのだ。映画の中でレズたちがホモの映画を見て興奮する、という感じは私にも分からなかった。

千秋にとっては皮肉にもぴったりと合ったのが『アメリ』（2001年、ジャン＝ピエール・ルネ監督）だ。昔見た時にはピンと来なかった理由が、娘と見直して千秋は分かったという。「アメリの小さい頃からの少し変わった行動が、わたしにとっては普通の行動だったからだ。アメリがやる行動が次々と紹介される度に、『あ、わたしと一緒だ！』っていう苺さんを見て気が付いた」（138頁）という。

ということは、千秋は今もアメリのような行動をとっているのか。千秋＝アメリとつなぐと、このタレントの存在意義が分かる。

（5）LiLiCo

【LiLiCo『映画的生活』（2007年8月、ゴマブックス）】

私は、ＣＭに出る人は批評家になれないと考えている。ギャラをもらって商品（映画も含む）の宣伝をする人が、自分の宣伝した商品と他の商品との間の善し悪しを判断できない、いや、判断してはいけない事情があるからだ。

ＴＯＨＯシネマズで４Ｄ映画が始まった頃にしきりに宣伝をしていたタレントLiLiCoの『映画的生活』を読んだ。このふざけた名前はもちろん芸名だろうが、日本人が単なるカッコ付けで付ける外国人名前ではない。本人はスウェーデン人である。スウェーデン人の父親と日本人の母親の間に生まれた娘だ。高校を出た後、母親の故郷・日本にやってきて芸能活動をしている。

この本を数ページ読むだけで、この人は映画にほとんど興味がないのだと分かる。彼女はただ有名になりたいだけなのだ。有名になるためにテレビに出て、映画スターと一緒に写り込んで喜んでいる。映画に対する批評眼などまったく持ち合わせていない。そもそもテレビでは新作映画の批評などすることができないので、この種の、ヘラヘラした愛嬌のあるタレントが最も使いやすいのだろう。彼女はテレビ番組の映画コーナーでコメンテーターやらナビゲーターやらやっている。つまらない映画でも平気で嘘の宣伝をしている。

この人は、赤じゅうたんがとても好きらしい。スターたちとその上に立ったり、特別な試写会に単なるレポーターとして呼ばれているだけなのに、その上を歩いたりして喜んでいる。わざわざその写真までこの本に載せている。

番組取材とは関係なしに、赤じゅうたんの上を歩く俳優の写真を撮りたくて、彼女は自費でアメリカのアカデミー賞の取材に行く。その意欲は買えるのだが、何か間違った情熱に操られているようにも思える。授賞式が始まるのは夕方の５時頃なのだが、いい写真を撮るための場所取りに朝の７時から現場に行く。で、何をするかというと写真を撮るだけなのである。

このようなことをする時間と精力と金を映画鑑賞に向けるともっといい仕事ができそうなものだが、今の彼女にはただ有名人にインタビューする、あるいは有名人に自分を覚えてもらう、あわよくば有名人に食事に誘ってもらう、できれば有名人と知り合いになる、ということしか考えていない。映画にかかわろうとするのは売名行為の一端なのである。

テレビがいかにダメな媒体であるかを示すエピソードがこの本で開陳されている。彼女がこの仕事に就く時のエピソードである。事務所を通じてＴＢＳの『王様のブランチ』という番組のスタッフが彼女に連絡してきた。会いに行くと、「映画は好きですか」と訊かれて、「好きです」と答える。それだけで映画コーナーに採用されたのである。採用決定の知らせに対する彼女の反応はこうである。

はたして〝映画コメンテーター〟という仕事は私に務まるのか？　母国語のスウェーデン語ではなく日本語で、しかもお茶の間の人にしっかり伝わるようにやっていける？　いままでは、自分の話しやすい言葉で深く考えずにしゃべっていればよかったけど、『王様のブランチ』のような有名なテレビ番組だと、もうそういうわけにはいかないのでは？（31頁）

このような人がちゃんと「有名なテレビ番組」でコメンテーターを務めているのである。テレビとはその程度のレベルなのである。

この人は映画を見ることにそれほど精力を使わない。精力を使うのは別のことである。

私は、会見やインタビューのときはいつも、作品に衣装を合わせます。これは、私個人の自己満足。仮装するインタビュアーもいるけど、なにかをプレゼントをするインタビュアーもいるけど、本当にそれを持って帰るのかどうか謎だし、荷物にならないようにとつい気を使って、私はいつもなにもあげません。「物」でご機嫌をとるより、「会話」でとろう、って。

特に『王様のブランチ』は映画の話をしっかり伺って、しっかりその映画を紹介する。それが好きだし大事なところ。だれと付き合っているかとかは、どうでもいいんです。作品に関係がなければ。たまに共演をきっかけに恋人になる方もいますが、その話に触れてもいいかどうかは微妙で、そんなときは気を使います。（198頁）

テレビ関係者というのは本当にダメな人ばかりである。番組やレポーター個人を相手に覚えてもらうために、付け届けをしたり、仮装したりするのだと読みとれる。LiLiCo はそれをやや馬鹿にしているとはいうものの、作品に衣装を合わせるという行為には疑問をもっていない。というか、むしろそれでインタビューする側に印象付けようとしているだけである。現に、そのことが相手に気づかれると感激するのである。

あまり面白くなかった映画『キングダム・オブ・ヘブン』（2005年、リドリー・スコット監督）のプロモーションに来日したオーランド・ブルームに、彼女がその映画に合わせた衣装が気づかれる。

……なかなか無口な方だけど、私が部屋に入ったら、開口一番「この映画の衣裳みたい」と言ってくれた！　もう、ディレクターもADも気づかなくてもどうでもいい！　あのオーランド・ブルーム

が気づいてくれたんだから！（199頁）

くだらない。映画の衣装を真似た服を着たのが出演者に気づかれたのがいったい何だというのだ。相手は、ただ単に日本のマスコミが取材に来たから利用するだけである。沢尻エリカがふてくされたのと同じように、数分刻みで次々にマスコミがやってきて、同じような質問ばかりされていたら、たまに変なのが来ると面白いと思うだろう。でも、そのようなことなど、映画の内容とは何の関係もない。映画会社は宣伝で少しでも動員を増やそうとする。だからスターがわざわざ日本にまでプロモーションにやってくる。日本の放送媒体、雑誌媒体はそれに利用されているだけだ。そして映画コーナーを担当する者はそのコーナーを利用して自分を売り込もうとする。映画の周辺でいろいろな欲望が渦巻いている。

女性映画評論家に典型的なのが、洋画志向が強い点だ。LiLiCo が取材した相手はすべて洋画関係者である。このようないびつな選択からはろくな言説が生まれてこない。女性であることを売りにするような人は相手にしないに限る。

J. 放送関係者

(1) 佐々木恭子

【佐々木恭子『戀戀シネマ』(2004年12月、集英社、集英社be文庫)】

映画というのは見れば誰でも何か言える。有名人やタレントならそれを集めて本にすることも可能だ。ただし、宣伝を頼まれた時に単発で映画を見ているため、総合的な映画的教養がない。狭い範囲の中で映画を見て、何らかのことを言うだけという場合が多い。

映画会社は有名人を宣伝に利用しがちであるから、映画会社が売りたい映画をこれら有名人に見せ、ほめ言葉を言ってもらおうとする。その事情を知っている有名人側は喜んでメジャー映画の提灯持ちをするのである。場合によっては、自分の言葉を持たないタレントに、会社側がコメントの用意まですることもあると聞く。

佐々木恭子はフジテレビのアナウンサーで、以前、朝のニュースショーのアシスタントをしていた。アナウンサーの中でも、佐々木や笠井信輔、軽部真一たちが映画の本を書いている。仕事柄、映画関係者としばしば接触するからだろう。

念のために言うが、テレビである。映画のCMをたくさん流す媒体であるし、彼女の所属しているフジテレビはたくさんの映画を製作までしている。基本的に放送では本当の評価など表明できるわけがない。それは他のアナウンサーも同じである。

佐々木恭子が映画をたくさん見出したのは「映画大王」という番組を担当するようになってからだと

いう。それがどのような番組か知らないが、前述の通り、テレビという媒体では映画に関してまともな発言などできない。取り上げる作品を悪く言うことはない。佐々木が仕事の上でいくらたくさん見ることになっても、本当に感じたことは口に出せない。そのように承知していた方がいいだろう。

彼女は著書『戀戀シネマ』で「人を『見る気にさせる』ように紹介するのは、案外難しいものだ。内容を語り過ぎてもいけない、だけど面白さのエッセンスを短くまとめて伝えるにはどうしたらいいんだろうと、いつも頭を悩ませている……」（33頁）と書いており、最初からほめ専門である。

彼女が敬意を表している映画評論家は淀川長治と川本三郎だ。二人とも、基本的に映画を表立ってけなすことはない。彼女は淀川長治のテレビでの映画解説を見て、「映画が面白くて気に入ってるときでも、どう語るかは難しいのに、これがあんまり面白くないのに紹介しなくてはいけないときにどう語るかが、腕の見せ所」（35頁）として淀川長治の技術に惚れ込む。

しかし、面白くない作品を面白いと紹介するのは詐欺ではないか。仲間内ではたぶん映画の悪口をたっぷり言うのに、テレビで放映される段になるとさも面白いかのように紹介するのはずるい。

彼女は同じく川本三郎の批評の優しさにも惚れ込む。「……映画を観た後改めて読めば、映画の感動がより濃密に響き、感情が整理されるような思いがする……」（37〜38頁）と喜んでいる。だから、問題なのは面白くない映画の場合なのだ。面白い映画の話ばかりするのがいいのは分かっているが、現実には面白い映画ばかり上映されているわけではない。面白くない映画の方が圧倒的に多い。淀川長治はそれでも作品の中のいい部分を見つけ出そうとし、川本三郎はそれらを黙殺していることになる。

「面白くない」とか「よくわからない」と言い捨てることは簡単。誰が話しても変わらない客観情報だけを取り上げるのも簡単。でも、それではやっぱり愛がない。１００けなすより、１いいところを見つけるほうがいい。「ここだけはよかった」。そう思うほうが、観る甲斐もあるというものだ。（39頁）

個人でそう思うのは自由だ。自腹で見て、無理にその映画のいいところを見つけ出して満足するのもいいだろう。しかし、放送媒体でその無理した発言を流すということは、一種のデマ情報を流すことになる。放送内容が視聴者に影響を与えることが大きいのを自覚していない。つまらない映画のいいところを無理に見つけ出してくれて喜ぶのは映画会社くらいだ。それを信じて映画館に行って見てがっくりした観客に対し放送人としてどう責任をとるのだ。

佐々木はすべての映画に愛をもてるのか。博愛主義なら勝手に愛すればいい。博愛主義でないのなら、無理してほめるのではなく、面白い時は面白い、面白くない時は面白くないと正直に述べるのが、少なくとも自分にとっても視聴者にとっても誠実な行いであるはずだ。

私はテレビ放送における映画関連の言説をまったく信用していない。だから彼女がある映画をほめようが、仮にあるとして、けなそうが、相手にはしない。

試写室には独特の雰囲気が漂う。基本的に「観るのが仕事」の人ばかりなので、反応は概ねクール。勿論笑い声やすすり泣きは聞こえてくるが、シーンごとに一生懸命メモを取る人もいれば、「あ、これ○○の手法だ」などと、○○に巨匠監督の名前を入れて、ご丁寧にも小声でぶつぶつ分析している人もいる。

最初はそんな試写室に違和感を感じていたのに、今やすっかり慣れ切った私。でも、やっぱり映画

は映画館で観るのが最高！　そう思う出来事があった。（97頁）

こういう文章の後に、チャップリンの旧作上映を見に映画館へ行き、そこで体験したことを感激して書いている。懐かしがって見に来た老人たちがひそひそ話をする。「小声とはいえ、最初それに戸惑った。んもー、集中できないじゃないのよーとイライラする」（98頁）。試写室族も相当にイヤミったらしいが、普通の映画館のしゃべる観客も鬱陶しい。同感である。ところが佐々木恭子は「隣のお二人が幸せな記憶をおすそ分けしてくれた……」（99頁）と好意的なのである。いやはや。

私も試写室で映画を見たことがあるが、うるさい客には試写室でも怒鳴った。誰であっても、うるさい奴はうるさい。映画の敵である。その感覚が佐々木恭子にはない。優しさというべきか、鈍感というべきか。

佐々木恭子の『戀戀シネマ』はその人柄の良さが文章にあふれているのだが、映画批評としてみれば、多くのテレビ関係者の映画本と同じく無内容といっていい。

(2) 浜村淳

【浜村淳『さてみなさん聞いて下さい　浜村淳ラジオ話芸「ありがとう」そして「バチョン」』（2003年11月、西日本出版社）】

【浜村淳／戸田学『浜村淳の浜村映画史』（2017年3月、青土社）】

浜村淳を映画批評家と呼ぶわけにはいかない。なぜなら批評などしないからだ。やっているのは解説である。映画解説者と、呼ばれることもあるし自称することもある。

浜村は毎日放送ラジオで毎朝、「ありがとう浜村淳です」という番組のホストをやっている。そこに映画コーナーがあって、新作を紹介する。もっぱらストーリーを喋るだけである（誇張表現が多く、映画を見ると嘘だと分かることがよくある）。浜村のリスナーたちは映画など観ない。浜村淳の解説を聞いて見た気分になる。しばしば最後の結末まで言うものだから、実際に映画を見る映画ファンからはすこぶる悪い評判しか伝わってこない。映画を見る人は浜村が映画の話をしだすと耳をふさぐ。

昔、時々、映画会社の試写室で遭遇した。人当たりがよく、業界人への挨拶は丁寧である。服装は常に若作りで、派手な爺さんという感じである。一度、劇場試写の際、映画の上映が始まった後に遅れてやってきた関係者に、上映中にもかかわらず声を出して挨拶をしていたことがあった。たまたまその少し前の席に座っていた私は浜村淳に向かって、「うるさい、黙ってい！」と叫んだ。業界関係者は浜村淳の威光に怯えているから、うるさくても何も言わない。私は業界の人ではない。うるさい奴は怒鳴りつける。ますます世間を狭くしている。

さてみなさん聞いてくださいい、というのは浜村淳の決まり文句である。これから何か話をしようとする時、この台詞が出る。空港の「アテンション、プリーズ」みたいなものだ。

浜村淳の生まれは京都市北区の鷹峰というところだ。かつて時代劇のロケによく使われた土地だそうで、浜村淳は小さい時から撮影風景に馴染んでいた。特に溝口健二の『宮本武蔵』（１９４４年）などはほとんど彼の家の近所で撮られたそうである。

浜村淳は同志社大学に在学中、放送部に所属し、関西六大学野球の前夜祭での舞台の司会をした。その時から「歌いあげ調」の司会をしていたという。今でも歌手がある曲を歌う前、前奏曲が流れる間に、その歌、その歌手の紹介に要らぬ文句を足す、あの調子である。それが彼のトレードマークとなり、以後、司会の仕事がどんどん入ってくる。そしてラジオのディスク・ジョッキーを依頼される。ジャズや映画の解説のできるアナウンサーが少なかった時代である。

映画会社の大映に就職しようとしたが、失敗。映画会社宣伝部員の夢は消える。一人息子（実は彼は養子で、母親の実の妹が実母）だったので、親の期待に応え靴下メーカーに就職した。そのメーカーが朝日放送のラジオ番組を提供することになり、宣伝部員として司会の経験のある彼が採用されることになったのだ。しかし、業績が悪化、宣伝活動が縮小され、居場所がなくなる。結局、半年でやめ、司会のアルバイトに戻る。森高千里の父親・森高茂一や中村泰士、内田裕也などの司会を務めた。

その後、渡辺プロに引き抜かれ東京に行く。仕事の合間に桂文楽や林家三平ら落語家とも親しくなった。そこで話芸のコツをつかむ。１９６４年の東京オリンピックでマラソンの中継などをした後、関西に戻る。ラジオ大阪の番組を手伝い、その公開番組で彼は関西弁で司会をしてみる。それまでの放送界では標準語で司会をするのが常だ。大学の放送部で標準語を身に付けていた浜村淳もそうしていた。だから大転機を迎えることになった。好評を得て、吉本興業に引っ張られ、司会だけではなく漫談もやらされる。ところが、まったく受けない。そんな頃、桂米朝の弟子にどうかと誘われた。花月亭九里丸という名跡を継がないかという話もあったという。

ラジオ大阪の深夜番組で、国会議員に立候補した立川談志の代役でディスク・ジョッキーとなる。その後、「バチョンといこう」という番組を担当、一気に浜村淳の人気が沸騰する。この「バチョン」で、映画の紹介をし始め、「ありがとう浜村淳」の映画語りを経て、現在に至っているわけだ。

映画を語るコツは、たくさん観ること、それにつきます。僕は今でも時間があったら、映画を観ます。例え仕事でその作品をしゃべる予定があっても、観ている最中は一切メモは取りません。まずはとにかく、一観客として映画を楽しむ。そうでないと、せっかくの映画がもったいないでしょう?

(『さてみなさん聞いて下さい　浜村淳ラジオ話芸』143頁、以下、『話芸』と略記)

仕事で映画を見るとはいえ、この考え方は健全だ。現在の映画マスコミは必要に駆られて映画を見ることが多いのだ。現在彼の住む家の地下には映写室があり、映画館並みのスクリーンを設置、ビデオ、DVDどころか、35ミリフィルムまでかけられるという。もちろん35ミリフィルムをかける装置はあっても無駄だ。本人が自主製作で35ミリの映画を撮る場合を除き、かけられる時はやってこない。映画会社が個人にフィルムを貸してくれるわけがない。

この本のラストには2本の映画、チャップリンの『街の灯』(1931年)と『風の丘を越えて　西便制(ソピョンジェ)』(1993年、イム・グォンテク監督)について映画の進行通りに語ったものの採録が掲載されている。私は共に映画館で見ているので、別に読みたくもない。

以前、十三の第七藝術劇場で浜村淳の映画語りのイベントがあり、それを収録したものか、あるいはスタジオで収録したものかのDVDが発売されていた。私は先述の『街の灯』『風の丘を越えて』同様、聞きたくも見たくもない。浜村淳の映画語りよりも映画そのものを見ることを選ぶ。浜村淳の映画語りに聞きほれて、結局その映画を見ない浜村ファンは多いと思う。それがもったいない。つまり、映画解説によって映画の楽しみを知ってもらいたいという意図で始めているのに、結果として、それを聞いた人が映画館に行って映画を楽しもうとしない。これは不幸なことである。

かつて東映の仁侠映画が盛んだった頃、浜村淳は深夜放送の終了後、オールナイトの上映館に立ち寄り、学生活動家たちと一緒になって、スクリーン上の高倉健に声援を送りながら映画を見ていた。

……そういう時代ならではの、映画館の雰囲気を味わえたのは、貴重な経験です。その空気を知ってることが、また深夜放送のしゃべりに有形無形のうちに生きたりするんですよ。ビデオで映画を観るのもいいですが、やはり映画館で観るのもええもんです。僕が自信を持って映画語りができるのは、映画そのものだけやのうて、映画館の空気、観客の期待を肌で知っているからやと思います。

（『話芸』151頁）

もし浜村淳の言っていることが正しければ、多くの映画評論家は立場がなくなる。実際、多くの評論家たちは試写室でしか映画を見ない。もしかすると浜村淳自身も、言っていることとは裏腹に、もう映画館になど行ったことがないのではないか。業界人が料金を払って映画館に映画を見にいくなどとは想像ができない。

繰り返す。浜村淳がしているのは映画評論ではなく、映画解説である。

浜村淳が戸田学という聞き手と共に作った本が『浜村淳の浜村映画史』（以下、『映画史』と略記）だ。戸田は浜村淳と淀川長治から映画の見方を学んだと言っている。もちろんタイトルにあるような「映画史」

などではない。彼が実際に会ってきた俳優や監督についての楽屋ゴシップの総まとめをしているような本である。

浜村が大半の俳優や監督たちと個人的に特に親しい仲というわけではなく、要するに新作映画の宣伝に彼の番組にゲストとして呼ばれて、その時に会っているにすぎない。そういう状況でまともな会話の出来るはずがないし、出来たとしても放送できる内容ではなくなるだろう。

つまり、『浜村淳の浜村映画史』は、浜村淳個人の映画や映画人との接触の歴史をたどったものにすぎない。だから映画史的におかしいところがいくつかある。

たとえば、京都の松竹下加茂撮影所（1952年まで）の話になった時、浜村は「……当時、松竹の作風を作った城戸四郎という人がおりまして、その城戸四郎の親戚の子が同級生にいたんですね」（『映画史』58頁）と書いている。その人を通じて『純情二重奏』（1939年、佐々木康監督）の撮影現場を見学に行ったと書いている。そう書いていると、本当に撮影所に行ったんだなと本気で思ってしまう。

しかし、城戸四郎は1936年まで松竹蒲田撮影所（現・東京都大田区）の所長を務めており、同年、移転先の松竹大船撮影所（神奈川県鎌倉市）の撮影所でも続けて所長を務めたという史実がある。出張で大船撮影所の所長が下加茂撮影所あるいは松竹京都撮影所（1952年以降。在・太秦）に行くこともあっただろうが、基本的に京都にはいなかったはずだ。

そのような立場にいる時、親戚の子供から友達が映画撮影所を見学したいから便宜を図ってくれと言われて、城戸が神奈川から京都の映画撮影所所長に連絡を取ってくれるだろうか。そのような面倒臭い些細な用件を相手にしている暇はないはずだ。

しかも、『純情二重奏』は実は松竹大船撮影所の作品である。ということは、浜村淳はわざわざ大船まで出向いたということになる。しかも、１９３５年生まれの浜村はその映画製作時、４歳である。浜村淳はその撮影風景を見てきたように語っている。残念ながら私はこの映画を見ていないが、もしかして、セット撮影のためにスタッフや俳優がわざわざ京都まできて撮影したというようなことがあったのだろうか。そうでなければ４歳の浜村が大船まで出かけたことになる。この映画が公開された時代は新幹線などないから、移動だけで１日かかるはずだ。

でも、浜村淳は現場の風景を語っている。もしや、語っているのではなく、騙っているのか。あるいは違う作品と勘違いして、古い記憶と混ざっているのか。

ちょっと放送を聴けば分かるが、大げさな口調で、あることないこと、べらべらまくしたてるのは浜村の得意とするところである。『燃えよドラゴン』（１９７３年、ロバート・クローズ監督）の解説で、ブルース・リーの技を「必殺飛燕一文字五段蹴り」「神変胡蝶肘打ち五段返し」（『映画史』105頁）と誇張して勝手に名前をつけて口走ったところ、配給会社の宣伝部がその言葉を気に入り、宣伝に使ったこともあるという。

ということは、浜村淳の映画話を聞いていると、あること、ないこと、吹き込まれる可能性があるということだ。つまり、浜村淳の言うことを真に受けてはいけない。

勘違いを指摘してくれる人が周りにいればいい。たとえば、松竹新喜劇の俳優・田村楽太について述べるところである。

浜村　……芝居のど迫力で、松竹新喜劇で『桂春団治』を上演した時に、春団治が二代目渋谷天外さんで、天外さんを人力車に乗せて引っ張る車夫の役を田村楽太さんが演ってましたね。（『映画史』244

頁）

すかさず、聞き手の戸田が、舞台では曾我廼家五郎八がやっていたのではないか、映画版と間違えていないか、と訂正する。私はもちろん大昔の松竹新喜劇の舞台『桂春団治』を見ていないが、映画の『世にも面白い男の一生　桂春団治』（１９５６年、木村恵吾監督）は見ている。楽太が演じていたのが映画であることははっきり覚えている（ただし、映画版の春団治役は渋谷天外ではなく森繁久彌）。浜村は、自分の記憶の曖昧さや混乱をしばし露呈させることになる。

また、新作『ターザン：ＲＥＢＯＲＮ』（２０１６年、デヴィッド・イェーツ監督）の話になって、その流れで『ジャングル・ブック』（２０１６年、ジョン・ファヴロー監督）も話題に取り上げられる。

戸田　……同じようなシチュエーションですもんね。
浜村　……男の子、つまり人間の子どもがアフリカのジャングルで育ってゆくというシチュエーションが同じなんです。（『映画史』304～305頁）

それぞれの原作者、エドガー・ライス・バローズ（アメリカ人）とラドヤード・キプリング（イギリス人）の名前を出していながら、また日本の「狼少年ケン」の話で少年ケンの舞台がインドだと言及していながら、『ジャングル・ブック』がインドの話であることに気づいていない。さらに「狼少年ケン」を調べると、原作ではインドではなくアフリカが舞台だった（アフリカには狼が生息しないはずだが）。二重に間違えている。今回は、戸田もそれを指摘できなかった。

実際のところ、私は浜村淳の映画解説をまともに聞いたことがない、何かの折に放送をやっているのを耳にしても、彼の映画解説が始まると、意識をラジオから遠ざけてしまう。劇場試写会で解説を始めたら居眠りをしていた。要するに聞きたくないのである。

彼のやっていることは、主にストーリーの紹介である。人気はあるが、面白くないのは淀川長治と同じである。淀川も基本はストーリーをしゃべるだけである。浜村の映画解説に関してよく言われることだが、浜村のファンは浜村の解説で映画を見た気分になって、実際にはその映画を見に行かないという説があった。

浜村　……私が映画の話をしますと、もう話を聞いただけでいいでしょうという気持ちでは絶対にないです。私は水先案内人です。パイロットみたいなもんでね、私の話を聞いて興味を持ってください。興味をお持ちになったら必ず映画館で見てください。これがいちばん大きな希望なんですよ。

（『映画史』100頁）

面白い映画の解説をして、面白いから映画館に行って見てくれ、という場合も確かにあるだろう。しかし、大半は違う。大半の映画は面白くないのだから、毎日毎日面白い映画の解説など出来るわけがない。しかも、番組の中で取り上げるわけだから、スポンサーも必ず関係してくる。場合によっては、映画会社からの要請で、明らかにつまらない作品を取り上げる作品もあるだろう。自分で面白いと思っていない作品でも、場合によっては視聴者に興味をもたせようと力を込めて解説することもあるだろう。なぜなら、彼が映画の悪口を言うことは滅多にないからだ。どの映画も面白いことになってくる。本気でそう思っているのなら許せるが、映画会社の要請で宣伝をしているのに、まるで自分の意見として推薦する浜村の姿勢が私は嫌なのである。

そんなことを言うと、ほとんどの映画解説は聞いていられないということになるが、実際に聞いていられない。だから最初から、放送で言っていることはすべて宣伝であると割り切って、私は相手にしないことにしている。

この本の中にマルセ太郎という芸人の話が出てくる。すでに亡くなっている。「スクリーンのない映画館」というタイトルで、『泥の河』（1981年、小栗康平監督）や『天井桟敷の人々』（1945年、マルセル・カルネ監督）などを、映画1本と同じぐらいの2時間ぐらいかけて1人で演じていく芸人だった。その2本は私も見た。その映画を知らない人には面白いかもしれない。すでに見たことのある私には何も面白くはない。声色を使いながら一人芝居で映画を最初から最後まで再現するだけの話だ。私はその芸からいったい、何を受け取ればいいのだ。下手な再現をじっと見ているより、映画そのものを見た方がいい。

浜村淳はマルセ太郎がその芸を披露するはるか前から、時間は短いが（20分ぐらい）同様のことをダイジェスト版みたいにして高座でやったことがある。たぶん、それも面白くないだろう。

総じてあまり役に立たない本なのだが、役に立った部分もある。ただし、映画の話ではないし、浜村の話でもない。

戸田　三木のり平さんのお話で、喜劇とシリアスな芝居の違いっていうのは、例えば、幽霊が出てくる芝居の場合、普通のシリアスな作品では、まず、幽霊を怖がる人を出す。そして、この場所がいかにただならぬ場所かを観客に知らせて、それから幽霊が出てくるので怖い。だけども、我々喜劇の場合は、幽霊のほうがまず出てくると言いますね（笑）。
浜村　で、怖がる人がなかなか怖がらない。で、いつ怖がるか。いつ幽霊を見るか。その面白さですね。ヒッチコックもチャップリンもそういうことをやりましたね。（『映画史』341頁）

三木のり平のおかげで良いことを聞かせてもらった気分である。ストーリーのこういう動かし方は、映画だけでなく、舞台でも小説でも使えそうである。

浜村淳は確か、テレビの映画放映番組の司会や解説をしていたこともあると記憶するが、そういうことはまったく頭の隅に置かずに次のようにしゃべっている。映画を見ていると話題が豊富になるという話から、豊富な話題を集めるなら「テレビもある」という反論が出てくるという話が続き、次のように結論づける。

浜村　……でも、戸田さん、テレビと映画って、本質は違うんじゃないかと思いませんか？　まず、テレビは家庭で見ますよね。と、日常の生活と同じことですね。同じ場所に、電話があって、時計があって、テーブルがある。そして、ちょいちょい夫がテレビを見ながら、「お〜い、茶を入れてくれ」とか言うでしょ。電話が鳴ったりする、客が来たりもするでしょ。それと映画とは、やっぱり別物ですね。映画は、映画の世界にのめり込んで、溶け込んでしまうじゃないですか。（『映画史』395頁）

言っていることは100％正しい。それならテレビで映画解説などするな、と浜村淳に言いたい。

戸田学には浜村の間違いを的確に指摘してもらいたいが、『カサブランカ』（1942年、マイケル・カーティス監督）の舞台となったリックス・カフェ・アメリケンを「リックズ・バー」（『映画史』44頁）と書いたり、「シットコム・コメディ」（同161頁）などと平然と書いていたりするのが不安である（「シットコム」はsituation comedyの省略形。だから「コメディ」が重複している）。

（3）土屋晴乃

【土屋晴乃『ようこそ　土屋名画座へ』（2007年5月、STUDIO CELLO）】

土屋晴乃は『ようこそ　土屋名画座へ』の表紙に自分の写真を載せている。さらにひどいことに、土屋晴乃は自著の最後に「晴乃の小部屋」というページをわざわざ設けて、勝手に自分のプライベート写真をたくさん載せている。

言っておくが、私は土屋の私生活などに何の興味もない。そんなものは長いこと会っていない親戚や友達などが自宅に来た時に見せればいいのだ。土屋はテレビの映画コーナーの紹介者としても活動しているフリー・アナウンサーだ。どうも自分を普通の人より可愛いと自信をもっているように思える。

細かく見ていく。土屋晴乃は略歴を読むとなかなか立派である。ロンドン大学の大学院に留学し修士課程を終えている。しかも専攻は「映画・コミュニケーション学」である。これだと映画に関して相当勉強をしていると思ってしまうだろう。しかし、この本を読んでみると、ほとんどが現在の職業である、テレビのレポーターやコメンテーターが言う程度のことばかりなのである。イタリア映画やイギリス映画が好きと前書きでは書いているが、その気配がこの本の文章からはほとんど感じられない。

そもそもこの本に取り上げられている作品は良いのも悪いのもゴチャ混ぜである。『市民ケーン』（1941年、オーソン・ウェルズ監督）や『タクシードライバー』（1976年、マーティン・スコセッシ監督）がある一方で、『キャットウーマン』（2004年、ピトフ監督）や『幸せのちから』（2006年、ガブリエレ・ムッチーノ監督）のようなヘナヘナ映画も混じっている。

一部、古典的な作品を除けば、ほとんどが近年の作品である。つまり、彼女がレポーター、コメンテーターとして取り上げた作品ばかりのように思える。海外の大学院で映画を研究した経歴をもちながら、これではあまりに安易な選択ではないだろうか。もっとも、テレビで求められるものが安易であり、テレビ視聴者の求めるものが安易であるなら、それはそれで適切な選択であるともいえる。

あとがきで、「ここがスタートライン。これから映画をライフワークとして、精進していきたいと思います」（109頁）と書いている。それなら大学院での映画研究はスタート以前のレベルだったのだろうか。どうもそうらしい。

映画関係の仕事に就くと、試写をどんどん見ないといけなくなる。そうなると自分で見たい映画を自由に見ている暇がなくなる。いつも目の前にある、指定された公開直前の映画ばかり見ることになるのである。その中には彼女個人の見たいものもいくつかはあるだろうが、仕事として見ないといけないから見たというのが多いに違いない。

映画館にはあまり行かない映画ファンに人気のある『ニュー・シネマ・パラダイス』（1989年、ジュゼッペ・トルナトーレ監督）を「誰もが知る名作中の名作！　映画に対する愛に満ち溢れた作品です」（19頁）と手放しでほめているところをみると、日頃からそれほど映画館には行かないようだ。いつも言っているのだが、この映画をほめる人はろくに映画館に行かない人だと私は解釈している。

彼女の映画観が、『セント・オブ・ウーマン／夢の香り』（１９９２年、マーティン・ブレスト監督）の項で次のように書かれている。

映画が「人生の道しるべになってくれること」「生きる上で大切な何かに気づかせてくれること」「前向きに生きる指針を与えてくれること」……この作品はそういった意味で、私に大きな影響を与えてくれました。（13頁）

映画にそのように多大な期待をしていては、ガッカリする場合が多いのではないか。映画はまず見て楽しくないといけないと私は個人的に思う。最初は娯楽として見るべきである。もちろんそれに関しては人それぞれである。

しかし、引用した高邁な映画観とは裏腹に、『10日間で男を上手にフル方法』（２００3年、ドナルド・ペトリ監督）の項では、「こういう類のラブコメって、ほぼ１００％ハッピーエンディングだとわかっているだけに、安心して見られますよね」（31頁）、『イルマーレ』（２００6年、アレハンドロ・アグレスティ監督）の項では「一見、陳腐な茶番劇のようにも思えますが、そんな突っ込みどころ満載のストーリーを良しとしてしまうのが〝愛のミラクル〟なのです！」（65頁）などとふざけたことを書いている。単なるミーハーではないか。

書いておきながら、大きな矛盾があるのに本人の気がついていないところ。

『市民ケーン』は、映画史上最も賞賛すべき作品のひとつと謳われています。その証拠に1941年5月1日、8部門のアカデミー賞にノミネートされたほか、最優秀脚本賞を受賞しました。（23頁）

「映画史上最も賞賛すべき作品」という評価が正しいなら、その証拠としてノミネートされるばかりではなく8部門全部で受賞していただろうが、結果的に最優秀賞を獲ったのは脚本賞だけである。

オーソン・ウェルズはむしろハリウッドのやり方に反旗を翻していた反逆児である。映画会社と問題ばかり引き起こしていた。だからアカデミー賞に認められるということは、彼の軽蔑する敵に認められるということで、ウェルズも快いとは決して思わないだろう。俗流功名心からでないかぎり、ノミネートされることはウェルズにとっては別に嬉しくもないことなのである。

またロンドンに留学していたのなら、おそらく英語はよく分かるだろう。それなら『ヘンダーソン夫人の贈り物』（2005年、スティーブン・フリアーズ監督）が、原題の"MRS. HENDERSON PRESENTS"の意味とまったく違うと指摘してほしいものだ。「PRESENTS」は動詞で、「提供する」という意味である。要するに劇場主がこれこれの演目をお客さんに提供するという意味なのである。決して「贈り物」という意味ではない。邦題のおかしさを突かなければならない。

日本の配給会社の中にも英語のできる人がいないわけではなかろうから、会社もわざと誤訳しているのかもしれないが、少しは触れてもいいのではないだろうか。なぜなら『グッド・ウィル・ハンティング／旅立ち』（1997年、ガス・ヴァン・サント監督）のタイトルに関してはわざわざ説明しているのだから。

(4) 境真良

【境真良『テレビ進化論』(2008年4月、講談社、講談社現代新書)】

境真良の『テレビ進化論』についてだが、これは直接映画について書いているわけではない。ただ、映画についての記述がいくつか出てくる。著者は通産産業省、経済産業省メディアコンテンツ課課長補佐、東京国際映画祭事務局長などを歴任した人である。私の偏見の一つに、役人は芸術文化に興味がない、というものがある。だいたい当たる。

1968年生まれだから当然だが、境は日活のロマンポルノを見ていない。

……七一年には主要五社の一角を占めていた大映が倒産、日活もロマンポルノ路線への転換を余儀なくされ、表舞台から姿を消す。(47頁)

何が「余儀なくされ、表舞台から姿を消す」なのだ。境真良は最初からロマンポルノを馬鹿にしている。日活が一般映画からロマンポルノに路線転換したことを社会的に堕落転落したと考えている。私は日活が「表舞台から姿を消」したとは思わない。単に成人映画専門の映画会社になっただけである。東宝がアイドル映画専門の映画会社に、東映がやくざ映画専門の映画会社になったのと同じことである。この著者は明らかに成人映画を蔑視している。たぶんろくに見ていないからだ。

またテレビドラマも映画も大して違いがないと思っているようだ。

もちろん、映画とテレビ、それぞれのコンテンツに違いは厳然として存在する。テレビドラマはフィルムの鮮明な映像と比べて品質的に劣るとか、お金や時間のかけ方が違うとか、そういうことはあるだろう。しかし、消費者の我慢できる程度の差異であれば、手軽さに勝るテレビは映画館を代替し、それを呑み込んでいく。（48頁）

境の根本的な考え方が信用できない。「品質的に劣る」ことや、「お金や時間のかけ方が違う」というのは致命的な違いである。「消費者の我慢できる程度」を基準にするということは最低限度を言っているのであって、最高のものを提供しようとするものではない。また観客を消費者と捉えるのもいかにも役人根性である。

たとえ現状がこの記述の通りであるにしても、境はそれに対する批評眼をもたねばならない。この文章に続けて、「映像を見る娯楽行為は日々の生活習慣の中に組み込まれているもの」（同）と境は書く。この点で私と境は最初から考え方が違うと認識した。私が映画館に行くのは、「日々の生活習慣」から離れたいからである。

次のようなとんでもないことも書いている。

……テレビ局がテレビドラマの延長上に映画を作るということは、映画製作の上でも効率がよい。テレビドラマの実績・信用によって出資企業を集めやすくなるからだ。したがって、テレビ局が参加

した映画作品は製作費に比較的余裕が出やすくなり、品質も高めやすい。（65頁）

境はテレビドラマもその延長上の映画化作品もろくに見ていないのではないか。あるいは見ていても、作品の善し悪しが判断できないほど鈍い感性しかもっていないのかもしれない。境の専門はテレビなので、どうしてもテレビ寄りの発言が増える。たとえば『西遊記』（２００７年、澤田鎌作監督）や『花より男子ファイナル』（２００８年、石井康晴監督）の品質のどこが高いのか。きちんと指摘してもらいたい。

この本にはいくつかのヒット作の名前が登場するが、ヒットした作品をすべていい作品だと思い込んでいる。もっとちゃんと映画を見てから映画について発言してほしいものだ。

私がテレビを引き合いに出す時は、必ず批判めいている。テレビ批判に関しては、いつか取り上げたいのだが、ナンシー関という偉人がいる。森鷗外の娘、森茉莉も一時期、テレビ批判を文章にしていた。共に物故したが、テレビの創世記を除いて、テレビが面白かった時期はどれほどあったのだろう。人生の残り時間が少なくなった今、私はこれまでと同じようにテレビに時間を使うのが惜しい。それでもテレビ俳優、テレビの演出家などが映画に接近してくるので、やむを得ず相手をすることが時々ある。

テレビの演出家が劇場用映画を撮ると、たいていひどい出来である。何が原因か。テレビは基本的に視聴率に振り回されている。いくら立派で優れていて、社会的貢献度が高く、ためになり、教育的であり、有意義な作品であっても、視聴率が低いと打ち切られる。ひっくり返すと、テレビ局は視聴率を高めるため、すなわちスポンサーを喜ばせるために番組を作っている。視聴率を上げるためには敷居を下げなければならない。さらに、何もかもくっきり明快に理解できるように作らなければならない。それが習慣となり、劇場用映画を撮っていいぞと言われても、性癖が治らない。まともな映画が撮れないのである。

またテレビは日常空間の明るい部屋で見るのを原則としている。明るくても見えるようにコントラストを強くしているし、より明るくしていて、暗闇を作りたがらない。映画館は基本的に暗い所で、非日常の閉じられた空間で見る。見せ方も見え方も映画とテレビはまったく違うのである。

(5) 吉川圭三

【吉川圭三『ヒット番組に必要なことはすべて映画に学んだ』（2014年6月、文藝春秋、文春文庫）】

吉川圭三は大手テレビ局である日本テレビのディレクター、プロデューサーである。『ヒット番組に必要なことはすべて映画に学んだ』は彼の書いた本のタイトルだが、本気なのだろうか。

吉川は、今もやっているのかどうか、「恋のから騒ぎ」という番組のプロデューサーだった。私はその副題「Much Ado about Love」を目にするたび、このタイトルを放置するプロデューサーはいい加減な人だと思っていた。この英語はもちろんシェイクスピアの戯曲「Much Ado about Nothing」のもじりである。シェイクスピアのタイトルは、何もないこと（Nothing）に大騒ぎ（Much Ado）するという意味だ。だから「から騒ぎ」である。しかし、番組のタイトルだと、恋（Love）についての大騒ぎ（Much Ado）だから、「恋の大騒ぎ」という意味になる。英語と日本語で意味がほとんど正反対に近い。テレビとはそういう言語レベルの媒体なのだと私は解釈する。

吉川がまだましなのは自覚があるからである。

私はテレビ局勤務なのでバックヤードのことが分かるが、いくらテレビの力で強烈に宣伝しても、良品とそうでない作品とがあることは認識している。テレビ局が映画にここまで影響を持っているのだから、できるだけ良品を制作しなければと思う。（43頁）

そのようなことは言われなくても分かっている。たとえ吉川が「できるだけ良品を制作しなければ」と思っても、現に「良品とそうでない作品とがある」のが現実なのである。

実際はスポンサーがあってこその民放だから、視聴率を取るのに躍起となる。視聴率が取れるなら何でも番組にする。懐かしい番組についても書いている。

最近テレビから消えつつあるものがある。

例えばUFO、怪生物、超常現象を扱った番組である。某有名占い師が、占いといいつつ芸能人を説教する番組も含まれる。昔は季節の区切りごとの特番時期にこれらの番組がひしめき合って大変なことになっていたが、いまはそのほとんどが消えた。消えた理由はそれぞれあるが、まず当たり前だが視聴率が取れなくなってきたことが第一だろう。さすがに21世紀ともなれば、リアリティが薄れてきたことが原因だろうか。（107頁）

スピリチュアルがどうたらこうたら言っている番組は今でもあるのだろうか。このようなデマとあまり境界線がないようなものでも、テレビ局は視聴率が取れるとなったらかけてきたのである。それはもちろん視聴者の民度にも関係している。視聴率がとれるということは視聴者がそういうものを求めているということなのだ。

日本よりはましな番組をつくると思われる海外では事情が少し違う。

とくにイギリス、アメリカ、フランスの作品は社会問題を抉るように描いたものが多いのだが、それらを日本で放送する時のガイドライン的なものはなく、専門家すらいない時もある。見解の相違だってあるだろう。暗中模索のうちに、注意深く調査し編集し放送まで漕ぎ着ける、ようやくテレビでオンエアできる瞬間は、我々の誇りがかかった瞬間でもある。しかし、いくら調査しても、それが日本国内外の、ある組織やある個人、特定の団体、企業、国家の利害と合わないことはある。トラブルに遭う度に番組関係者から「吉川さん、バラエティ番組なんだから〜」と何度も言われているのだが、でもそれが「世界を知る」最良の手段であれば最大限の努力をする価値があると考えている。何よりこれらの硬派のドキュメンタリーに、たけしさんや所さんからコメントをもらうのは面白い仕事だと思うのだ。（159頁、「世界まる見え！テレビ特捜部」）

私はその該当番組を知らないが、ビートたけしや所ジョージからコメントをもらうことがどうして番組の権威づけになるのだろう。彼らは単なる個人であって、適当にコメントを出すだけだ。ありがたがる必要はまったくない。

テレビはどっぷり体制につかっているし、テレビ局は放送法によって縛られている。何からも自由な表現媒体ではない。かつては珍しいながら世相風刺、世相批判の番組がいくつかあった。今は世間の流れに逆らうと、「空気が読めない」と馬鹿にされる。

　やや語調を緩め、直接的に批判するのではなく、遠回しに風刺やパロディで対処しようとしても、各方面からの睨みでやむなく放映中止になった番組もいくつかあるだろう。風刺コメディやパロディ番組を吉川も試みたそうである。


　私も近年二度ほどトライしたが実現にはいたらなかった。視聴率が取れないとの思い込みが多くのテレビマンにある、この方面の勉強をしている演者さんが少ない、テレビマンがコンプライアンス問題を必要以上に恐れる、社会問題を扱えるほど知性がない、どうせ当たらないという空気が充満している……といった事情からである。あらゆる困難を乗り越える覚悟で本気で取り組み、厳密な表現の仕方を考え抜けば、まだまだ制作は可能だし、観客にも最高の笑いを与えることが出来ると思うのだが。（163頁）

　実現しなかったのか。吉川自身が社の体制に逆らってでも番組をつくればよかったのだが、クビにはなりたくないという保身から手をこまねいたにちがいない。

　この本の基になったのはスタジオジブリの機関誌に乗せた連載記事なので、映画ネタもいくつか書かれている。『風立ちぬ』（２０１３年、宮崎駿監督）へのヨイショも忘れない。

　彼は、「……最近、家でハリウッドミュージカルを見ることが多い」（45頁）と平然と書いている。この人の生活の中には映画館で映画を見るという発想がないようだ。私に言わせると、ＤＶＤで映画を論じても何かが抜け落ちる。だからあまり相手にしたくない。言っていることが陳腐である。「……この楽しそうに歌って踊っているエンターテイナーたちが、実は、持って生まれた恐るべき才能プラス、凄まじい鍛錬の上で演じていることに気づかされる。最近の日本のテレビバラエティと呼ばれるジャンルの知恵と芸の無さを反省してしまうのだ」（同）という文章も当たり前のことしか言っていない。反省して、吉川は何か新機軸を打ち出したのか、才能のある芸人と新しい試みをやったのか、と問いたい。「最近の日本のテレビバラエティと呼ばれるジャンルの知恵と芸の無さ」を生み出したテレビ界の末席に吉川がいたのではないか。

テレビ局内でプロデューサーのトップに上り詰めたのなら、いくらでも改革ができたのに、放置したまま、退社してしまっている（現在、ドワンゴのプロデューサー）。筒井康隆原作の『日本以外全部沈没』の映画化（２００６年、河崎実監督）を知らなかったり（189頁）、ビリー・ワイルダーの『お熱いのがお好き』（１９５９年、ビリー・ワイルダー監督）の決め台詞をわざわざ英語で書いて間違ったり（131頁）している。私は彼の映画的教養を疑っているのだが、それでも映画についていろいろ言っている。

たとえば園子温の『冷たい熱帯魚』（２０１０年、園子温監督）について。

絶対テレビで放送できないが、残虐場面に意味があり、俳優でんでんの、ヤクザでも狂人でもない殺人鬼がおそらく映画史上に残る怪演で笑わせるとともに怖がらせてくれる。園子温監督、意外にもお膝元の日本に怪作があった。油断はできぬものだ。私はテレビ屋だが、テレビ放映をあきらめ映画を創る、というのも一つの手であることを思い知らされた。（66〜67頁）

日本映画に面白い作品があるのを意外に思うところが頼りない。彼はテレビ局が作る映画に関わっていないが、関われる立場に近かったのだから、やるべきだった。しかし、吉川はしなかった。テレビは映像文化にあまり影響し得ないし、人材も豊富には生み出さないのである。

映画に詳しい友人の話。

アメリカ映画事情に詳しい友人によると「ハリウッドの映画会社に売れるシナリオ」のパターンは最近では決まっており、そのパターンに嵌めて作れば企画が通りやすいという。昨今のハリウッド映画は、才能のあるプロデューサー、ディレクターたちが腕を競うのではなく、ビジネスとして完全に類型化しているのだ。（252頁）

吉川は気づいていないが、日本のテレビ局もハリウッドと似ている。テレビ番組が面白くないのは、パターン通りのものが多いからだ。自分の足元が見えていない。日本のテレビドラマと同じように、ハリウッドのアクション映画もだいたいパターン通りなのである。

吉川は、心意気だけは軒昂である。

そもそも、私が映画について書こうと思ったのは、ある種の焦燥感からであった。つまり最近、邦画・洋画かかわらず名作・傑作・問題作が少なすぎはしまいか、ということである。そこで過去の名作を分類・解体することで、面白い映画のツボを解析し、そのエッセンスを取り出すことで、未来へのヒントがつかめるのではないか、と考えたわけである。（264頁）

やはりテレビ局員の性だろうか。「過去の名作を分類・解体することで、面白い映画のツボを解析し、そのエッセンスを取り出す」ことばかりやっていたら、これまでのテレビ局と同じくパターンを繰り返すだけである。どうして自分で新しいものを生み出そうという発想にならないのか。私は、日頃言っていることとは裏腹に、名作、傑作、問題作は日本にもたくさんあると思う。そしてそれらはかつての名作のいいとこどりをしたからではなく、今までになかったものを作ろうとしたところから生まれたのだと思う。

2017年8月まで彼が所属していたドワンゴはオンライン・ゲームの会社だ。私はまったく興味がないが、そこで吉川は画期的なことでもしようとしたのか。

(6) 立川談志

【立川談志『観なきゃよかった』(和田尚久編、2015年7月、アスペクト)】

もう立川談志という落語家の名前も忘れられているかもしれない。一時期、テレビドラマをきっかけに落語ブームが起こったらしいが、ブームだからすぐに廃れる。

立川談志は自分を落語の天才だと思っており、東京の落語協会のやり方に反旗を翻し、勝手に立川流を設立。玉石混交の真打を何人も生み出している。

談志は大阪にも遠征してきており、何度か私も聴いている。大阪ではあまり人気がなく、大きなホールを借りているため、空席の目立つ高座だった。それが気に食わなかったのか、来ている観客に向かって大阪の観客は見る目がないと八つ当たりしていた。見に来た観客に向かってグチをこぼしても仕方がない。このタイプの落語家は関西ではウケないということだ。

私は東京でも、ホテルの宴会場でやっている立川流の落語家の独演会に行ってみた。しょうもないダジャレを言って、出番を終えた。その1、2年後、「談志が死んだ」(弟子が考えた回文)。結局、私には立川談志の最後の醜い高座の姿が強く印象に残ることになった。

その立川談志は映画についても本を書いている。編集者の和田尚久が次のように説明している。

立川談志の映画鑑賞者としての履歴をきちんとたどった、いわば公式版の映画本が『談志映画噺』だとするならば、こちらは、初出限りで忘れ去られたような寸評、短文を落語『代書』のがたろよろしく、川底からかきあつめたサルベージ版という位置づけになるだろう。(3頁)

その公式版の方も私は読んでいるが、別にたいしたことは書いていない。他の落語家よりは映画を見ているのだろうが、個人的な好き嫌いで映画を評価するのが常で、まったく客観性がない。この人は、映画を見始めて面白くなければ平気で途中退出する。そして、その作品をけなす。最後まで見てけなすことは私もよくするが、最初の数分、数十分見ただけで、評価を下す人など、私は信用しない。

和田尚久は談志と仕事を一緒にしていたので買いかぶっている。弟子筋が談志のわがまま勝手を否応なしに受け止めるのと似ている。

この『見なきゃよかった』の中にも、見ずにほめたり、見ずにけなしたりしている文章が散見する。普通の一般人がそんなことを言っていたら、黙ってろ、と言われるだけだ。もちろん、談志にも、黙ってろ、と言っていいと私は思う。

誰が言っているかは問題ではないのだ。何を言っているかが問題なのだ。何かを言うためには、ちゃんと映画を見るべきであるし、普段から映画の歴史を知っておくべきである。それでないと責任のある評価などできない、と私は思う。たぶん、談志はそう思わない。なお、この引用の中で「談志」という三人称言葉は一人称で使われている。談志のところに「わたし」とルビを振っている。さらになお、166頁においては「あたし」というルビになっている。


価値観の違う奴相手に何を書いても仕方あるまい。まして、談志の価値観など数の上では現代に合わないし、俺様の喜ぶ映画なんざァ一年に精々二、三本か。ならもうやめた。気に入らない作品には一切ふれない。よかった作品だけを書く。だが気に入らないのが褒められている時は書く。いや、それもやめた。他人の映画評論なんざァ相手にしてる暇はない。(187頁)

そっくりそのまま、談志の書いている映画批評に対して当てはまる言葉だ。談志の映画評論なんざァ相手にしてる暇はない。しかし、この本の編者や、映画会社、雑誌の編集者には、談志が何か映画についてしゃべってくれるのを嬉しがる人がいるのだ。何度でも言う、誰が言ったかは問題ではない、何を言ったかが問題なのだ。でも現実は違う。

たとえば映画会社が新作について談志の推薦文を欲しがる。

私は全ての判断は己の生理が優先するから、どんなものでも嫌なものは嫌で、それを行為に出しちゃう。

映画を一本観て、御馳走になって、能書きを言うと、何と十万円くれる、という仕事があったが、その時に観た、いや観せられた『帝都物語』は、さすがに耐えがたく、「助けてくれ」と三十分で外へ逃げ出したものだ。加えて外は大雨だったのに。(146～147頁)

この『帝都物語』(1988年、実相寺昭雄監督)は私も見ているがつまらなかった。この映画の製作総指揮は一瀬隆重で、ハリウッド進出までしたプロデューサーだ。ごく最近、自分の会社を倒産させてしまった。『ハリウッドで勝て』(2006年8月、新潮社、新潮新書)という勇ましい本を書いているのだが、栴檀は双葉より芳し。ハリウッドでは勝ったかも知れないが、日本で負けた。談志の能書きに10万円のギャラを出すというような馬鹿げたことをやっているから、先細りになるのだ。何の映画的見識も映画的権威もない談志に新作映画の推薦文を書かせようという魂胆がダメなのだ。

談志はそれ以上のことを書いていないが、実際、映画公開時の宣伝広告で談志の推薦文は使用されたのだろうか。談志のことだから、30分で逃げ出しても10万円くれるなら書くだろう。まあ、本当のことを書いたら宣伝にならないから、談志が嘘をつくか、本当のことを書いていたのでボツになったか、書いていたのを映画会社が書き直して談志名義で公表したか、あるいは会社側が最初からコメント文を用意したか、のどれかだろう。

もう一つ、批評家を馬鹿にした言葉。

現にブロードウェイの舞台は、「その翌朝の批評がすべてに関わってくる」と言われている。

私とて同じこと、下手に貶されたら、相手によっては只ァ置くまいし、当を得てれば感謝もするが、批評家で当を得た批判は長い落語家人生に只の一度も無かった。

つまり、批評なんて、この程度なのだ。したがって世の中に批評家ほど、居場所のない、したがって卑怯な、セコい状態に追い込まれている稼業はない。早い話、手前えに何の芸もないのだから……。(155頁)

だから談志も映画批評など書かなければいいのだ。編集者も談志の映画批評をまとめなければよかったのだ。『童年往時　時の流れ』と、128頁と150頁でタイトルを丁寧に間違えている(しかし、149頁では「童年往事」と正しい表記、次の行では「往時」に戻っている)。本人も編集者もミスに気がつかない。映画批評をするなら題名表記を間違えてはいけない。

立川談志の映画批評のダメな点は、ちゃんと映画を見ていないことに尽きる。

このところ、見る映画にロクなものはない。ロクなものはない、とは、談志が好まない、というだけのことであるし、談志の好まない映画を、「いい映画」とか「楽しい作品」とかいう奴を私は〝バカ／な奴〟といい、〝ロクなもんじゃあない〟と決める。(166〜167頁)

久しぶりに「邦画」を観た。「邦画」つまり日本映画である。

何故久し振りかてェと、日本映画はなるべく観ないようにしているからで、理由はツマラナイ、くだらない、チャチで、薄汚くて、安っぽい……と、まだまだいくらでも悪口は言える。けど『上方苦

界草紙』、ようがした、結構でありんした。（174頁）

前者では自分の感性が絶対的で誤謬のないものとの独りよがりである。後者では、見ていない映画に文句を垂れているだけだ。そのような人が急に『上方苦界草紙』（1991年、村野鐵太郎監督）をほめてもあまり信用できない。芸人を描いているので気に入っただけかもしれない。

珍しく真っ当な批評も記しておこう。『遠い夜明け』（1987年、リチャード・アッテンボロー監督）についてのものだ。

談志　でもね、この映画で一番よいのは、反アパルトヘイトを題材にしながら、それを目的にしないで、面白い映画を作ることを目的にしてることなんだ。馬鹿な奴はテーマを映画作りの目的にしちゃうでしょ。思想を利用すると言うと語弊があるけど、アッテンボローは、「難局に対する絶望」というのを題材に、一級品の娯楽映画を作ったわけで、本来映画はそうあってほしいと、おれは思うよ。反アパルトヘイトをただ撮るんなら、ドキュメンタリーでいいんだから。（66〜67頁）

このような評価を読むと、もっと真面目に映画に接していてくれていれば、もう少しはまともなものになったのに、と少し悔しい。

(7) 立川志らく

【立川志らく『シネマ落語』（2009年11月、河出書房新社）】

立川談志のところでも述べた。2010年5月の連休に東京に芝居見物に出かけた。たまたま空いている時間に滞在していたホテル内で立川流のホテル寄席があるので行ってみた。これまで何冊か映画の本を書いてきた落語家、立川志らくの落語を聴きたかったからである。

なぜかというと、この落語家はビデオやDVDで見て批評を書くことにそれほど抵抗を感じていないからである。私の主義とは正反対なので、私はずっと彼を馬鹿にしてきた。しかも、志らくは映画をネタに、それを落語に移し替えるシネマ落語というものをずっとやっている。ビデオやDVDで見てOKと思っているような落語家などにまともなシネマ落語など出来るものか、とハナから馬鹿にしていた。もし出ていたらの話だが、彼のシネマ落語もDVDで済ませればいいのだ、と思ってもいいが、私の主義ではどのような落語でも生で見ないと意味がない。

志らくは立川談志の弟子だから、映画を見るようになったのは師匠の影響かどうか。志らくの映画書はまあほどほどである。悪口もちゃんと言うのでその点は評価したいのだが、自分を権威付けするような姿勢や言動が時に鬱陶しい。

とまあ、このように立川志らくのことはずっと馬鹿にしていた心理状態で、彼の落語を初めて聴いたのである。結果として、なかなか良かった。もっと陰険な人だと思っていたが、春風亭昇太に見られるように現代的事物を巧みに落語に取り入れてくすぐりを活かしていた。

ゲストで来ていた師匠の立川談志は、洋服のまま、靴を履いたまま高座に上がり、そこで靴を脱ぎ、座布団に胡坐をかいて、エロ小噺を次々にしゃべるだけで、しかも病気のためにほとんど声が出ない状態で、ひどいものだった。

立川志らくのシネマ落語はマルセ太郎の「スクリーンのない映画館」と違って、映画の痕跡を落語の中にほとんど残さない。特定の映画と似通った構造をもつ古典落語を探し、映画的要素をその構造に流し込む。その流し込み方がうまい。映画を落語でやっているとはほとんど気がつかない。

現に私は彼の著書『シネマ落語』の冒頭に掲げられているネタを5月の連休に聴いていたのだ。この本でそれが『天国から来たチャンピオン』（1978年、ウォーレン・ベイティ／バック・ヘンリー監督）の落語化であることに初めて気づいたぐらいである。

もちろん私はその基になった映画の方も見ているが、この落語版にはその痕跡がほとんど残っていない。私も上方落語はかなり聴いてきていて、だいたいの噺は知っているが、志らくが映画に流し込んだ江戸落語には疎い。だから、新鮮な気分でこの落語を聴いていた。

あとがきによると、この本に収められた『タクシードライバー』『ライムライト』『タイタニック』『ローマの休日』『シャイニング』はそれぞれ、実際の高座で語られたものをそのまま口述筆記したものではない。読みやすいように無駄な部分は省き、ト書きに当たる部分を増やしたという。だから高座そのままではない。

そしてここが大事なのだが、映画や落語のネタを知らなくても、この落語はちゃんと口述筆記として読める。もしかすると、落語家として立川志らくは才能があるのかもしれない。まだ2席しか聴いていないので、急いで判断してしまうのは危険だが、この2席においては十分に江戸落語が成立していた。マルセ太郎よりはるかにましである。

ただ、少しだけ、欠点もある。元の映画にある決め台詞に近いものをそのまま使っているのはいけない。そもそもその決め台詞にしてもオリジナルの英語台詞を自分で解釈したものではなく、翻訳された字幕にすぎない。そのようなものに頼ってはいけない。

あと、落語の前に、その基になった映画作品の解説、同種の構造をもつ江戸落語の解説がつくのだが、映画の解説が頼りない。たとえば『ローマの休日』（1953年、ウィリアム・ワイラー監督）のことを「……オードリー・ヘプバーンの衝撃的デビュー作でございます」（170頁）と、自信をもって宣言している。少し調べればすぐ分かる。『ローマの休日』は彼女のデビュー作ではない。日本未公開作品も含めれば6作目である。だから「衝撃的」でも何でもない。ちょっとハッタリをかますところは落語家だから仕方がないが、映画批評においては、極力、事実誤認を避けなければならない。

(8) 佐々木昭一郎

【佐々木昭一郎『増補新版　創るということ』（2014年10月、青土社）】
【佐々木昭一郎『ミンヨン　倍音の法則　シナリオ+ドキュメント』（2014年12月、映人社）】

NHKのエース・ディレクターだった佐々木昭一郎の書いた『増補新版　創るということ』（以下、『創る』と略記）の中に、多くの放送局批判、NHK批判が含まれている。まず映画とテレビの違いについて。

映画とテレビの一番の違いは、映画は官能で、テレビは感覚。大きな違いだと思います。官能的世界を描くには映画が最も向いていると思います。説明の必要はないでしょう。テレビは感覚的であり、知的興奮をもたらします。映画は知的ではない、という意味ではありませんよ。官能が知性を超えて伝わる。テレビで官能世界を描くには、小さければ小さいほど、いいんじゃないですかね。見えなければ見えないほど！　だから感覚なんです。（『創る』17頁）

こんにゃく問答みたいだが、この言葉はじっくり考えたい。テレビで知的に興奮した経験が私にはない。難解なものはテレビ番組にしない。あらゆることを説明してはっきりさせようとする。そのあたりのことを、「知的興奮」と言っているのだろうか。

間抜けなテレビドラマで、非力な俳優が画面を支えられない時、バックに音楽を流す。演技の拙劣さをごまかす。佐々木昭一郎なら当然分かっていることだが、テレビでは今でも頻繁に音楽を流す。

よく、やたらとBG音楽を流して情緒てんめんとさせたり、あるいは神経質にガーンという感じで音を入れたりしているドラマがあります。ああいう音の使い方というのは、論理武装してドラマを創るのと同じように、きわめてドラマ的じゃないとぼくは思う。（『創る』35頁）

私は佐々木昭一郎のテレビドラマ、テレビ番組を一度も見たことがない。確認しようとも思ったが、見ないまま現在に至っている。今テレビでかかっているドラマの多くは「きわめてドラマ的じゃない」のだ。

あと、テレビ俳優の明快な演技について。

人間の泣きのパターン、笑いのパターン、いろんな型を、演劇は約束事として創ってきた。合理的な組立ての約束事をあみ出したという点は人間の知恵だと思うんだけど、人間の知恵だけで、型に押し込めていくというのは、テレビジョンの場合、まずいと思う。歌舞伎ならいいけど。そこではある以上の型からは出られないんだから。（『創る』39頁）

日本の俳優さんは、テレビ、映画を通じて、徹底的に人形というか、ダメにされていて、マチエール以下。監督は、せっかちで、はやく物語が目線でつながっていかなきゃ困るという状態だね。非常に演繹的なドラマ創りが一般的なんだ。（同54頁）

映画まで批判の対象になっている。私の実感では、映画はまだ何とか水準を維持していると思う。舞台俳優が出るとはっきりと違和感をもつぐらいの良識はある。仲代達矢や藤竜也が名優だと誤解されているが、映画俳優としてはまったくダメだということは見てすぐ分かる。

舞台は舞台として成立しているのだから、そちらをとやかく言うのは間違いだと思う。確かに俳優は、舞台と映画、さらにはテレビドラマまで行き来する。そのような俳優が果たして、それぞれの媒体での演技の質の違いを理解し、意識し、実践しているかというと、どうも曖昧に見える。俳優だけではない。シナリオにも問題あり、と佐々木は言うのである。

ぼくは今のテレビドラマをとりたてて批難するつもりはないんだけど、ただ、目をつむって聞いてみると、言ってることが、みな〝文章〟です。それはたぶんステージから派生してきてそうなってるんだと思うけれど、あまりにも説明しすぎというか、自分の身の上、他人の身の上まで、とにかく何でも説明してしまう。それは、人間の意思伝達の基本ではないとぼくは思うんです。だから、ぼくは、「私は悲しい」とか「私はうれしい」なんて、決して言わせない。人間は悲しくたって笑ってることもある。それを演劇だからといって、ことさらわからせる必要なんてない。(『創る』24頁)

テレビドラマや映画においても、そのような台詞の混じることがある。いわゆる説明台詞。これはおそらくテレビ局の姿勢の悪影響なのだろう。何でも言葉で説明するというテレビ局の姿勢が社会に害悪を垂れ流している。視聴者は想像力がなく何も考えないから一から説明し教えなければならないという、妙な使命感をテレビ各局はもっているようなのだ。

言葉に出てこないことを相手の表情や身振りから察知するという能力が、今、どんどん弱くなっているように思う。舞台や映画や、さらにテレビドラマでも、見る側には思考力、洞察力、想像力があるということを信頼しなければならない。今のテレビドラマは人間の能力を奪う、どうしようもないものになりかかっている。

佐々木昭一郎はNHK初の契約ディレクターになった。契約交渉の時に、「……スターを使い、分かり易いもののみを創れということですか」と訊くと、「そうだ」と言われたそうである(『創る』11頁)。NHKでさえ、視聴者をその程度の存在だと思っているのだ。そういうものを撮りたくなかった佐々木は、一年後、NHKを辞める。まだ誇りや良識をもっていた。彼のドラマの作り方は次のように集約される。

実生活者（手に職を持った人々）をドラマの中に登場させるというのは、一〇年ぐらい前からやってるんですが、これもどういう意図で素人を使うかというような理屈や理論があるわけではないんです。ただ、素人だと、「表現の形式から先に入っていかない」というよさがある。俳優さんというのはほとんどの人が形式から入る。あるいは、その脚本をどう読み下し、役柄をどう解釈して動くか、という〝理解〟を、音声化し、映像化するところからはじまります。そして、多くの場合、その段階で終わってしまってるような気がするんです。それを越えるためには、ぼくなりの方法論を持たなければいけないと思ったんです、若いとき。（『創る』26頁）

できるだけ自然に、というのがぼくの場合、演技の基本です。撮影は一回しかない。そこで本当の人間のように生きるんです。形、形で、何回も練習させ、注文をくり返したら、人物をダメにしてしまう。形の中に人間を押し込めてしまう。それは、すごく低い表現だとぼくは思うんです。ぼくは、一度です。日本ではぼくのようなやり方をしている人はいないようです。ぼくはあきるほど映画を見ましたけど、やはりその中で自分に残っているものというのは、この人間は本当に生きているなあ、と思ったものだけですから。（同 27頁）

ドキュメンタリーの手法に近いといってもいいかもしれない。確かにこのような撮り方をされたドラマなら、多くの視聴者が面白いとは思わないだろう。NHKが佐々木に要求したのは反対のことで、スポンサーの思惑を気にしないでいいNHKのくせに、視聴率や視聴者の評判を気にしているのである。

ＮＨＫをやめてしばらくして彼は初めて映画を撮る。『ミンヨン　倍音の法則』（２０１４年）という作品だ。撮ってみて感じたことが記されている。

私は、今回初めて映画を作ってみて、テレビとはぜんぜん違うことを経験した。まず、映画は大きなスクリーンなので、そこに映し出される映像は、テレビでは味わえないものだ。そうなると、テレビ的表現とはまったく違うことをしなければならない。たとえば、テレビはいくら液晶画面で大きくなったといっても映画と較べるとはるかに画面が小さいから、自宅で見ていて身近に感じられる。悲しみのシーンの終ったあとに視聴者は情念に溺れてしまうようなところがある。そこをさらに音楽だったり台詞だったりで補強しているのだ。それを「のり代」といっているが、私は今回「のり代」をすべて切ってしまった。それが成功したかどうかは、観客の判断に待つしかないのだが……。（『創る』277頁）

というわけで、映画『ミンヨン　倍音の法則』を私も見た。これがまあ何と言おうか、面白くない。いや、面白くない映画はたくさんあるのでそれは気にならないのだが、実に素人っぽいのである。これが大学の映像学科の卒業制作作品だと言われても私は信用する。

前半部分は詩の断片を映像にしてあると思えば耐えられるが、後半はやや劇映画みたいになっている。たどたどしい台詞廻し、あからさまな政治批判のメッセージなど。もちろん、劇映画として撮ってあるのなら、これは実に退屈な作品といっていいだろう。「のり代」の問題ではない。老人のたわごとを聞かされているような気分になったのである。

テレビで大活躍し、世界的にも権威のあるテレビ関係の賞をたくさん撮った人の映画がこれか、とがっかりした。一人の観客の判断として述べるが、この作品は成功とははるか遠いところにあると私は感じた。

映画と併せて佐々木昭一郎の『ミンヨン　倍音の法則　シナリオ＋ドキュメント』（以下、『ミンヨン』と略記）を読んだ。NHKをやめた後、テレビマンユニオンの契約ディレクターとなり、社内のニュースに原稿を書き、仕事の依頼を待っているとの広告まで載せてくれた。しかし、仕事は来ない。よくある話だが、ちやほやされていたのはNHKのディレクターだからであって、個人への評価ではなかった。「……どこからも誰からも声をかけられない。テレビもラジオも映画も、ぼくからあっという間にグングン遠くなっていった」（『ミンヨン』91～92頁）。

韓国人留学生ミンヨンをヒロインとして映画を撮ろうと思い付いたのはほんの偶然である。彼の旧作品が早稲田大学で上映された時、ミンヨンが会場の質疑応答の時間に質問してきたのだ。

この学生のとおる声がいい。イメージがいい。意志の強い性格だろう、と感じた。即座にこの人が次の作品の主人公だ、と決めた。（『ミンヨン』95頁）

ミンヨンは日本に移住してきて、アメリカン・スクールに通っていたから、韓国語、英語、日本語が使える。そこで佐々木の映画の中では3か国語が入り乱れる。映画の内容からいって、特に3か国語に固執する必要はないと私は思う。

自分の思い通りに作りたいため、佐々木はNHK時代に受けた横やりを排除したがる。

プロデューサーに配役権とシナリオ権を渡したら最後だ。何人も腕組みする委員たちが会議室に集まり配役に口をだす。シナリオに口をだす。監督なんか無用な長物となる。山上さん・原田さんのコンビは、その権利をぼくから奪うことなく、自由に任せた。（『ミンヨン』105頁。山上＝山上徹二郎は映画会社シグロ社長、原田＝はらだたけひでは岩波ホール所属、この映画では企画・プロデュース）

言っていることはもちろん正しい。しかし、これだといわゆるワンマン映画となってしまう。他人の目にも触れさせておいた方がいい場合もある。監督が思い通りに作るとどうしても独りよがりになってしまう。私は『ミンヨン 倍音の法則』がその一例だと思う。

佐々木は「私は推敲などというエネルギーの無駄遣いはしない」（『ミンヨン』120頁）という主義なので、通しのシナリオが存在しない。撮影当日、Ａ４・１枚のシナリオが現場で配られるだけだ。この映画が中断を挟んで長期の撮影期間を要したのには、このやり方も関係しているのだろう。断片だけを撮影していると、全体をまとめる際、困ったことが生じると思う。

たとえば、佐々木はたまたまテレビで見ていた市立船橋高校吹奏楽部の演奏を聴いて、それを映画に取り込みたいと考える。実際、映画の中で吹奏楽部の演奏があるのだが、なぜ市立船橋高校でないといけないのか、私には分からない。思い付きで言うから、周りが迷惑する。テレビを見てから佐々木はプロデューサーに相談する。

その直後から、この考えを何度も原田さんに言ったが、彼は知らんぷりを決め込んでいた。完成を目前にして、先の見通しが立てられず、スタッフ、キャストは解散し、資金のあてがまったくなく、この大胆な新しいプランをどう受け入れたらよいのか、悩んでいるのだろう。(『ミンヨン』128頁)

結果的にはらだプロデューサーはいろいろ駆け回って、出演してもらうことになった。しかし、先の見通しが立たなくなったのは佐々木のせいであるし、スタッフ・キャストも生活があるから、どうなるか分からない映画にいつまでも付き合っていられないだろう。

監督が人格高潔で誰からも好かれる人物である必要はない。いい映画を作りさえすればいい。『ミンヨン倍音の法則』は何とか完成し劇場でかかったが、同じようにわがままな監督の下で完成しなかった映画は、映画界にいくらでもあると思う。テレビ界で名声を馳せた演出家であろうとも、映画を撮らせるとこのような作品になってしまうのだ。

この作品が劇場用映画ではなく、個人的に趣味的に撮ったエッセイ映画であったなら、周りを巻き込まず、陰で泣く人を生み出さずに済んだのになあ、といった気分でこの映画を見ていた。自己流の詩を映像にしてみた個人映画という風味の映画である。

K．美術関係者

（1）安西水丸

【小山薫堂・安西水丸『夢の名画座で逢いましょう』（平成24年11月、幻冬舎、幻冬舎文庫）】

安西水丸のイラストにはいつも不快にさせられる。個人的には幼稚な絵柄だと思うが、世間一般には好意的にヘタウマ画ということになっている。困ったことに安西は映画に関する本も何冊か出していて、よせばいいのにその文章にその映画にちなんだイラストを添えている。ただし、そのイラストを見ても何の映画かさっぱり分からないのが常である。

そのような彼が小山薫堂と一緒に『夢の名画座で逢いましょう』という対談本を書いた。小山薫堂は『おくりびと』（２００８年、滝田洋二郎監督）の脚本を書いた放送作家である。この本は衛星放送のWOWOWで放送した対談をテープ起こししたものだ。衛星放送など見ないのでどのような形になっていたのか知らないが、放送の時点でイラストが画面上で公表されていたようである。

この本に収録されているそのイラストを見ても、相変わらず映画のタイトルを書いていないと何の映画か分からない。安西は『小さな村の小さなダンサー』（２００９年、ブルース・ベレスフォード監督）の項で「絵は描きやすかったです。思ったほど顔が似なかったのが残念なんですが（笑）」（37頁）と書いている。何を言っているのだ。この人は顔が似た絵を描いたことがあるのか、と問いたい。『ヤコブへの手紙』（２００９年、クラウス・ハロ監督）では「……リアリズムにならないような画材を使った方がいいかなと思ってパステルにしてみたんです」（108頁）と書いている。何を言っているのだ。今までリアリズムで描いたことがあるのか、と問いたい。

家政婦が趣味で描いていた絵が脚光を浴びて大画家として認められるという内容の『セラフィーヌの庭』（2008年、マルタン・プロヴォスト監督）の項では、「絵はうまい下手じゃなくて、その人にしか描けない何かを描くことが大事だと思うんです」（119頁）と書いている。たぶん我田引水なのだろう。確かに安西は「その人にしか描けない何かを描」いている。あくまで「何か」だ。

小山薫堂は各項の扉に、相田みつを風の安っぽい詩というかコピーを掲げている。安西水丸はその文言を基本的に称賛する。小山はそれにイラストを添えてもらっているので、安西に愛想を言う。「水丸さんの絵は、いつもは味で見せてる感じがあります。ちょっと似てない回もあると思うんですけど（笑）」（141頁）と続けて、「今回はすごく似ている……」（同）と書く。映画は『トゥルー・グリット』（2010年、ジョエル・コーエン／イーサン・コーエン監督）だが、確かに髪型とが眼帯とかでその映画だと分かるが、俳優に詳しくない人がこのイラストだけを見て誰かと識別するのは不可能である。

この本で取り上げられている映画は優れたものばかりである一方、二人の話はどうでもいいような内容ばかりだ。衛星放送で映画を見ようとする人たちが対象の番組だから、このようないい加減な内容になるのだろう。小山がうっかり、「今日はなんか酔っぱらいの人と話しているような感じがしますね（笑）」（152頁）と言っているが、全編、酔っぱらいが飲み屋で映画の話をしているような感じがする。

うっかりと言えば、小山の『イグジット・スルー・ザ・ギフトショップ』（2010年、バンクシー監督）のコピーで、「社会を汚すのが落書き／社会を浄化するのが芸術」（252頁）「落書きと芸術……／どっちも汚れていて、／どっちも美しい。」（256頁、「／」は改行の意）と書いている。

小山は副業でテキーラ・バーを開業していて、その壁に安西が「落書き」してくれたら、それを図案化してTシャツにし、その売り上げのパーセンテージでお酒を飲ませます、と提言している。つまり、小山は安西水丸のイラストを「落書き」だと思っているのだ。これには私も賛成だ。

(2) 大野左紀子

【大野左紀子『あなたたちはあちら、わたしはこちら』(2015年12月、大洋図書)】

映画の本とは思えないタイトルである。映画『ルイーサ』(2008年、ゴンザロ・カルサーダ監督)のヒロインの台詞を引用したという。要は、人にはいろいろな考え方があるので、各自、自分の生きたいように生きればいいということを言いたいのだ。

近年、「空気を読む」という言葉がよく使われるが、それは状況を読んで自分を状況に合わせるということだから、それとは正反対の考え方である。もちろん空気を読む生き方ほどつまらないものはない。

さらに、この考え方を適用した批評が『クロワッサンで朝食を』(2012年、イルマル・ラーグ監督)のところでも出てくる。

「あなたたちはあちら、わたしはこちら」を貫くことでかつて何人かの友人を失ったフリーダは、老境になって再び新しい人と親密な関係を作るきっかけを得た。逆説的だが、それはまさに「あなたたちはあちら、わたしはこちら」という姿勢を当然のものとして生きてきたからではないか。でなけ

れば、人を魅了するくっきりした個性も、その年齢なりの厚みや凄みも生まれないはずだから。(181頁)

この映画はパリの人種混交事情を知っていないと面白くないかもしれない。ヒロインのジャンヌ・モローはすっかり化け物タイプの老婆になっていて頼もしいが、彼女はエストニア出身という設定だ。パリではよそ者だ。だから、「あなたたちはあちら、わたしはこちら」という考え方が映画の中で活きてくる。まあ、こういう生き方は自己責任で、孤独になるのも覚悟の上だ。それでも空気を読む生活よりはましだろう。ただ、大野の次のような記述には少し首をかしげる。

故郷を捨てパリで暮らしてきた、フリーダという極めて個性の強い女。その名前から「フリーダム」という言葉が思い浮かぶように、異国の地で自由奔放に生きてきた女性の、人を惹きつける力と遠ざける力は表裏一体のものだろう。(178頁)

この映画はフランス語映画である。基本的にフランス人が見るのを前提で撮られている。「フリーダ Frida」から英語の「フリーダム freedom」を連想するのは可能だが、どの外国語もカタカナで書いて同等に見る日本人でさえ「フリーダ」という名前で「自由」を連想する人は少ないと思う。フランス語だと「リベルテ liberté」(英語の liberty)なので、外国語の嫌いなフランス人は「フリーダ」と聞いても「自由」を連想しないだろう。

この本では、冒頭から本文で取り上げられているスター女優の、色鉛筆による肖像画が並ぶ。大野のスタートは美術家である。といっても卒業したのは東京芸大の彫刻科だ。絵は本職ではないにしても、顔の形を読み取ることには長けているはずだ。ただその並んでいる絵が、どこか生々しいのはなぜだろうか。性格や欲望まで表情に浮き立たせているといった感じだ。

彼女は大学でジェンダー論も教えていて、その関係からか、この本では女性、さらに言えば中年女性が活躍する映画を取り上げている。

……私が惹きつけられるのは、そうした人間関係の中でそれなりに安定していた女性が、外圧によって変化を余儀なくされたり、意外な一面をかいま見せる物語です。その過程で、若い女性とは異なる悩みや苦しみ、狡さと寛容さ、老獪さと子どもっぽさ、そして〝年増〟ならではの複雑な魅力が浮かび上がってくるところが、とても面白いと思うからです。「この主人公、だてに四十年（あるいは五十年、六十年）生きてきたんじゃないね！」と思える瞬間が来る時、その感動を誰かと分かち合いたくなります。（32〜33頁）

いい年になってから分かる人生の滋味というものがある。彼女はそういったものを映画の中に見出そうとするのである。ただし、読んでいけば分かるのだが、基本的にはテーマ批評である。映画批評におけるテーマ批評の位置はあまり高くない。なぜなら、テーマを論じるなら、別に映画でなくてもいいからだ。実際のところ、テーマ批評なら誰でも何か言えるので、局外批評家（映画批評を本業としない人）はたいていこの方法をとる。

ただ、前述したように専門が彫刻で美術にも造詣が深い点で、特異な批評に発展する場合がある。たとえば岩下志麻という女優がいる。小津安二郎の映画に出ていた頃は初々しくてすがすがしかったが、晩年の「極道の妻」シリーズで微妙におかしい関西弁でドスの利いた台詞を使う演技がすっかりパターン化されてしまって、それからは普通の演技ができなくなった（しなくなった）。その彼女を大野は次のように描写する。桃井かおりと共演した『疑惑』（1982年、野村芳太郎監督）の中の彼女についてだ。

役柄のただならぬ雰囲気をひときわ強めているのはもちろん、彼女の目。すっきり目元の切れ込んだ涼し気な眼差しが、殺気を孕んで凶器となる瞬間が恐ろしい。だが、岩下志麻を他の女優と隔てている一番の造形的特徴は、硬質な顔の輪郭ではないかと思う。前方につんと突き出た鼻と禁欲的な口元とシャープな顎。象牙から彫り出された彫刻のようだ。（157頁）

彫刻のために綿密にスケッチしているような文章である。このような捉え方は、映画批評を本業にしている人からは出てこないだろう。

今はそうでもないが、少し前まで女性の視点というものを重宝がる時代があった。男性の文章ばかり読むよりは女性の書くものも読んだ方が面白い。男性視点からでは出て来ようのない発想がいくつか出てくる。

たとえば前述した『クロワッサンで朝食を』の中で、ジャンヌ・モローはずっと私物のシャネルを着ていた。衣裳係が用意したものではなく、普段自分の着ているものを映画の中で着ているのだ。その服装の細かい描写がある（182頁）。私には何を書いているのかほぼ分からない。しかし、シャネルの知識、洋装の知識のある人にはきっと有用な記述なのだろう。男性の本業映画評論家なら、たいていは私と同じように、登場人物の服装に無頓着だろう。いや、私だけか。日本人女優の和服の着こなしに関しても、一家言ある。

全体として、一九五〇年代以前は今よりきものの生活に馴染んでいた分だけ、映画の中のきもの姿もごく自然に、女優の着こなしもしっくり板について感じられる。特に、よそゆきでなく普段着の何気ないきものがいい。（103頁）

戦後もしばらくの間、和装がまだ生きていたと思う。現在では正月とか、結婚式とか、卒業式ぐらいしか、和装は見なくなった。年に1度着るか着ないかだと、当然ながらサマにならないことは想像できる。昔の映画を見ると、そのしっくりとした着こなしに惚れ惚れする場合がよくある。現代の映画で若いタレントが和服を着ると、ほとんどコント寸前の感じがしないでもない。だからこのような指摘は貴重だ。ただ、多くの局外批評家が陥るワナにひっかかっている。映画館で映画を見ることとＤＶＤで見ることの落差に鈍感なのである。たとえば『カレンダー・ガールズ』（２００３年、ナイジェル・コール監督）という、おばさんたちが自分たちのヌード・カレンダーを作る映画の批評の最後に、次のような記述がある。

そんなふうに自分の中で感想をまとめながら、しかしＤＶＤに収録されている特典映像のインタビューを見ているうちに、「ちょっと物足りなかったかな」という気持ちはどこかに行ってしまった。（50頁）

私は彼女が本編部分だけ見て「ちょっと物足りなかったかな」と感じた感性を支持する。DVDにはしばしば特典映像が付録として付くが、そんなものは相手にしてはいけない。本編だけが問題なのだ。他に言いたいことがあるのなら、すべて作品の中に盛り込め。作品本体に描かれていないもの、あるいは作品本体から見えてこないものはないものと考えていいのである。

なお、彼女の映画評論家としての位置を確認しておく。

十代の終わりくらいから名画座で古い映画を観始め、深夜テレビのB級映画を楽しみ、ヴィデオレンタルショップができると毎週のように借りに行き、やがて好きな監督や俳優の作品をDVDで集めるようになり、もちろんロードショーにも時々は行く。私は、そういうごく普通の映画ファンです。（185頁）

このような映画生活であるから、「それまで、雑多なことを書き綴るブログにたまに映画の感想を載せたりしていましたが、私はシネフィルでも映画評論家でもありません。そこで、物語に没入した一観客の立場で、映画の中の女性たち一人一人ととことんつきあいながら書いていこうと思いました。音と映像の総合芸術である映画というジャンルを扱っているにしては、その一要素でしかない（と言っても非常に重要な要素ですが）物語に重点を置く書き方になっているのは、そのためです」（186頁）という逃げ口上が飛び出してくる。

この本は、「WEBスナイパー」（SM雑誌『S&Mスナイパー』のWEB版）の連載が基になっている。ちょっと異質な媒体である。ここでも物語重視である。

(3) 森村泰昌・平野啓一郎

【森村泰昌・平野啓一郎『クロスボーダーレビュー2009−2013』(2013年10月、日本経済新聞出版社)】

名画に描かれている人物になりきる作品で有名な現代美術家・森村泰昌と、当時、史上最年少で芥川賞を受賞した作家・平野啓一郎が色々な芸術について語ったのが、『クロスボーダーレビュー2009−2013』である。美術関係の記述が多い中、当然ながらいくつか映画ネタがある。

2人に共通する興味として美術館がある。美術館についてのドキュメンタリー『ようこそ、アムステルダム国立美術館へ』(2008年、ウケ・ホーヘンダイク監督)について、森村が中心になって述べる。

本作における光、それは美術館員たちの芸術に対する態度に現れる。美術館の展示構成を熟考する学芸員。作品の修復に専念する修復家。館内の壁の装飾に関わる人の繊細かつ延々たる作業。それらは美術館という美の殿堂にふさわしい、芸術への愛と夢の実現である。

ところがいっぽう美術館は、美の実現という理想とはまた次元の異なる世俗的軋轢にも直面する。日常生活の利便性と矛盾する新設計に反対する圧力団体、新築部分の建築規模の是非、大量の申請書類、工事請負業者の入札の不手際など次々と難問が立ちはだかり、工事は遅々として進まない。関係

者たちは疲弊し、館長辞任という事態にまで闇は深まっていく。（87頁）

まさにこの通りの内容だ。美術館の聖なる部分と俗なる部分を対比している点への着眼は鮮やかである。優れた芸術品を扱う美術館でも、経営面、運営面などを考えると実に人間臭いのである。理事会の会議などにもカメラが入っているところを見ると、幾分かのフィクションも交えているのだろう。ただ、ドキュメンタリー映画としてこの作品の価値はどうかと考えると、二人の間ではそれはあまり考えられていない。あくまで題材についての批評なのである。

美術に関しては知識も教養も森村の方が平野よりずっと上なので、そのような話題の場合、森村が中心になってしゃべる。たとえば個人で美術品を集める一般人夫婦を描いたドキュメンタリー『ハーブ＆ドロシー　アートの森の小さな巨人』（２００８年、佐々木芽生監督）について、次のように述べている。

映画中の夫妻は、気に入った美術家を見つけるとその仕事場に出向き、作家から直接作品を手に入れていた。本来これは掟破りである。画廊を介して取引するという美術市場の約束事が無視されているからである。

ところが、夫妻の場合は例外として、この掟破りが許されている。それは、手に入れた作品をこのふたりが決して転売しないと誰もが知っているからである。投資対象として美術品を収集するコレクターが多い中で、この夫妻は今も昔も変わる事なく、美術を愛するがゆえにひたすらコレクションし続ける。夫妻の姿勢は、商業主義化しすぎたニューヨークのアートマーケットの、いわば良心として、美術市場の浄化作用にも一役かっているのであろう。（102〜103頁）

映画だけでは見えてこないことを、美術界の内幕に詳しい森村は説明してくれている。私は美術品の売買に関して、画廊や画商をめぐっての掟があるのを知らなかった。絵をやっている人には周知のことなのだろう。だから、登場人物たちへの評価が定まってくる。

森村がヒトラーに扮して演説をする動画をどこかの美術館で見たことがある。だからパフォーマンスに無関係ではない。美術から少し離れて、舞踊に関しても一家言ある。『ピナ・バウシュ　夢の教室』（2010年、アン・リンセル監督）についての文章だ。

表現とは、世間的にはわけがわからぬと思われていることに、大のおとなが命がけで立ち向かう意志のことである。身体能力の鍛錬が必須のクラシックバレエならまだしも、日常の身体感覚を脱構築し、改めて身体とは何かを問うピナのダンスは、一見誰にでも出来そうな振り付けであるがゆえに、かえってなぜこれがダンスなのかと、参加した若者たちも当初はわけがわからなかっただろう。（186頁）

実はこの映画の前だったか後だったか、ヴィム・ヴェンダース監督のドキュメンタリー『Pina／ピナ・バウシュ　踊り続ける命』（2011年）という作品が公開されており、私は時期を接してそれらを見た。ヴェンダース作品ではピナ本人が踊っている。リンセル作品ではピナが教室を開いて若い人たちを訓練しているのだ。そして監督の力量からすると、ヴェンダース作品の方が圧倒的に面白いと予想されたが、実際には無名監督の作品の方が面白かった。完成形のピナの踊りより、ピナによって未熟な生徒たちが見て分かるぐらいはっきりと成長する過程を見る方がずっと面白く感じた。こういったことは当然ありえるのだ。

(4) 和田誠

【和田誠『シネマ今昔問答』(2004年2月、新書館)】
【和田誠『シネマ今昔問答・望郷篇』(2005年12月、新書館)】
【和田誠『ぼくが映画ファンだった頃』(2015年2月、七つ森書館)】

和田誠は元々デザイナーである。様々な作家の本のブックカバーもたくさん手がけている。イラストもすぐれたものをどんどん残している。

特に映画に関しては、まず映画のポスターをたくさん描いているし、映画の名台詞集「お楽しみはこれからだ」シリーズを出版している。昔の映画の名台詞についての文章と、的確で洒落たイラストがついている。さらにテレビの映画番組のタイトルや、映画本篇のタイトルもいくつか担当している。無駄な線の少ないイラストである。

現代を生きていて、和田誠の作品をまったく見ずにすますことはできないくらい、様々な媒体に露出している。

この人のイラストは対照とする人物のいいところを浮き上がらせるすっきりした画風である。それは山藤章二の、嫌なところを強調したどぎつい画風と対照をなす。和田誠と山藤章二のイラスト込みの文章は必ず目を通す。2人とも自分のタッチをもっており、一目見ただけでこの2人の作品だと分かるぐらい、個性が確立されているイラストである。

和田誠は高校生の頃から淀川長治の映画友の会に出席し、若い頃からどんどん映画を見てきた。美大卒業後、デザイン会社に所属し、新宿の日活名画座のポスター・デザインを次々に手がけている。昔は、外国映画のポスターを日本で、しかも一つの映画館だけでオリジナルで作っていたこともあるのだ。

映画とずっと付き合っている内に、彼は映画監督もやるようになった。日本経済にバブル景気が残っていた頃、異業種監督（映画が専門でない人が映画の監督をする）のブームがあった。一応、和田誠もその一人に入れられるだろう。たくさん出てきた異業種監督の大半は1本撮っただけで終わる。景気が悪くなるとお金の出所がなくなり、当然、監督の能力も元々なく、必然的に監督のお呼びがかからなくなり、そのまま撮らないでいるというわけだ。1990年前後の新人監督をチェックしてみるといい。例外的に、和田誠は生き残った。今はもう撮らないが、その後も何本も撮り続けた数少ない一人だ。彼の監督作には映画的教養が随所にちりばめられている。

和田誠は対談集を含めて今まで多くの映画書を出している。どれも面白く、私はたぶん全冊持っているはずで、複数回読んだ本が何冊もある。専門の映画評論家でない分、一般観客と同じ視点で書いている点に好感がもてる。

そして、『シネマ今昔問答』（以下、『今昔』と略記）と『シネマ今昔問答・望郷篇』（以下、『望郷』と略記）である。あまり映画を知らない人を相手に映画のことをいろいろしゃべるという形式をとっている。もちろん、いろいろな仕掛けを今までしてきた人だから、対談と言う形式ながら、すべて自分で書いているという可能性もある。どちらにせよ、初心者にとっては読みやすい。

1冊目はテーマで論じていき、2冊目は彼の個人的映画史、すなわち、小さい時から現在に至るまでのように映画に接してきたかを論じている。

2冊目の「望郷篇」という言葉のニュアンスが分かりにくいかもしれない。『望郷』のあとがきにもあるように、「新」とか「続」とか、「パート2」などを使うより、まれにシリーズ映画で使われるサブ・タイトルを採用している。

重要な指摘も多い。具体的に見ていこう。チャップリンを論じる中の文章。


作品についてはその後上映会もあったし、ヴィデオもずいぶん出たし、テレビの放映もありましたから、かなり観ることができましたけれでも、順序は新旧とりまぜてゴチャゴチャですから、一人の作家の歩みをたどる、というわけにはいきません。(『今昔』18頁)

……ぼくが言いたいのは「ライムライト」一本観ただけの人でも「ライムライト論」を書くことはできる。だけど「チャップリン論」を書くことはできませんよね。若い人でも本を読んでヴィデオをたくさん観れば「チャップリン論」を書くことはできます。でもリアルタイムでチャップリンを観続けてた人が、何年ぶりかで彼の新作を観る、その期待感とか、よかった時の感動とか、そうじゃなかった時の挫折感とか、理屈ではない「論」にはならない映画とのふれ合いもあるんじゃないかなあ、ということなんです。(同19頁)

私がいつも言っている、なぜ映画館で見ないといけないか、についての和田誠の考えである。要するに同時代の空気のなかで新作を見てきた人と、販売されているビデオやＤＶＤをまとめて一時期に集中して見た人とは、映画の見え方が違う。そして、現在多くの映画研究者たちはまとめて集中的にＤＶＤで見て映画を論じている。何か味気ないのは、そういうところに原因があるのだ。

街の映画館で普通の観客と一緒に映画を見ることの楽しさが和田の基本にある。私も映画として認めるのはフィルム撮影のスクリーン上映という形式を備えたものである。だから試写室、試写会で見るのも認めないではない。ただ、そこにいるのは不特定多数の観客ではない。特殊な意図をもった観客、代価を支払わずに映画を見ようとする観客しかいない。さらに、『今昔』出版以降、映画製作現場でも映画館でも急速にデジタル化されてしまった。フィルムでないと認めないとなると、見る映画がなくなる。仕方なしに、「フィルム撮り」の条件を外すしかない。

和田誠は職業柄、試写室で見ることが頻繁にあったが、それも敬遠するようになる。

ある時期は人より先に映画を観るのが嬉しかったんですよ。でも映画が好きになったのは満員の映画館で観てたおかげですから、やっぱり映画は映画館で観るのがいい。ということに気がついたの。新作を早く観て論評するというのは専門家にまかせればいいや、俺は評論家じゃないんだから、と思って。（『望郷』167頁）

もちろん、プロの映画評論家が公開前に試写室で映画を見て、宣伝的効果も考慮しながら映画批評を書くのもいいだろう。しかし、公開されてから街の映画館で見て、一般観客の反応も含めて論じる映画批評も味があっていい。新作公開後に書かれる批評だから、配給会社への媚びやへつらいなしに、比較的自由に書くことが出来るはずだ。「比較的」と書いたのは、悪口を書いていると、映画会社、配給会社からにらまれ、最悪の場合、記事を書く新聞や雑誌などに圧力をかけてくることがあるからである。

言論の自由というのは多大な努力なしには勝ち取れないのである。ただし、批評家も自分の書いたものに責任をもたねばならない。


小説でも美術でも映画でも、作家は作品を発表する。それが問われる。批評家はそれらの作品を批評する。それが問われる。同格なんです。正しい批評家は作品と批評が同格だということがわかってる。褒めるにしても貶すにしても、自らも問われるんだということが。(『望郷』313頁)

映画評論家、映画批評を目指す人は、よほどの覚悟を決めて書かなければならない。小説を書くのと同じ意気込みで文芸批評を書かねばならないように、映画を作るのと同じ意気込みで映画批評を書かねばならない。映画批評というのは単なる宣伝文ではない。批評そのものが作品なのである。

それを考えると、映画会社、配給会社に愛想を使いながら、自分の考えなど押さえ込んで、ひたすら奉仕の精神で書き、読者からは軽く読み飛ばされてしまう、多くの映画ライターたちの文章というのを、はっきり見極めないといけない。そのような文章は相手にしないに限る。

さて、試写室で映画を見なくなった、すなわち街の映画館で見るようになった和田誠も、年齢を増すにつれ、初志を貫徹できなくなってくる。

映画を相変わらず観てますかとよくきかれます。一年に三〇〇本くらい観てますよ。ただし近ごろはヴィデオやＤＶＤで観ることが多くなりました。「映画を観るなら映画館で！」と言ってたのに言行不一致で恥ずかしいですが、ＤＶＤの映像特典が捨て難いこともある。（『望郷』324～325頁）

あれだけ忙しい和田誠が1年に300本見ているというのは驚きだが、そのすべてが必ずしも街の映画館で見たものでないのが悲しい。「ただし近ごろはヴィデオやＤＶＤで観ることが多くなりました」というのが、いったいどれくらいの比率なのか訊くのが怖い。言行不一致を恥ずかしく思わなくなるのも近いだろう。

長年、映画を見てきていると、映画のサイズ（画面の縦横比）に敏感になってくるものである。敏感になるとビデオやＤＶＤで画面に映るサイズというのが気になってくる。映画館で見るのと同じサイズで見られるとは限らない。反射光を見る映画館のスクリーン上映の映像と光源そのものを見るビデオやＤＶＤで見る映像との違いも大きい。和田は次のようなこだわりをもっていた。

ぼくはモノクロの映画とカラー映画の差は色がついているかついてないかの違いだけであって、本質は一緒だと思っています。スタンダードとワイドの差もそうです。もちろんモノクロで撮ったものをコンピューターで着色したり、シネマスコープの左右を切ってスタンダードサイズにしたり、スタンダードの上下を切って横長の画面にして拡大映写してワイドに見せたりするのは論外ですよ。オリジナルじゃなくなっちゃうから。第三者が勝手にカットするのも困る。とにかく作者が完成した時の状態で観たいわけですね。サイレント映画は音楽や弁士の関係で音に関してはどれがオリジナルかわかりません。それがその時代の姿だった。その点がトーキー以後とは本質的に違うだろう、ということなんです。（『今昔』67頁）

しかし、『麻雀放浪記』（1984年）を撮る時、和田誠は簡単に妥協してしまう。白黒スタンダードというのが映画の基本と考えていた彼が、意外に簡単に妥協するのである。

――「麻雀放浪記」はスタンダードではなかったですね。

和田　ヴィスタサイズでした。ぼくはスタンダードサイズにもこだわったんだけど、全国の映画館のほとんどがスクリーンをヴィスタサイズにしてるから、スタンダードを映すと天地が切られちゃうって言われて、それじゃ意味ないから、そこは妥協したんです。（『望郷』203頁）

真面目に映画のことを考えている新人監督から、日本全国の映画館はその時点ですでに信頼されていなかったのだ。だらしない映画館である。ひいては、その映画館に通い、間違った映画サイズで上映されていても文句を言わずに見ている一般観客にも責任があるかもしれない。これまで一般観客は映画館では正しく上映されていると信じて疑わなかった。当たり前に上映されると思っていた。しかしそうではなかったのである。

だから私は何か上映がおかしい時には必ず帰りに受付で事情を確かめる。もちろん、たいていはアルバイトである受付の女の子に、スクリーンサイズのことなど分かるわけがない。その少し上の社員に訊いても分からない。だから私はいつも映写の分かる人、支配人か映写技師を呼び出してくれと要求する。いないとか、次の上映で忙しいから来られないと言われると、それなら事情を訊いておいてくれ、と上映の不備の状況を伝えておく。係員はたいてい「伝えておきます」と答える。後日、私はしつこく映画館に電話をかけて、映写事情はどうだったかを問いただす。そして必ずそうなのだが、「伝えておきます」だったのが「伝わっていない」。映画館が映画の敵に寝返ることは平気であるのだ。

要するに、「伝えておきます」というのは、映画館側がうるさい客を追い払う呪文なわけだ。それぐらい、現在の映画館状況は腐っている。シネマコンプレックスは設備がいいと思われているが、必ずしもそうではない。スクリーンのサイズはいつも一定で、そこに映写するわけだから、作品のスクリーンサイズが違えば、上下か左右に黒みを残す。さんざん文句を言いつづけてきたが、ある時、上には伝えません、とTOHOシネマズなんばで言い渡された。映画館をまるまる信用してはいけない。

作品論の一例を。

アステアは自分が踊ってる時は、できるだけカットを割らずに撮ってくれと注文したそうです。しかも足だけに寄らずに常に全身を撮ってくれと。そのことで自分の芸がきちんと見せられる。アステアの注文を思い出すと、今のカット割りが理解できるんです。割らずに撮って芸を見せられる人がいないからなんだ。

「シカゴ」にはリチャード・ギアがタップを踊るシーンがあります。ギアはインタビューに答えて「ずいぶん練習した」と語ったそうだし、若い頃舞台の「グリース」に出ていてミュージカルの経験もあるんだけど、「シカゴ」ではどうも本人が踊ってるように見えないんです。少しはやったにしても、うまくないところは編集で切り替えて、プロの足のアップを使う、とか、胡麻化しているように思える。上手に踊ってれば、本人が見事にやってるんだってことを知らしめるために、カットを割らずに全身を見せてくれる筈でしょ。（『今昔』199頁）

このことは私も鑑賞した直後に思った。リチャード・ギアのフルショットでのタップダンスがほとんどないのである。足だけのクローズアップや、背中からのカットが主である。CG全盛となった現在、映画界も観客を騙そうとするのである。うまく騙してくれるのは歓迎するが、ともかく観客は真剣にスクリーンに対しないといけない。

なお、あまり悪口を言わない和田誠が珍しく批判している文章を取り上げておこう。

「フォレスト・ガンプ」も「ジュラシック・パーク」も「グラディエーター」も、作りたい物語がまずあって、それにCGを利用して成功してるんですが、逆の現象も近ごろ多くなってきた気がする。つまりCGを活用して何か作ろう、というところから始まる作品が。うまく出来ればそれで構わないんですけど、初めにCGありき、だとどうしてもCGばかりが目立って、鼻についてくる。いろんなことができるんで、ホラーなんかどんどんグロテスクの方に向かう。アクションものでも「もっと血しぶきをCGで足そう」とか。

それよりもさりげなくCGを使う、どこに使われてるのかシロウト目にはよくわからない、でも実は相当の効果を上げてるんだ、という活用の仕方の方が、作品の品格を保つ上でいいんじゃないかとぼくは思うんだけど。（『今昔』268頁）

ハリウッド映画界はもちろん和田誠の言葉など聞かない。CGが売りの、あるいはCGしか売りのない映画がどんどん作られている。しかも日本の観客がすっかり引っかかって、それらの映画のヒットに貢献している。映画はCG技術の品評会ではないのだから、和田誠の考えるようにCGはあくまで補助的な技術であってほしいものだ。

また、日本で出版された映画書についても次のような記述がある。

「アメリカ映画の大教科書」という本が出たので勉強しようと思って買ったら「映画『ホワイト・クリスマス』でビング・クロスビイの人気が出た」と書いてあるのでずいぶん驚きました。クロスビイはそれより二十年も前から人気者なんだから。この本には「ミュージカル『お茶と同情』」という記述――「お茶と同情」はストレート・ドラマ。「二人でお茶を」と間違えたのか、監督がヴィンセント・ミネリなのでミュージカルと思い込んじゃったのか――のほか、いろいろ間違いがあって、普通ならこういうミスは笑いとばせるんだけど、「大教科書」という題ですからね、読者は信用するじゃないか。困ったもんです。こんな本でもオビに「完ペキです！　正しいです！」と書いた有名評論家がいる。読まないで褒めたんでしょうね。（『今昔』222頁）

やはり悪口を言わない性格だからか、著者の名前を挙げていないが、井上一馬の新潮選書の上下2巻本である。井上に関しては、作品を見ずに平気で論じることもあるブロードウェイ・ミュージカル本も出しているし、それに映画の本を他にも出しているとはいえ、同じく本当に見たのかと思えるような作品をどんどん出してくるので、あまり信用していなかった。和田の取り上げた本も通読はしていたが、和田が挙げた点は素通りしてしまっていた。もう一度読み直して検証してみる。なお、私の所持している本はオビを捨ててしまっているので、「完ぺキ」とうそをついた有名評論家が誰か分からなかったが、校閲していただいた池本氏によると淀川長治だそうである。まあ、「完璧」という言葉を使う時点で怪しんでいいと思う。和田誠は若い頃、淀川の主宰する映画友の会で映画を学んでいたから複雑な心境だろう。

次に、私の見ていない『子鹿物語』（1946年、クラレンス・ブラウン監督）のタイトル表記についてだが、和田がそのように表記すると校閲部が「仔鹿」と書き直すそうだ（『望郷』33頁）。キネマ旬報社の『アメリカ映画作品全集』（1972年刊）がそう書いているからだという。キネマ旬報社のそのシリーズは私も重宝していたが、事典、辞典の常で、まさに「完璧」はないと思っていいということだ。

和田がこれにこだわるのは「……当時映画雑誌の裏表紙に載ってた映画の広告の描き文字、つまりロゴが「子」になってるから」（『望郷』33頁）だという。そして、「……当時の広告を探すのがいちばん確か」（同）と結論づけている。

しかし、和田誠も「完璧」な人間ではない。どの作品か忘れたが、映画の最初に映し出されるタイトルと、宣伝ポスターに使われているタイトルと、文章の中で使われるタイトルとが違う場合が、これまで時々あった。今でも迷うのが、次のインド映画のタイトルだ。「ムトゥ　踊るマハラジャ」なのか「ムトゥ踊るマハラジャ」なのか、いつも判断に困っている。活字で書かれる場合は間に1字分の空間があるが、ビデオのジャケット（たぶんポスターと同じ図案）では空間がないのだ。

和田の挙げた『子鹿物語』も、現在、私の活用しているネットのデータベースallcinemaではキネマ旬報社と同じく「仔鹿」表記なのだ。そのデータベースにはソフトの紹介もあり、3種類あるすべてが「仔鹿」表記である。しかし、このデータベースも「完璧」ではない。2本立てDVD「仔鹿物語／名犬ラッシー家路」の図版では「仔鹿物語」と「名犬ラッシー・家路」という風に、「ラッシー」の方に中黒が入っているし、ピーエスジーの販売している「仔鹿物語」は図版では「子鹿物語」となっている。このような混乱を生じさせないためには、最初に配給する時にそれこそ「完璧」に統一してもらわなければならない。

他に、あまり書かれていないが、調べにくかった事項についての文章がある。

「刑事マディガン」はドン・シーゲルの刑事もの。仕事一途の刑事が拳銃を奪われて、何が何でも犯人を挙げなきゃいけない。悲劇の主人公を好演してた。その西部劇版みたいなのが「ガンファイターの最後」で、厳しい性格のせいで町の人々に憎まれる悲劇の保安官です。監督はアレン・スミシーという名前だったけど、実は監督していたロバート・トッテンとウィドマークがもめて監督が降板、ドン・シーゲルが替わって完成させたんだけど、トッテンが撮った部分のほうが多いのでシーゲルはタイトルにクレジットされるのを固辞した。ウィドマークはトッテンの名前を残すのが気に入らない。それでアレン・スミシーという架空の名前を作ったんです。その後、何らかの理由で監督の名前が出せない時にアレン・スミシーとかアラン・スミシーという名前が使われるようになったということです。（『望郷』89頁）

これで、胸につっかえていたことがスッキリした。これの女性版も何かで観たような気がしたが、それは今後の宿題としておこう。

もう一つ。和田誠の映画書にはほとんどエロ関係が出てこなかった印象があるが、品行方正で上品な育ち方をしたからではない。ちゃんと意識はしている。分け隔てしない。日活がロマンポルノに移行した時のことについて、次のように書いている。

ポルノを馬鹿にしたわけじゃないんですが、ポルノ一辺倒に切り換えた会社の姿勢には抵抗を感じてました。一部の観客を掴みつつ、多くの観客、特に多くの女性客を見捨てたわけだから。でもぼくは映画そのものに文句をつけることはなかったんですよ。当時映画案内欄に作品の題名を無視して「成人映画二本立」としか書かなかった新聞をとるのをやめちゃったくらい。（『望郷』163頁）

今や、新聞を含む（スポーツ新聞は含まない）大手マスコミは、映画案内欄に「成人映画二本立」どころか、世の中に成人映画などない、成人映画専門映画館などないつもりで紙面構成している。不買運動してもあまり効果はないようだ。世間がエロ関係を見て見ないふりするようになり、地下やネットに潜っている様相なのだ。

3冊目の『ぼくが映画ファンだった頃』（以下、『ファン』と略記）では、晩年を迎えている1936年生まれの和田誠が自分の越し方を振り返ってみた、と言いたいところなのだが、読んでみると、実は、今まで単行本に収録されていなかった、雑誌や新聞に書いたものを集めた本にすぎない。過去に他の媒体で読んだ記憶のあるものがいくつかある。終活として身辺整理が始まっていると思っていいだろう。ただし、いい文章はおそらく単行本に収録されているはずだから、この本に含まれているのはその網から漏れた文章だということを意識しておいた方がいい。

読んでいて情けなく思った記述が「まえがき」にある。

『僕が映画ファンだった頃』……変な題名をつけてしまいました。「もう映画は観ないのか」と言われそうですが、ほとんど毎晩DVDで映画を一本か二本観ています。「映画ファン」ではなくなっても「映画好き」は持続しているんです。（『ファン』5頁）

和田誠は平然とDVDを映画と見なしている。昔から映画館で映画を見てきた人の多くがたどる道である。映画館に行かなくなって、それでも見たい映画があり、DVDでとにかくお茶を濁す。彼のようにDVDで済ます人を、体力的なものを考慮しても、やはり堕落したと私は考える。私は彼が書いた本をたくさん読んできて、映画は映画館で見るものだと確信していったのである。これまでの読者への裏切りと言えるかもしれない。

何集にもわたる「お楽しみはこれからだ」シリーズには記憶の間違いが結構あった。それはまだビデオが普及する前の文章だったからだ。はっきりしたことを確認できなかったからだ。シリーズの続編が出るたびに直前のシリーズ本の記述間違いの訂正をしているのが、私にはほほえましかった。記憶に頼ると誰しもかならず記憶違いというものが生じるのだ。

和田誠が取り上げた作品には外国映画が圧倒的に多かった。それは、台詞を字幕で読んでいるからである。邦画を見ると台詞は耳から入ってくるだけなので聴覚だけで覚えることになる。外国映画には字幕が付き、台詞を視覚で覚えるから記憶に強く残る。近年、外国映画の多くで日本語吹替え版が上映されるが、声優の下手に強調された抑揚は類型的であるし、台詞は聞きづらいし、より口語に近くなるので格調がなくなる。その分、印象が薄くなる。記憶に刻み込まれるシステムが浅いのである。

間違いを含んでいても記憶に頼って書く映画批評を私は支持する。観客には「誤解する権利」がある。鶴見俊介がそのタイトルで本を書いている（1959年、筑摩書房刊）。誤解するから豊かな議論が起こるのだ。もちろん事実誤認は困るのだが、DVDを見ながら書かれた一切間違いのない無味乾燥な研究論文など、読んでもあまり面白くない。

和田誠の「お楽しみはこれからだ」シリーズが打ち切りになったのは、ビデオ、DVDが普及してからである。二次媒体で確認してから書くエッセイからは何かが抜け落ちてしまうのだ。だから、私は和田誠に「DVDで毎日映画を見ています」などとは言ってもらいたくなかった。彼には死ぬまで映画館で映画を見続けてほしかったのである。映画を見る楽しみは、DVDを使って間違いなく映画を分析する楽しみとは異質のものなのである。

真面目な映画評論をやんわりと批判する文章が収録されている。

> 評論家もジャーナリストもファンもそうなのだが、映画作家とか巨匠とか呼ばれる監督の作品に接する場合、概してタメになることを求めがちだ。この作品のメッセージは何か、とか、この映画は何を訴えようとしているのか、とか。（『ファン』135頁）

私もいつも言っているが、芸術作品には内容と表現の二つの要素がある。和田が批判しているのは、内容だけを問題にする真面目な映画評論だ。内容スカスカでも映画として面白い作品は少ないが確実に存在する。表現が面白いのだ。内容、表現ともに面白い作品が理想的だ。映画に携わる人たちはそれを求めるべきである。作る側も見る側も。

和田誠は両者が共に優れた作品の一つとして黒澤明監督の『椿三十郎』（1962年）を挙げる。

メッセージを持つ映画はもちろん立派なのだが、映画が立派に見えるためにはメッセージさえあれば充分なのではない。何を描くかが大切なのと同様、どう描くかが大事なのであって、それがなおざりになってはメッセージも何も伝わらない。その点、黒澤監督は「どう描くか」に関して名人芸を見せてくれるから、メッセージもひしひしと伝わってくる。逆にそちらに気を取られて、名人芸に気がつかないことさえある。（『ファン』135頁）

こういう考え方を知った上で黒澤作品を見ると、また違った見え方がするかもしれない。

また、和田誠は、映画だけでなくショー・ビジネス一般にも並々ならぬ興味と教養をもっている。ブロードウェイ・ミュージカルにも一家言ある。以下、ミュージカルから影響を受けた映画についての記述である。

ブロードウェイの方も、様子が変わっていたのだ。第二次大戦後は、小粋なミュージカル・コメディよりも、大きなドラマのある大作が主流を占めるようになってきた。観客が他愛ないものに満足しなくなったこともあるだろうし、ニューヨーカーだけを喜ばせていたブロードウェイ・ミュージカルは、情報や交通機関の発達によって、全国の客（時には世界の客）を呼ぶようになり、広い層を喜ばせるためには、それなりの大作を作る必要があったのだろう。

映画もまともにその影響を受けている。早い話、五〇年代後半からは、ミュージカルからタップダンスが消えたのである。最近はブロードウェイでタップがリヴァイヴァルしている。深刻ミュージカルの反動がようやく現われたわけだが、タップには二十年ものブランクがあった。そして、ハリウッドはブロードウェイで評価の高いヒット・ミュージカルを映画化する。既成の評価に依存し始めたわけである。危険なカードを出したがらなくなった。安全パイで勝負するようになった。これも映画産業の斜陽化と大いに関係のあることだろう。（『ファン』88頁）

ミュージカル映画は、サイレントからトーキーになって以降、どっと増え、1950年代まで全盛期が続いた。一説に1961年の『ウエスト・サイド物語』（もともと舞台作品でその映画化）がシネ・ミュージカルの息の根を止めたと言われる。それまでのミュージカル映画はとにかく楽しく、笑いに満ち溢れていたのだ。ほぼすべてと言ってもいいくらいハッピー・エンディングで、陽気な気分で映画館を後にして家路についたものだ。

ところが『ウエスト・サイド物語』はシェイクスピアの悲劇『ロミオとジュリエット』の翻案である。ラストは当然ながら悲劇に終わる。しんみりとした気分で劇場を後にしないといけなくなる。この映画が大ヒットし、能天気に笑って終わるミュージカル・コメディの熱気を醒めさせてしまったのだ。踊りのタップ自体には内容がない。表現だけである。タップダンスそのものが面白い。それが許されなくなったのだ。

和田に言わせると20年間封印されていたタップダンスが近年になってリバイバルした。ブロードウェイの『フォーティ・セカンド・ストリート』や、『クレイジー・フォー・ユー』『エニシング・ゴーズ』などが和田の想定しているタップ・ミュージカルなのだろう。これらは残念ながら映画化されていない

（『フォーティ・セカンド・ストリート』は先に純然たるミュージカルではない映画が先行している）。

このまま和田誠がしぼんでいくのがもったいない。死ぬまでに蓄積したものをどんどん書籍化していってもらいたいものだ。

(5) 石川三千花

【石川三千花『石川三千花の勝手にシネマ・フィーバー』（2008年11月、文藝春秋）】

毎年、アカデミー賞の授賞式を中野翠と一緒にテレビで鑑賞する盟友が石川三千花である。セツ・モードセミナー出身なので、デザイナー（志望）なのだろうが、そちらの仕事をあまり知らない。

石川三千花にはかつて中野翠とコンビで映画の本を書いていた時代があった。中野翠とは映画その他価値観が似ているので、中野から離れ単独で活動するようになってからはあまり冴えない。だから『石川三千花の勝手にシネマ・フィーバー』で、石川が自分の人生と映画とを重ね合わせて論じたのは、これで一応の映画的総決算をしたつもりなのだろう。ここから心機一転するつもりなのだろうと思う。自分の人生の要所要所でどのような映画と巡り会ったかを綴るアイデアはいい。このやり方だと誰でも独特のものができる。

私は彼女のことをチャラチャラした薄っぺらなエッセイストだと思っていた。この本を読むと必ずしもそうばかりではないことが分かった。

女性タレントにありがちだが、彼女も年齢をいつも明らかにしない。ただ油断したようである。1968年公開の映画を見たのが中学2年生と書いているから、1950年代前半生まれである。つまり私とほぼ同じ年齢である。中野翠の方が少し年長である。だから、彼女が書いている映画のこと、あるいはそれに付随する世間の出来事、流行ごとなど、それらについての記述にいちいち納得がいく。たとえ女性であっても、年齢が明らかな方が、理解しやすい記述があるのだ。

この本の最初の項目が1968年、作品は『ロミオとジュリエット』（1968年、フランコ・ゼフィレッリ監督）である。「……覚えていることといえば物語の結末よりは役者に関するディテールが多い。思えば、昔から、どうでもいいような細部に目がいくタチだった」（6頁）というぐらいだから、この作品をテレビ放映で再び見た時も、「……ロミオのタイツの股間のモッコリ、及び、ごていねいにそのモッコリの部分がツートーンになっていて、妙に間抜けに見えてしまった」（9頁）と書くほどである。石川三千花は2度の結婚を経るにつれ、女の子的ブリッコをやめ、厚顔無恥なおばさんのように割と生々しいことをあっけらかんと書く。

日本でだけ大ヒットした『小さな恋のメロディ』（1971年、ワリス・フセイン監督）という映画がある。主演のマーク・レスターとトレイシー・ハイド（石川は「トレーシー」表記）は日本の映画雑誌で長い間、人気ベストワンを続けた。小学生の恋愛話であるが、音楽を担当したビージーズの曲がいいので、私も気に入っている。

ただし、この項目について石川三千花が書いていることには疑問がある。「主人公がイギリスのパブリック・スクールに通う少年と少女……」（14頁）と書いている。しかし、イギリスでパブリック・スクールというのは一般的に上流階級が通う私立学校のことである。アメリカ語では「公立学校」の意味だが、イギリス語では「私立学校」なのだ。マーク・レスターの家庭は裕福そうに見えるが、トレイシー・ハイドの方は貧しい家庭である。この描写から見てエリート養成の伝統的なパブリック・スクールではないことが分かる。単なる公立小学校なのだろう。石川三千花は感覚的に物を捉えるところがあり、その裏づけのためにいろいろ調べるということがあまりないようである。

フェイ・ダナウェイは、アメリカン・ニューシネマの嚆矢となった『俺たちに明日はない』（1967年、アーサー・ペン監督）のヒロインである。1970年代、青春期にあった人たちはだいたいこの映画を見ている。私などはそのフェイ・ダナウェイの魅力にずっと、気がつかなかった（今も）。ところが、ファッション・センスが鋭敏な石川三千花は早くから注目していた。

フェイ・ダナウェイは大げさにいえば、私にカッコよさの定義をあの骨っぽい体ひとつで教えてくれた女優だった。低めの鼻と頬骨の高い顔だが、やせた体に細長いシルエットのスーツやロングタイトスカートが見事にマッチ。足元のペタンコ靴。ボブヘアと相性のいいベレー帽。胸元に三角にたらしたスカーフ。小物の使い方はセンス抜群。私が映画を観て初めて真似してみたいと思ったファッションだった。（32頁）

このように俳優の肉体的特徴、容貌、着こなしや佇まいについての彼女独特の捉え方をした記述が他にもたくさんある。たとえばデニス・クリストファーは「……いつまでもスネた少年のような……」（144頁）雰囲気であり、「……すねがイジョーに細い……」（同）などと形容し、クリスチャン・ヴァディムは「……ガイコツ顔……」（同）などという捉え方をする。ミーハー的な捉え方と言ってもいいが、本人に言わせると「外見のカッコよさやおもしろさに無関心ではいられなかったのだ」（同）ということになる。

盟友の中野翠とは蓮實重彦と金井美恵子との関係と同じように趣味が一致している。中野の方は同じような発想の上に知性的なものをまぶす。石川三千花はそのままで表に出してしまうといった感じである。

石川三千花は１９７０年代の後半に、特定の強い目的意識もなく、当時付き合っていた男と一緒にフランスに行き、何年もパリで生活している。元々、セツ・モードセミナーという服飾デザイン学校で学び、それと関連してイラストも書くようになり、それが結果的に彼女のキャリアを豊かにすることになった。

彼女が書く映画本には必ず彼女のイラストが付く。そのイラストは必ずしもうまいわけではないが、一応、俳優の感じは捉えている。一目見れば彼女のイラストだと分かるだけの個性はもっている。

ただ、それに付随するコメントがいかにも下品なおばさんが言いそうなものばかりで、しかも、彼女は比較的自分の姿を公にする場合が多く、彼女が意図したようにはファッショナブルには見えず、それなら下品なおばさんが言いそうなことを書いてもいいか、という気分になる。

L.　特殊な本業、その他

（1）落合博満

【落合博満『戦士の休息』（2013年8月、岩波書店）】

野球を見ない人にとっては未知の人だと思うが、落合博満という人がいる。彼は日本のプロ野球界では大きな存在だ。何しろ三冠王（打率、打点、ホームランがそれぞれトップ）を3度獲った。現役引退後、長年、中日ドラゴンズの監督を何年かした後、中日のジェネラル・マネージャーをやり、2017年に退任した。

一般論で言うと、野球選手に限らず、スポーツマンで、本を読んだり美術や舞台に親しんだり、映画を見たりする人などあまりいないだろう。そのような悠長なことをしている時間などないからだ。いたとしても例外的と言っていいだろう。しかし、落合は少し違った。

スタジオジブリが出している月刊誌に、映画についての原稿を書くように依頼された落合博満は、喜んで書くことに応じる。というのも、あるパーティでジブリのプロデューサー鈴木敏夫と話をしている時、落合が「パイレーツ・オブ・カリビアン」を見て居眠りしたという話を聞いて、二人は意気投合したからだ。価値観の共有である。鈴木が落合に原稿依頼するに至り、『戦士の休息』として結実する。なぜか、学術的な本の出版が多い岩波書店の発行である。アニメ会社の雑誌に連載された元野球選手の映画エッセイを岩波書店が出すなど、少し前まで考えられなかった。

もちろん落合博満は映画が専門ではない。選手時代、監督時代には当然ながら時間が取れないだろう。

映画館に行くこともＤＶＤを見ることも容易ではなかっただろう。だからプロの映画評論家のように体系的に映画を見ているわけではない。偏狭な意見も出てくる。職業柄、何かあれば野球にかこつけた論になってしまう面もある。

しかし、この本をざっと読んでみて、普通の平凡な映画評論家レベルの文章は書けていると思った。普通の映画評論家がこの程度のものを書いたのなら軽く読み流されるだろうが、特殊な映画評論であるから読んで損はなかった（得もそれほどないが）。

監督時代、落合博満がマスコミに対してとったふてぶてしい態度を知っている人は、彼が『マイ・フェア・レディ』（１９６４年、ジョージ・キューカー監督）のオードリー・ヘプバーン（落合は「ヘップバーン」表記）に惚れ込んでいると聞いたらびっくりするだろう。さらに生涯のベストワンが何かと聞かれたら『チキ・チキ・バン・バン』（１９６８年、ケン・ヒューズ監督）と答えることにも、なぜそんな作品を、と違和感で驚くだろう。何と平凡で子供じみた選択だと私なら思う。落合は１９５３年生まれだから、それらの映画は中学生頃に見たものと類推できる。

この本は、映画評論家が映画エッセイなり映画評論を読者にじっくり読ませようといろいろ工夫するのではなく、素人の映画好きが素朴に自分の思っていることを書いてあるだけだ。ついつい思いついたまま書くことになる。

第１章では落合と映画との関わりを総論的に述べている。実質的作品論は『コクリコ坂から』（２０１１年）から始まる。連載時に同作品がＤＶＤ発売される時期と重なったのと、ジブリの機関誌に書くという前提があり、ヨイショの意味として書くのとで、そのような選択が成されたにちがいない。『コクリコ坂から』はジブリ作品とはいえ、宮崎駿、高畑勲の二大巨頭の作品でもなければ、彼らの下でこき使われ技術を身につけてきた愛弟子の作品でもない。監督は宮崎駿の子息である宮崎吾朗である。内容に変なところが多々ある。父親である宮崎駿作品も多少のデコボコ感があるのだが、それとは違うスカスカ感である。

この作品を論じるのに、落合博満は野球用語を使って「バッティングの基本はセンター返し」というところから話を始めるのだ。そこから次のような考え方が抽出される。

……私は「昔からそう言われているから」とか「誰もがそう考えるから」という物事に対して、自分自身が理解し、納得できる理屈を見出さないと気が済まない性格だ。(18頁)

映画に対して評価を下す時も、理解し納得していないとそれができないというわけだ。当たり前のことだと思うかもしれない。しかし、プロの映画評論家ともなると、いろいろな事情で、それほど面白くない作品であっても絶賛しないといけなくなる場合がある。

だから『冷たい熱帯魚』(2010年、園子温監督)を見ても、落合は「……人が死んだり(殺されたり)、死体が解体されたりという残酷なシーンをあそこまでリアルに描く意味を、また、あくまで創作なのだと認識させるための〝落ち〟をつけず、あたかも人を殺すことに意味があるような描き方をすることを、私は理解することができない」(177頁)と突っぱねてしまう。私はこの映画を楽しんで見たが、だからといって落合がそういう印象をもったことを非難する気はない。

しかし、返す刀で『テルマエ・ロマエ』(2012年、武内英樹監督)のような軟弱映画を楽しめたというのだから、ちょっと待て、と言いたくなる。落合が映画に関して長年にわたる筋金入りのファンと自称するのもおこがましい。やはり局外批評家でしかないのか。プロの評論家なら、『冷たい熱帯魚』を嫌い、『テルマエ・ロマエ』をほめるようなことはほぼありえない。もしいたら、私はその評論家の書く文章を信用しなくなるだろう。

第2章は延々とヘプバーンに紙幅を割くばかりで、結局、『コクリコ坂から』の作品論は第三章に移ってからだ。彼が本格的に作品論を書くとあまり面白くない。たぶんジブリから映画の資料をもらっているのだろう。もしかするとDVDももらって見ながら作品論を書いているのかもしれない。ジブリの機関誌への掲載原稿だから、当然ながら、そのような色が付く。

どんな仕事でも、父親と同じ道を歩むのは簡単なことではないだろう。父親とは違う時代に何を為すかという大きなテーマに取り組まなければならないし、そこで父親のようなカラーを出していくのか、あるいは違うカラーを打ち出すのかも容易に答えの出せることではない。そういう意味で、二作目ではどんなテーマをどう描くのか楽しみにしていたのだが、『コクリコ坂から』はスタジオジブリの作品のクオリティを満たしながら、駿監督とはひと味違う吾朗監督の方向性が感じられた。それが、古き良き時代を単なる記憶として残すのではなく、自分たちが未来へ進むための教材にしなければいけないということだ。このテーマは、現代への問題提起としては的を射ているのではないか。吾朗監督がジブリの世界観をどう受け継ぎ、これからどんな作品を世に送り出していくのかにも期待を寄せたい。（40〜41頁）

もっともな意見だ、と思うかもしれない。確かに『ゲド戦記』（2006年）からは成長しているように見えるかもしれない。しかし私ならこのような正論は書けない。なぜなら、『ゲド戦記』にしろ『コクリコ坂から』にしろ、原作がある。しかも『ゲド戦記』は脚本を吾朗が担当している（共作者あり）ものの、原作以外に原案もあり、その原案は父親・宮崎駿によるものである。さらに『コクリコ坂から』の脚本は宮崎駿だった（こちらにも共同脚本者がいる）。

つまり作品世界の当初のイメージの多くを宮崎駿に負っていると考えていいだろう。吾朗が独自に打ち出した思想とは言いがたい。どう考えても父・宮崎駿の呪縛から逃れられないと考えられても仕方がなかろう。

アニメ作品における監督の仕事というのが私にはいまだによく把握できていないのであるが、「駿監督とはひと味違う吾朗監督の方向性」など私には感じられなかった。このアニメの成立事情を見るかぎり、吾朗は駿の手のひらで飛びまわる孫悟空としか思えない。方向性が駿とは違うと言いたければ、私なら駿の書いたシナリオを吾朗がどう表現したか、イメージをどう改変したかを確かめるだろう。それでないと吾朗の方向性など論じられない。

もちろん映画作品の最終責任者は監督である。出来上がった作品を監督の作品と考えるのは妥当である。しかし、テーマや世界観にまで言及するのなら、それはすでに原作の中で表現されているかもしれないし、シナリオで表現されているかもしれない。だからそのような意見を、私ならうかつに出せない。

いろいろなアメリカン・コミックのキャラクターが登場するオールスター映画『アベンジャーズ』（2012年、ジョス・ウェドン監督）を落合はほめ称える。私は見ている最中からくだらない映画だと思った。当時の宣伝コピーは「日本よ、これが映画だ」というものだったが、この映画を見た後、私は即座に「アメリカよ、この程度のものが映画か」と反論したくなった。

予想はついていたが、この映画を論じるのに落合は野球のオールスター・ゲームを例に取り上げる。そしてその映画がヒーローものの定石通りに撮られていること、内容が単純な勧善懲悪パターンであること、各キャラクターの登場時間が均等であることなどを挙げて、ほめ称える。私は落合がほめる根拠に上げているそれらの要素こそが、この映画をつまらなくさせているのだと考える。

そしてまた野球に戻り、いい試合というのは「ファンにストレスを与えない」ものだという。映画も同じだという。つまり、落合にとって映画というのは基本的にストレス解消のために見るものらしい。一理はある。一理はあるが、映画とはそんなに卑小なものか。

この考えは映画のマンネリズムについて書いた章でも出てくる。


……マカロニ・ウエスタンという〝劇薬〟にも刺激を受けながら、私は西部劇の「最後は正義が勝つ」というお決まりのストーリーに対する心地よさで映画にのめり込んでいった。そして、そうしたワンパターンの展開こそハリウッド映画が提供してくれる老舗の安心感なのだととらえ、映画というエンターテインメントが持つ魅力だと感じているのである。（90頁）

何度も落合に逆らって悪いが、私はパターン通りの映画を退屈に感じる。こちらの予想を裏切ってくれる方が嬉しい。落合はパターンに安心感をもつ。だから山田洋次監督の「男はつらいよ」シリーズをほめる。それは作品の内容だけではなく、公開時期にも関係するという。

私は、同じストーリー展開の繰り返し、公開時期が盆と正月という二つの要素が、このシリーズが

日本国民から愛された大きな理由だと考えている。(91頁)

選手時代、監督時代と野球界に所属していて、映画など見ていられない状況だったから仕方がないのだが、「男はつらいよ」シリーズの最後の方、１９９０年からは正月だけの公開となっているし、「日本国民から愛された」といったって、劇場には中年から老人の観客しかいず、若い観客の姿がほとんどなかったことも知らないだろう。プロの映画評論家もなかなかそういうことを言わない。それは、評論家たちも映画館に行かないからである。

この本の巻末には落合のほめた映画監督・山田洋次との対談がある。山田洋次の発言でちょっと気になることを抜き出してみる。まずシネコン批判。

山田　……観客が管理されているというか、座席指定で、時間も決まっていて、終わったら出て行かなければいけない。落合少年のように、弁当持参で一日中頑張っているみたいな高校生がいたり、ということは許されないわけで、あるいは「拍手もやめてください。迷惑です」。上映前のコマーシャルで、私語をやめてくださいなんて字幕が出たりするけど、僕は本当に大きなお世話だと言いたいのね。お金払って観ているんだから、騒いだっていいじゃないか。大笑いして、隣の客を突いたっていいじゃないかと。でも、何かそういう世界じゃなくなってきちゃっているんです、劇場がね。……(191〜192頁)

山田洋次には、作品にもその言動にもしばしば失望させられるが、拍手はともかく、客席内での私語を許すのが私には気に食わない。私もお金を払って見ているのだから、他人の反応をわざわざ言葉に出して会話するのを聞かされるのは鬱陶しい。家でテレビ放映を見るのなら、どうぞご勝手に好きなだけ私語しながら見ればいい。映画館は気心の知れていない他の観客もいるのだ。騒ぐ観客の権利を守れというのなら、静かに見ている観客の権利も守ってもらいたい。こちらもお金を払っているのだ。

この山田の意見は承服できないのだが、次の意見には大いに賛成する。

山田　……これまでの、サイレントからトーキー、モノクロからカラーという流れは、映画の表現力が豊かになったことなんだけど、フィルムがデジタルになることによってどれだけ豊かになったか僕は疑問です。例えばデジタル映写機は物凄く重くなっちゃって、フィルム映写機だったらフィルムを装填してACコードに電気を通してスイッチを押せば映るけれど、デジタルのソフトは色々なガードがあるから、簡単な操作では映せない。これがとても面倒なんですって。それから、デジタルの映写機にしても撮影カメラにしても、構造がほとんどブラックボックスだから壊れたら専門家が来ないと直しようがないんです。ちっとも便利になっていないと思う。……（203〜204頁）

以前、映画館でデジタル上映中に故障するのを私は2度経験したことがある。どちらも修復するのに小一時間かかった。上映中断によって映画鑑賞が台無しにされた。シネコンは現在、すべてデジタル上映と思っていいが、完全に整備され、操作がマスターされてデジタル化に進んだというより、急いでデジタル化した感がある。見切り発車である。

山田は表現面については触れていないが、導入当初、スクリーンの映像を見て、どうも薄っぺらな感じがして仕方がなかった。そちらに関してはデジタル機器がどんどん改善、改良、開発が進んで、フィルムとそれほど違いがなくなってきている。しかし、今となってはフィルムの美しさと比較することさえできなくなっているので、どうとも言えなくなっている。

松竹の大監督だから多少のわがままが利くのだろうが、山田洋次はいまだにフィルム撮影を許してもらっているという。しかし、松竹の映画館はおそらくすべてシネコン化している。上映はデジタルである。せっかくフィルムで撮ってもデジタルへの変換で多少の劣化が生じているに違いない。本来ならフィルムで撮ってフィルムで上映するというのが理想なのだが、フィルムで撮ってデジタル上映より、デジタルで撮ってデジタルで上映の方が劣化は少ないのではないか。

山田監督がフィルムで撮影しているのは、見かたによれば無駄な抵抗なのかもしれない。しかし、その抵抗ができる間は抵抗してもらいたい。

(2) 加納とも枝

【加納とも枝『シネマの快楽に酔いしれて』(2004年4月、清流出版)】

映画批評、映画評論ではなく、映画エッセイだと言われればそれでおしまいだ。では批評、評論とエッセイは何が違うのか。私の考えでは、批評、評論は客観的に対象を論じないといけない。自分の勝手な感情はできるだけ抑えて、対象について論を深めるべきものである。一方、エッセイは同じ対象を論じるにあたって、あくまで自分を通じて対象を論じる、すなわち、対象よりも自分の存在の方が大きい。当然ながら客観性がそれほどなくてもかまわない。どちらにも面白いものがあり、どちらにもつまらないものがある。

しかし翻って、完全に自分を抑え客観に徹して批評、評論が書けるかというと、それも不可能である。いくら客観に徹しても私観が必ず入ってくる。まったく私観なしで書けるはずがない。

一方、エッセイの方は客観性が薄いかというと、そうでもない。具体的な映像を見ているわけだから、放っておいても客観性は備わる。結局、批評評論は比較的客観的であり、エッセイは比較的主観的である、というぐらいの違いしかない。批評評論とエッセイとの境界線など設定するのは無理である。しかし、である。現に主観が全面的に出ている、ちゃらちゃらした文章を前にして、やはりエッセイと批評評論は違うと思ってしまう。

加納とも枝はもちろんプロの映画評論家ではない。映画が好きなのは当然なのだが、本業はジャズ喫茶経営である。1軒目は「スマイル」、2軒目は「ジャン・ヴィゴ」という店名で営業していた。2軒目の店名など映画ファン以外には何の効力もなさそうだ。

書くのは当然、本職ではない。『シネマの快楽に酔いしれて』の中から彼女の典型的な文体を取り上げてみよう。

「キスして」「でも人がいるから」「そうね」、タクシーから降りると同時に、あーもう死にたい、恥かしい、あんなこと言わなきゃよかった。ビルから飛び降りたい。このまま帰って眠れるかしら、もう自己嫌悪のかたまり。家を出る時は、今日はやらしてくれるかな？　なんて思っていたのにキスぐらいでドジって、バカ、バカ、バカ、でも本当に好きなのに。彼は一五歳、私は？　でも驚くなかれ、なんとあのアニエス・ヴァルダが、この私を映画にしてしまったのです。（10頁）

私の最も嫌いなタイプの文章である。甘ったれるな、と言いたくなる。まるで夢見る女子高生みたいな文章だが、１９３７年生まれの加納とも枝が１９９１年に書いたものだ。すなわち、54歳の時に書いた文章である。少し、気持ち悪い。

このような書き方は、女性映画評論家の草分けである小森和子に似ている。小森和子は全盛期にテレビで活躍したが、映画評論ではろくな業績を残していない。それでも、小森のおばちゃまと自称して気持ち悪いしゃべり方をしていた。本も何冊か残しているが、しゃべりの口調と同じだ。それと加納とも枝の文章は似ている。

それで、前述の文章が何に続くかといえば『カンフー・マスター！』（１９８７年、アニエス・ヴァルダ監督）の話になるのである。私は加納とも枝本人には関心がないから、彼女の女学生時代の体験など別に知りたくない。彼女に興味がある人は、このチャラチャラした部分を楽しめるのだろう。

私はたまたまジェーン・バーキン、シャルロット・ゲンズブール親子共演のこの映画を見ていた。だから、その後に続く彼女のこの映画の捉え方は理解できる。しかし、当該映画を見ていない人は彼女の文章を読んでもほとんど何も分からないだろう。客観的に書こうとしていないからだ。反面、この映画を見て彼女がどう反応したかはよく分かる。つまり彼女の主観的な感じ方は判読できる。しかし、私は彼女自身のことや彼女の私生活にほとんど興味がない。個人的なことを並べられても困るのだ。

さらに困ったことに部分的に、映画作品に関して私の評価と彼女の評価が一致する時がある。たとえば

『あの夏、いちばん静かな海。』（1991年、北野武監督）だ。彼女は全面肯定である。

……なんだ、なんだ、こりゃなんだ。ラブ・ストーリーだというのに、セリフが一つもないというから、北野監督うまく逃げたなと観る前の先入観がぶっ飛んだ。うまい！　サーフボードで、バスに乗れない男の子を残して、バスに残った女の子のきめ細やかな描写は、一分の隙もなく、昔観たあの『ブーベの恋人』のブーベに逢いに行く列車の中のカルディナーレを思い出してしまった。肩を抱いて帰る後姿に、思わずあの亀有ブラザーズのあの照れも本物なんだなーと思って、空に舞うスニーカーのようにスキップして映画館を出てしまった。今年、ベストワンの邦画です。（59頁）

おそらく彼女はスキップなどしていない。常套句にすぎない。文章の流れとして喜びの表現として使っただけだろう。ベストワンの映画なのに、どこが良かったのかほとんど書いていない。だから昔見た名作に喩えるしかない。

もう少し文章力があれば、もっと面白い映画批評が書けるのに、と思う。もちろん、映画批評が映画エッセイより上位にあると私は必ずしも考えていない。用途が違う。それぞれ違った方法で映画を論じればいいと思っている。なぜ、残念がっているかというと、彼女の映画への耽溺がもったいないからである。

彼女は小さい頃から映画に溺れていた。父親が映画好きで、戦時中、空襲警報が解除された時、子供たちを集めて「のらくろ」の映画をかけて見せてあげたのを彼女も覚えている。父親は娘をどんどん映画館に連れて行った。だから、彼女は独立して自分で店を出そうとした時、映画館に行きやすいところを選んだ。彼女のジャズ喫茶に入り浸っていた男性と結婚した後、住む場所も映画館に行きやすいところを選んだほどである。

たいていの映画狂は結婚を契機として映画館から遠ざかってしまう。幸か不幸か、彼女はビデオ普及以前に映画を浴びる生活を送っているので、映画館に行かずにビデオ、ＤＶＤで済ますようなことにはならなかった。ただし、夫の転勤で、ロサンゼルス、ニューヨークに移ってからは、日本映画は手に入るビデオで済ませるしかなくなってしまった。

この本は、まえがきを夫が書いている。彼女が最も好きだったジャンルは「年上の女」ものであり、実際の結婚でも彼女はそれを実践した。ニューヨークに移り住んだ翌月、９・11テロがあり、翌年、病を得て、日本に帰国する。そのまま亡くなった。

夫は彼女の書き溜めた映画エッセイを放っておくのをもったいなく思い、本にまとめた。あとがきは姉が書いている。もう少し改訂した方がいいのではないか、と思えるようなところが随所にある。たとえば彼女がベストワンに挙げた『バウンス ko GALS』（１９９７年、原田眞人監督）のタイトルを間違えている（183頁）。夫も姉も編集者も誰もこの素晴らしい作品を知らず、チェックできていないのだ。

（3）釈徹宗・秋田光彦

【釈徹宗・秋田光彦『仏教シネマ』（２０１１年11月、サンガ）】

対談による映画批評は特に珍しくはない。『仏教シネマ』もその形式だが、他の本と違って珍しいのは対談する二人が共に仏教関係者であることだ。釈徹宗は浄土真宗本願寺派如来寺住職であり、秋田光彦は大阪の應典院の代表であり、浄土宗大蓮寺の住職でもある。

現代建築である應典院はホールを小劇場劇団に貸すので、中堅以下の大阪の小劇場劇団はしばしばこのお寺で公演を打つ。もっとも、秋田光彦が単独で書いた『葬式をしない寺』(2011年2月、新潮社、新潮新書)によれば、このお寺の本堂を貸し館にしているのではなく、あくまで芸術活動の場を提供しているということだ。実際に芝居は年に40本ぐらいかかるらしいから、ほぼ毎週、何かの公演が行われていることになる。

宗派は問わないと標榜している。しかし、小劇場の劇団が公演をするために仕込みに集まった日、朝からこの秋田光彦の法話を聞かされ、念仏を唱えさせられる。考えようである。法話を聞いて念仏を唱えさえすれば、安く公演を打つことができる。しかも内容には干渉されない、ということになっている。宗教の暗黒面を追及するような内容のお芝居でも本当に干渉しないのだろうか。

さて、この著者2人の、一般的に流通している評論家との根本的な違いは、映画館で見るか、DVDでもOKか、という点にある。秋田光彦は釈徹宗と映画の話をする時、「映画は、映画館で観ないとダメ」(19頁)と強く言い渡す。基本的には二人とも映画館派である。

釈の考えでは、映画は集団で作り、映画館では集団で見る、「一対一で応答関係を作る文芸などとは本質的に違う」(20頁)ということだ。同じことを秋田は「集団で幻想を作り出し、集団で幻想を観ている……」(同)と言い換える。

また東日本大震災後、東北各地で巡回上映会をしている団体を取り上げ、「みんなの息遣いが聞こえる場で、一つのストーリーを共有する時間」（227頁、釈）が映画館の原点であるとも主張している。そこからさらに宗教人としての捉え方を提示する。

釈　……映画館は虚構を生み出す装置。時にはその場にいる人たちがシンクロする。そう考えると、ちょっと芸能の場や宗教の場にも通じるところがあるかもしれませんね。（20頁）

お坊さんは映画になど興味がないだろうと思いきや、この二人は共にたくさんの映画を見ている。たとえば『サラエボ，希望の街角』（2010年、ヤスミラ・ジュバニッチ監督）という、まったく希望の感じられないボスニア・ヘルツェゴビナの映画について話す。

この映画にはイスラム教の原理主義者のコミューンが登場する。宗教間および民族間で無差別に異教徒を殺す映画である。この映画の宗教的側面に関して、秋田は「マイナリティどうしの内への求心的な力と、それを受け入れられない外部との対立は、世界が抱える大きな課題となっています」（49頁）と主張する。どう考えてもマイナリティというより、宗教間の争いに見えるのだが。

また、『セブン・イヤーズ・イン・チベット』（1997年、ジャン＝ジャック・アノー監督）は中国が仏教徒であるチベット住民を迫害する映画だと私は思っていた。釈はこの映画に仏教の輪廻転生を取り込んだ部分を見出す。「……とにかくチベットを舞台に映画を撮る場合は、この独特の生命観を外しては描けない気がするんです」（56～57頁）と考える。土木工事のシーンで、チベットの住民が、ミミズが出てくるたびに払いのけるようにするので、工事が中断する。このシーンで、日本人の観客の間では笑いが起こったという。私も見たが、笑いが起こったかどうか記憶にない。たぶん笑いは起こらなかった。しかし、アメリカならもっと笑っただろうと推測することはできる。

仏教関係者なので映画を論じる際、自然に死生観を問う記述が随所に登場することになる。たとえば大阪の一心寺についても面白いことを書いている（この一心寺も應典院と同じようにホールを小劇場の公演に利用させている）。私の知り合いの知り合いもやっているのだが、このお寺では納められた遺骨を十五万人分練り合わせて一体の仏像を作るという。外国人をそこに連れて行くとみな驚くそうだ。私も初めて聞いた時は驚いた。グロテスクだからだ。しかし、釈はそれを遺骨フェチと捉えている。

普通のお坊さんなら、このような話は厳粛にするものだろうが、この二人はそこからゾンビ映画に話題をずらしていく。私はゾンビ映画をそれほど怖いとは思わないのだが、その理由を釈が鮮やかに説明する。「……キリスト教文化圏の人にとっては、自分たちの信仰のストーリーに沿ってない怖さがある。『静かに眠りについて、最後の審判を待つ』というストーリーから外れてしまった存在への恐怖感というのは、我々にはあまりリアルではない」（147頁）。実に分かりやすい。チベット住民がミミズをよけるのは、それがたとえば祖父母の生まれ変わりと考えるからである。根本的な違いがある。

さらに、ゾンビは異教徒のシンボル的存在であるとか、共産主義者であるとか、現代的に解釈するならムスリムであるとか、さまざまな解釈をしてくれる。ゾンビは首をはねるかグチャグチャに叩き潰さないと生き返ってくるという設定だが、その設定自体がアメリカ人の国民性と通じるところがある。『ブレインデッド』（1992年、ピーター・ジャクソン監督、ニュージーランド映画）ではなかなか死なないゾンビを、芝刈り機で粉々にしたり、ジューサーでドロドロの状態にしたりしてやっつけるという描写もある。この本の著者二人がもしその映画を見た時、生命の尊厳をどのように考えるのだろう。聞いてみたい。

この本の中で論じられている作品の中で仏教関係者が考えるのに最適の映画があった。アカデミー賞外国語映画賞を獲った日本映画『おくりびと』(2008年、滝田洋二郎監督)である。私は何度かなされる納棺師の所作に端正な美を感じたが、この2人にはどうも納得がいかない。

釈　そもそも、納棺自体が最近になって葬祭業者が始めたサービスです。それを古式ゆかしい様式のように描くことによって、この映画が成立している。しかし、あれを外国人などが観ると、「日本の死者儀礼はすごい」と感じるでしょうね。強烈な異文化感がアカデミー賞につながった部分もあるんでしょう。(176頁)

秋田　家族は、湯灌・仏衣・納棺の作法を喪の作業として共有することで、初めて家族から「遺族」になっていくんだという話を聞いて、なるほどと思ったことがあります。

しかし、『おくりびと』では、遺族は喪の作業をサービスとして購入している。葬儀の場が、「サービスをする側と受ける側」として描かれているんです。(177頁)

この考えは仏教関係者の我田引水的な、つまり、商売を横取りするなという発想だと考えるのは、私のような不信心者だけだろうか。そういえば、仏壇の必要性を述べた記述があるし、仏壇が家の中軸的存在であるとの主張も別のところで(158頁)で唱えている。また法事に関しても、「……そこは生命の連続性が表現された場であり、理屈抜きでつながりを感じられる時間でもある。そんな場や時間が、我々の時間軸を少しずつ少しずつ長くする」(212頁、釈)から必要だと唱えてもいる。これも法事の回数を増やしてお布施の収入を増大させる方策だと考える私は、本当に不謹慎な奴である。

また『おくりびと』への不満として、「……宗教者がほとんど出てこない……」(177頁)と釈は述べている。世間で、坊さんに対する不信感があるのを知らないわけではなかろうに。秋田も宗教的救いがこの映画に描かれていないと不満気である。

この映画のエピソードとして、原作者・青木新門(『納棺夫日記』)が脚本を映画製作前に読んで、自分の名前がクレジットされるのを拒否したというのがある。つまり原作には宗教的な救いが描かれているのに映画にはそれが描かれていないからクレジットを拒否されたのだ、と書いている。

広末涼子の、納棺師である夫への台詞、「さわらないで、けがらわしい!」に関しても、そのような専門職を生んだのは死の穢れやタブーがあったからで、「……そういう穢れを浄化していく存在として、かつての僧侶は畏敬の対象であったのでしょうね」(181頁)と慨嘆している。よく「葬式仏教」と揶揄されるが、多くの葬儀経験者は坊さんが葬式で不労所得を得ていると思っている。

なお秋田の應典院は葬式で金儲けはしない、だから葬式をしない寺である。なぜ葬式をしないかについては先述した『葬式をしない寺』に詳しく書かれている。ある意味で仏教界における革命的な姿勢なのである。

私は宗派を問わず宗教人にほとんど敬意をもっていないのだが、この2人の著者にある種の共感を覚える。それは彼らが普通に映画を見ている点である。葬儀が話題に上った時、すぐに話題は韓国映画の『祝祭』(1996年、イム・グォンテク監督)やイギリス映画『フォー・ウェディング』(1994年、マイク・ニューウェル監督、ちなみに原題は Four Weddings and A Funeral「四つの結婚式と一つの葬式」)に行くところなどにくい。

この二人は少なくとも、教養に凝り固まった宗教人、お布施の額ばかり気にしている欲深なお坊さんではないと考えられる。また葬式をコメディとして描いた『お葬式』（1984年、伊丹十三監督）についても、「悲しくてつらい。みんな、まじめで精一杯。でも、それを映像化するとどこか滑稽。そんなお葬式の特性と、伊丹監督の感性とがぴったり合っていました」（185頁、秋田）と好意的に捉える。真面目な葬儀屋や凝り固まった坊さんなら怒るような内容をこの映画がもっているにもかかわらず、秋田は「名作」と呼ぶことをためらわない。

他にも墓掃除のシーンから始まる『ボルベール〈帰郷〉』（2006年、ペドロ・アルモドバル監督）や、忌野清志郎が墓のセールスマン役で出演した『お墓と離婚』（1993年、岩松了監督）、岩下志麻が出演した笑えないコメディ『お墓がない！』（1998年、原隆仁監督）など、決して誰もが見ているわけではない映画も、「墓」というタイトルに惹かれてだろう、こまめに見ている。信用できる。

なお、秋田の運営する應典院では月に1度、「映画のおしゃべり会」という集会が開かれているという。秋田もたまに出席するという。

（4）中村恵二・有地智枝子

【中村恵二・有地智枝子『最新映画産業の動向とカラクリがよ〜くわかる本』（2007年11月、秀和システム）】

よほどのことがなければ（たとえば実験映画とか哲学的な映画の場合）、映画は誰が見ても何らかのことは言える。そのように作られている。だから映画に何の興味も関心もないのに、映画に関係のある仕事が回ってきたら平然と本に仕立て上げることも可能だ。中村恵二・有地智枝子の『最新映画産業の動向とカラクリがよ～くわかる本』（以下、『カラクリ』と略記）を読んで、そのような本だと私は確信した。

タイトルからしてどこか読者を馬鹿にしている。巻末の著者紹介によれば、確かに二人とも映画とは何の関係もない業種の人たちである。中村恵二は「地方私バス会社に勤務の後、マーケティング・コンサルタントとして独立。山形県観光審議会委員、企業活動支援員などを歴任。フリーライターとして観光レジャー産業や特産品などのマーケティングに関する研究レポートやWebコラムなどを執筆」（『カラクリ』204頁）という略歴だし、有地智枝子は「予備校、専門学校講師、家庭教師を経て、フリーライターとなる。観光、レジャー、グルメ、ファッションなどのトレンドをテーマとしたWebコラムの執筆を行う」（同）という略歴である。

この出版社の「最新××の動向とカラクリがよ～くわかる本」シリーズを2人ともこの本以前に書いている。共著として「最新ホテル業界の動向とカラクリがよ～くわかる本」を出しているのだ。映画とは何の関係もない。たとえばそれがマグロ業界であっても、鉄鋼業界であっても、頼まれればこの2人は資料を集めて1冊の入門書を仕立て上げるのだろう。もちろん、ある日突然、思い立って今までの映画体験の集積を基に映画の本を書こうと思った、という可能性もあるかもしれない。

しかし少し読めば、この2人が日頃から映画などまったく見ていないのが分かる。映画に対する愛情のようなものが文面からまったく感じられない。映画に関してまったく何も知らない読者がいるとして、そのような人たちがこの本を読めばなるほど映画界はこういうことになっているのかと思うだろう。百科事典でまったく知らない何かを調べる感じだろうか。

何がダメかというと、たとえばシネコンに関しての文章がいい例だ。

シネコンの場合には、スクリーンが多いために、番組の編成を柔軟に組むことができることから、ヒットしそうな作品は当初予定の上映期間をさらに延長させることで、メガヒット作品に押し上げることが可能となりました。また反対に、入場客数が振るわない作品については、上映期間を早々に切り上げて、別の作品を上映することが可能です。そのため、大手配給会社を通さず、多くの作品を確保する方式をシネコンは採用しています。（『カラクリ』19頁）

シネコンは番組編成を柔軟に行うことができるため、多くの映画ファンの多様な好みに応じることができるのです。男性、女性、大人、子供など、あらゆる観客層に対応した映画があり、提供された多くの作品から選ぶことができる、それがシネコン人気の最大のポイントになっています。（同93頁）

シネコンの全国展開により、多くの映画の中から好きなものを選び、清潔な館内、ゆったりしたシート、大きなスクリーンで映画を楽しむことができるようになりました。（同96頁）

この文章を読んでなるほどと思う人は、日頃映画館に行っていない人である。年に1度しか映画館に行かない平均的日本人なら、シネコンはいろいろな映画がかかっていていいなあと思うかもしれない。しかし、もっとたくさん映画を見る人なら、どのシネコンも同じような番組ばかりで（大きく、東映系と松竹系、東宝系の三つに分かれるが）、選択肢は逆に少ないと考えるだろう。

問題は「入場客数が振るわない作品については、上映期間を早々に切り上げて、別の作品を上映する」という点である。客入りの悪い映画はモーニングショーとかレイトショーに回されて、すごく鑑賞しにくくなる。また「別の作品」がかかるといっても、新たに新作がかかるわけではない。間違ってもミニシアターの作品などかからない（ヒットしたミニシアター作品を横取りしてかける場合はある）。「あらゆる観客層に対応した映画」もかかるわけではない。芸術映画などシネコンではめったにかからない。中村・有地にとって、芸術映画ファンは「あらゆる観客層」に含まれていないらしい。椅子や館内が良くても、どこでも同じつまらないハリウッドのアクション映画や漫画原作の青春映画を見せられるのは決して豊かな映画環境ではない。これらを考えると、二人がいかにシネコンに馴染みがないか分かる。

またＩＭＡＸシアターに関しても、この二人がともにネタにしている映画さえ見ていないことがよく分かる。

アメリカやカナダではＩＭＡＸが浸透し、人気を博していますが、日本では大阪サントリーミュージアムなど、博物館や科学館などに設置されている程度。アイマックスシアターとしてオープンしたものの、閉館を余儀なくされた施設もあり、日本にはなかなか馴染まないようです。日本人の気質なのか、「過ぎたるはなお…」なのか、単純に「大きいことはいいこと」とも言えない事情もあるようです。（『カラクリ』55頁）

この記述を信じてはいけない。ＩＭＡＸシアターでは、当初、フィルム、映写機、配給の関係で劇場用映画をかけられなかった。たとえば名前の挙げられているサントリーミュージアム（現・大阪文化館　天保山）に行ったことがあるなら、だいたいが六十分を切る平凡な科学映画、文化映画しかかけていなかったこと（例外的に昔、『スター・ウォーズ』がかかったことはある）を覚えているだろう。バラエティに富んだ劇場用映画をかけていればまだ観客が集まったかもしれない。しかしずっとかけてこなかった。

劇場用映画は大阪では109シネマズ箕面がやりだしてからだ。以後、設置する劇場は少しずつ増えている。しかし中村・有地は、このシステムが単にスクリーンが大きいとしか思っていないようである。このタイプの劇場の資料や数字を見るだけでこの文章を書いている。無内容な文章である。

さらに画面に何か映っていればそれでよし、というレベルの鑑賞能力しかもっていないのか、この二人の著者は次のようなことも書いている。

現在は、全自動映写機を設置している映画館がほとんどなので、映写技師が常駐しなくても映画の上映ができるようになりました。……（『カラクリ』116頁）

それでも、映画技師不在による映写トラブルが、各地から報告されています。また、全自動映写機でも、フィルムのセットやフォーカス調整は手動ですので、映写技師はやはり必要ということでしょう。（同、「映画技師」は原文ママ）

ここはもっと非難すべきことである。上映前のマナーCMのあたりで、映写に不備があったら係員まで一報してください、と呼びかける映画館もある。しかし、報告に行っている間、その観客は映画を見られない。高いお金をとって見せているのだから、映写技師を常駐させて不備があったらすぐに是正するようにすべきではないか。映写技師が必要なのは初めから決まっている。問題はその質だ。目が悪くなっている映写技師だと画面のピントを合わせられない。そのような映写技師なら配置転換を行って、映写機に触らせてはいけない。ちゃんと見える人を雇わなければならない。このような常識に関しても二人の著者は重大な問題だと捉えていない。映っていればいいのだ。

デジタルシネマに関しても、この著者たちが実際にデジタルシネマに通ったとは思えない。「松竹では『シネマ歌舞伎』として、歌舞伎の舞台公演をデジタルカメラで撮影したものを、京都や札幌、大阪などの劇場で上映し、多くの観客を動員しています」（『カラクリ』171頁）という記述がある。二人は一度でも『シネマ歌舞伎』を見たのだろうか。普通の映画より入場料が高く、しかも初期には画面は基本的にボケていた。粗悪な画面を高い料金で見せるということに著者たちは何も言及していない。どうも行ったことがないようなのだ。もっとも、今は技術がどんどん良くなって、劇場用映画並みに映像はくっきり映るようになった。

大阪の梅田ブルク7やなんばパークスシネマでは、劇団☆新感線の舞台を同様に映画として高い料金で見せていた。そもそも演劇の舞台を映画にして見せるというその劇団の根本が私は間違っていると思う。しかも、『シネマ歌舞伎』の場合、映画的にも中途半端で、演劇の記録に毛が生えたようなものである。誰が見たいか。

中村・有地は徹底して映画への愛情を欠いている。それでも映画の本は書ける。私には何の役も立たない本である。二人は批判されるのを予測してかどうかは知らないが、予防線を張っている。

映画出版の仕事をするには、マニアックなほどの映画ファンであることが条件かというと、決してそうではありません。もちろん、映画に関する知識は豊富な方がいいのですが、それよりも編集、すなわち読みやすい文章を書き、本を作り上げるということが好きでなければできない仕事なのです。映画を観ること、映画を作ることとは違う能力が必要だということです。（『カラクリ』118頁）

彼らの言い分によると、「編集、すなわち読みやすい文章を書き、本を作り上げるということが好き」であれば、ちゃっちゃっと資料を集めるだけで映画書が書けるのだそうだ。そういう姿勢で書かれたのがこの本というわけだ。理屈は通っている。

斎藤美奈子の『冠婚葬祭のひみつ』（２００６年5月、岩波書店、岩波新書）を読んでいたら、まるでこの本の作り方について述べたかのような文章を見つけた。結婚式、葬式のマニュアル本についての文章である。

マニュアルが人格を失ったのは、一九八〇年代以降の出版事情も関係していよう。編集の外注化が進み、個人の著書ではなく、プロダクション仕事として、マニュアルは制作されるようになった。私はこの種の本の編集現場にいたから、それがどんな手順でつくられるかをある程度知っている。それは「屋上屋を架す仕事」だ。既刊の類書を積みあげて構成を考え、足りない部分は監修者（お作法の先生など）に取材し、記事はライターが手分けして書く。監修者が「しきたりだ」といったらそれが「しきたり」。異論は挟めない。（『冠婚葬祭のひみつ』91頁）

この本ばかりか、この出版社の「最新××の動向とカラクリがよ〜くわかる本」シリーズの本はみなこのやり方をとっているにちがいない。

(5) WOWOW「映画の間取り」編集部

【WOWOW「映画の間取り」編集部『映画の間取り』(2016年10月、扶桑社)】

WOWOW「映画の間取り」編集部の『映画の間取り』は、言ってみれば、映画批評の隙間産業である。タイトルから映画の本とは分かるが、映画作品が良いか悪いかの判断をこの本に求めてはいけない。この本では映画作品の本質的な部分にはあまり触れず、その周辺をうろつきまわっているだけだ。

書き方の手法として、映画作品の美術セットの細部だけを見ながら、不動産会社の広告のように、登場人物が住む部屋の間取り図を作成している。そして、同じくまるで不動産会社の係員のような口調で、部屋の立地条件や、過去の住人、つまり映画の主人公たちがこの部屋をどう使っていたかの噂話みたいなものを交えて、あくまで部屋探しに来たお客に不動産の説明をしているような記述となっている。

本文はあくまで映画本ではない。けっして不動産説明のスタイルを崩さない。ただ、各物件の最後には映画情報を少しだけ足してある。あくまで「情報」であって、「解説」でも「批評」でもない。ネットにあるようなありきたりの公式見解である。読んでもほとんど何の役にも立たない。それでも1冊の本になっている。映画を使ってパロディをやっているのだ。いったい、誰がこのような本を読むのだろうか(私が読んでいる)。

最初手に取った時は趣向が珍しく、結構面白く読めた。しかし、同じ趣向の記述が次々と繰り返される内に、だんだん鼻についてきた。映画の中の物件であることを、わざと知らないふりで書いているのが、どんどん嫌味に思えてくる。わざとらしさがどんどん増すように感じられてくるのだ。

そもそも映画の中の室内は、たいてい実物ではない。設定されている土地に実際、撮影隊がロケをしているとはいっても、たいていの室内シーンの撮影はスタジオに作られたセットである。そのような事情をまったく考慮していない。

この本では、複数の著者が各項目の文章を書いているが、すべて映画の画面から類推してのものである。DVDの画面をしっかり何度も確認して見て、図面に仕立て上げていったのだろう。そうであるならば、「映画情報」の中にせめて、そのセットを作った映画美術担当者に敬意を表して名前を入れておくべきだろう。登場人物の家（実はセット）がきちんと論じられるのは、まるで本物に見えるように作ってくれた美術担当者のおかげだからだ。

またこの本で扱われている物件は、必ずしも新作映画の中の物件というわけではない。古い作品も結構扱われている。それなら、「男はつらいよ」シリーズの団子屋「とらや」（後の「くるまや」）の間取りをちゃんと説明してほしかった。誰でもたいていは1本ぐらいは見ているシリーズだから取り上げてもよかろう。私はずっと気になっていたのだ。もちろんセットなのだが、この団子屋は2階建ての店舗兼住宅である。団子を売る売店でもあり、食堂でもある。しかも、お客が団子を食べるテーブルの奥に居間がちゃんと存在する。シリーズをずっと見ていて、2階に上がる階段が台所の奥と、店と茶の間の境目の左と、2か所あるように見える。車寅次郎は台所の奥の階段と居間の横の階段とをどちらも使っているように見える。しかも、寅次郎の寝る部屋は同じように見えるのだ。階段が二つで階上では部屋がつながっているのか。2階の部屋が何部屋あるのかも知りたかった。

なお『ティファニーで朝食を』（1961年、ブレイク・エドワーズ監督）の項で、解説ではヒロインの住んでいるアパートの住所がマンハッタンの167 East 71st Streetであると書いている。さらに、これが「ニューヨークのアッパーイーストエンド」を舞台にしていると説明している（57頁、執筆は関口裕子）。

しかし、ニューヨークの地図を調べると、その番地だとレキシントン街と三番街の間ということになる。「イーストエンド・アヴェニュー」という街路の起点は79丁目であり、そこから北に向かっている。すなわち、79丁目より南の71丁目をイーストリバーに突き当たるまで進むと東の端には着くが、イーストエンド・アヴェニューには着かない。イーストエンドなどその通りには存在しないからだ。もしや、「アッパーイーストサイド」の単純ミスか。あるいは単に「東の端」と言っているだけか。番地をはっきり明示しているから気になって調べてみたら、いい加減な記述だと気がついたのである。

一方、『レオン』（1994年、リュック・ベッソン監督）の殺し屋の住んでいるニューヨークのアパートを、これまた正確に「セントラルパークにほど近い、パークアベニューと東97番街の交差点沿いに立つ」と説明している（64頁、執筆は川西隆之）。

しかし、「パークアベニュー」と「97番街」という記述に問題がある。もし5th Avenueを「五番街」と訳し、97th Streetを同様に「～番街」と訳してしまうと、番街同士で混同する。だから普通は南北を走るアベニューを「～番街」、東西を走るストリートを「～丁目」と訳す慣習が昔からある。だいたいのニューヨーク関連本では、アベニューとストリートをそれぞれ「番街」「丁目」と言い分けている。例外的に混用しているものはある。たとえば、古い映画で『四十二番街』（1933年、ロイド・ベーコン監督）というのがある。戦前の公開だからニューヨークの情報がまだ潤沢になく、そう表記したと思われる。今なら、「四十二丁目」だろう。

97番街と書いた川西隆之は、ニューヨーク本をあまり読んでいないから、そのような表記になったのだろう。

そういうことはWOWOW「映画の間取り」編集部が統一しなければならない。全体を見回して、用語の統一を図らないといけない。まあ、一般に不動産の広告は誇大なものや嘘を書いているものが多い。テレビ界もたるんでいる。だから、テレビ局が作った不動産屋の広告パロディとして書かれたこの本も、その種のたるんだ文化の一端だと考えれば腹も立たないが、それでいいのか。

腹が立つのはタイトルに「映画の」とありながら、映画作品の中身にほとんど触れない点だろう。隙間産業ですから本体には興味がありません、と言われれば、それ以上、何も言うことはない。

あとがき

映画批評界を見わたすとおおむね三種類の本があるように見える。

一つ目は、学者、研究者の書く本である。映画研究が盛んになったのは1980年代あたりからだ。その頃にビデオが普及しはじめた。やがてDVDが取って代わって、ブルーレイに行きそうで行かない現在に繋がっている。

それ以前の学者や研究者は試写室や映画館で見て、記憶力と映画会社からもらった資料を使って映画批評を書いた。原則として一度きりしか見られないから、記憶違いの記述も結構あった。その時代に書かれた批評本で間違いを見つけては喜ぶという黒い楽しみもあった。しかし、間違ったことを書いた評者本人には、映画を見てそう思い込んだという事実がある。それを「誤解する権利」の行使として私は許容している。その誤解が読んでいて結構面白い場合があるのだ。

ビデオ、DVDの普及でそのような誤解が許されなくなった。私はこれまでもこれからも二次媒体（ビデオ。DVD、テレビ放映など）で映画を見ることを潔しとしない。映画館のスクリーンで見るものだけを映画と考えている。だから私には記憶違いもよくあるし、間違った記述も時々ある。鑑賞したことに関して私は必ずしも厳格な正確さを求めていない。重箱の隅をつつくような見方などしたくない。

学者や研究者が同時代の映画にあまり関心がないように見えるのは、ビデオやDVDが手元にないと心もとなく感じるからだと思う。だから彼らの研究対象に、ビデオＤＶＤ未発売の作品が選ばれることは少ない。新作映画に関しても、ＤＶＤが出るまでその作品に関する文章を書こうとしないように思える。映画は今も生きているのに、映画の考古学にいそしんでいる率が高いように思われる。

私は映画が演劇に似ているものだと考えている。実際に上映、上演されているものを見るのが基本だ。シナリオだけ、戯曲だけを読んだり、二次媒体のビデオ、ＤＶＤを見るだけで作品を論じたりすることは妥協、あるいは方向違いだと思っている。

だから私は映画は映画館でしか見ないし、舞台は劇場でしか見ない。見終わればなくなる時間芸術であると考えている。

固定化したテキストであるビデオ、ＤＶＤに頼って映画を論じる学者研究者に足りないのは、映画をライブで見ることから生じる心の高ぶりや興奮である。

映画批評のタイプの二つ目は、商業誌に書かれる新作映画の紹介と批評、および、それらを集めてまとめた本である。映画の批評とは当初はこの種のものばかりだった。そういった批評家や批評本は現在もたくさん出回っている。

産業としての映画は１９５０年代をピークに斜陽化している。全盛期の十分の一程度の観客数で安定してしまっている。もちろん、これは映画館に集まる観客の数だけを問題にした場合だ。二次媒体、三次媒体で「映画」に接している人を合わせると、全盛期の観客動員数をはるかに上回っていると考えることもできる。しかし繰り返すが、私が映画と考えるのは映画館でかかっているものである。

斜陽化している映画産業の中で、映画批評家たちは商業主義の猛威の前でひとたまりもない。要するに、映画会社の意向を、最近、はやりの、忖度することによって映画批評を書いているように思えるのだ。自分の中からほとばしる感情をあらわにしようとしない。

客観的に見て、映画料金に見合う作品がそんなにたくさんあるように私には思えない。良さそうな映画だけ選んで見ている人なら失望感は少なかろうが、手当たりしだいに見ようとしている私のような者にとっては大半がつまらない作品に感じられる。しかし、商業雑誌に載る映画批評の多くはどの映画をも絶賛している。

批評家が本気でそう思っているのならそれでいいのだが、忖度したり空気を読んだりして書いているような記述がそこかしこに見つけられる。映画会社が映画批評に圧力をかけるといった話はよく耳にする。業界ではもう当たり前になっているのかもしれない。だから私はあまり熱心に雑誌の映画評を読まなくなった。まとめられて1冊の本になったら買い求めて読むことはあるが、公開時に公表される批評はどうせほめているに決まっていると高をくくってしまう。

もちろん何ごとにも例外があり、商業主義に押しつぶされることなく正直に書く人は少ないが、いることはいる。しかし、それらの批評は見つけることが困難である。

三つ目が本書で取り上げた本である。映画を専門としていない人による映画批評である。映画業界に属していないため、映画界への遠慮や忖度を比較的必要としない。自分の専門とする分野から独自の視点で見て論じるから、映画専門家とはまったく違った考えが生まれてくる可能性がある。ゲリラ的な批評と考えられる。

これら非専門家の書いた映画批評の読者は、何が書かれているかをあまり問題にしない。問題となるのは誰が書いているかである。芸能タレントの書く映画批評は、ファン読者にとって内容はあまり問題ではないのだ。書く側も（実際には書いていないかもしれないが）、内容をあまり気にしなくていい。何を書いてもファンは喜んでくれるからだ。映画会社の意向からは比較的独立した問題意識をもつことができる。もちろん良いことばかりではない。映画を専門としていないから、映画専門家なら誰でも見て知っているような映画を見ていない可能性が高い。専門家はその映画的常識をもって映画を論じるが、非専門家だと常識を知らずに論じる。ゲリラ批評は両刃の剣なのである。良い時には専門家からは到底出てこないような斬新な視点で論じられることがある。同時に、非専門家が大発見したと思って興奮して書いていることが、専門家たちにとってはすでに分かりきった常識であるということがありえる。

他の芸術分野の批評と比べて、映画にこれだけ非専門映画批評家が生まれやすいのは、映画がその根本から大衆芸術であり、敷居が低いからだと思う。映画は常に大衆とともにある。これが重要である。大衆とともにある芸術だから、その批評行動には専門家だけでなく大衆でも参加することができる。書かれたものを専門家だけでなく大衆が読むこともできる。映画はそれだけ開かれた存在なのである。

そして、映画学者、映画研究者が書いた本の読者より、テレビタレントの書いた映画批評の読者の方が確実に多い。この事実をないがしろにはできない。

山脈は山頂だけで形成できるのではない。その下には裾野がなだらかに広がっており、その裾野が広大でなければ高い山頂にはならない。映画史を形成するのは芸術映画の名作佳作だけではない。はるかに多くの大衆映画、通俗映画が裾野に横たわっているのである。映画史にとっては映画専門家の研究や論文が確かに必要だろう。しかし、映画史的にそれほど貴重ではない非専門家の映画論も裾野として現に存在しているのである。

私はそれらの本を無視できない。

映画に魅入られたままの池本幸司さん、植西克也さんに、今回も入稿前に校正、校閲をお願いしました。私の信頼するダブル・ストッパーです。編集の大槻武志さんにもお世話になりました。記して感謝いたします。

〈ナ〉

〈ハ〉

〈マ〉

〈サ〉

〈タ〉

書名索引

著者名索引

著者紹介

重政隆文（しげまさ　たかふみ）

1952年生まれ／大阪芸術大学芸術学部教授
専門は映画・演劇、映画館主義者／日本映像学会会員／映画研究誌『FB』同人。
著書に『勝手に映画書・考』『ザッツ　ブロードウェイ　ミュージカル』『映画の本の本』『映画批評は批評できるか・番外篇』『そして誰も観なくなった』『ザッツ　ブロードウェイ　ミュージカルⅡ』『映画の本の本Ⅱ』（すべて松本工房刊）

〔装丁〕清水　肇［prigraphics］
〔組版〕小山　光

学校法人塚本学院（大阪芸術大学）　出版助成第85号

映画「評論家」未満

2018年11月10日　初版第1刷発行

著　者――重 政 隆 文

発 行 者――小笠原正仁

発 行 所――株式会社 阿 吽 社
〒602-0017 京都市上京区衣棚通上御霊前下ル上木ノ下町73-9
TEL 075-414-8951　FAX 075-414-8952
URL : aunsha.co.jp
E-mail : info@aunsha.co.jp

印刷・製本――モリモト印刷株式会社

ISBN 978-4-907244-35-4 C0074
定価はカバーに表示してあります